Herzzeit

Ingeborg Bachmann
Paul Celan
Der Briefwechsel

Mit den Briefwechseln
zwischen Paul Celan und Max Frisch
sowie zwischen Ingeborg Bachmann
und Gisèle Celan-Lestrange

Herausgegeben und kommentiert von
Bertrand Badiou, Hans Höller,
Andrea Stoll und
Barbara Wiedemann

Suhrkamp

Koordination sowie Übersetzung der französischen Briefe:
Barbara Wiedemann

Umschlagfotos:
Ingeborg Bachmann, Wien 1953; Foto: Wolfgang Kudrnofsky,
Privater Nachlaß Ingeborg Bachmann
Paul Celan, Wien 1948; Foto: Fotostudio Schulda-Müller,
Besitz Eric Celan

suhrkamp taschenbuch 4115
Erste Auflage 2009

Druck: CPI – Ebner & Spiegel, Ulm
Printed in Germany
Umschlag: Göllner, Michels, Zegarzewski
ISBN 978-3-518-46115-0

1 2 3 4 5 6 – 14 13 12 11 10 09

Briefwechsel
Ingeborg Bachmann – Paul Celan

1 Paul Celan an Ingeborg Bachmann, Gedicht und Widmung in Matisse-Bildband, Wien, 24. (?) 6. 1948

In Aegypten
Für Ingeborg

Du sollst zum Aug der Fremden sagen: Sei das Wasser!
Du sollst, die du im Wasser weißt, im Aug der Fremden suchen.
Du sollst sie rufen aus dem Wasser: Ruth! Noemi! Mirjam!
Du sollst sie schmücken, wenn du bei der Fremden liegst.
Du sollst sie schmücken mit dem Wolkenhaar der Fremden.
Du sollst zu Ruth, zu Mirjam und Noemi sagen:
Seht, ich schlaf bei ihr!
Du sollst die Fremde neben dir am schönsten schmücken.
Du sollst sie schmücken mit dem Schmerz um Ruth, um Mirjam
und Noemi.
Du sollst zur Fremden sagen:
Sieh, ich schlief bei diesen!

Wien, am 23. Mai 1948.

Der peinlich Genauen,
22 Jahre nach ihrem Geburtstag,
Der peinlich Ungenaue

2 Ingeborg Bachmann an Paul Celan, Wien, Weihnachten 1948, nicht abgesandt

Weihnachten 1948.

Lieber, lieber Paul!
Ich habe gestern und heute viel an Dich, wenn Du willst, an uns gedacht. Ich schreibe Dir nicht, weil Du wieder schreiben sollst, sondern weil es mir jetzt Freude macht und weil ich will. Auch hatte ich vor, Dich in diesen Tagen in Paris irgendwo zu treffen, aber dann hat mich mein dummes eitles Pflichtbewußtsein hier

festgehalten und ich bin nicht weggefahren. Wie ist das nur: irgendwo in Paris? Ich weiß ja garnichts, aber irgendwie wäre es schon schön gewesen!

Vor drei Monaten hat mir plötzlich jemand Deinen Gedichtband geschenkt. Ich wußte nicht, daß er herausgekommen war. Das war so..., der Boden war so leicht und schwebend unter mir, und meine Hand hat ein bisschen, ganz, ganz wenig gezittert. Dann war wieder lange nichts. Vor einigen Wochen hat man sich in Wien erzählt, daß Jenés nach Paris gefahren sind. Da bin ich auch wieder mit auf Reisen gegangen.

Ich weiß noch immer nicht, was der vergangene Frühling bedeutet hat. – Du weißt ja, daß ich immer alles ganz genau wissen will. – Schön war er, – und die Gedichte, und das Gedicht, das wir miteinander gemacht haben.

Ich hab Dich heute lieb und so gegenwärtig. Das will ich Dir unbedingt sagen, – damals hab ich es oft nicht getan.

Sobald ich Zeit habe, kann ich auf ein paar Tage kommen. Würdest Du mich auch sehen wollen? – Eine Stunde, oder zwei.

Viel, viel Liebes!

Deine

Ingeborg.

3 Paul Celan an Ingeborg Bachmann, Paris, 26. 1. 1949

31, Rue des Ecoles
Paris, den 26. 1. 1949.

Ingeborg,
versuche einen Augenblick lang zu vergessen, daß ich so lange und so beharrlich schwieg – ich hatte sehr viel Kummer, mehr als mein Bruder mir wieder nehmen konnte, mein guter Bruder, dessen Haus Du gewiß nicht vergessen hast. Schreibe mir so als würdest Du ihm schreiben, ihm, der immer an Dich denkt und der in Dein Medaillon das Blatt eingeschlossen hat, das Du nun verloren hast.

Laß mich, laß ihn nicht warten!

Ich umarme Dich

Paul

4 Ingeborg Bachmann an Paul Celan, Wien, 12. 4. 1949

Wien, am 12. April 1949

Lieber, Du,
ich bin so froh, dass dieser Brief gekommen ist, – und nun hab ich Dich auch wieder so lange warten lassen, ganz ohne Absicht und ohne einen unfreundlichen Gedanken. Du wirst selbst wissen, dass das manchmal so kommt. Man weiss nicht warum. Zwei- oder dreimal hab ich einen Brief an Dich geschrieben und dann doch nicht weggeschickt. Aber was bedeutet das, wo wir aneinander denken und es vielleicht noch sehr lange tun werden.

Ich spreche nicht allein zu Deinem Bruder, heute beinahe nur mit Dir, denn durch Deinen Bruder hindurch hab ich ja Dich lieb, und Du darfst nicht denken, dass ich an Dir vorübergegangen bin. – Bald ist der Frühling wieder da, der im Vorjahr so seltsam war und so unvergesslich. Ich werd gewiss nie mehr durch den Stadtpark gehen, ohne zu wissen, dass er die ganze Welt sein kann, und ohne wieder der kleine Fisch von damals zu werden.

Dass Du Kummer gehabt hast, hab ich die ganze Zeit gespürt, – lass mich wissen, ob es Dir helfen könnte, mehr Briefe zu bekommen!

Im Herbst haben mir Freunde Deine Gedichte geschenkt. Das war ein trauriger Augenblick, weil sie von Fremden kamen und ohne ein Wort von Dir. Aber jede einzelne Zeile hat es wieder gutgemacht.

Es wird Dich vielleicht freuen, wenn ich Dir erzähle, dass manchmal nach Dir gefragt wird, vor einiger Zeit musste ich sogar wildfremden Leuten aus Graz Deine Adresse geben, um sie zufriedenzustellen. Und die kleine Nani und Klaus Demus machen noch immer verklärte Augen, wenn sie von Dir sprechen.

Heute versteh ich gut, dass es für Dich richtig war, nach Paris zu gehen. Was würdest Du sagen, wenn ich im Herbst plötzlich auch dort wäre? Ich soll nach dem Doktorat ein Stipendium für Amerika oder Paris bekommen. Ich kann noch garnicht dran glauben. Es wäre zu schön.

Ueber mich gibt es nicht viel zu erzählen. Ich habe sehr viel Arbeit, das Studium geht dem Ende zu, daneben schreibe ich für

Zeitungen, für den Sender etc., mehr als früher. Ich versuche, nicht an mich zu denken und mit geschlossenen Augen hinüberzukommen zu dem, was eigentlich gemeint ist. Sicher stecken wir alle in der grossen Spannung, können uns nicht lösen und machen viele Umwege. Aber ich bin manchmal so krank davon, dass ich fürchte, es wird einmal nicht weitergehen.

Ich möchte Dir zum Schluss noch sagen, – das Blatt, das Du in mein Medaillon gegeben hast, ist nicht verloren, auch wenn es schon lange nicht mehr drinnen sein sollte; ich denk an Dich und hör Dir noch immer zu.

Ingeborg.

5 Ingeborg Bachmann an Paul Celan, Wien, Ende Mai / Anfang Juni 1949 (?), abgebrochener Briefentwurf

Paul, lieber Paul,
ich hab Sehnsucht nach Dir und unserem Märchen. Was soll ich tun? Du bist so weit weg von mir, und Deine Kartengrüsse, mit denen ich bis vor kurzem so zufrieden war, sind mir nicht mehr genug.

Gestern bekam ich durch Klaus Demus Gedichte von Dir, die ich nicht kannte, auch drei aus letzter Zeit. Ich kann's kaum ertragen, dass sie auf solchem Umweg zu mir gekommen sind. Bitte, bitte lass das nicht zu. Es muss doch irgend etwas auch für mich da sein.

Ich kann sie besser lesen als die andern, weil ich Dir darin begegne seitdem es keine Beatrixgasse mehr gibt. Immer geht's mir um Dich, ich grüble viel darüber und sprech zu Dir und nehm Deinen fremden, dunklen Kopf zwischen meine Hände und möchte Dir die Steine von der Brust schieben, Deine Hand mit den Nelken freimachen und Dich singen hören. Es ist nichts mit mir geschehen, das mich mit einem Mal heftiger an Dich denken lässt. Alles ist wie immer, ich habe Arbeit und Erfolg, Männer sind irgendwie um mich aber es bedeutet wenig: Du, Schönes und Trübes verteilt sich auf die dahinfliegenden Tage

6 Paul Celan an Ingeborg Bachmann, Paris, 20. 6. 1949

Paris, am 20. Juni 49.

Ingeborg,
›ungenau‹ und spät komme ich in diesem Jahr. Doch vielleicht nur deshalb so, weil ich möchte, daß niemand außer Dir dabei sei, wenn ich Mohn, sehr viel Mohn, und Gedächtnis, ebensoviel Gedächtnis, zwei große leuchtende Sträuße auf Deinen Geburtstagstisch stelle. Seit Wochen freue ich mich auf diesen Augenblick.

Paul

7 Ingeborg Bachmann an Paul Celan, Wien, 24. 6. 1949

Wien, am 24. Juni 1949.

Du Lieber,
weil ich so garnicht daran gedacht habe, ist heute, am Vortag – im vergangenen Jahr war es doch auch so – Deine Karte richtig angeflogen kommen, mitten in mein Herz, ja es ist so, ich hab Dich lieb, ich hab es nie gesagt damals. Den Mohn hab ich wieder gespürt, tief, ganz tief, Du hast so wunderbar gezaubert, ich kann es nie vergessen.

Manchmal möchte ich nichts, als weggehen und nach Paris kommen, spüren, wie Du meine Hände anfasst, wie Du mich ganz mit Blumen anfasst und dann wieder nicht wissen, woher Du kommst und wohin Du gehst. Für mich bist Du aus Indien oder einem noch ferneren, dunklen, braunen Land, für mich bist Du Wüste und Meer und alles was Geheimnis ist. Ich weiss noch immer nichts von Dir und hab darum oft Angst um Dich, ich kann mir nicht vorstellen, dass Du irgend etwas tun sollst, was wir andern hier tun, ich sollte ein Schloss für uns haben und Dich zu mir holen, damit Du mein verwunschener Herr drin sein kannst, wir werden viele Teppiche drin haben und Musik, und die Liebe erfinden.

Ich habe oft nachgedacht, »Corona« ist Dein schönstes Gedicht, es ist die vollkommene Vorwegnahme eines Augenblicks, wo alles

Marmor wird und für immer ist. Aber mir hier wird es nicht »Zeit«. Ich hungre nach etwas, das ich nicht bekommen werde, alles ist flach und schal, müde und verbraucht, ehe es gebraucht wurde.

Mitte August will ich in Paris sein, ein paar Tage nur. Frag mich nicht warum, wozu, aber sei da für mich, einen Abend lang oder zwei, drei.. Führ mich an die Seine, wir wollen so lange hineinschauen, bis wir kleine Fische geworden sind und uns wieder erkennen.

Ingeborg.

8 Paul Celan an Ingeborg Bachmann, Paris, 4. (?) 8. 1949

Ingeborg, liebe,
nur ein paar Zeilen, in aller Eile, um Dir zu sagen, wie sehr ich mich freue, daß Du kommst.

Hoffentlich kommt dieser Brief noch rechtzeitig genug, und Du schreibst, wann Du eintriffst: darf ich Dich erwarten? Oder darf ich es nicht, weil ich ja auch nicht nach dem Warum und Wozu Deiner Reise fragen darf?

Ich bin voller Ungeduld, Liebe.

Dein Paul

Hier ist meine Telephonnummer:
DAN 78-41

9 Paul Celan an Ingeborg Bachmann, Paris, 20. 8. 1949

31, Rue des Ecoles
Paris, den 20. August 49

Meine liebe Ingeborg,
Du kommst also erst in zwei Monaten – warum? Du sagst es nicht, Du sagst auch nicht, für wie lange, sagst nicht, ob Du Dein Stipendium bekommst. Inzwischen können wir ja, schlägst Du vor,

›Briefe wechseln‹. Weißt Du, Ingeborg, warum ich Dir während dieses letzten Jahres so selten schrieb? Nicht allein, weil Paris mich in ein furchtbares Schweigen gedrängt hatte, aus dem ich nicht wieder freikam; sondern auch deshalb, weil ich nicht wußte, was Du über jene kurzen Wochen in Wien denkst. Was konnte ich aus Deinen ersten, flüchtig hingeworfenen Zeilen schließen, Ingeborg?

Vielleicht täusche ich mich, vielleicht ist es so, daß wir einander gerade da ausweichen, wo wir einander so gerne begegnen möchten, vielleicht liegt die Schuld an uns beiden. Nur sage ich mir manchmal, daß mein Schweigen vielleicht verständlicher ist als das Deine, weil das Dunkel, das es mir auferlegt, älter ist.

Du weißt: die großen Entschlüsse muß man immer allein fassen. Als jener Brief kam, in dem Du mich fragtest, ob Du Paris oder die Vereinigten Staaten wählen solltest, hätte ich Dir gern gesagt, wie sehr ich mich freuen würde, wenn Du kämest. Kannst Du einsehen, Ingeborg, warum ich es nicht tat? Ich sagte mir, daß wenn Dir wirklich etwas (das heißt, mehr als etwas) daran läge, in der Stadt zu leben, in der auch ich lebe, Du mich nicht erst um Rat gefragt hättest, im Gegenteil.

Ein langes Jahr ist nun verstrichen, ein Jahr, in dem Dir sicherlich manches begegnet ist. Aber Du sagst mir nicht, wie weit unser eigener Mai und Juni hinter diesem Jahr zurückliegen..

Wie weit oder wie nah bist Du, Ingeborg? Sag es mir, damit ich weiß, ob Du die Augen schließt, wenn ich Dich jetzt küsse.

Paul

10 Ingeborg Bachmann an Paul Celan, Wien, 24. 11. 1949

Wien, am 24. Nov. 1949.

Lieber, lieber Paul,
jetzt ist es November geworden. Mein Brief, den ich im August geschrieben habe, liegt noch da – alles ist so traurig. Du hast vielleicht auf ihn gewartet. Nimmst Du ihn heute noch?

Ich fühle, dass ich zu wenig sage, dass ich Dir nicht helfen kann.

Ich müsste kommen, Dich ansehen, Dich herausnehmen, Dich küssen und halten, damit Du nicht fortgleitest. Bitte glaub daran, dass ich eines Tages komme und Dich zurückhole. Ich sehe mit viel Angst, wie Du in ein grosses Meer hinaustreibst, aber ich will mir ein Schiff bauen und Dich heimholen aus der Verlorenheit. Du musst nur selbst auch etwas dazutun und es mir nicht zu schwer machen. Die Zeit und vieles ist gegen uns, aber sie soll nicht zerstören dürfen, was wir aus ihr herausretten wollen.

Schreib mir bald, bitte, und schreib, ob Du noch ein Wort von mir willst, ob Du meine Zärtlichkeit und meine Liebe noch nehmen kannst, ob Dir noch etwas helfen kann, ob Du manchmal noch nach mir greifst und mich verdunkelst mit dem schweren Traum, in dem ich licht werden möchte.

Versuche es, schreib mir, frag mich, schreib Dir alles weg, was auf Dir liegt!

Ich bin sehr bei Dir

Deine Ingeborg.

10.1 Beilage

Wien, am 25. August 1949.

Liebster,
dieser Brief wird nicht leicht; fraglos und antwortlos ist ein Jahr vergangen, mit wenigen, aber sehr zärtlichen Grüssen, ganz kleinen Versuchen zu sprechen, aus denen bis heute noch nicht viel geworden ist. Erinnerst Du Dich noch an unsere ersten Telephongespräche? Wie schwer das war; mich hielt immer etwas erstickt, ein Gefühl, das dem nicht unähnlich war, das unsere Briefe bisher trug. Ich weiss nicht, ob Du es gleich siehst, aber ich will es einmal annehmen.

Dein Schweigen war sicher ein andres als meines. Für mich ist es selbstverständlich, dass wir jetzt nicht über Dich und Deine Beweggründe sprechen wollen. Sie sind und werden mir immer wichtig sein, aber wenn etwas auf die Waagschale gelegt werden soll, dann nichts, was Dich betrifft. Für mich bist Du Du, für mich bist Du an nichts »schuld«. Du musst kein Wort sagen, aber ich freue mich über das kleinste. Mit mir ist das anders. Ich bin wohl der Einfachere von uns beiden, und doch muss ich mich eher erklären, weil es für Dich schwerer zu verstehen ist.

Mein Schweigen bedeutet vor allem, dass ich die Wochen behalten wollte, wie sie waren, ich wollte nichts, als eben ab und zu durch eine Karte von Dir die Bestätigung bekommen, dass ich nicht geträumt habe, sondern alles wirklich war, [wie] es war. Ich hatte Dich lieb gehabt, ganz unverändert, auf einer Ebene, die »jenseits der Kastanien« war.

Dann kam der heurige Frühling und alles wurde stärker, sehnsüchtiger und trat aus dem Glassturz hervor, unter den ich es gestellt hatte. Viele Pläne entstanden, ich wollte nach Paris, Dich wiedersehen, aber ich kann Dir nicht sagen zu welchem Zweck und Ziel. Ich weiss nicht, warum ich Dich will und wozu. Darüber bin ich sehr froh. Ich weiss das sonst zu genau.

Es war sehr viel in diesem Jahr für mich, ich bin ein Stück weitergekommen, ich hatte viel Arbeit, ich habe ein paar erste Sachen weggeschrieben, mit sehr vielen Zweifeln, Hemmungen, Hoffnungen.

Weisst Du noch, wie verzweifelt Du immer ein bisschen über meine Offenheit in manchen Dingen warst? Ich weiss nicht, was Du jetzt wissen willst und was nicht, aber Du wirst Dir ja denken können, dass die Zeit seit Dir für mich nicht ohne Beziehungen zu Männern vergangen ist. Einen Wunsch, den Du damals diesbezüglich hattest, habe ich Dir erfüllt; das habe ich Dir auch noch nicht gesagt.

Aber nichts ist zur Bindung geworden, ich bleibe nirgends lang, ich bin unruhiger als je und will und kann niemandem etwas versprechen. Wie lange wohl unser Mai und unser Juni hinter all dem zurückliegen, fragst Du: keinen Tag, Du Lieber! Mai und Juni ist für mich heute abend oder morgen mittag und noch in vielen Jahren.

Du schreibst so bitter, wie merkwürdig ich mich verhalten hätte, als ich vor der Alternative Paris oder Amerika stand. Ich verstehe Dich zu gut, und es tut mir jetzt auch sehr weh, dass das so zu Dir gekommen ist. Was immer ich auch darauf antworte, wird falsch sein. Vielleicht wollte ich damit nur sehen, ob Dir noch an mir liegt, nicht überlegt, eher unbewusst. Damit wollte ich auch nicht zwischen Dir und Amerika wählen, sondern etwas abseits von uns. Dann kommt dazu, dass ich Dir schwer begreiflich machen kann, wie oft sich Pläne von einem Tag auf den anderen erledigen und ein anderes Gesicht bekommen. Heute sind es Stipendien, die morgen nicht mehr in Frage kommen, weil man sich zu einem bestimmten Termin bewerben müsste, den man nicht einhalten kann, dann fehlen Bestätigungen, die man nicht erbringen kann. Heute bin ich so weit, dass ich zwei Empfehlungen habe, eine für ein Stipendium nach London, eine für eines nach Paris, aber ich kann nicht sicher sagen, was daraus wird und ich betreibe diese Ansuchen ohne einen bestimmten Gedanken, nur in der Hoffnung, dass eines sich irgendeinmal realisiert. Ausserdem will mich jemand auf eine private Reise nach Paris mitnehmen. Ich bin ziemlich sicher, dass das einmal zustande kommt, weil es einmal schon knapp daran war. Im Augenblick bin ich selbst das Hindernis, weil meine Schlussprüfungen für das Doktorat sich derart in die Länge ziehen, dass ich es nie für möglich gehalten hätte.

Du wirst nach allem schliessen, dass ich Dir sehr fern wäre. Ich kann Dir nur eines sagen, so unwahrscheinlich es mir selbst erscheint, ich bin Dir sehr nah.

Es ist eine schöne Liebe, in der ich mit Dir lebe, und nur weil ich Angst habe, zu viel zu sagen, sage ich nicht, dass sie die schönste ist.

Paul, ich möchte Deinen armen schönen Kopf nehmen und ihn schütteln und ihm klarmachen, dass ich sehr viel damit sage, viel zu viel für mich, denn Du musst doch noch wissen, wie schwer es mir fällt, ein Wort zu finden. Ich wünsche mir, dass Du alles aus meinen Zeilen herauslesen könntest, was dazwischen steht.

11 Ingeborg Bachmann an Paul Celan, Wien, 10. 6. 1950

Wien, am 10. Juni 50

Lieber,
in wenigen Tagen fährt Nani Maier nach Paris, und ich werde sie bitten, was ich schwer in einem Brief sagen kann, mit Dir zu besprechen.

So will ich nur viele, viele Gedanken vorausschicken und hoffen, daß wir bald auf ein Wasser sehen, das wieder an Indien grenzt und an die Träume, die wir einmal geträumt haben.

Aber wenn Du nicht mehr kannst oder schon in ein nächstes Meer getaucht bist, hol mich, mit der Hand, die man für andere frei hat!

Ich will Dir sehr danken,

Ingeborg.

12 Ingeborg Bachmann an Paul Celan, Wien, 6. 9. 1950

Wien, den 6. Sept. 1950.

Liebster,
nun, da unsere Freunde, Nani und Klaus, zurück sind und ich einen Abend lang mit ihnen sprechen konnte, sehe ich erst, wie viele Mißverständnisse sich zwischen uns gelegt haben. Glaub mir, ich habe, zumindest bewußt, nicht die Fehler gemacht, die mich Dir so entfernt und entfremdet haben. Ich war in den vergangenen Wochen sehr krank; ein Nervenkollaps mit allen Begleiterscheinungen hat mich gelähmt und unfähig gemacht, richtig zu reagieren und etwas zu entscheiden. Zudem meinte ich, – nur eines der Mißverständnisse – daß ich nicht Dir selbst schreiben solle.

Verzeih mir, wenn Du kannst und hilf mir dennoch von hier wegzukommen! Magst Du versuchen, mir eine Einladung zu schicken? Ich könnte im Oktober fahren und werde, bis dahin, auch wahrscheinlich genug Geld haben, um die erste Zeit in Paris zu überbrükken, so daß ich Dir nicht allzu sehr zur Last fiele.

Lieber Paul, mehr zu schreiben fällt mir schwer, weil ich fühle, daß alles erst wieder gut werden könnte, wenn ich Gelegenheit habe, Dir gegenüberzustehen, Deine Hand zu halten und Dir alles, alles zu erzählen.

Laß mich nicht auf Deine Antwort warten, wie immer sie auch ausfallen mag!

Ich umarme Dich und bin mit vielen Gedanken bei Dir!

Ingeborg.

13 Paul Celan an Ingeborg Bachmann, Paris, 7. 9. 1950

Paris, den 7. September 1950.

Meine liebe Ingeborg,

hier ist der Brief, in dem Frau Dr. Rosenberg Dich nach Paris einlädt: ich hoffe, er wird zur Erlangung des französischen Visums genügen. Bitte unternimm sofort die notwendigen Schritte und laß mich wissen, ob alles seinen normalen Verlauf nimmt. Säume nicht, Ingeborg: wenn Du wirklich nach Paris willst, so komm am besten gleich. Du brauchst Dir wegen Deines Hierseins keine Sorgen zu machen, in keiner Hinsicht. Ich freue mich, daß Du kommst, und Du wärest jetzt vielleicht schon hier, wenn Du Nanis Brief rechtzeitig beantwortet hättest. Hoffentlich schiebt das Konsulat die Visumsangelegenheit nicht auf die lange Bank, jedenfalls wirst Du wohl ein wenig dahinter hersein müssen. Klaus, der französische Verhältnisse kennt, wird Dir vielleicht den einen oder andern Wink geben können.

Soviel ich aus Nanis mündlichen und nun auch schriftlichen Berichten entnehmen konnte, hast Du Kummer gehabt, Ingeborg. Das tut mir leid. Aber ich glaube, daß Paris Dir diesen Kummer nehmen kann: gerade diesen Kummer. Und vielleicht kann ich Paris dabei behilflich sein. Siehst Du, ich habe lange ringen müssen, ehe Paris mich richtig aufnahm und mich zu den Seinen zählte. Du wirst nicht so allein sein wie ich, nicht so vereinsamt und ausgestoßen wie ich es war. Denn das erste Recht, das man sich hier erkämpft, ist gerade dieses: seine Freunde vor den Dingen zu schützen, denen man selbst so lange schutzlos, ja ahnungslos gegenüberstand.

Klaus und Nani werden Dir erzählt haben, wie schön Paris ist: ich werde froh sein, dabei zu sein, wenn Du es merkst.

Gib mir rasch Antwort. Ich umarme Dich

Paul

Viele Grüße an Klaus und Nani.

14 Ingeborg Bachmann an Paul Celan, Wien, nach dem 7. 9. 1950

Liebster,
für Deinen lieben Brief, die Einladung und alles, was Du für mich tust, danke ich Dir sehr, sehr. Ich habe sogleich alles in die Wege geleitet, war am Konsulat und warte nun sehnsüchtig auf das Visum. Wann es so weit sein wird, daß ich fahren kann, weiß ich im Augenblick noch nicht, aber ich hoffe, daß ich in der ersten Oktoberwoche abreisen kann.

Es gibt natürlich viel zu tun vor einer so großen und entscheidenden Reise, ich mache mir viele Sorgen, wie ich hier – und wie weit – meine Zelte abbrechen soll. Zudem warte ich noch immer, wie die Entscheidung über mein Buch bei S. Fischer ausfallen wird; aber ich werde, auch ohne Nachricht von Dr. Bermann, wegfahren, sobald ich dazu in der Lage bin. Damit ich Dir nicht allzu erschöpft in die Arme sinke bei meiner Ankunft, will ich in Innsbruck und Basel, je einen Tag oder eine Nacht, bei Bekannten, bleiben, – und um ausgeruht nach Paris zu kommen. Es fällt mir schwer, jetzt mehr zu schreiben; wir wollen uns alles aufheben für die vielen gemeinsamen Tage, die vor uns liegen.

Sobald ich mehr weiß, die Abreise oder Ankunftszeit vor allem, schreibe ich wieder.

Lasse bitte, unbekannterweise, Frau Dr. de Rosenberg meinen herzlichsten Dank sagen!

Bald ganz
Deine
Ingeborg.

15 Ingeborg Bachmann an Paul Celan, Wien, 27. 9. 1950

Liebster,
ich habe so große Sehnsucht nach ein wenig Geborgenheit, daß ich beinahe Angst habe, sie bald zu finden. Du wirst viel Geduld mit mir haben müssen – oder aber es sehr einfach mit mir haben. Ich bin verloren, verzweifelt und verbittert und weiß, daß ich mir von

Paris allein nicht die Lösung aller dieser inneren Schwierigkeiten erwarten darf, sondern daß viel auf mich und viel auf unsere Beziehung ankommen wird.

Ich freue und fürchte mich abwechselnd auf das Kommende; die Furcht überwiegt noch. Versuche bitte, gut zu mir zu sein und mich festzuhalten! Manchmal glaube ich, alles ist ein verworrener Traum, und es gibt Dich gar nicht und Paris nicht und nur die mich zermalmende, schreckliche, hundertköpfige Hydra Armut, die mich nicht loslassen will.

Mein Visum soll ich am 5. Oktober abholen; hoffentlich ist es dann wirklich fertig. Wenn dazu auch das nötige Geld einträfe, hätte ich, nach langer Zeit, wieder Grund, glücklich zu sein.

Ich umarme Dich, Lieber, und gebe Dir bald Nachricht von meiner Abreise!

Deine
Ingeborg.

Den 27. September 1950.

16 Paul Celan an Ingeborg Bachmann, Paris, am oder nach dem 14. 10. 1950

Liebe Ingeborg,
es ist halb fünf, und ich muß nun zu meinem Schüler. Es war unser erstes Rendezvous in Paris, mein Herz klopft ganz laut, und Du bist nicht gekommen.

Ich muß heute noch zwei Stunden geben, habe weit zu fahren und bin erst gegen drei Viertel neun zurück.

Der Steckkontakt für Dein Bügeleisen steckt in der Lampe; sei aber vorsichtig und schließ die Tür gut zu, damit sie im Hotel nicht merken, daß Du bügelst. Schreibe auch Deine Briefe. Auf Briefe warten ist schwer.

Und denk ein wenig an das, was über mich strich, als ich zu Dir sprach.

Paul

17 Paul Celan an Ingeborg Bachmann, wohl Paris, nach dem 14. 10. 1950 oder nach dem 23. 2. 1951

Liebe Inge,
ich [bin] ungefähr um 1^{Uhr} 45 zurück – kannst Du bitte so lange warten

Paul

18 Ingeborg Bachmann an Paul Celan, Wien, 4. 7. 1951

Liebster Paul,
heute abend fährt Klaus nach Paris; ich möchte ihm diesen und noch andere, vor langer oder weniger langer Zeit geschriebene Briefe mitgeben. Auch wenn Du keine Zeit finden solltest, mir zu schreiben, werde ich hoffentlich bald von Klaus wissen, wie es Dir geht.

Bitte, überlege Deiner Gedichte wegen alles genau; ich glaube, daß es kein Fehler wäre, durch Jünger und durch Doderer etwas in Gang zu bringen.

Nimm mir vor allem nicht übel, daß ich die wichtigsten Briefe immer mit der Maschine geschrieben habe. Das Tippen ist mir so zur Gewohnheit – oder viel mehr als das – geworden, daß ich kaum mehr fähig bin, Worte, die mir am Herzen liegen, mit Tinte aufs Papier zu malen.

Heute war ich im Institut Français; dort brachte ich in Erfahrung, daß ich vielleicht doch schon zum nächsten Sommersemester (Februar oder März 1952) nach Paris könne. Klaus habe ich sehr lieb gewonnen: wir haben einander in letzter Zeit oft gesehen und gesprochen, und es wäre schön, wenn wir vier einander nie ganz aus den Augen verlieren würden.

In Liebe
Deine
Ingeborg.

Wien, den 4. Juli 1951.

18.1 Beilage

März 51.

Paul, Lieber,
es ist Ostermontag, und ich bin zum ersten Mal aufgestanden, nach einer Krankheit, die nicht sehr arg war, die mir aber sehr wichtig war, die mir fast wunderbar zu Hilfe gekommen ist. Denn ich wusste nicht mehr, wie ich es hier und wie ich es hier mir recht machen sollte. Der erste Fehler war, dass ich eine Woche mein altes Wiener Leben weiterspielte, genau so, als wäre nichts gewesen, dann plötzlich verzweifelt und hysterisch abbrach und nicht aus dem Haus wollte und dabei doch wusste, dass es so nicht immer bleiben könne, und dann kam noch von aussen etwas dazu, das sehr schlimm war und fast schlimmer als alles bisher. Dann kam meine Schwester und dann diese Grippe. Jetzt ist es so still wie nach den Bombenabwürfen im Krieg, wenn sich der Rauch verzogen hatte und man entdeckte, dass das Haus nicht mehr stand und nichts zu sagen wusste; was hätte man auch sagen sollen?

Morgen werde ich vielleicht schon ausgehen, eine Arbeit suchen. Es findet sich immer etwas. Das Telephon ist heute schon ganz still – wie in einem heimlichen, heiteren Einverständnis.

Im Herbst komme ich vielleicht nach Paris. Es hat sich jedoch noch nichts entschieden. Aber auch, wenn ich hierbleiben muss, will ich nicht traurig sein. Ich habe soviel gehabt, soviel genommen, dass es noch lange reichen könnte; aber auch, wenn es nicht reicht – man kommt mit so wenigem aus. Später einmal werden wir sowieso nur wenig Gepäck mitnehmen dürfen, vielleicht überhaupt keines.

Du erwartest ja nicht, dass ich heute schon etwas zu »uns« beiden sage, ich kann jetzt nicht gut denken, ich muss zuerst wegkommen von allem, nur fürchte ich, dass ich dann auch von Dir zu weit weg sein werde.

Schreibe mir bitte zuweilen. Schreibe mir nicht zu vag, erzähle ruhig, dass der Vorhang vor unserem Fenster schon wieder abgebrannt ist und uns die Leute zusehen von der Strasse –

Von Herzen
Deine
Ingeborg

Lass die Nani innig grüssen von mir.
Milo Dor hat sich sehr gefreut.

4. Juli: Ich lege diesen Brief nur bei, – er ist einer von vielen, die meisten sind aber schon zerdrückt – damit Du Dich ein bisschen auskennst.

18.2 Beilage

Juni 1951

Lieber, bitte, kann ich Deine Gedichte von Klaus haben oder kannst Du sie mir bald schicken; ich habe jetzt endlich eine günstige Verbindung mit Deutschland, noch dazu von einem Mann, der Deine Sachen kennt und sehr dran interessiert ist. Ich will alles versuchen und ihn sehr bearbeiten. Es müsste aber ein Manuskript bis Mitte oder Ende August in meinen Händen sein! (Es ist der Heimito von Doderer, vom Beck-Verlag, dem zweitältesten Verlag [in] Deutschland, nach Cotta, – wir haben schon lang über Dich gesprochen).

18.3 Beilage

Wien, den 27. Juni 1951.

Lieber, lieber Paul,
in wenigen Tagen fährt Klaus nach Paris; er soll die vielen Briefe mitnehmen, die ich Dir geschrieben habe, die falschen und die richtigen, ich habe nie den Mut gehabt, sie abzuschicken. Er wird Dir am besten das Wichtigste, was es von hier zu erzählen gibt, sagen können, auch ein wenig von dem anderen, viel Wichtigeren, das man schwer oder überhaupt nicht sagen kann.

Ich weiss nicht, ob ich es versuchen soll.

Ich sehne mich so, so sehr nach Dir und ich bin manchmal fast krank davon und wünsche mir nur, Dich wiederzusehen, irgendwo, aber nicht irgendwann, sondern bald. Aber wenn ich mir vorzustellen versuche, wie und was Du mir darauf antworten könntest, wird es sehr dunkel, es stellen sich die alten Missverständnisse ein, die ich so gerne wegräumen möchte.

Weisst Du eigentlich noch, dass wir doch, trotz allem, sehr glücklich miteinander waren, selbst in den schlimmsten Stunden, wenn wir unsre schlimmsten Feinde waren?

Warum hast Du mir nie geschrieben? War Frau Jené denn noch nicht in Paris? Warum spürst Du nicht mehr, dass ich noch zu Dir kommen will mit meinem verrückten und wirren und widerspruchsvollen Herzen, das ab und zu noch immer gegen Dich arbeitet? – Ich fange ja langsam zu verstehen an, warum ich mich so sehr gegen Dich gewehrt habe, warum ich vielleicht nie aufhören werde, es zu tun. Ich liebe Dich und ich will Dich nicht lieben, es ist zuviel und zu schwer; aber ich liebe Dich vor allem – heute sage ich es Dir, auch auf die Gefahr hin, dass Du es nicht mehr hörst oder nicht mehr hören willst.

Vor dem Herbst kann ich aus Wien keinesfalls weg, ich habe sehr viel Arbeit und kann es mir nicht leisten, die Stelle aufzugeben, die ich angenommen habe. Dann werde ich vielleicht nach Deutschland gehen, um mich umzusehen oder um einige Zeit dort zu bleiben. Mein Pariser Stipendium hingegen wurde auf das Jahr 1952 verschoben. Wie ich das aushalten werde, weiss ich noch nicht, am liebsten möchte ich, um die Zeit zu überbrücken, bis dahin nach Amerika gehen. – Aber alle diese Pläne, von denen ich Dir hier erzähle, sind sehr vage; es kann auch ganz anders kommen – es könnte sein, dass ich hierbleiben muss und nichts von all dem erreiche, was ich in diesem Jahre zu erreichen wünsche.

Lass Dir alles Liebe und alle Liebe von mir geben, die vielen Küsse und Umarmungen, die Du nicht nehmen kannst, lass mich einen Gedanken lang bei Dir sein …

Deine
Ingeborg

19 Paul Celan an Ingeborg Bachmann, Levallois-Perret, 7. 7. 1951

Paul Celan
p/A Dr. W. Adler
14, Villa Chaptal
Levallois-Perret
(Seine) Levallois, den 7. Juli 1951.

Meine liebe Inge,
vor einer Woche brachte mir Frau Jené Dein Päckchen, und gestern kam Klaus mit einem weiteren Geschenk von Dir – vielen, vielen Dank für all das! Herzlichen Dank auch für die Briefe: den ersten den ebenfalls Frau Jené mir überbringen sollte, erhielt ich noch vor Wochen, Frau Jené war so liebenswürdig gewesen, ihn noch in Wien aufzugeben, da sie mit einem längeren Aufenthalt an der Saar rechnete und mich nicht warten lassen wollte.

Es ist schwer, diese Briefe zu beantworten, Ingeborg, das weisst Du, Du weisst es sogar besser als ich, weil Du die Situation, in der wir uns nun befinden, von einer Seite her übersehen kannst, die für ihr Entstehen massgebend (um nicht zu sagen: verantwortlich) war. Ich will damit sagen, dass Dir die Umrisse Deiner eigenen Person deutlicher erscheinen dürften als mir, der ich – nicht zuletzt durch Dein allzu beharrliches Schweigen – vor Problemen stehe, deren Lösung nur ein weiteres Problem ergibt und zwar eines von der Art jener, die dadurch entstehen, dass man sie so lange mit Sinn und Signifikanz speist, bis man zu guter Letzt als Absurdum vor ihnen steht, unfähig die Frage zu stellen, wie man dahin gelangt ist. Wäre ich unbeteiligt – wie faszinierend wäre es da, wie sinnvoll auch, dieses doppelseitige Über-sich-hinausgreifen zu verfolgen, diese dialektisch potenzierte Schemenhaftigkeit unserer dennoch mit Blut gespeisten Wirklichkeiten! Indes, ich bin b e t e i l i g t, Inge, und so habe ich kein Auge für das, was Du in jener sorgfältig durchgestrichenen, aber doch nicht bis zur Unleserlichkeit getilgten Stelle in einem Deiner Briefe das »Exemplarische« unserer Beziehung nennst. Wie sollte ich auch an mir selber Exempel statuieren? Gesichtspunkte dieser Art sind nie meine Sache gewesen, mein Aug fällt zu, wenn es aufgefordert wird, nichts als e i n Auge, nicht aber *mein* Auge zu sein. Wäre dies anders, ich schriebe keine Gedichte.

Da, wo wir zu stehen glaubten, Inge, da reden die Gedanken den Herzen das Wort, nicht aber umgekehrt. Daß nun aber gerade das Gegenteil sich ereignete, kann eine Handbewegung, mag sie auch die einzige sein, die einem ein schwerer Augenblick noch zugesteht, nicht ungeschehen machen. Nichts ist wiederholbar, die Zeit, die Lebenszeit hält nur ein einziges Mal inne, und es ist furchtbar zu wissen, wann und für wie lange.

Es ist schwer, Dir, gerade *Dir* vor Augen zu halten, was längst zu Deinen eigensten Beständen gehört, – aber sag, hältst Du es denn für richtiger, durch ein leichthin in die Ferne geflüstertes Wort die Welt noch undurchdringlicher zu machen, als sie ohnehin schon ist?

Ich wäre froh, mir sagen zu können, dass Du das Geschehene als das empfindest, was es auch wirklich war, als etwas, das nicht widerrufen, wohl aber zurückgerufen werden kann durch wahrheitsgetreues Erinnern. Dazu – und nicht nur dazu – brauchst Du Ruhe, Ingeborg, Ruhe und Gewissheit, und ich glaube, Du erreichst sie am besten, wenn Du sie bei Dir und nicht bei andern suchst. Es ist Dir ein Stipendium in Aussicht gestellt worden, Inge, arbeite also diesem Stipendium entgegen und versuche nicht, die Zeit, die Dich von Paris noch trennt, durch eine Reise nach Amerika zu überbrücken. Warum auch Amerika? Kommt es denn wirklich darauf an, gerade da Erfahrungen zu sammeln, wo man sie so gern am Erfolg misst?

Du hast bisher mehr vom Leben gehabt, Inge, als die meisten Deiner Altersgenossen. Keine der Türen ist Dir verschlossen geblieben, und immer wieder tut sich Dir eine neue Tür auf. Du hast keinen Grund, ungeduldig zu sein, Ingeborg, und wenn ich eine Bitte äussern darf, so ist es gerade diese: denk, wie rasch alles Dir zu Gebote steht. Und sei nun ein wenig sparsamer mit Deinen Ansprüchen.

Du hast auch mehr Freunde, mehr Menschen, die um Dich bemüht sind, als wir andern. Vielleicht *zu* viele. Oder vielmehr: zu viele, die zu wissen glauben, wohin Dein Weg führt. Wo sie doch wissen müßten, daß ihr eigener Weg, der von ihnen bereits beschrittene, sie keineswegs dazu berechtigt, Übersichten von der Art zu gewinnen, die nottut, wenn man Freunde beraten will. Ich habe das Gefühl – und dieses Gefühl wird mir von mehreren Seiten bestätigt –, daß man in Wien nur in den allerseltensten Fällen wirklich auch das ist, was man zu repräsentieren vorgibt. Ich will damit sagen, daß viele der Menschen, die in Wien den Ton angeben, in den meisten Fällen ein verschanztes Ohr haben und einen vorlauten Mund. Diese Feststellung, Du kannst es mir glauben, macht mich ebenso bitter wie Dich, denn ich hänge an Wien, trotz allem. Ich sage Dir all das, weil ich Dich vor einem gewissen Erfolg warnen möchte: er kann nur sehr kurzlebig sein, und Menschen, die wie Du im Schweren beheimatet sind, sollten ihn zu umgehen wissen.

Aber nun genug der guten Ratschläge! Ein Wort noch: Du weißt, ein wie schweres Erlebnis hinter ihnen steht.

Von mir ist nicht viel zu berichten. Ich werde jetzt etwa sechs Wochen bei Bekannten wohnen, an der Peripherie der Stadt, in einem kleinen Häuschen, aus dessen Fenstern man auf drei Lindenbäume hinausblickt. Kein Straßenlärm, keine bummelnden Studenten, keine Amerikaner, die »Paris by night« erleben ... und eine Schreibmaschine. Ich habe wieder ein paar Apollinaire-Gedichte übersetzt, vielleicht bringt sie der ›Merkur‹.

Für Deine Bemühungen um meine Gedichte danke ich Dir besonders. Ich erinnere mich sehr gut an Heimito von Doderer – kannst Du mir seine Adresse schicken? Hattest Du Gelegenheit, Hilde Spiel zu sehen? Sie hat meine im Almanach veröffentlichten Gedichte in der Münchner ›Neuen Zeit‹ auf das liebenswürdigste besprochen – ich hätte ihr so gern persönlich gedankt. Ist Dir bekannt, ob sie nach Paris kommt?

Liebe Inge, ich schließe nun. Ich schließe mit der Bitte, mir öfter und regelmäßig zu schreiben.

Alles Liebe und Schöne!
Paul

20 Ingeborg Bachmann an Paul Celan, Wien, 17. 7. 1951

Wien, den 17. Juli 1951

Lieber Paul,
es macht mich sehr froh, Deinen Brief in den Händen zu halten, und ich hoffe, dass wir damit in ein Gespräch gekommen sind, an dem uns – verzeih, wenn ich das, trotz allem, annehme – vielleicht beiden liegt. Was Du auf das Intimste meiner Briefe zu antworten hast, weht mich sehr kühl an, aber ich verstehe und respektiere Dich zu sehr, um Bitterkeit in mir aufkommen zu lassen, und ich will versuchen, dort fortzufahren, wo Du aus dem allzu Vagen und dem »in die Ferne Geflüsterten« Feststellbares herausgeschält hast, über das sich sprechen lässt.

Ich muss mich wohl etwas unklar ausgedrückt haben, wenn Du annehmen konntest, dass ich an ein »ungeschehen-machen-Können« glaube, und ich bin heute, ganz in Deinem Sinne, für das wahrheitsgetreue Erinnern. In einem Winkel meines Herzens bin ich jedoch eine romantische Person geblieben; das mag Schuld daran tragen, dass ich mir etwas, in wenn auch unbewusster Unredlichkeit, verschönt zurückbringen wollte, was ich einmal, weil es mir nicht schön genug schien, fallen liess.

Deinen Ratschlägen stehe ich ein wenig hilflos gegenüber; was Du von einer Amerikareise hältst – die übrigens kaum zustandekommen dürfte – erschiene mir sehr wichtig, aber ich weiss eben nicht, wie weit Klaus Dir die Voraussetzungen dazu auseinanderlegen konnte – ich denke jedenfalls nicht daran, in Amerika Erfahrungen zu sammeln, meine Einstellung diesem Land gegenüber dürfte sich sehr mit der Deinen decken, ich erwarte mir nichts davon, als die Gelegenheit, mein Englisch zu verbessern. Das hat man mir hier nahegelegt, und man würde mir den Weg ebnen, wenn meine Kenntnisse dann der »Firma« zugute kämen, bei der ich hier beschäftigt bin – zudem würde sich eine Besserstellung finanziell günstig auswirken. Gerade in dieser Beziehung habe ich es hier sehr schwer, und ich weiss eigentlich nicht, was ich mehr fürchten soll: meine Stelle zu verlieren, denn damit muss man immer rechnen, oder sie zu behalten. Das Leben in Österreich ist in diesem letzten Jahr um so vieles härter, um so vieles hoffnungsloser geworden, dass man sehr viel Mut braucht, um sich, jeden Tag von neuem, hineinzufinden. Was Du daher meine Erfolge nennst, denen Du immer – und ich heute eigentlich nicht weniger – skeptisch gegenübergestanden bist, ist mir sehr fragwürdig geworden, dass ich mich fragen muss, worum man mich beneidet. Versteh mich recht, ich will mich nicht bemitleiden und nicht bemitleidet werden – ich möchte es nur klarstellen. Dass ich Ansprüche stelle, vielleicht zu hohe, mag ich mir nicht übel nehmen, das stimmt von all dem, was Du mir vorwirfst, auch dass ich ungeduldig und unzufrieden bin, aber meine Unruhe treibt mich, dessen bin ich gewiss, nicht Wegen zu, auf denen man sich verliert. Ich war einige Male daran, mich gegen mich zu entscheiden, und es ist möglich, dass ich noch einmal und immer wieder zu wählen haben werde zwischen mir und etwas sehr Klarem, das immer mit mir gewesen ist, zwischen einem Menschen, der es sich leicht machen will, der Bequemlichkeit sucht, gefallsüchtig ist und noch vieles mehr, und zwischen dem anderen, von dem und durch das ich wirklich lebe und von dem ich, zuletzt, um nichts in der Welt – ich kann es nur so banal sagen – lassen werde.

Wien ist – wie vielleicht kein anderer Ort – ein Boden für Halbheiten, und man muss sich wirklich hüten, geistig nicht auszurutschen; aber hier kommt mir, das klingt paradox, gerade jetzt mein seltsamer Beruf zu Hilfe (der Ausdruck »job« wäre wirklich besser am Platz), der es mir so deutlich macht, was ich mit der wenigen Zeit, die mir bleibt, zu tun habe, wie sparsam ich sein muss, und das planlose Ausgeben, zu dem man manchmal verleitet wird, reduziert sich gleichsam von selbst auf Weniges, auf Wichtiges.

Von Hilde Spiel weiss ich im Augenblick wenig, sie war im April in Wien und ist vor wenigen Wochen bestimmt noch in London gewesen – das konnte ich einer deutsch-englischen Zeitschrift entnehmen, die ein Interview mit ihr brachte. Ihre Adresse ist Mrs. H. Spiel de Mendelssohn, 20, Wimbledon Close, London SW 20.

Heimito von Doderer bleibt noch den ganzen August in Österreich, er fährt heute auf das Land, will aber jede Woche nach Wien kommen und nach Post und dergl. sehen. Seine Adresse ist: Wien VIII., Buchfeldgasse 6.

Ich wünsche Dir viel Schönes für die stillen Wochen in Levallois. Hast Du Gelegenheit, Nani und Klaus zu sehen? Und kehrst Du dann wieder in die Rue des Ecoles zurück?

Du schreibst gar nicht, ob Du Deinen Plan, nach Österreich zu kommen, fallen gelassen hast. Unlängst sind in der Wiener Sezession Gedichte von Dir gelesen worden. Ich habe das Gefühl, dass Dein Name hier immer weitere Kreise zieht.

Schreib mir, bitte, auch, ob ich Deine Gedichte, die Klaus mir überlassen hat, an Doderer weitergeben soll, oder ob Du selbst sie ihm schicken willst.

Ich bleibe den Sommer über in Wien, vielleicht kann ich fünf Tage Urlaub bekommen und meine Schwester in St. Wolfgang besuchen. Du kannst mir also immer in die Gottfried Kellergasse schreiben – bitte tu es!

Ingeborg

21 Ingeborg Bachmann an Paul Celan, St. Wolfgang, 30. 8. 1951

St. Wolfgang, den 30. August.

Lieber Paul,
hoffentlich hast Du meinen Brief diesmal bekommen; ich habe, damals, die Adresse verwendet, die Du auf das Kouvert geschrieben hattest, und erst später entdeckte ich die vollständigere im Brief selbst.

Inzwischen bin ich ins Salzkammergut gefahren. Mein Urlaub ist sehr kurz, eine Woche lang nur, aber ich bin nicht traurig, denn die Tage sind so schön, und in Wien erwartet mich eine neue, bessere Arbeit, die zwar viel von mir verlangen wird, aber in jeder Beziehung zufriedenstellender ist als die bisherige. Ich werde, ziemlich selbständig, im Sender Rot-Weiss-Rot die wissenschaftlichen Sendungen einrichten und im sogenannten Script Department an den Hörspielen mitpfuschen; immerhin könnte das einer Berufsausbildung gleichkommen, und, soweit man überhaupt an Sicherung denken darf, mir die Jahre bis zu meiner Rückkehr an die Universität sichern.

Obwohl ich nun mit der eigentlichen literarischen Abteilung nichts zu tun habe, möchte ich Dich fragen, ob ich aus Deinen neuen Gedichten, die mir Klaus gab, eine Sendung zusammenstellen darf. Ich habe mit Dr. Schönwiese (Salzburg) schon gesprochen, der sie dann in seine Abteilung übernehmen würde. Von dort würden sie dann wieder ins Studio nach Wien zurückgehen und gesendet werden. (Ob ich allerdings Edith Mill als Sprecherin bekomme, weiss ich nicht.)

Klaus hat mich, von Millstatt kommend, sogleich besucht; ich war sehr glücklich drüber, denn ich habe ihn sehr lieb gewonnen, und wenn nun auch noch Nani da sein wird, ist mir weniger bang vor dem Niemandsland Wien.

Das Pariser Stipendium wird von all den Neuerungen nicht berührt, ich werde, wahrscheinlich, Ende September und Anfang Oktober erfahren, ob die Entscheidung auf mich gefallen ist.

Lieber Paul, wenn ich mich heute nach meinen Wünschen frage, meinen wirklichen Wünschen, dann zögre ich, mir Antwort zu geben, ja vielleicht bin ich sogar zur Einsicht gekommen, dass es uns nicht zusteht zu wünschen, dass wir nur ein gewisses Pensum an Arbeit zu erledigen haben, dass, was wir immer tun, ohne Wirkung ist, dass man dennoch zwischen acht Uhr früh und sechs Uhr abends so tun muss, als sei es wichtig, auf ein Blatt Papier einen Beistrich oder einen Doppelpunkt zu setzen.

Um aber nochmals auf die Wünsche zurückzukommen – weil nicht nur ich mir etwas wünsche, sondern auch andere; glaubst Du, dass es Dir möglich wäre, im kommenden Winter, zu Weihnachten etwa, nach Oesterreich zu kommen? Du müsstest Dir für die Zeit Deines Hierseins keine Sorgen machen, Du sollst einmal ausspannen, Dich als Gast fühlen, zu Hause fühlen. Lass jede Empfindlichkeit still sein, ich sage das nicht nur von mir aus, sondern auch im Namen von Klaus, von Nani, von noch einigen anderen, die sich sehr wünschen, Dich hier zu haben, ich spreche ein »bisserl«, so hoffe ich, für Oesterreich, das seine Verpflichtungen Dir gegenüber noch nicht eingelöst hat, und ich spreche zu Dir als dem Dichter und Menschen, der mir, nach allem, noch geblieben ist.

Mit Grüssen und vielen Gedanken!

Ingeborg

22 Paul Celan an Ingeborg Bachmann, London, 10. 9. 1951

10. 9. 51

Liebe Inge, Dein zweiter Brief erreicht mich in London, wo ich noch zwei Tage bleibe (dann ist meine Adresse wieder die alte: 31 rue des Ecoles). Ich freue mich über Deine Erfolge und danke Dir herzlich für Deine so lieben Bemühungen um die Gedichte. Ich schreibe Dir ausführlich aus Paris.

Alles Schöne!
Paul

23 Ingeborg Bachmann an Paul Celan, Wien, 25. 9. 1951, nicht abgesandt

Wien, den 25. September 1951

Lieber Paul,
dieser Tage will ich Dir den Ring zurückschicken, den Du mir im vergangenen Jahr gegeben hast; ich weiss nur noch nicht, ob ich [ihn] ohne weiteres der Post anvertrauen kann oder ob ich zuwarten muss, bis jemand nach Paris fährt. Sobald ich mich erkundigt habe, will ich Dir schreiben, ob ich den ersten, einfacheren Weg wählen kann.

Ich muss vorausschicken, dass ich jetzt endlich Gelegenheit hatte, Nani einmal allein zu sehen; es kam also Verschiedenes zur Sprache, Verschiedenes, an dem mir lag, es zu wissen.

Dein Wunsch, den Ring wieder haben zu wollen, war mir dabei weniger überraschend, als die Erinnerungen, die Du damit verbindest. Ich hätte sehr wohl verstanden, dass Dir viel dran liegt, dieses Andenken an Deine Familie zu behalten und ich hätte allein deswegen nicht einen Augenblick gezögert, ihn Dir wiederzugeben, ich hätte es gewiss nicht missverstanden und mich daher auch nicht gekränkt.

Nun aber musste ich aus Nanis, wenngleich überaus taktvollen Andeutungen entnehmen, dass entweder Dich oder mich die Erinnerung an die Voraussetzungen dieses »Geschenkes« getrübt haben. Der Verdacht, den Du in Deinem Herzen – und wohl auch gegen Nani – dabei gegen mich aussprichst, scheint mir so ungeheuerlich, das ich jetzt, zwei Tage, nachdem ich es erfahren habe, mich noch zusammennehmen muss, einen klaren Gedanken zu fassen und die Bitterkeit und Verzweiflung nicht zu zeigen, die über mir zusammenschlagen will.

Paul, glaubst Du denn wirklich, dass ich diesen Ring, dessen Geschichte ich kannte – und dass mir diese Geschichte heilig ist, hast Du mir in den vielen Vorwürfen, die Du mir gemacht hast, nicht machen können – aus einer Laune, weil ich ihn gesehen und er mir gefallen hätte, an mich genommen haben könnte? Ich will mich nicht vor Dir rechtfertigen, ich will auch nicht recht haben, denn es geht hier nicht um Dich und um mich, mir jedenfalls nicht – sondern nur darum, ob das wofür ich stehe vor dem, für das dieser Ring steht, bestehen kann. Und ich habe Dir nichts zu sagen, als dass mein Gewissen vor den Toten, die diesen Ring getragen haben, besteht. Ich habe ihn als Geschenk von Dir genommen und getragen oder verwahrt, immer in dem Wissen um die Bedeutung.

Heute verstehe ich vieles besser: ich weiss, dass Du mich verabscheust und dass Du mir zutiefst misstraust, und ich bedaure Dich – denn ich habe zu Deinem Misstrauen keinen Zugang – und werde es nie verstehen – ich bedaure Dich, weil Du, um eine Enttäuschung zu verwinden, den anderen, der Dir diese Enttäuschung gebracht hat, so sehr vor Dir und den anderen zerstören musst.

Dass ich Dich dennoch liebe, ist seitdem meine Sache geworden. Ich werde jedenfalls nicht, wie Du, trachten, auf die eine oder andre Weise, mit dem einen oder anderen Vorwurf, mit Dir fertig zu werden, Dich zu vergessen oder Dich fortzustossen aus meinem Herzen; ich weiss heute, dass ich vielleicht nie damit fertig werde und doch nichts von meinem Stolz einbüssen werde, wie Du einmal stolz sein wirst, Deine Gedanken an mich zur Ruhe gebracht zu haben, wie die Gedanken an etwas sehr Böses.

Vergiss bitte nicht, mir wegen Deiner Gedichte zu schreiben; ich möchte nicht, dass unsere anderen Abmachungen unter unseren persönlichen Rencontres leiden.

24 Ingeborg Bachmann an Paul Celan, Wien, 4. 10. 1951

Lieber Paul,
heute habe ich mit Dr. Schönwiese gesprochen; ich habe mit Klaus Gedichte ausgewählt und will sie in den nächsten Tagen nach Salzburg schicken. Natürlich wird die Sendung noch auf sich warten lassen.

»Wort und Wahrheit« hat zwei Gedichte von Dir gebracht, »Wie sich die Zeit verzweigt....« und »So schlafe, und mein Aug....« – das Heft ist nur leider noch nicht erschienen – ich habe nur die Fahnen, die ich wieder zurückgeben muß. Sobald es ausgeliefert wird, bekommst Du ein Exemplar.

Mit vielen lieben Grüßen
Ingeborg.

Wien, den 4. Oktober 51.

25 Paul Celan an Ingeborg Bachmann, Paris, 30. 10. 1951

31, rue des Ecoles
Paris, den 30. Oktober 1951

Meine liebe Inge,
dieses Leben scheint nun einmal aus Versaeumnissen gemacht, und man tut vielleicht besser daran, nicht allzu lange an diesen herumzuraetseln, sonst will kein Wort von der Stelle. Briefe, die es unternahmen, traten unter dem krampfhaft weitertastenden Finger zurueck in den Bereich, dem sie entrissen werden sollten. So stehe ich nun tief in Deiner Schuld, und jenes Breve aus London – alles, was Deinen Briefen, Geschenken, Bemuehungen gegenuebersteht – flattert mir im Kopf herum. Verzeih also und lass uns endlich zueinander sprechen.

Ich moechte ein wenig berichten, Meldung machen – das ist wohl am deutlichsten. In London: Beruhigung, Haeuslichkeit, Gaerten und Buecher, hin und wieder ein Gang durch die Stadt. An Begegnungen keine ausser der mit Erich Fried, erfrischend, belebend durch Herzlichkeit und Waerme. Eine fraglos sehr deutliche, starke dichterische Begabung. Von den uebrigen Ablegern des »geistigen Wien« sah ich nur Hans Flesch, den E.F. an dem Abend, da ich bei ihm Gedichte vorlas, zu sich gebeten hatte. Hilde Spiel habe ich leider nicht gesehen, sie war zu jenem Zeitpunkt noch in Oesterreich. Ich liess bei Erich Fried ein Manuskript zurueck, das seit einigen Tagen bei Frau Spiel sein duerfte. (Ein paar Zeilen von ihr lassen darauf schliessen.)

Schwieriges Wiedersehn mit Paris: Zimmer- und Menschensuche – beides enttaeuschend. Beschwatzte Einsamkeiten, zerschmolzene Schneelandschaft, der Oeffentlichkeit zugefluesterte Privatgeheimnisse. Kurzum, ein erheiterndes Spiel mit Duesterem, natuerlich im Dienste der Literatur. Manchmal kommt einem das Gedicht vor wie eine Maske, die es nur darum gibt, weil die anderen dann und wann ein Ding brauchen, hinter dem sie ihre heiliggesprochenenen Alltagsfratzen verbergen koennen.

Nun aber genug der Laesterworte – diese Erde soll ja auch nicht runder werden, und in Paris sind auch in diesem Herbst die Kastanien zum zweitenmal aufgeblueht.

Liebe Inge, ich habe Dir und Klaus zu danken fuer die Veroeffentlichung der beiden Gedichte in »Wort und Wahrheit«*) – vielleicht erreichen sie auch auf diesem Wege irgendein Ohr, das nicht verschanzt ist. Es wird Dich sicherlich freuen zu hören, dass nun auch die Berliner Zeitschrift »Das Lot« ein paar Gedichte von mir angenommen hat; sie werden in der naechsten, im Februar erscheinenden Nummer abgedruckt. Ausserdem soll einiges von mir ins Schwedische uebersetzt werden. Hoffentlich dann auch mal ins Deutsche.

Merkst Du's? ich gebaerde mich, ich wandre die Haeuser ab in der ganzen Gegend, ich renne hinter mir her... Wenn ich nur wirklich wuesste, wieviel es jetzt geschlagen hat! Aber lag er denn wirklich vor meiner Tuer, der Stein den ich mich fortzuwaelzen bemuehe? Ach, das Wort kommt doch nur durch die Luefte und kommt – ich fuerchte es wieder – im Schlaf.

Ich weiss nicht, Inge, ob Klaus Dir die beiden Gedichte gezeigt hat, die ich ihm letztens geschickt habe. Hier ist ein neues, »letzteres«, hoffentlich nicht allerletztes. (Guter Gott, wenn du doch mit Worten weniger geizen wolltest!)

Und Du, Inge? Arbeitest Du? Sag mir doch etwas darueber, ja? Und Deine Plaene? Ich mache mir Gewissensbisse, weil ich Dir in meinem Brief aus Levallois von Deiner beabsichtigten Uebersee-reise abriet – ich nehme nun alles zurueck, mein Urteil war damals sehr oberflaechlich.

Lass mich alles wissen, was mitteilbar ist, und darueber hinaus vielleicht manchmal eines von den leiseren Worten, die sich einfinden, wenn man allein ist und nur in die Ferne sprechen kann. Ich tue dann dasselbe.

Das Lichteste dieser Stunde!
Paul

*) Mais il les [a] bien publiés entre parenthèses, ce cher Hansen-Löve...

Beilage: Gedicht »Wasser und Feuer«.

26 Ingeborg Bachmann an Paul Celan, Wien, 10. 11. - 16. 12. 1951

Wien, den 10. November 1951

Liebster Paul,
Dein Brief hat mir solche Freude gemacht, mehr als Du Dir denken kannst, ja ich frage mich, ob Du mir je so nah warst, wie in diesen Tagen – weil Du, zum ersten Mal in einem Brief, wirklich zu mir gekommen bist. Missversteh mein Frohsein nicht, denn ich höre wohl das viele Bittere heraus – mich macht nur froh, dass Du mir davon schreiben konntest.

Ich verstehe Dich, ich kann mit Dir fühlen, weil ich nur bestätigt finde, was mir mein eigenes Gefühl sagt. Die Nichtigkeit der Bestrebungen – sind es überhaupt welche? – um uns, der Kulturbetrieb, in dem ich jetzt selbst mitspiele, all dies widerwärtige Treiben, die dummdreisten Gespräche, die Gefallsüchtigkeit, das grossgeschriebene Heute – es wird mir von Tag zu Tag fremder, ich stehe mitten drin, und so ist es nur noch gespenstischer, die anderen wohlig turbulieren zu sehen.

Ich weiss nicht, ob Du spürst, dass ich niemand habe ausser Dir, der meinen Glauben an das »Andere« befestigt, dass meine Gedanken Dich immer suchen, nicht nur als den liebsten Menschen, den ich habe, sondern auch als den, der, selbst verloren, die Stellung hält, in der wir uns verschanzt haben.

Zuerst will ich Dir Antwort geben: ich freue mich über die Publikationen Deiner Gedichte; Du darfst Dich nur wirklich nicht bedanken für »Wort und Wahrheit« – ja, Du sollst mir überhaupt nicht danken, nie, denn in solchen Augenblicken drückt mich eine tiefempfundene, wenn auch nicht näher bezeichenbare Schuld Dir gegenüber um so mehr. Es wäre schön, wenn Du mit Hilde de Mendelssohn Kontakt bekämst; ich hab sie sehr gern und schätze sie bis zu einem gewissen Grad auch. – – Und nun will ich ein wenig von mir erzählen, es wird ein sehr banaler Bericht, und Du musst mir glauben, dass mein Denken und Tun sich nicht ganz in dem erschöpft, was ich nach aussenhin mache.

Du weisst ja schon, dass ich eine Stelle im Sender Rot-Weiss-Rot habe als »Script Writer Editor«; ich sitze in einem Zimmer mit zwei anderen Männern und zwei Sekretärinnen; mit diesen beiden Männern bearbeite ich Theaterstücke für das Radio, daneben habe ich ab und zu selbst einmal ein eigenes Hörspiel zu schreiben, die wöchentliche Filmkritik zu verfassen, unzählige, fast durchwegs schlechte Manuskripte zu lesen und zu begutachten. Was ich zustandebringe ist nicht immer schlecht, für Oesterreich ist es sogar ziemlich gewagt, was wir unseren Hörern vorsetzen, von Eliot bis Anouilh, aber wir haben merkwürdigerweise sogar Erfolg damit. Du wirst mir vielleicht übel nehmen, dass ich auf eine erschrekkende Weise »tüchtig« bin, ich habe einigen Erfolg gehabt und mir eine ganz schöne Position schaffen können, in kurzer Zeit, und obwohl es mich in vieler Hinsicht nicht befriedigt, mache ich meine Arbeit ganz gerne und ich bin froh, dass ich arbeiten kann. Ich habe mir vorgenommen – aber ich weiss nicht, ob sich das durchführen lassen wird – nur ein Jahr hier zu bleiben und dann nach Deutschland zu gehen, zu einem deutschen Sender – wenn ich das Handwerkliche einmal ganz beherrsche. Ich bin durch einen Zufall zum Sender gekommen und bisher wäre es mir nicht in den Sinn gekommen, diese Arbeit zum Beruf zu wählen, aber nun, da ich sehe, dass man mir eine Chance gibt, und nicht die schlechteste, wenn man bedenkt, dass es sehr schwer ist, heute einen einigermassen ordentlichen Beruf zu ergreifen, möchte ich sie fast nützen. Ich möchte Dich nun fragen, was Du davon hältst, denn ich denke, so merkwürdig Dir das erscheinen mag, dabei an »uns«.

Lieber Paul, ich weiss, dass Du mich heute nicht mehr liebst, dass Du nicht mehr daran denkst, mich zu Dir zu nehmen – und doch kann ich nicht anders, als noch zu hoffen, als zu arbeiten, mit der Hoffnung für ein gemeinsames Leben mit Dir einen Boden zu bereiten, der uns eine gewisse finanzielle Sicherheit bietet, der es uns, da oder dort möglich macht, neu anzufangen.

Versprechen, Beteuerungen geben will und kann ich nicht mehr. Ich suche vielmehr nach einem Beweis, ganz gleich, ob Du ihn annimmst oder nicht; vielleicht ist das in Deinen Augen sogar ein falscher und schlechter Beweis. Aber ich bin zur Ueberzeugung gekommen, dass ich »diese« Seite des Lebens besser »leisten« kann, dass ich, wenn ich vorgebe, Dich zu lieben, ihn leisten können muss.

Dass Du nicht hier bist, macht mir alles leichter und schwerer zugleich. Ich sehne mich auf eine schmerzliche Art nach Dir und bin doch manchmal froh, dass ich jetzt keine Gelegenheit habe, zu Dir zu gehen; ich muss noch sicherer werden, ich muss für Dich sicherer werden.

Gib mir keine Antwort – es sei denn, Du müsstest sie von Dir selbst aus geben – auf diese Zeilen meines Briefes. Schreib mir nur überhaupt, schreib mir, damit ich Dich weiss und damit ich nicht so allein bin mit den schnellen flüchtigen Tagen und Geschehnissen, den vielen Menschen, der vielen Arbeit.

Eben waren Nani und Klaus bei mir. Nani hat ein Zimmer in der Nähe des Hauptzollamtes gefunden und ist sehr froh darüber. Die zwei Gedichte, die Du Klaus geschickt hast, kenne ich, ich habe sie zu den anderen gelegt. Heute schreibe ich für Klaus »Wasser und Feuer« ab, damit Dus ihm nicht schicken musst.

Zu diesem Gedicht: es ist völlig neu und überraschend für mich, es ist mir, als wäre ein Assoziationszwang durchbrochen worden und eine neue Tür aufgegangen. Es ist vielleicht Dein schönstes Gedicht, und ich habe keine Angst, dass es ein »allerletztes« ist.

Ich bin unsagbar glücklich darüber und in Deine dunkle Zeit hinein voll Hoffnung für Dich. Du hast mir oft vorgeworfen, dass ich keine Beziehung zu Deinen Gedichten hätte. Ich bitte Dich sehr, diesen Gedanken aufzugeben – und das sage ich nicht dieses einen Gedichtes wegen, sondern auch für die anderen. Ich lebe und atme manchmal nur durch sie.

Nimm meine besten Wünsche und – wenn ich ein Wort von Dir missbrauchen darf – »denk, dass ich war, was ich bin«!

Ingeborg

Lieber, ich schicke heute mit gleicher Post ein Päckchen für Weihnachten ab; es soll Dir ein wenig Freude machen. Nimm alle, alle Wünsche für den Heiligen Abend, und versuche zu denken, dass ich sehr an Dich denke.

Nani und Klaus warten schon sehr auf Nachricht von Dir.

16. Dez. 1951

26.1 Beilage

Wien, den 3. November 1951

Lieber Paul,
ich warte schon so ungeduldig auf Nachricht von Dir, weniger weil ich wissen moechte, ob Fraeulein Wagner bei Dir war, als weil es nun schon immer spaeter im Jahr wird und Weihnachten naeher rueckt. Sooft ich mit Nani und Klaus zusammentreffe, besprechen wir Deine Weihnachtsreise nach Wien, ohne aber zu wissen, ob Du wirklich kommen willst und kannst.

Ich weiss nicht, ob ich Dir sehr zureden soll zu kommen; ich freilich wuensche es mir von ganzem Herzen, denn ich haette Dir so viel zu sagen. Einem Brief mag ich mich nicht anvertrauen, weil meine Briefe immer Missverstaendnisse nach Paris getragen haben. Ich waere, wenn Du nicht kaemst, zu Weihnachten zu Dir gekommen, nur weiss ich jetzt schon, dass ich nur zwei Tage frei haben werde, und das ist wirklich zu wenig Zeit fuer eine Reise nach Paris.

Nun zu etwas andrem: Du wirst zur Fruehjahrstagung der deutschen Gruppe 47 eingeladen, sie wird irgendwo in Westdeutschland stattfinden. Milo Dor wird Dir demnaechst Genaueres darueber schreiben. Es ist moeglich, dass ich auch komme, wenn die Zeit mit meinem Urlaub zusammenfaellt, den ich ungefaehr im April oder Mai nehmen kann. Die Gruppe 47 vergibt zwei Preise, einen 2000 DM und einen 1000 DM Preis. Abgesehen davon wird es sehr wichtig fuer Dich sein, weil die ganze deutsche Presse eingeladen ist, die Literaturleute der deutschen Sender etc., die sofort die besten Erzaehlungen, Gedichte etc. kaufen.

Mir geht es, abgesehen davon, dass ich staendig ueberarbeitet bin, recht gut, ich komme kaum dazu, nachzudenken, was werden soll, ich weiss nur, dass ich zumindest ein Jahr lang auf dieser Stelle aushalten will und muss, dass mir diese »Berufsausbildung« gut tut. Dann moechte ich freilich wieder nach Paris – nicht nach Amerika, nicht nach England – das spuere ich jetzt ganz genau, dass mir nur Frankreich etwas zu sagen hat, ja dass ich, wenn es irgendeine Moeglichkeit gaebe, dort zu leben, nirgends anders leben moechte.

27 Ingeborg Bachmann an Paul Celan, Wien, 26. 1. 1952

Wien, den 26. Jaenner 1952

Mein lieber Paul,
so lange schon habe ich keine Nachricht von Dir. Ich weiss weder, ob Du meinen Brief und das Paeckchen erhalten hast, noch ob Du nach Oesterreich kommen wirst. Aber das soll kein Vorwurf sein. Ich bin nur in Sorge – ich weiss so gar nicht, wie es Dir geht und »wo« Du bist.

Vor allem will ich Dir eins schreiben: Ende April kann ich meinen ersten Urlaub nehmen. Es werden zwar nur 14 Tage oder drei Wochen sein, aber ich moechte unbedingt zu Dir und nach Dir sehen. Hellers wuerden mich wieder aufnehmen. Aber Du sollst wissen, dass ich Deinetwegen komme.

Schreib mir bald, bitte – es muss ja kein langer Brief sein. Gib nur endlich ein Lebenszeichen! – Und ich waere froh, wenn Du Dich ueber mein Kommen ein wenig freuen koenntest.

Ich habe, nach wie vor, sehr viel Arbeit, schoene und unbefriedigende, und ich komme kaum zum Atemholen. Die Tage fliegen, und es ist schwer, das Bewusstsein vom Bestaendigen wachzuhalten. Dennoch weiss ich immer und zu jeder Stunde davon, und zu diesem Bestaendigen gehoerst Du. Denn nichts kann daran etwas aendern, dass ein Teil von mir immer bei Dir ist und ein Teil von Dir immer bei mir.

Ingeborg

28 Paul Celan an Ingeborg Bachmann, Paris, 16. 2. 1952

16. 2. 1952

Liebe Ingeborg,
nur weil es mir so schwer faellt, Deinen Brief zu beantworten, schreibe ich erst heute. Dies ist nicht mein erster Brief an Dich seitdem ich eine Antwort suche, aber hoffentlich ist es diesmal der Brief, den ich auch abschicke.

Was ich mich zu sagen entschliesse, ist dies: Lass uns nicht mehr von Dingen sprechen die unwiederbringlich sind, Inge – sie bewirken nur, dass die Wunde wieder aufbricht, sie beschwoeren bei mir Zorn und Unmut herauf, sie scheuchen das Vergangene auf – und dieses Vergangene schien mir so oft ein Vergehen, Du weisst es, ich habe es Dich fuehlen, ja wissen lassen –, sie tauchen die Dinge in ein Dunkel, ueber dem man lange hocken muss, um sie wieder hervorzuholen, die Freundschaft weigert sich hartnaeckig rettend auf den Plan zu treten, – Du siehst, es geschieht das Gegenteil von dem, was Du wuenschst, Du schaffst, mit ein paar Worten, die die Zeit in nicht gerade kleinen Abstaenden vor Dich hinstreut, Undeutlichkeiten, mit denen ich nun wieder ebenso schonungslos ins Gericht gehen muss wie seinerzeit mit Dir selber.

Nein, lass uns nicht mehr am Unwiederbringlichen herumraetseln, Ingeborg. Und bitte komm nicht meinetwegen nach Paris! Wir wuerden einander nur wehtun, Du mir und ich Dir – was haette das fuer einen Sinn, sag?

Wir wissen genug voneinander, um uns bewusst zu machen, dass nur die Freundschaft zwischen uns moeglich bleibt. Das Andere ist unrettbar verloren.

Wenn Du mir schreibst, so weiss ich, dass Dir etwas an dieser Freundschaft liegt.

Zwei Fragen noch: Dr. Schoenwiese hat wohl nicht mehr die Absicht, eine Sendung meiner Gedichte zu machen? Milo hat mir nicht geschrieben, also wird auch aus der Einladung nach Deutschland wohl nichts?

Von Hilde Spiel hatte ich vor etwa zwei Monaten einen netten Brief, das ist bisher alles; sie hat meinen Brief, in dem ich anfragte, ob Aussichten auf einen Verleger bestuenden, nicht beantwortet.

Ich kranke sehr an dieser Geschichte mit den Gedichten, aber niemand hilft. Tant pis.

Lass bald wieder von Dir hoeren, Inge. Ich freue mich immer, wenn Du schreibst. Ich freue mich wirklich

Paul

Das Paeckchen habe ich leider nicht bekommen; es muss verlorengegangen sein.

29 Ingeborg Bachmann an Paul Celan, Wien, 21. 2. 1952

21. Feber 1952

Lieber Paul,
gestern erhielt ich Deinen Brief vom 16. – ich danke Dir. Verzeih, dass ich dennoch ein paar Fragen an Dich richte, und es kann Dir nicht schwer fallen, sie zu beantworten, wenn Du an die Moeglichkeit einer Freundschaft zwischen uns glaubst.

Ich will Dich also nicht vor neue Probleme stellen und Dir zumuten, unsere Beziehung dort aufzunehmen, wo wir sie fallen gelassen haben; ich werde nicht Deinetwegen nach Paris kommen. Aber es koennte sein, dass ich trotzdem komme, frueher oder spaeter, – mein Beruf kann das leicht mit sich bringen. Und ich moechte Dich, damit es zu keinen Missverstaendnissen kommt, fragen, ob Du wissen willst, wann ich komme, ob Du mich, zum Beispiel, abholen willst in diesem Fall, oder nicht? Ob es Dir unangenehm ist, mich wiederzusehen? Sei nicht boese, wenn ich so frage, aber Dein Brief hat mich sehr unsicher gemacht, ich verstehe Dich und ich verstehe Dich nicht; es ist mir immer bewusst, wie schwierig alles war, – Dein Abscheu und Dein »Zorn« ist begreiflich – was ich nicht verstehe, und das muss ich einmal sagen – ist diese schreckliche Unversoehnlichkeit, das »niemals vergeben und niemals vergessen«, das fuerchterliche Misstrauen, das Du mich fuehlen laesst. Als ich gestern Deinen Brief, wieder und wieder, las, war mir sehr elend zumute, alles scheint mir sehr sinnlos und vergeblich, mein Bemuehen, mein Leben, meine Arbeit. Vergiss nicht, dass die »Undeutlichkeiten«, mit denen Du ins Gericht gehst, eine Folge davon sind, dass ich ins Leere spreche. Ich habe keine Moeglichkeit mehr, gutzumachen, und das ist das Schlimmste, was einem widerfahren kann. Meine Situation wird immer gespenstischer. Ich habe alles auf eine Karte gesetzt und ich habe verloren. Was mit mir weiter geschieht, hat wenig Interesse fuer mich. Ich kann, seit ich aus Paris zurueck bin, nicht mehr leben, wie ich frueher gelebt habe, ich habe das Experimentieren verlernt, ich will auch nicht mehr, ich will ueberhaupt nichts mehr. Fuerchte auch nicht, dass ich noch einmal davon zu sprechen beginne – ich meine vom Vergangenen.

Lass uns von anderen Dingen reden: Schoenwiese wird Deine Gedichte bringen – er kommt naechste Woche nach Wien, und ich bin sicher, dass bei den Besprechungen zwischen seinem und unserem Studio auch dieser »Punkt« positiv erledigt wird. Die Verzoegerungen haben nichts mit Dir oder uns zu tun, sondern liegen in sehr aeusserlichen Schwierigkeiten. Der Sender hat gerade eine grosse Krise hinter sich, es ist einiges anders geworden – und all die Zeit ueber gab es soviel Probleme technischer Art, die bei einem grossen Betrieb ins Gewicht fallen, dass die eigentliche Arbeit sehr vernachlaessigt wurde. Trauriger hingegen ist, dass Hilde Spiel nichts von sich hoeren laesst. Aber lass Dich nicht entmutigen! Es darf Dich nicht beruehren.

Versuch, bitte, Dir bewusst zu halten, dass wir – Nani, Klaus, ich und viele andre – sehr an Dich denken, und dass eines Tages doch einer von uns die Haende frei haben und genug Einfluss gewinnen wird, um alles zum Besseren zu wenden.

Ingeborg

29.1 Beilage

Ich habe den letzten Absatz abgetrennt,
weil Dein Brief inzwischen eintraf.

Wien, den 19. Feber 52.

Lieber Paul
gestern las Klaus im Art-Club Deine Gedichte. Ich konnte zwar nicht dabei sein, weil ich nicht so frueh aus dem Sender weggehen kann, aber ich traf Nani und Klaus nach der Lesung. Wir sassen noch eine Weile beisammen und tranken ein Glas Wein auf Dich. Rund um uns war es ein bisschen wie Paris, und auch die Menschen sahen fast so aus wie die im Deux Magots. Aber das alles ist ja nicht so wichtig, denn die Paris-Atmosphaere brachten uns ja Deine Gedichte, oder der Glanz, der von ihnen zurueckblieb, und wir ueberlegten, was Du wohl zur selben Zeit gemacht haben koenntest. Vielleicht ist auch in Paris Schnee gefallen, wie hier, und vielleicht hast Du Sehnsucht nach Oesterreich gehabt und auch an uns gedacht. Vielleicht hast Du einen kleinen Schneeball von Deinem Balkon geworfen, und wir haben ihn aufgefangen.

Nach Deinen Gedichten soll es sehr still geworden sein, und es wurde zugehoert, so gut, wie Du Dir es nur wuenschen kannst.

Ich habe fuer Dich aus der letzten Zeit Kritiken gesammelt, ich lege sie aber nicht bei, sondern bringe sie selbst mit. Im Mai – denn ich werde wirklich in den allerersten Maitagen fahren koennen. Auch hat mir Klaus erzaehlt, er wisse von jemand, dass Du Dir die Nietzsche-Gesamtausgabe wuenschst. Wir werden versuchen, eine zu finden, es wird nicht von heute auf morgen gehen, aber ich habe einige Hoffnung, sie bei meinem Buchhaendler noch vor meiner Abreise zu bekommen. Steht auch der Lichtenberg noch auf dem Wunschzettel??

Im Kosmostheater las Hans Thimig – uebrigens ganz ausgezeichnet – drei Gedichte. Die »Todesfuge«, »Wer sein Herz....« und »So schlafe...«

Das Geld hat Klaus behoben.

30 Ingeborg Bachmann an Paul Celan, Wien, 8. 4. 1952

Lieber Paul,
in diesen Tagen wirst Du wahrscheinlich schon die Einladung der Deutschen Verlagsanstalt Stuttgart zur Tagung der Gruppe 47 in Hamburg bekommen haben. Ich bin sehr froh, dass es nun endlich so weit ist. Milo Dor, der eben wieder zurückgekommen ist, hat mich gleich davon verständigt – ich habe vor seiner Abreise alles mit ihm besprochen. Ich kann ihn aber erst morgen oder übermorgen ausführlich sprechen, weil ich im Augenblick wieder so viel Arbeit habe, dass ich kaum vor Mitternacht aus dem Sender komme. Aber ich bin zum ersten Mal nach langer Zeit wieder voll Hoffnung. Es muss sich jetzt alles zum Besseren wenden. Auch spüre ich, wie hier Dein Name von Monat zu Monat weitere Kreise zieht, dass er für sehr viele schon ein ganz festumrissener Begriff geworden ist.

Ich möchte manchmal, ganz schnell, auf einen Augenblick, zu Dir kommen und Dir sagen: hab Geduld, hab noch ein wenig Geduld – aber ich weiss, wie schwer alles schon geworden ist und wie fragwürdig, und dass Du schon lang, viel zu lang gewartet und gewartet hast. Aber hab doch noch Geduld, trotz allem!

Klaus ist augenblicklich in Griechenland und kommt nach Ostern zurück; Nani ist nach Kärnten gefahren – ja, ich sollte auch fahren, wenigstens auf ein paar Tage, weil meine Schwester zu Ostern heiratet, aber es sieht wieder einmal so aus, als käme ich nicht weg. Schon zu Weihnachten war es so – nur bin ich diesmal etwas verdrossener, weil ich solche Sehnsucht nach dem Land habe und meine Eltern wiedersehen möchte. Zudem waren die letzten Monate besonders anstrengend. Nani behauptet, ich wär' »ein Schatten« geworden, aber so arg ist es nicht, obgleich etwas Wahres dran ist, in einem anderen Sinn. – Ich habe ein Theaterstück von Thomas Wolfe übersetzt, das hier im Radio seine Ursendung erlebt hat; dann habe ich selbst ein Hörspiel geschrieben, das jetzt auch von Radio Brüssel und in der Schweiz gespielt werden soll. Der Erfolg hat mir Freude gemacht, aber alles geht so schnell vorbei, ist blass und flüchtig, und es bleibt nur das Gefühl grosser Müdigkeit und Abgespanntheit.

Eins wird Dich freuen: ich habe unlängst Hermen von Kleeborn kennengelernt. Ich finde sie besonders lieb und menschlich, und wir waren beide sehr glücklich, über Dich sprechen zu können. Sie hat schon lange keine Nachricht von Dir. Könntest Du ihr nicht einmal schreiben?

Lieber Paul, darf ich Dich bitten, mir diesmal bald zu schreiben. Ich möchte unbedingt wissen, ob und wann Du nach Deutschland fahren wirst. Wenn ich Dir helfen könnte – so weit es in meiner Kraft steht – das Organisatorische und Reisetechnische dieser Reise zu erleichtern, musst Du mir's sagen. Milo Dor ist ja guten Willens, aber ein wenig unverlässlich.

Vor ein paar Tagen war ich mit Prof. Fiechtner von der »Furche« beisammen. Das Gespräch kam auf Dich, und er hat gleich beschlossen, Deinen Gedichten – voraussichtlich im Sommer – eine Spalte einzuräumen. Der arme Mann ist wirklich ausserordentlich mutig und versucht seit einiger Zeit, in dieser erzkonservativen Zeitschrift einen neuen Weg einzuschlagen. So hat er in einer der letzten Nummern einige Benns placieren können, ohne seine Stelle zu verlieren.

Ich könnte Dir noch mehr erzählen, aber es ist schon sehr spät, und die Augen fallen mir zu – und einiges will ich mir auch aufheben, um Dich eines Tages damit überraschen zu können.

Jeden Abend bitte ich Gott, Dich zu beschützen.

Ingeborg

Wien, den 8. April 1952.

31 Ingeborg Bachmann an Paul Celan, Wien, 6. 5. 1952

6. V. 52

Lieber Paul,
wenn ich nicht krank wäre, hätte ich Dir schon früher geschrieben, – so musste ich Klaus bitten, Dir ein paar Zeilen zu schreiben. Aber heute konnte ich endlich Genaueres in Erfahrung bringen, und so will ich nicht zögern, Dir Nachricht zu geben:

Die Einladungen von Hans Werner Richter dürften später abgegangen sein, als ich vermutete, denn auch Ilse Aichinger hat erst gestern eine Karte von ihm erhalten. Die Tagung findet vom 23. bis 25. Mai statt, und zwar in Hamburg; der Ort der Tagung selbst ist noch nicht bekannt. Doch stellt der Nordwestdeutsche Rundfunk einen Autobus zur Verfügung, der die Teilnehmer in München, Stuttgart und Frankfurt abholt. Dieser Autobus fährt Donnerstag d. 22. in München ab, kommt also im Lauf des Tages nach Stuttgart und zuletzt nach Frankfurt – von dort geht es dann direkt nach Hamburg. Solltest Du nicht in München einsteigen wollen, sondern in einer der zwei anderen Städte, so müsstest Du Dich in Stuttgart rechtzeitig an die Deutsche Verlagsanstalt und in Frankfurt an den S. Fischer-Verlag, Falkensteinerstrasse 24, wenden, die genau wissen, wann der Autobus im Laufe des Donnerstags durchfährt und wo er Halt macht.

Diese reisetechnischen Dinge kann ich Dir aber in ein paar Tagen – Hans Werner Richter kommt nämlich nach Wien – noch detaillierter schreiben.

Das Reisegeld nach München, bezw. Stuttgart oder Frankfurt – wirst Du rechtzeitig bekommen. Von dort weg bist Du Gast des Nordwestdeutschen Rundfunks und der Deutschen Verlagsanstalt. Auf der Karte steht zwar, dass Unterkunft und Verpflegung für die Dauer der Tagung von den Teilnehmern selbst getragen werden müssen – da das aber bisher nie der Fall war, brauchst Du Dich darum nicht zu kümmern.

Zudem wirst Du ja Milo Dor unter den Mitreisenden finden, der Dir in all den organisatorischen Dingen besser zur Seite stehen kann als irgend jemand andrer.

Du müsstest jetzt nur wirklich schreiben, ob Du überhaupt fahren willst und zwar mir, weil ich bis Mitte Mai sehr gut noch alles in Ordnung bringen könnte, was vielleicht von Deutschland aus »verschlampt« worden ist.

Zwillingers waren in Wien; ich habe sie zweimal gesehen. Wahrscheinlich werden sie Dich schon angerufen und Dir Grüsse von mir bestellt haben.

Sei nicht böse, dass es nur ein sachlicher Brief geworden ist. Ich erwarte jetzt ungeduldig ein Lebenszeichen von Dir.

Nimm alle meine Hoffnungen für die kommende Zeit!

Ingeborg

Hansen-Löve kommt am 15. Mai – nach Paris. Er will demnächst wieder Gedichte von Dir in »Wort u. Wahrheit« bringen.

32 Ingeborg Bachmann an Paul Celan, Wien, 9. 5. 1952, mit einer undatierten Postkarte von Hans Werner Richter und Milo Dor an Paul Celan

Lieber Paul,
es ist schon furchtbar spät, aber ich muss Dir noch schnell schreiben: Hans Werner Richter ist überraschend nach Wien gekommen. Ich habe sogleich mit ihm gesprochen. Leider habe ich mit meinen stillen Befürchtungen Recht behalten. Die Einladung an Dich ist nicht abgegangen – keineswegs aus Gründen, sondern infolge schlechter Organisation. Richter hat nun diese Karte an Dich geschrieben, die ich an mich genommen habe, damit sie auch tatsächlich aufgegeben wird; sie ist herzlicher gemeint, als sie sich liest, und ich bin wirklich der Überzeugung, dass Du fahren solltest. Bitte schreibe sofort an Ernst Schnabel, den Intendanten des NWDR, dass Richter Dich, von Wien aus, auf die Liste der Teilnehmer gesetzt hätte, damit man in Hamburg auch rechtzeitig Bescheid weiss. Selbst wenn die Zeit knapp wird, fahr einfach direkt nach Hamburg, es sei denn, dass ich Dir nochmals andere Direktiven geben müsste. Denn der Autobus von München nach Hamburg soll schon überbelegt sein. Versuch also bitte, am 22. abends oder spätestens am 23. beim Nordwestdeutschen Rundfunk in Hamburg zu sein (Hamburg 13, Rothenbaum-Chaussee 132-34). Die Tagung selbst dauert zwar nur zwei bis drei Tage, aber Du bist dann noch ein paar Tage Gast des NWDR. Um Unterkunft und Verpflegung musst Du Dich bestimmt nicht kümmern. Ebensowenig um die Rückreise! Nun handelt sichs also nur darum, die Reise nach Hamburg zu finanzieren: Klaus, Nani und ich haben nun beschlossen, da wir doch keine Zeit mehr haben, uns mit Dir zu besprechen, Deine österreichischen Honorare Hansen-Löve, der am 15. oder 16. Mai nach Paris kommt, mitzugeben oder auf irgendeine andere Art rechtzeitig an Dich weiterzuleiten. Du

wirst trotzdem bald wieder etwas Geld in Wien haben, da Wort und Wahrheit, die Furche und Rot-Weiss-Rot demnächst wieder Gedichte von Dir bringen werden. Noch eins: Jeder Teilnehmer kann eine halbe Stunde aus unveröffentlichten Sachen, Lyrik oder Prosa, lesen. Trotzdem rate ich Dir, diese halbe [Stunde] nicht ganz auszunützen, sondern nur ca. 20 Minuten in Anspruch zu nehmen. Und lies unbedingt die »Todesfuge« – trotz allem – denn ich glaube, die Gruppe 47 ein wenig zu kennen.

Und nimm, bitte, alle Manuskripte mit.

Ich hoffe zuversichtlich, dass alles gut geht; freilich kann ich nicht dafür einstehen, dass Dein Aufenthalt sich so auswirken wird, wie wirs alle wünschen. Verzeih, ich bin so müde und nur bemüht, Dir alles möglichst genau zu explizieren. Ich glaube, Du kannst diese Informationen als endgültige ansehen.

Eine gute Reise und allen, allen Erfolg!

Ingeborg

Wien, den 9. Mai 1952

32.1

Sehr geehrter Herr Celan,
ich würde mich freuen, wenn Sie an der Tagung der »Gruppe 47« teilnehmen würden. Die Tagung findet in Hamburg vom 23.-25. Mai statt. Der 22. Mai ist der Anreisetag. Falls Sie kommen, melden Sie sich bitte beim Nordwestdeutschen Rundfunk, Büro Ernst Schnabel (Intendant). Sie erfahren dort alles Nähere.

Herzlichen Gruss

Hans Werner Richter

Lieber Paul! Ich hoffe, daß Du kommen wirst. Du brauchst Dich nicht viel um die Aufenthaltskosten zu kümmern, kratz nur das Geld für die Reise und komme.

Herzlich

Dein

Milo

33 Ingeborg Bachmann an Paul Celan, Wien, 10. 7. 1952

Wien, den 10. Juli 1952.

Lieber Paul,
jetzt will ich nicht mehr länger auf einen Brief von Dir warten. Aber versuch, mir bald zu schreiben, bitte, denn ich möchte doch sehr gerne wissen, wie es Dir geht! Von München aus bin ich auch noch nach Stuttgart gefahren und habe dort Dr. Koch gesprochen, der sehr unglücklich über Deine Absage war. Er hatte schon eine Lesung für Dich arrangiert, die wahrscheinlich sehr wichtig gewesen wäre. Dingeldey, der Direktor der Verlagsanstalt wollte Dich kennenlernen. Du musst unbedingt Koch schreiben, damit diese Übersetzungen und vielleicht der Gedichtband zustande kommen. Vergiss auch nicht, dass die Frankfurter Hefte – der Verlag – sehr daran interessiert sind.

Und vor allem: Schicke Rowohlt sogleich das Manuskript. Ich habe meines natürlich nicht abgeschickt, weil ich nicht will, dass man uns noch einmal gegeneinander »ausspielt« und sich Niendorf wiederholt. Es war nicht meine Schuld, und Du hast es mir angelastet – wie würdest Du mich jetzt verurteilen? Versteh also, dass ich das Manuskript nicht abschicken kann. Ich werde Rowohlt in diesen Tagen endgültig abschreiben.

Nani und Klaus habe ich wiedergesehen. Es ist mir sehr schwer gefallen, ihnen von Dir zu erzählen und von diesen Tagen in Deutschland, um so mehr als ich nicht weiss, wie Du heute dazu stehst, nachdem Du Distanz gewonnen hast. Selbst mir ist noch nicht klar geworden, warum es zu all den Spannungen gekommen ist. Ich sehe nur deutlich, dass unser erstes Gespräch all meine Hoffnungen und Bemühungen des vergangenen Jahres zunichte gemacht hat, dass Du mich besser verletzen konntest, als ich Dich je verletzte. Ich weiss nicht, ob es Dir bis heute bewusst geworden ist, was Du mir gesagt hast, zu einem Zeitpunkt, wo ich ganz entschlossen war, zu Dir zu kommen, Dich wiederzugewinnen, mit Dir in den »Urwald« zu gehen, in welcher Form immer, und ich verstehe nur nicht, warum Du ein paar Stunden oder Tage später, nachdem ich schon wusste, dass Du zu jemand anderem gehst, mir vorwerfen konntest, dass ich in diesem deutschen »Urwald« nicht bei Dir gewesen sei. Sag mir, wie kann ich bei Dir sein, wenn Du schon längst von mir gegangen bist. Mir wird so kalt bei dem Gedanken, dass das schon lang geschehen ist und ich es nicht gefühlt habe, dass ich so ahnungslos war.

Aber ich will es mit dieser Freundschaft versuchen, zu der Du Dich entschlossen hast. Sie wird noch lang nicht frei sein von Verwirrung, so wenig wie Deine Freundschaft für mich davon frei sein kann.

Und so bin ich auch jetzt mit ganzem Herzen bei Dir.

Ingeborg.

Nani ist bitterböse,* weil ich das Manuskript nicht zurückgebracht, sondern Dir gegeben habe. Bitte, schick uns bald eines.

Überdies brauche ich dringend für eine Sendung und für die »Furche« die letzten Gedichte, ungefähr zehn bis zwölf. Prof. Fiechtner hat mich eben wieder angerufen und danach gefragt. »Wasser und Feuer« und »Mache mich bitter« sollen darunter sein, ja?

* Sie hat mir wirklich schlimme Vorwürfe gemacht!

34 Ingeborg Bachmann an Paul Celan, Wien, 24. 7. 1952

Wien, den 24. Juli 1952.

Lieber Paul,
Du müsstest doch wissen, wie zermürbend es ist, auf Post zu warten. Kannst Du mir wirklich nicht schreiben? Ich habe vielleicht keinen sehr klugen Brief geschrieben, aber ich kann in einer Situation, die für mich immer dunkler und bedrückender wird, keine Distanz wahren zu dem, was mich bedrückt. Das ist ein Sommer ohne Ende, und ich frage mich, was werden soll nach all dem.

Einen Augenblick lang dachte ich – weil Nani und Klaus das vermuteten – Du würdest nach Graz kommen, aber wenn mich mein Gefühl nicht betrügt, wirst Du es nicht tun. Allerdings hoffe ich, dass Du Hansen-Löves Einladung nach Wien annehmen wirst.

Das Österreichische College hat die Absicht, Dich per Flugzeug kommen zu lassen. (Du weisst, dass Du das machen kannst?!) Nur wirst Du diese Einladung für Oktober erst im Herbst, nach Hansens Rückkehr aus Amerika, bekommen.

M.D. erzählt mir, dass die Frankfurter Hefte und die Deutsche Verlagsanstalt mit Dir verhandeln; er rechnet damit, dass Deine Gedichte in der DVA erscheinen werden. Was ist wahr davon, was trägt sich tatsächlich zu?

Ich will Ende August oder Anfang September, in meinem Urlaub, mit meiner Schwester nach Italien fahren, nur auf ein paar Tage, aber ich freue mich eigentlich nur mehr, weil sie sich so sehr freut, einmal aus Kärnten herauszukommen.

In Wien ists totenstill, das ist noch das Beste hier, aber die Entfremdung zwischen mir und der Stadt lässt sich durch nichts mehr erklären. Im August könnte ich nach Paris fahren, zu einem Kongress, aber Du wirst verstehen, dass ich keine Lust habe mit irgendwelchen Leuten herumzusitzen und Dinge mitzumachen, die mich nichts angehen. Das käme mir wie ein Verrat an Paris vor. Ich will ein andermal allein kommen.

Du weisst, dass ich nicht mehr hier bleiben will und mich in Deutschland mit dem Gedanken getragen habe, nach Hamburg oder ans Meer zu gehen, aber ich habe nicht den Mut, auf eine Veränderung hinzuarbeiten, und das wäre notwendig. Ich lasse alle Bälle fallen, die man mir zuwirft, und so werde ich wohl bleiben müssen. Diesen Zustand der Hilflosigkeit und der Schwäche empfinde ich ebenso wohltuend wie schrecklich. Aber auch das ist schlecht gesagt und trifft den Grund meiner Haltung nicht ganz.

Ich versuche ein wenig zu schreiben; es geht mühsamer und schlechter als früher. Habe ich Dich nicht einmal gefragt, ob ich Dir etwas schicken darf? Vielleicht kannst Du mir dabei helfen.

Aber wichtiger ist mir ein Brief, in dem Du von Dir erzählst, auch ohne Antwort auf meinen. Ich kann es schon ertragen, übergangen zu werden.

Schreib mir, bitte!

Ingeborg

35 Ingeborg Bachmann an Paul Celan, Wien, 15. 8. 1952 (?)

Lieber Paul,
könntest Du nicht, bitte, doch Deine Gedichte schicken? Die »Furche« und der Sender brauchen sie dringend! Es genügt, wenn Du einen Band für Klaus und Nani zusammenstellst – so wie den alten – ich werde dann die verlangten Gedichte abschreiben und Nani und Klaus den Band zurückgeben.

Ingeborg
Wien, d. 15. August.

36 Ingeborg Bachmann an Paul Celan, Positano, 16. 9. 1952

Positano, 16. IX. 52.

Lieber Paul,
vielleicht ist in diesen Tagen ein Brief von Dir nach Wien gekommen – und ich bin nicht dort.

Ich bin mit meiner Schwester nach Italien gefahren und habe mir eigentlich von dieser Reise viel erwartet; ich habe gehofft, daß sie mich auf andre Gedanken bringen wird, daß sie mich leichter machen wird, daß der Druck der letzten Monate von mir weichen wird. Aber es ist eher schlimmer geworden. Das Land macht mich krank, und ich will früher zurückfahren, als ich's vorgesehen hatte.

Eigentlich wollte ich Dir anfangs schreiben und Dich fragen, ob Du hierherkommen kannst. Aber dann war ich zu überzeugt davon, daß Du keinesfalls kommen würdest. Jetzt ist es zu spät, und das Jahr wird schnell zu Ende gehen, mit der gewohnten Arbeit in Wien und ohne Änderungen. Ich denke wieder viel an Paris, aber da ich weiß, wie wenig Du mein Kommen wünschst, stelle ich es immer wieder zurück. Ich fürchte das Vergangene dort und ich fürchte, dort noch einsamer zu sein als hier und zu Hause.

Versuche doch, wenn Du es nicht schon getan hast, mir wieder zu schreiben.

Ingeborg

37 Paul Celan an Ingeborg Bachmann, Widmung in »Mohn und Gedächtnis«, Paris, März 1953

Für Ingeborg,
ein Krüglein Bläue

Paul
Paris, März 1953.

38 Ingeborg Bachmann an Paul Celan, Wien, 29. 6. 1953

Wien, den 29. Juni 1953.

Verzeih, daß ich erst heute für die Gedichte danke. Ich fand den Mut nicht.

Jetzt erzählen mir Nani und Klaus viel von Paris, und es scheint mir nicht mehr so schwer, diesen Brief zu schreiben.

Im August gehe ich von Wien weg, nach Italien, und ich werde nicht mehr zurückgehen.

Es tut mir jetzt leid, daß ich im Mai nicht kam.

Für mich sind die Gedichte das Kostbarste, was ich mitnehme.

Ich wünsche Dir alles Glück, und ich weiß, daß es jetzt zu Dir kommen wird.

Ingeborg

39 Ingeborg Bachmann an Paul Celan, Wien, 18. 7. 1953

Wien, den 18. Juli 1953.

Lieber Paul,
Nani und Klaus erzählten mir, dass Du eine Anthologie österreichischer Lyrik zusammenstellst. Ich schicke Dir gerne etwas, aber fühl Dich bitte nicht verpflichtet, ein Gedicht von mir hineinzunehmen. Tu es nur, wenn Du das Gefühl hast, es verantworten zu können. Mir wird Deine Entscheidung in jedem Fall recht sein.

Die einzige Bedingung ist: es muss irgendwo eine Anmerkung stehen, dass das Gedicht dem »studio«-Band »Die gestundete Zeit« (Frankfurter Verlagsanstalt, 1953) entnommen ist. Dort kommen die Gedichte im September heraus.

Über die Kärntner Adresse (Klagenfurt, Henselstrasse 26) erreicht mich die Post in den kommenden Monaten. Bis zum 1. August bin ich noch in Wien.

Ich wünsche Dir einen guten Sommer.

Ingeborg

Beilagen: Gedichte »Botschaft«, »Sterne im März«, »Fall ab, Herz, vom Baum der Zeit«, »Einem Feldherrn« und »Grosse Landschaft bei Wien«.

40 *Nani und Klaus Demus mit Ingeborg Bachmann an Paul Celan und Gisèle Celan-Lestrange, 1. 8. 1953*

[Nani Demus] 1. August 1953.

Wir sind zum Abschiednehmen beisammen – es ist Inges letzter Tag in Wien. In einem dunkelschönen, nur »Eingeweihten« bekannten Ort trinken wir auf das nächste Zusammenkommen einmal in Paris. [Klaus Demus] Wir wissen alle nicht, was weiter wird, kaum ist der Stoff bekannt, aus dem es werden soll. Aber vielleicht werden wir sagen können, es war immer schön. Ein zeitweises Immer, so durchsetzt von unergründlichen Orten wie dieser – ganz fern vom Hier. Die auf den Flüssen fahren, sehen weizenweiß die Küsten der Welt ins Bild der Nacht – Die Mauer ist jetzt ganz schwarz, aber sie soll hell sein, wenn Du kommst. Die Gläser sind leer, aber sie werden voll sein, wenn Du kommst.

[Nani Demus] In Treue:

Nani – *Klaus* – Ingeborg

[Nani Demus] Tout mon cœur à Gisèle.

41 Ingeborg Bachmann an Paul Celan, San Francesco di Paola, 2. 9. 1953

San Francesco di Paola
Casa Elvira Castaldi
FORIO d'ISCHIA
(Napoli)
(bis zum 12. Oktober)

San Francesco di Paola, Anfang September.

Lieber Paul,
könntest Du mir bitte recht bald schreiben, welches Gedicht Du für Deine Anthologie nehmen willst. Die Frankfurter Verlagsanstalt schreibt, dass sie ein paar Manuskripte für eine andere deutsche Anthologie weggibt, und ich glaube, es wäre nicht gut, wenn dort zufällig eines erschiene, das auch bei Dir abgedruckt wird. Aber selbstverständlich lasse ich Dir die erste Wahl.

Mitte Oktober fahre ich nach Deutschland und vielleicht kann ich auch im November kurz nach Paris kommen. Aber ich sehe das Kommende noch nicht ganz ab. Es geht mir so gut hier, dass ich nicht denken mag, was wird. Ich wohne in einem alten kleinen Bauernhaus, ganz allein, in einer wilden, schönen Gegend, die »verbranntes Meer« heisst, und manchmal wünsche ich mir, nie mehr zurück zu müssen nach »Europa«

Ingeborg

42 Ingeborg Bachmann an Paul Celan, Widmung in »Die gestundete Zeit«, Rom (?), Dezember 1953

Für Paul –
getauscht, um getröstet zu sein

Ingeborg
im Dezember 1953

43 *Ingeborg Bachmann mit Heimito von Doderer und Hanns Winter an Paul Celan, Wien, 7. 1. 1955*

Dem Dichter, den wir hier verloren haben und der sich dort gewinnen wird – wie wir fest glauben! – die herzlichsten Grüße! Heimito von Doderer

7. I. 55

Herr von Winter hat mir eben soviel erzählt von dem Zusammentreffen in Paris. Es hat mich sehr froh gemacht! Ingeborg

Alle guten Menschen hier lieben Sie und senden Ihnen mit uns ihren Gruss. Ich denke oft und gern an Traduttore-Traditore und die anknüpfenden Gespräche. Herzlichst

Hanns Winter

44 *Ingeborg Bachmann und Paul Celan, Gesprächsnotizen, Wuppertal, zwischen dem 11. und dem 13. 10. 1957*

[Ingeborg Bachmann]
Wann fährst Du?
Und wann kommst Du wieder?

[Paul Celan]

Ich fahre heute gegen acht Uhr nach Düsseldorf.
Ich komme morgen früh wieder

Ich fahre auch sonst manchmal.
Ich kann denken: du kannst oft wiederkommen.

45 Paul Celan an Ingeborg Bachmann, Paris, 17. 10. 1957 (?)

Lies, Ingeborg, lies:

Für Dich, Ingeborg, für Dich –

Weiß und Leicht

Sicheldünen, ungezählt.

Im Windschatten, tausendfach: du.
Du und der Arm,
mit dem ich nackt zu dir hinwuchs,
Verlorne.

Die Strahlen. Sie wehn uns zuhauf.
Wir tragen den Schein, den Schmerz und den Namen.

Weiß,
was sich uns regt,
ohne Gewicht, was wir tauschen.
Weiß und Leicht: Laß es wandern.

Die Fernen, mondnah, wie wir. Sie bauen.
Sie bauen die Klippe,
an der sich das Wandernde bricht,
sie sammeln
Lichtschaum und stäubende Welle.

Das Wandernde, klippenher winkend.
Die Stirnen
winkt es heran,
die man uns lieh,
um der Spiegelung willen.

Die Stirnen.
Wir rollen mit ihnen dorthin.
Stirnengestade.

Schläfst du jetzt?
Schlaf.
Meermühle geht,
eishell und ungehört,
in unsern Augen.

Weitere beigelegte Gedichte: nicht gewidmete Typoskripte von »Nacht«, »Stilleben mit Brief und Uhr«, »Ich komm« und »Matière de Bretagne«.

46 Paul Celan an Ingeborg Bachmann, Paris, 18. 10. 1957

<u>Rheinufer</u>
(Schuttkahn II)

Wasserstunde, der Schuttkahn
fährt uns zu Abend, wir haben,
wie er, keine Eile, ein totes
Warum steht am Heck.

. . . .

Geleichtert. Die Lunge, die Qualle
grüßt eine Glocke, ein brauner
Seelenfortsatz erreicht
den helligkeitswunden Hauch.

Paris, am 18. Oktober 1957.

47 Paul Celan an Ingeborg Bachmann, Paris, 20. 10. 1957

<u>Köln, Am Hof</u>

Herzzeit, es stehn
die Geträumten für
die Mitternachtsziffer.

Einiges sprach in die Stille, einiges schwieg,
einiges ging seiner Wege.
Verbannt und Verloren
waren daheim.

. . . .

Ihr Dome.
Ihr Dome ungesehn,
ihr Wasser unbelauscht,
ihr Uhren tief in uns.

Paris, Quai Bourbon, Sonntag, den 20. Oktober 1957,
halb drei Uhr nachmittags –

48 Paul Celan an Ingeborg Bachmann, Paris, 23. 10. 1957

am 23. Oktober 1957.

Ich kann verstehen, Ingeborg, daß Du mir nicht schreibst, nicht schreiben kannst, nicht schreiben wirst: ich mach's Dir ja schwer mit meinen Briefen und Gedichten, schwerer noch als bisher.

Sag mir nur dies: soll ich Dir schreiben und Dir Gedichte schikken? Soll ich für ein paar Tage nach München (oder anderswohin) kommen?

Du mußt verstehen: anders konnte ich nicht handeln. Hätte ich anders gehandelt, es hätte bedeutet, daß ich Dich verleugne – das kann ich nicht.

Sei ruhig und rauch nicht zu viel!

Paul

49 Paul Celan an Ingeborg Bachmann, Paris, 25. 10. 1957

25. X. 57.

Heute ist Poststreik, heute kann es keinen Brief von Dir geben.

In einer französischen Zeitung lese ich die Maxime: »Il est indigne des grands cœurs de répandre le trouble qu'ils ressentent.«

Und doch! Hier:

Zwei Stunden später:
Dies noch, es darf nicht ungesagt bleiben:

Jenes »... Du weißt, wohin er wies« muß so ergänzt werden: Ins Leben, Ingeborg, ins Leben.

Warum ich über all das gesprochen habe: um Dir jenes Gefühl der Schuld zu nehmen, das in Dir wach wurde, als die Welt mir fortsank. Um es Dir für immer zu nehmen.

Du sollst, Du mußt mir schreiben, Ingeborg.

50 Paul Celan an Ingeborg Bachmann, Paris, 26.-27. 10. 1957

In Mundhöhe, fühlbar:
Finstergewächs.

(Brauchst es, Licht, nicht zu suchen, bleibst
das Schneegarn, hältst
deine Beute.

Beides gilt:
Berührt und Unberührt.
Beides spricht mit der Schuld von der Liebe,
beides will da sein und sterben.)

Blattnarben, Knoten, Gewimper.
Äugendes, tagfremd.
Schelfe, wahr und offen.

Lippe wusste. Lippe weiss.
Lippe schweigt es zu Ende.

26.-27. Oktober 1957.

51 Ingeborg Bachmann an Paul Celan, München, 28. 10. 1957

ICH WERDE HEUTE SCHREIBEN ES IST SCHWER VERZEIH

INGEBORG

52 Ingeborg Bachmann an Paul Celan, München, 28.-29. 10. 1957

Montag, den 28. Oktober 1957
München

Paul,
vor zehn Tagen ist Dein erster Brief gekommen. Seither will ich jeden Tag antworten und versäume es über dem stundenlangen verzweifelten Sprechen mit Dir.

Welche Abkürzungen muß ich in dem Brief jetzt nehmen! Wirst Du mich trotzdem verstehen? Wirst Du auch die Augenblicke dazudenken, in denen ich nur die Gedichte vor Augen habe, oder nur Dein Gesicht, oder Nous deux encore?!

Um Rat fragen kann ich niemand, das weißt Du.

Ich bin Dir dankbar, daß Du Deiner Frau alles gesagt hast, denn es ihr »ersparen«, hieße doch, schuldiger werden, auch sie verringern. Weil sie ist, wie sie ist, und weil Du sie liebst. Aber ahnst Du, was ihre Hinnahme und ihr Verstehen für mich bedeuten? Und für Dich? Du darfst sie und Euer Kind nicht verlassen. Du wirst mir antworten, das sei schon geschehen, sie sei auch schon verlassen. Aber bitte, verlasse sie nicht. Muß ich es begründen?

Wenn ich an sie und das Kind denken muß – und ich werde immer daran denken müssen – werde ich Dich nicht umarmen können. Weiter weiß ich nichts. Die Ergänzung, sagst Du, muß heißen »Ins Leben«. Das gilt für die Geträumten. Aber sind wir nur die Geträumten? Und hat eine Ergänzung nicht immer stattgehabt, und sind wir nicht schon verzweifelt im Leben, auch jetzt, wo wir meinen, es käme auf einen Schritt an, hinaus, hinüber, miteinander?

Dienstag: ich weiß schon wieder nicht weiter. Bis vier Uhr früh war ich wach und wollte mich zwingen, weiterzuschreiben, aber ich konnte den Brief nicht mehr anrühren. Liebster Paul. Wenn Du Ende November kommen könntest! Ich wünsche es mir. Darf ich? Wir müssen uns jetzt sehen.

In einem Brief an die Prinzessin mußte ich gestern, um nicht auszuweichen, ein paar Worte über Dich schreiben, »herzliche«. Früher fiel mir das, trotz allem, leichter, weil ich so glücklich war, Deinen Namen aussprechen oder schreiben zu können. Jetzt meine ich fast, Dich um Verzeihung bitten zu müssen, wenn ich Deinen Namen nicht für mich behalte.

Aber wir wissen schon, wie es uns, unter den anderen, weitergehen wird. Nur wird es uns nicht mehr einschränken.

Als ich nach Donaueschingen kam vor einer Woche, hatte ich plötzlich den Wunsch, alles zu sagen, alles sagen zu müssen, wie Du es mußtest in Paris. Aber Du mußtest, und ich durfte es nicht einmal, ich bin ja frei und in dieser Freiheit verloren. Weißt Du, was ich damit meine? Doch das ist nur ein Gedanke aus einer langen Gedankenkette, einer Fesselung.

Du hast mir gesagt, Du seist auf immer versöhnt mit mir, das vergesse ich Dir nie. Muß ich jetzt denken, daß ich Dich wieder unglücklich mache, wieder die Zerstörung bringe, für sie und Dich, Dich und mich? Daß man so verdammt sein sollte, kann ich nicht begreifen.

Paul, ich schicke den Brief so weg, mein Verlangen war, viel genauer zu sein. –

Ich wollte Dir noch sagen in Köln, Dich bitten, die »Lieder auf der Flucht« noch einmal zu lesen, in jenem Winter vor zwei Jahren bin ich am Ende gewesen und habe die Verwerfung angenommen. Ich habe nicht mehr gehofft, freigesprochen zu werden. Zu welchem Ende?

Ingeborg

Dienstag abend:
Ich habe heute morgen geschrieben: wir müssen uns jetzt sehen.

Das ist die Ungenauigkeit, die ich schon fühlte und die Du mir noch nachsehen sollst. Denn ich kann nicht abgehen von dem Wort: Du darfst sie und Euer Kind nicht verlassen.

Sag mir, ob Du es für unvereinbar hältst, daß ich mir wünsche, Dich zu treffen und Dir das sage.

53 Paul Celan an Ingeborg Bachmann, Paris, 31. 10. - 1. 11. 1957

am 31. Oktober 1957.

Heute. Der Tag mit dem Brief.

Zerstörung, Ingeborg? Nein, gewiß nicht. Sondern: die Wahrheit. Denn dies ist ja wohl, auch hier, der Gegenbegriff: weil es der Grundbegriff ist.

Vieles überspringend:

Ich werde nach München kommen, Ende November, gegen den 26ten.

Ins Übersprungene zurück:

Ich weiß ja nicht, was all das bedeutet, weiß nicht, wie ichs nennen soll, Bestimmung, vielleicht, Schicksal und Auftrag, Namensuche hat keinen Sinn, ich weiß, daß es so ist, für immer.

Auch mir gehts wie Dir: daß ich Deinen Namen aussprechen und aufschreiben darf, ohne mit dem Schauer zu hadern, der mich dabei überkommt – für mich ists, trotz allem, Beglückung.

Du weißt auch: Du warst, als ich Dir begegnete, beides für mich: das Sinnliche und das Geistige. Das kann nie auseinandertreten, Ingeborg.

Denk an ›In Ägypten‹. Sooft ichs lese, seh ich Dich in dieses Gedicht treten: Du bist der Lebensgrund, auch deshalb, weil Du die Rechtfertigung meines Sprechens bist und bleibst. (Darauf habe ich wohl auch damals in Hamburg angespielt, ohne recht zu ahnen, wie wahr ich sprach.)

Aber das allein, das Sprechen, ists ja gar nicht, ich wollte ja auch stumm sein mit Dir.

Eine andere Gegend im Dunkel:

Warten: ich habe auch das erwogen. Aber hieße das nicht auch darauf warten, daß das Leben uns in irgendeiner Weise entgegenkommt?

Uns kommt das Leben nicht entgegen, Ingeborg, darauf warten, das wäre wohl die uns ungemäßeste Art, da zu sein.

Da sein, ja, das können und dürfen wir. Da sein – für einander.

Und wenns nur ein paar Worte sind, alla breve, ein Brief, einmal im Monat: das Herz wird zu leben wissen.

(Und doch, eine konkrete Frage, die Du schnell beantworten mußt: Wann fährst Du nach Tübingen, wann nach Düsseldorf? Man hat mich ebenfalls dorthin eingeladen.)

Weißt Du, daß ich jetzt wieder sprechen (und schreiben) kann?

Ach, ich muß Dir noch viel erzählen, auch Dinge, die selbst Du kaum ahnst.

Schreib mir.

Paul

P. S.
Seltsamerweise mußte ich, auf dem Weg in die Nationalbibliothek, die Frankfurter Zeitung kaufen. Und auf das Gedicht stoßen, das Du mir zusammen mit der Gestundeten Zeit schicktest, auf einem Papierstreifen geschrieben, mit der Hand. Ich hatte es immer für mich ausgelegt, und nun kommts wieder auf mich zu – in welchem Zusammenhang!

1. X. 57.

Verzeih, Ingeborg, verzeih die dumme Nachschrift von gestern – ich will vielleicht nie wieder so denken und sprechen.

Ach, ich bin so ungerecht gegen Dich gewesen, all diese Jahre, und die Nachschrift war wohl ein Rückfall, der meiner Ratlosigkeit zu Hilfe kommen wollte.

Ist ›Köln, Am Hof‹ nicht ein schönes Gedicht? Höllerer, dem ichs neulich für die Akzente gab (durfte ich das?) meinte, es sei eines meiner schönsten. Durch Dich, Ingeborg, durch Dich. Wäre es je gekommen, wenn Du nicht von den ›Geträumten‹ gesprochen hättest. Ein Wort von Dir – und ich kann leben. Und daß ich jetzt wieder Deine Stimme im Ohr hab!

54 Paul Celan an Ingeborg Bachmann, Paris, 2. 11. 1957

Allerseelen 2. XI. 57.

Was hab ich getan?
Die Nacht besamt, als könnt es
noch andere geben, nächtiger als
diese.

Vogelflug, Steinflug, tausend
beschriebene Bahnen. Blicke,
geraubt und gepflückt. Das Meer,
gekostet, vertrunken, verträumt. Eine Stunde,
seelenverfinstert. Die nächste, ein Herbstlicht,
dargebracht einem blinden
Gefühl, das des Wegs kam. Andere, viele,
ortlos und schwer aus sich selbst: erblickt und umgangen.
Findlinge, Sterne, schwarz und voll Sprache: benannt
nach gebrochenem Schwur.

Und einmal (wann? auch dies ist vergessen):
den Widerhaken gefühlt,
wo der Puls den Gegentakt wagte.

55 Paul Celan an Ingeborg Bachmann, Paris, 5. 11. 1957

As Lines so Loves oblique may well
Themselves in every Angle greet:
But ours so truly Paralel,
Though infinite can never meet.

Therefore the Love which us doth bind,
But Fate so enviously debarrs,
Is the Conjunction of the Mind,
And Opposition of the Stars.
/Andrew Marvell, The Definition of
Love S. 77./

am 5. November 1957.

Eine kurze Nachricht, Ingeborg, mit der ich vielleicht Deiner Antwort zuvorkomme: heute kam ein Brief aus Tübingen, man schlägt mir die erste Dezemberwoche vor, ich werde annehmen. Die Reise geht dann wohl zunächst über Frankfurt, wo ich bei Fischer das Honorar für eine kleine Übersetzung, an der ich jetzt arbeite, abholen will, am 29. oder 30. kann ich in München sein. Ich kann ein paar Tage bleiben, drei oder vier, sag, ob Du's noch willst.

Gisèle weiß, daß ich zu Dir fahren will, sie ist so tapfer!

Ich werde nicht weggehen, nein.

Und wenn Du nicht willst, daß ich von Zeit zu Zeit zu Dir komme, so will ich auch das versuchen. Eines mußt Du mir aber versprechen: mir zu schreiben, mir Nachricht zu geben, einmal im Monat.

Ich habe Dir gestern drei Bücher geschickt, für die neue Wohnung. (Es ist so ungerecht, daß ich so viele Bücher habe und Du so wenige.) Die Geschichten des Rabbi Nachman kenne ich gar nicht, aber es war ein wirkliches Buch, es mußte Dir gehören, und außerdem liebe ich Buber.

Kanntest Du die englische Anthologie? Vielleicht hatte ich es schon, als Du in Paris warst – später gings mir jedenfalls verloren. Dann, im Zug, im auseinanderfahrenden, schlug ich eine engl. Anthologie auf, die ich in Wuppertal geschenkt bekommen hatte, und las ein Gedicht wieder, das ich früher sehr geliebt hatte: To His Coy Mistress. Ich habs dann in den ersten Tagen nach meiner Rückkehr zu übersetzen versucht, es war schwer, aber schließlich wars da, bis auf ein paar Zeilen, die ich noch ins Lot bringen muß – dann bekommst Du's. Lies auch die anderen Gedichte von Marvell, neben Donne ist er wohl der größte. Und auch die anderen, sie verdienen's alle.

Im Allerseelen-Gedicht hat es eine Änderung gegeben; es heißt jetzt:

Findlinge, Sterne, schwarz und voll Sprache: benannt
nach zerschwiegenem Schwur.

56 Paul Celan an Ingeborg Bachmann, Paris 7. 11. 1957

am 7. November 1957.

Darf ich Dir zwei Übersetzungen schicken, vor ein paar Tagen entstanden, auf die Aufforderung meiner Wuppertaler Gastgeberin (Frau Klee-Pályi) hin, die bei Limes eine französische Anthologie herausgibt?

Es ist nicht viel, ich weiß, aber ein paar Augenblicke werden Deine Augen darauf ruhen.

Gestern mußte ich, da ja in ein paar Tagen übersiedelt werden soll, in allerlei alten Papieren kramen. Dabei stieß ich auf einen Taschenkalender aus dem Jahre 1950. Unter dem 14. Oktober fand ich die Eintragung: Ingeborg. Es ist der Tag, an dem Du nach Paris kamst. Am 14. Oktober 1957 sind wir in Köln gewesen, Ingeborg.

Ihr Uhren tief in uns.

Paul

Ich habe die Lesung in Tübingen auf den 6. Dezember ansetzen lassen, ich kann also vorher oder nachher zu Dir kommen – bitte entscheide Du.

Beilagen: Übertragungen von Antonin Artaud, »Gebet« und Gérard de Nerval, »Die Cydalisen«.

57 Ingeborg Bachmann an Paul Celan, München, 7. 11. 1957

Donnerstag

Diese Woche ist zu arg, und ich fürchte fast, daß mein Brief nicht mehr fertig wird, eh sie um ist. Ich bin ganz erschöpft vor Arbeit, Paul, verzeih mir, es ist wirklich so. Ich zittere vor Schwäche, aber Anfang nächster Woche wird es besser! Einen Brief an Dich kann ich nicht in zehn Minuten schreiben!

Hab Dank für alles, – Du weißt.

Ingeborg

Bis zum 1. XII. werde ich doch noch in dieser Pension sein.

58 Paul Celan an Ingeborg Bachmann, Paris, 9. 11. 1957

29bis rue de Montevideo
ab 20. XI.: 78 rue de Longchamp, Paris 16e

am 9. November 1957.

Ingeborg, Liebe!
Ein Brief, auch heute, ich kanns nicht lassen, obwohl ich mir sage, daß ich mit all dem nur Verwirrung stifte, daß ich von Dingen rede, die Du vielleicht nicht angesprochen wissen wolltest. Verzeih.

Vorgestern bin ich bei der Prinzessin gewesen, es war (wie bei meinem ersten Besuch) gleich von Dir die Rede, ich war froh, befreiten Herzens Deinen Namen nennen zu dürfen, die Prinzessin sprach immer von ›Ingeborg‹, und schließlich sagte auch ich: Ingeborg.

Du hast, wenn ich sie richtig verstanden habe, ein »Stück« (»une pièce«) geschrieben: darf ichs lesen, kannst Du's mir schicken?

Und dann, in meinem Überschwang, tat ich etwas, das vielleicht weit über das hinausgriff, was ich hätte tun dürfen: die Prinzessin sprach von den deutschen Beiträgen für das Frühjahrsheft von B.O., und da kam mir (nicht ganz unvermittelt, ich muß es gestehen) der Gedanke, ihr den Vorschlag zu machen, daß wir beide, Du und ich, die Auswahl der Texte treffen. Das war recht vorlaut, verzeih, Du kannst ja, wie vermutlich bisher, diese Auswahl selbst treffen, wozu brauchst Du eigentlich mich dabei? Sei nicht böse, Ingeborg, was hier so laut wurde, war ja nur dieses Zu-Dir-Wollen, das plötzlich (oder auch nicht ganz so plötzlich) eine Chance wahrzunehmen glaubte, im Unanfechtbaren, und sich diese Chance, wenigstens diese, nicht rauben lassen wollte.

Die Prinzessin war einverstanden, ich hatte sie ja überrumpelt, aber die Entscheidung liegt bei Dir, wenn Du's nicht willst, soll alles wieder ins Gleichgewicht gebracht werden.

Botteghe Oscure: das verspricht ein wenig Dunkel und Verborgenheit – dürfen wir uns hier nicht die Hand reichen und ein paar Worte tauschen?

Morgen ziehst Du in Deine neue Wohnung: darf ich bald kommen und mit Dir eine Lampe suchen gehen?

Paul

59 Ingeborg Bachmann an Paul Celan, München, 14. 11. 1957

München, den 14. November 1957

Paul, ich bin noch nicht in der neuen Wohnung – bis zum 1. Dezember muß ich noch warten. Die Vermieterin rief gestern an und sagte, es sei schon ein Brief für mich dort, ein erster, aus »Montevideo«. Jetzt eben kam er und war von Dir; der Pariser Stempel zeigte nur mehr ein deutliches Montevideo.

Ich müßte auf so viele Briefe antworten, danken, für die herrlichen Bücher danken, und ich tu's, indem ich Deinen Brief von heute gleich beantworte, ja!?

(Trotzdem: es ist immer gut, wenn Du kommst, Ende November, oder Anfang Dezember, nach Tübingen!) Bis vor Weihnachten bleibe ich ohne Unterbrechung in München. Ich kann nicht wegfahren, weil ich zuviel Arbeit habe und die neue mir noch zu neu ist.

Die pièce, von der die Prinzessin sprach, ist die englische Übersetzung von »Zikaden«. Aber Du kennst dieses Hörspiel vielleicht.

Es wird sehr gut sein, wenn Du ihr hilfst; ich schrecke ja immer etwas davor zurück, solche Entscheidungen zu treffen, aber diesmal, im Frühjahr, war sie ohne Hilfe, und mir lag daran, Klaus zu B.O. zu bringen und darüber hinaus ein paar gute Namen zu nennen. Daß ich, von allem abgesehen, die Prinzessin herzlich verehre, wirst Du verstehen, wenn Du sie besser kennenlernst. Ich bin nur froh darüber, daß Du sie beraten willst.

»Allerseelen« ist ein wunderbares Gedicht. Und »Köln, Am Hof«... Du mußt wieder schreiben, wie Du mußt. Ich habe Dir noch nicht gesagt, daß ich in den letzten zwei drei Jahren manchmal Angst hatte um Deine Gedichte. Jetzt ist sie mir genommen. Über vieles andre sprechen wir in drei Wochen miteinander – ich bin zu ratlos allein.

Ich rede manchmal zu Dir nach Paris, als wärst Du allein dort, und oft verstumme ich, wenn ich Dich wahrhabe mit allem dort, mich wahrhabe mit allem hier. Dann aber werden wir Klarheit und keine Verwirrungen mehr stiften – und die Lampe suchen gehen!

Ingeborg

60 Paul Celan an Ingeborg Bachmann, Paris, 16. 11. 1957

Paris, am 16. November 1957.

Heute ist wieder ein Brief von Dir gekommen: hab herzlichen Dank.

Eine Bitte: kannst Du, schon jetzt, der Prinzessin schreiben und ihr sagen, daß Du bereit bist, ihr zusammen mit mir bei der Auswahl der deutschen Texte zu helfen? Und sag ihr dann bitte auch, daß sie H. M. Enzensberger (STRANDA, Norwegen) ein paar Exemplare von B.O. schicken soll. (Ich habe sie bereits darum gebeten, aber vielleicht hat sie's inzwischen wieder vergessen.)

Soll ich Walter Jens um eine kleine Prosa für B.O. bitten? Sag mir bitte vielleicht auch, an wen Du sonst noch denkst. Alles andere können wir ja dann in München besprechen. Ich komme, da Du mich ja darüber entscheiden läßt, nach der Lesung in Tübingen dorthin, also am 7. oder 8. Dezember.

Montag ziehe ich um; wenn Du mir schreibst, so bitte an die neue Adresse:

78 rue de Longchamp, Paris 16e
(Tel.: Poincaré 39-63)

Lampensuchenderweise
Paul

61 Ingeborg Bachmann an Paul Celan, München, 16. 11. 1957

Paul, Lieber,
ich habe Dir geschrieben, daß mir jede Zeit recht sei. Und jetzt muß ich Dich doch bitten, nicht im November zu kommen.

Bitte komm nach Tübingen, also nach dem 4. Dezember. Ich werde dann freier sein.

Es ist Samstag abend, ich komme kaum aus dem Haus und versuche, mit einer Arbeit nach der anderen fertig zu werden, aber es geht nur so langsam. Eine Viertelstunde war ich im Englischen Garten, um Luft zu schöpfen, dort gibt es kleine Gewässer, die mich an den Wiener Stadtpark denken lassen und an die Brücke, auf der wir gestanden sind, verzaubert.

Ingeborg

62 Ingeborg Bachmann an Paul Celan, München, 22. 11. 1957

Donnerstag

Vor sieben Jahren haben wir zum letzten Mal Deinen Geburtstag miteinander gefeiert. Töricht und traurig.

Jetzt aber setze ich mich eine Weile zu Dir und gebe Dir Küsse auf die Augen.

Bis zuletzt wollte ich Dir etwas schicken nach Paris, und dann fühlte ich doch, daß ich unmöglich dorthin Dir etwas schicken kann. Du müßtest es verbergen oder wieder weh tun.

Ich habe Dir hier Dein Geschenk bereit gelegt, und Du suchst es bei mir, wenn Du kommst. (Unsre letzten Briefe haben sich gekreuzt – daß sie das wieder, oder überhaupt zum ersten Mal, tun können!) Ich denke an Dich, Paul, und denk Du an mich!

Ingeborg

63 Paul Celan an Ingeborg Bachmann, Paris, 23. 11. 1957

am 23. November 1957.

Eine Zeile nur, die Dir danken will, von Herzen, für alles.

Daß wir unsere Herzen damals zu Tode hetzen mußten, mit soviel Geringfügigem, Ingeborg! Wem haben wir gehorcht, sag, wem?

Nun komm ich ja bald, nicht für lange, für einen Tag, für einen zweiten – wenn Du's willst und erlaubst.

Wir wollen dann die Lampe suchen gehen, Ingeborg, Du und ich, wir.

Paul

64 Ingeborg Bachmann an Paul Celan, München, 2. 12. 1957

2. Dezember

Wann kommst Du, lieber Paul? Schick mir aus Tübingen ein Telegramm, damit ich Dich abholen kann. (In die Franz Josephstraße 9a, München 13)

Jetzt sind es nur mehr wenige Tage…

Ingeborg

65 Paul Celan an Ingeborg Bachmann, Stuttgart, 5. 12. 1957

Donnerstag

Übermorgen, Samstag, bin ich in München – bei Dir, Ingeborg.

Kannst Du zur Bahn kommen? Mein Zug ist um 12[07] in München. Wenn Du nicht kommen kannst, so will ich eine halbe Stunde später vor Deinem Haus in der Franz-Josephstr. auf und ab gehen.

Morgen bin ich in Tübingen (Adresse: Hotel Lamm oder Osiandersche Buchhandlung).

Zwei Tage noch, Ingeborg.

Paul

66 Paul Celan an Ingeborg Bachmann: Widmung für ein Konvolut von 21 Gedichten aus »Sprachgitter«, München (?), zwischen dem 7. und dem 9. 12. 1957 (?)

Für Ingeborg

67 Paul Celan an Ingeborg Bachmann, Widmungen für 23 Gedichte in »Mohn und Gedächtnis«, München (?), zwischen dem 7. und dem 9. 12. 1957 (?)

f. D.

über den Gedichten »Nachts ist dein Leib«, »Erinnerung an Frankreich«, »Nachtstrahl«, »Die Jahre von dir zu mir«, »Lob der Ferne«, »Das ganze Leben«, »Corona«, »Auf Reisen«, »In Ägypten«, »Brandmal«, »Wer sein Herz«, »Kristall«, »Nachts, wenn das Pendel«, »So schlafe«, »So bist du denn geworden«, »Die feste Burg«, »Der Tauben weißeste«, »Aus Herzen und Hirnen«, »Landschaft«, »Stille!«, »Wasser und Feuer« und »Zähle die Mandeln«.

u. f. D.

über dem Gedicht »Sie kämmt ihr Haar«.

68 Ingeborg Bachmann an Paul Celan, Widmung in »Die gestundete Zeit«, München (?), zwischen dem 7. und dem 9. 12. 1957 (?).

München, Am Hof

Ingeborg

69 Paul Celan an Ingeborg Bachmann, Frankfurt am Main, 9. 12. 1957

Frankfurt, Montag nacht

Ingeborg, meine liebe Ingeborg –

Ich habe dann noch einmal aus dem Zug geschaut, auch Du hattest Dich umgesehen, aber ich war zu weit.

Dann kams und würgte, ganz wild.

Und dann, als ich ins Abteil zurückging, geschah etwas sehr Seltsames. Es war so seltsam, daß ich mich ihm anvertraute, auf eine ganz weite Strecke hin – ich wills Dir hier berichten, so wie es auf mich zukam – aber Du mußt mir schon jetzt verzeihen, daß ich so unkontrolliert handeln konnte.

Ich war also wieder im Abteil und nahm Deine Gedichte aus der Aktentasche. Mir wars wie ein Ertrinken in ganz Durchsichtig-Hellem.

Als ich aufsah, bemerkte ich, daß die junge Frau, die den Fenstersitz hatte, die ›Akzente‹ hervorholte, das letzte Heft, und darin zu blättern begann. Sie blätterte und blätterte, mein Blick konnte diesem Blättern folgen, er wußte ja, daß Deine Gedichte und Dein Name kommen würden. Dann kamen sie, und die blätternde Hand hielt inne. Und ich sah, daß es kein Blättern mehr war, daß die Augen lasen, wieder und wieder. Wieder und wieder. Ich war so dankbar. Dann dachte ich einen Augenblick, daß das ja jemand sein konnte, der Dich hatte lesen hören, Dich gesehen und wiedererkannt hatte.

Und dann wollt ichs wissen. Und fragte. Und sagte, daß Du's gewesen warst, vorhin.

Und lud die Dame, eine junge Schriftstellerin, die in München ein Manuskript bei Desch abgegeben hatte, die auch, wie sie erzählte, Gedichte schrieb, auf eine Tasse Kaffee ein. Dann hörte ich, wie sehr sie Dich bewundert.

Ich habe kaum etwas Unvorsichtiges gesagt, Ingeborg, aber sie hatte es ja wohl schon erraten, es war ja ein Erlebnis für sie.

Dann habe ich ihr meine beiden Gedichtbände geschenkt und sie gebeten, sie erst zu lesen, wenn ich aus dem Zug ausgestiegen war.

Es war eine junge Frau, fünfunddreißig vielleicht, sie weiß ja nun wohl Bescheid, aber ich glaube nicht, daß sie's unter die Leute trägt. Ich glaub's wirklich nicht. Sei nicht böse, Ingeborg. Sei bitte nicht böse.

Es war so seltsam, es war so ganz aus unsrer Welt – der Mensch, dem ichs verdankte, durfte ja wissen, wen er vor sich gehabt hatte. Sag mir etwas dazu, ein Wort – bitte!

Ich denke jetzt auch, daß Du dieser Frau einen Gruß schicken könntest, ich schreib Dir hier die Adresse auf:

Margot Hindorf
Köln-Lindenthal
Dürener Str. 62

Schreib mir eine Zeile nach Paris, ich bin Mittwoch dort.

In Frankfurt, es war acht Uhr, habe ich gleich bei Frau Kaschnitz angerufen – es meldete sich niemand. Ich wills morgen früh wieder versuchen.

Ich muß Dich wiedersehn, Ingeborg, ich liebe Dich ja.

Paul

Ich wohne hier bei Christoph Schwerin: unsere Bücher stehen nebeneinander.

70 Ingeborg Bachmann an Paul Celan, München, 11. 12. 1957

Mittwoch

Paul, Lieber,
ich habe nur dieses zerknitterte Papier im Hotel, alles andre ist in der Franz Josephstraße bei dem Leuchter. Heute nachmittag habe ich dort Deinen Brief abgeholt. Das ist eine merkwürdige und schöne Geschichte, die jetzt zu uns gehört. Warum sollte ich böse sein? Nur dieser Frau schreiben werde ich nicht, verzeih, ich kann nichts mehr von Belang hinzufügen. (Und das Schreiben an andre macht mir Mühe.)

Am Abend, Montagabend, bin ich noch, mit dem schwarzen Penny in der Hand, zu Piper gegangen, und alles ging gut; ich konnte auch gleich in ein Hotel übersiedeln – hier (es heißt Blaues Haus) bleibe ich bis Freitag früh.

Das Telefon ist heute geändert worden; die Nummer, die bleibt, ist: 337519. Die andre kannst Du ausstreichen.

Jeder Tag ist jetzt voll Nachhall. Aber Du darfst meinetwegen jetzt Gisèle nicht versäumen. Nicht aus Pflicht, sondern aus der Befreiung. Wem werden wir alles danken können?

Ingeborg

71 Paul Celan an Ingeborg Bachmann, Paris, 12. 12. 1957

BITTE MORAS NOCH NICHT GEDICHTE GEBEN AUF WIEDERSEHEN BALD

PAUL

72 Paul Celan an Ingeborg Bachmann, Paris, 12. 12. 1957

Paris, Donnerstag

———

Ich bin vorgestern bei Frau Kaschnitz gewesen, ich habe ihr Deinen Brief gegeben und Deine Rosen, es waren rote, dunkel, sieben. Und ebensoviele, ebensolche von mir. Sie hat sie zusammengetan.

Sag mir, ob wir uns nach Bremen (26. Jänner) in Köln wiedersehen wollen, lang.

Soeben hab ich Dir ein Telegramm geschickt, um Dich zu bitten, die für Moras bestimmten Gedichte noch eine Weile zurückzubehalten: Höllerer, der in den nächsten Akzenten das Köln-Gedicht bringt, wollte noch einiges hinzu, ich versprachs ihm, es sollen nun die schönsten sein, ich sag Dir morgen, welche.

Da Huchel nichts von sich hören läßt, schreib ich ihm, daß ich alles weggeb; dann bleibt auch für Moras genug.

Bei Suhrkamp, wo alle sehr freundlich waren, traf ich Hans Hennecke. Ich mußte sagen, daß ich aus München kam, er wollte wissen, ob ich Dich gesehen hätte, ich sagte ja. Dann mußte ich ihm auch Deine Adresse geben.

Von Enzensberger kam ein Brief: die Prinzessin hat ihm die versprochenen Hefte von B.O. noch nicht geschickt.

Sollen wir ihn auffordern, schon diesmal Gedichte zu schicken? Jedenfalls bitte ich Nelly Sachs um einen Beitrag.

Ingeborg, Ingeborg.
Ich bin so erfüllt von Dir.
Und weiß auch, endlich, wie Deine Gedichte sind.
Sag mir etwas zu der Geschichte im Zug nach Frankfurt.

73 Paul Celan an Ingeborg Bachmann, Paris, 13. 12. 1957

Paris, 13. XII. 57.

Ein Tag und noch einer

Föhniges Du. Die Stille
ging mit uns mit wie ein zweites,
deutliches Leben.

Ich gewann, ich verlor, wir glaubten
an düstere Wunder, der Ast,

groß an den Himmel geschrieben, trug uns, wuchs
in die Mondbahn, ein Morgen
stieg ins Gestern hinauf, wir holten
den Leuchter, ich weinte
in deine Hand.

74 Ingeborg Bachmann an Paul Celan, München, 16. 12. 1957

Montag abend

Paul, Deine Rosen waren da, als ich einzog, so fehlt fast nichts mehr, nur die Tinte für diesen Brief. Dann kam das Geld, und ich bin doch sehr froh darüber wegen Weihnachten und dem Anfang hier. Ich dank Dir!

Jetzt gerade kam das Gedicht; Du hast es an dem 13., am Freitag geschrieben, als ich zum Leuchter zog (denn solang dauerte es noch).

Ich bin müde und glücklich in der Wohnung, muß sehr viel arbeiten, aber es verdrießt mich nicht mehr.

Ingeborg

P. S.
Ich werde morgen wegen Enzensberger an die Redaktion der B.O. schreiben; die Prinzessin kann ja selbst nichts tun, ich würde sie auch nicht damit belasten. Nimm Enzensberger dazu, wenn noch Platz ist, aber ich denke, es wird schon zuviel sein.

Mittwoch früh fahre ich heim.

75 Paul Celan an Ingeborg Bachmann, Widmung in Sonderdruck mit Übertragungen von Gedichten von Apollinaire, Paris, Weihnachten 1957

Für Ingeborg, Weihnachten 1957

Paul

76 Ingeborg Bachmann an Paul Celan, München, 27. 12. 1957

München 27. XII. 1957

Wenigstens zum Jahresende sollst Du einen Brief haben! Die Bücher sind genau am 24. angekommen und unter den Baum gelegt worden. So schön sind sie!

Heute habe ich für den Leuchter eine schöne Kerze gekauft. Ich mußte aus Klagenfurt rasch wieder zurück, einer Arbeit wegen. Verzeih mir, daß ich Dir nur diese Nachricht gebe. Ich muß in den nächsten Tagen sehr viel arbeiten.

Aus Wien (!) habe ich überraschend einen Anruf bekommen, ich soll in zwei Wochen dort lesen. Ich habe zugesagt, fahre aber in Ängsten hin, nur für 1, 2 Tage. Am liebsten möchte ich's rückgängig machen. Bitte begleit mich in Gedanken, damit das Häßliche dort mich nicht berühren kann! Unsre Zeit dort ist mein einziger Schutz.

Aber wie lebst Du jetzt? Lass es mich wissen.

Ingeborg

77 Ingeborg Bachmann an Paul Celan, München, 1. 1. 1958

Lieber Paul,
ich habe eben an Günter Eich und H. Heissenbüttel geschrieben für B.O., weil mir die Prinzessin heute schreibt, daß sie bis zum 15. I. die Manuskripte braucht. (Falls Du es auch schon getan hast, macht es nichts.) Aber bitte: an wen noch?!

Hier ist es so kalt. Und die ganze Arbeit drängt sich in diese Tage.

Ingeborg

Willst Du Holthusen fragen, oder soll ich es tun? Vergiss Jens nicht, eventuell Grass.

78 Paul Celan an Ingeborg Bachmann, Paris, 2. 1. 1958

2. 1. 58.

Ingeborg, Liebste, was kann ich sagen?
Du fährst nach Wien, mein Herz begleitet Dich, sei ohne Sorge – Geh zu Nani und Klaus. (Du kannst Klaus im Belvedere – Österreichische Galerie – anrufen:

72-64-21 oder
72-43-58)

Wann fährst Du nach Berlin, wann nach Hamburg, Kiel etc.? Sags mir bitte, ich muß es wissen. Am 26. fahre ich nach Bremen, das dauert dann wohl ein paar Tage – wollen wir uns, wenn Du auch da oben bist, auf der Rückreise in Köln treffen?

Komm, Ingeborg.

Paul

Hast Du den kleinen Kalender und die beiden Notizbücher bekommen?

Botteghe Oscure:
Günter Eich und Holthusen haben der Prinzessin noch nichts geschickt – Kannst Du sie um Beiträge bitten, oder soll ich es tun? Du mußt mir diese Frage sofort beantworten, die Prinzessin will die Texte bis zum 15. Januar.

Beiträge geschickt haben mir bisher nur Nelly Sachs, Höllerer, Enzensberger. Keine Antwort von K. L. Schneider (Heym-Nachlaß) und Heißenbüttel. Ich schreibe beiden noch einmal.

Weißt Du sonst jemand?

Soll ich Dir Abschriften der eingesandten Beiträge schicken – wohin?

Bitte antworte schnell.

79 Paul Celan an Ingeborg Bachmann, Paris, 3. 1. 1958

am 3. Januar 1957.

Ein paar Zeilen nur, Ingeborg, um Deinen Botteghe-Brief zu beantworten, vielmehr um die Antworten zu ergänzen, die mein gestriger Brief an Dich enthielt.

Gestern abend kam noch das »Prunkstück« unseres deutschen Teils: ein unveröffentlichtes Gedicht von Georg Heym, Der Schauspieler.
Beiträge haben bisher geschickt:

Nelly Sachs
Höllerer
Enzensberger

Gibst Du der Prinzessin Gedichte? Von mir kommt ja wohl das Trunkene Schiff, ich bin aber nicht sehr froh, in einer Auswahl, die zum Teil von mir selbst getroffen wird, mitvertreten zu sein.

Auf Deine Anregung hin habe ich soeben an Jens geschrieben. /Ich hatte ihn schon in Tübingen um kleine Prosa gebeten, er hatte aber keine, heute bitte ich ihn um ein Fragment seines, noch unvollendeten, Dramas (von dessen Bestehen ich heute morgen erfuhr)./

An Graß habe ich vor ein paar Tagen geschrieben, an Heißenbüttel, zum zweiten Mal, gestern. Noch keine Antwort.

Ich könnte, wenn Du es für richtig hältst, an Schroers schreiben, der wohl etwas hätte. Ich täts sogar recht gerne.

Gib bitte schnelle Antwort!

Dein

Paul

Du sagst also Günter Eich und Holthusen, daß sie etwas schicken sollen – ja? Am besten eine Kopie an mich, der Korrektur wegen.

80 Ingeborg Bachmann an Paul Celan, München, 6. 1. 1958

6. 1. 58.

Mein Lieber,
jetzt müssen wir auf einmal Briefe über fremde Manuskripte tauschen. Aber ich nehme es heiter, denn seit wir überhaupt wieder schreiben können, ist mir alles recht.

Ich habe an Eich geschrieben, er hat nichts. Holthusen wahrscheinlich auch nichts, er wird mich aber noch anrufen. Von Heissenbüttel habe ich auch noch keine Antwort. Vergiß Jens nicht und eventuell Grass. Dann genügt es wohl.* Ich spreche am 11. Jänner noch mit Klaus in Wien – vielleicht kann man noch einmal etwas von ihm bringen. Was meinst Du? Schreib mir bitte darüber einen Brief an seine Adresse nach Wien, denn ich muß schon Freitag hier weg, und lese am Samstag nachmittag um 17 h; ich schreibe Dir das so genau, weil ich so sehr möchte, daß Du an mich denkst und mir die Furcht nimmst. –

Der Heym-Nachlaß wäre natürlich sehr wichtig.

Bitte schick mir keine Abschriften, ich bin doch mit allem einverstanden, und wir haben uns doch über die Namen geeinigt.

Ich werde jetzt noch an Martin Walser schreiben, den ich schätze, und es wäre gut, etwas mehr Prosa dabei zu haben.

Auf den Kalender freue ich mich schon, er ist aber noch nicht angekommen.

Ich hebe mir den Dank für Deine Gedichte noch auf, weil es nicht in diesen Brief paßt, der rasch weg muß!

Ingeborg

* mit Sachs, Enzensberger, Höllerer.

81 Paul Celan an Ingeborg Bachmann, Paris, 7. 1. 1958

Eine Hand

Der Tisch, aus Stundenholz, mit
dem Reisgericht und dem Wein.
Es wird
gegessen, geschwiegen, getrunken.

Eine Hand, die ich küßte,
leuchtet den Mündern.

———

Paris, am 7. Jänner 1958.

82 Ingeborg Bachmann an Paul Celan, München, 8. 1. 1958

Lieber,
eben kam wieder ein Brief von Dir. Und mir fiel ein, dass ich noch in Expressbriefen Ernst Schnabel und Walser fragen könnte. Ich habe es eben getan, denn sonst haben wir gar keine Prosa. Ich halte Schroers nicht für ganz richtig, aus sachlichen Gründen, da müssten doch einige andre noch eher drankommen. Aber wenn Du es trotzdem willst schon diesmal...

Ich habe keine Gedichte, sondern vielleicht eine Prosa, aber das ist noch nicht sicher, denn ich habe derart viel zu tun, dass ich nicht aus und ein weiss.

Du musst der Prinzessin unbedingt etwas geben, denn du bist ja nicht der Herausgeber, sondern vor allen andren aufgefordert worden, und das Sammeln der andren Beiträge ist doch eine Gefälligkeit und Freundlichkeit ihr gegenüber. Deine Bedenken halte ich daher für unrichtig.

Ich schreibe jetzt noch an Eugene Walter und sage ihm, was er ungefähr zu erwarten hat.

Nach dem 15. können wir wieder normale Briefe schreiben, Gott lob.

Ingeborg

83 Paul Celan an Ingeborg Bachmann, Paris, 11. 1. 1958

Samstag

Du liest jetzt
Ich denk an Deine Stimme.

84 Ingeborg Bachmann an Paul Celan, Wien, 13. 1. 1958

Montag, 13. I. 58.

Paul,
ein Blatt aus Wien. Alles war so seltsam hier, daß man's kaum erzählen kann. Schlimmer als gedacht, besser als denkbar.

Nani und Klaus sind froh über uns und haben mir die schönste und aufrichtigste Freundschaft bewiesen – in all den problematischen Stunden. Eh ich fahre, wink ich Dir. Sei mir gut!

Ingeborg

85 Ingeborg Bachmann an Paul Celan, München, 18. 1. 1958

Samstag
18 – 1 – 58

Der Proust ist angekommen. Wie schön!! (Aber Du verwöhnst mich so!)

An dem Abend, an dem [Du] mich noch einmal anriefst, musste ich immerzu denken, daß Du mich gefragt hast: Soll ich kommen? Du weißt nicht, was es für mich bedeutet, so gefragt zu werden. Ich hab plötzlich weinen müssen, nur deswegen, weil es das für mich gibt und weil ich es nie gehabt habe.

Fahr gut, freu Dich und laß Dich von nichts Kleinlichem, das es immer gibt, stören in der Freude. Ich werde noch nachdenken über den Ort und schreibe Dir nach Bremen. Diesmal beschütz ich Dich!

Ingeborg

86 Paul Celan an Ingeborg Bachmann, Paris, 21. 1. 1958

Dienstag

Ich fahre übermorgen, Ingeborg, bleibe dann bis Samstag früh in Köln, ich will Dich Freitag gegen zehn Uhr vormittags anrufen.

Auf jeden Fall telegraphiere ich Dir aus Bremen (bzw. Hamburg), wenn ich alles hinter mir habe.

Ob es nicht am einfachsten wäre, wenn ich nach München komme?

Entschuldige die Eile (und das häßliche Papier)

Paul

Denk doch darüber nach, ob wir uns nicht irgendwo auf halbem Wege treffen sollten. Es gäbe ja Würzburg, Frankfurt, Heidelberg etc. Oder Freiburg im Breisgau, Basel, Straßburg.

Aber ich kann auch nach München kommen, mit einem der schnellen Züge.

Meine Adresse in Bremen kenne ich nicht; offenbar: Gästehaus des Senats (oder so ähnlich)

87 Ingeborg Bachmann an Paul Celan, München, 26. 1. 1958

ICH DENKE AN DICH

INGEBORG

88 Paul Celan an Ingeborg Bachmann, Hamburg, 27. 1. 1958

MORGEN ZEHN UHR DREIUNDREISSIG

PAUL

89 Ingeborg Bachmann an Paul Celan, München, 2. 2. 1958

Sonntag abend

Paul,
die Arbeit, die mich so gequält und belastet hat, ist zu Ende. Und jetzt sollst Du gleich Deinen Brief haben, eh mir die Augen zufallen.

Zu dem neuen Goll-Unfall: ich bitte Dich, laß die Geschichten in Dir zugrunde gehen, dann, meine [ich], gehen sie auch aussen zugrund. Mir ist oft, als können die Verfolgungen [uns] nur [etwas anhaben], solang wir bereit sind, uns verfolgen zu lassen.

Die Wahrheit macht doch, daß Du darüber stehst, und so kannst Du's auch wegwischen von oben.

Ich bekomme »Facile«? Es ist wirklich leicht und einfach geworden, und mußt keinen Augenblick denken, daß mir bang ist. Nach Köln war mir sehr bang. Jetzt nicht mehr.

Meine letzte Angst betrifft nicht uns, sondern Gisèle und Dich und daß Du ihr schönes schweres Herz verfehlen könntest. Aber Du wirst jetzt wieder sehen und die Verdunklung auch für sie aufheben können. Ich sprech nur noch ein letztes Mal davon, und Du mußt mir darauf nicht antworten.

Nach Deiner Abreise habe ich zum ersten Mal wieder gern gearbeitet, sogar das stundenlange, monotone Abtippen war mir eine Freude, und ich bin in hellem Eifer.

Ist das nicht auch gut? Jetzt geht es bald nach Tübingen. Auf Deinen Spuren.

Ingeborg

90 Paul Celan an Ingeborg Bachmann, Paris, 8. 2. 1958

8. 2. 58.

Der Mai – die Lesung in Düsseldorf – ist weit, ich weiß nicht, ob ich so lang warten kann, ich versuch, mich durch die viele Zeit hindurchzuschreiben.

Seltsam, ich hab diesmal etwas aus dem Russischen übersetzt, es ist, glaub ich, das Gedicht der Revolution, hier ists (verzeih, ich hab das Original dem Fischer Verlag geschickt, Du bekommst nur einen Durchschlag) – sag mir, wenn Du kannst, ob's Dir gefällt, ich zieh da ja merkwürdige Register...

Das zweite, gestern übersetzte, ist ein Gedicht von Jessenin, eins seiner schönsten.

Hast Du ›Facile‹ bekommen? Sag mirs.

Wenn Du mir eine Abschrift des Hörspiels schicken könntest!

Du weißt, Ingeborg, Du weißt ja.

Paul

Beilagen: Übertragungen von Alexander Block, »Die Zwölf« und Sergej Jessenin, »In meiner Heimat leb ich nicht mehr gern«.

91 Paul Celan an Ingeborg Bachmann, Paris, 12. 2. 1958

12. 2. 58.

Eine Bitte, Ingeborg:

Schick Gisèle Deine beiden Gedichtbände – ich habe ihr gesagt, du würdest es tun.

Paul

92 Ingeborg Bachmann an Paul Celan, München, 17. 2. 1958

17. Feber 1958

Paul, ich bin kaum fähig, zu schreiben, zu antworten. Soviel Arbeit, soviel Müdigkeit und Erschöpfung. Ich schicke die Bücher heute oder morgen!

Die Übersetzung von den »Zwölf« war eine große Überraschung; ich meine, sie ist sehr gut – und waghalsig, aber sehr gut deswegen! Das Jessenin-Gedicht muß man lieben. Als ich die letzte Zeile las, dachte ich aber unwillkürlich anstatt »rollen« noch einmal »fallen«. Fallen erscheint mir schöner und, gerade wiederholt, eindringlicher.

Nach Tübingen und Würzburg – beide Orte waren sehr freundlich – bekam ich die Grippe, und jetzt ist Föhn seit ein paar Tagen, große Wärme und Irrsinn in der Luft. Ich bin niedergeschlagen, aber nur deswegen.

Ingeborg

93 Paul Celan an Ingeborg Bachmann, Paris, 27. 2. 1958

27. 2. 1958

Paul Eluard

Nous avons fait la nuit

Die Nacht ist begangen, ich halt deine Hand,
ich wache, ich stütz dich
mit all meinen Kräften.

Ich grabe, tiefes Gefurch, deiner Kräfte
Stern in den Stein: deines Körpers
Gütigsein – hier
soll es keimen und aufgehn.
Ich sage mir deine
Stimmen vor, beide, die heimliche und
die von allen gehörte.
Ich lache, ich seh dich
der Stolzen begegnen, als bettelte sie, ich seh dich, du bringst
den Umnachteten Ehrfurcht entgegen, du gehst
zu den Einfachen hin – du badest.
Leise
stimm ich die Stirn jetzt ab auf die deine, stimm sie
in eins mit der Nacht, fühl jetzt
das Wunder dahinter: du wirst mir
zur Unbekannt-Fremden, du gleichst dir, du gleichst
allem Geliebten, du bist
anders von Mal zu Mal.

94 Ingeborg Bachmann an Paul Celan, München, 4. 3. 1958

Paul, ich bin nicht nach Berlin gefahren. Gleich nach unserem Gespräch wurde ich krank (Grippe, Mittelohrentzündung) – und jetzt geht es endlich etwas besser. Das Klima hier ist so ungut. Ende dieser Woche darf ich wieder ins Freie. Und am 19. erst fahre ich nach Berlin. Ich wollt' es Dir nur endlich sagen, aber mach Dir keine Sorgen!

Schreib mir ein Wort von Dir. Nur ob alles gut geht, ob Du arbeitest, mein Lieber.

Ingeborg
Dienstag, 4. März 1958

95 Paul Celan an Ingeborg Bachmann, Paris, 14. 3. 1958

WIE GEHT ES DIR DAS HOERSPIEL IST SO SCHOEN SO WAHR UND SCHOEN DU WEISST ES JA DAS HELLE UND HELLSTE INGEBORG ICH DENK AN DICH IMMER

PAUL

96 Ingeborg Bachmann an Paul Celan, München, nach dem 23. 3. 1958 und am 3. 4. 1958

Ende März

Paul,
soviel wird nicht hier stehn, in dem Brief. Ich bin ganz leer seit Berlin, ganz zermürbt von Laufereien auf Ämter, denn in meinem Pass fehlt ein Stempel, und ich soll abreisen, »ausgewiesen« werden im April. Aber heute hat sich der Rundfunk »eingeschaltet« und es wird vielleicht alles gut. Diese Vokabeln und diese Welt! Trotzdem war der Schock so, daß ich nicht mehr Lust habe, lange hier zu bleiben, auch die Anstellung am Rundfunk werde ich wohl nicht annehmen. Ich kann es nicht, das habe ich in diesen Tagen erfahren, obwohl ich noch nicht weiß, wie es dann weitergehen soll. Ich kann nicht.

Und dazu – und vor allem – kommt die Niedergeschlagenheit über die politische Entwicklung in Deutschland.

3. April: Mit den Papieren dürfte doch alles gut gehen.

Ich fahre jetzt für 8 Tage weg, über Ostern, und freue mich auf Luft und Land.

Mein Lieber, jetzt scheint sogar die Sonne, und bald wird Mai. Darauf wollen wir uns freuen. Ich sage mir oft vor, daß Du an mich denkst. Sag Du auch Dir vor, daß ich an Dich denke.

Ingeborg

97 Paul Celan an Ingeborg Bachmann, Paris, 6. 6. 1958

Paris, den 6. Juni 1958.

Unruhige Zeiten, Ingeborg. Unruhige, unheimliche Zeiten. Wie sollt es auch anders kommen: es war ja schon da. Dies oder das tun? Man versucht zu antworten, entscheidet sich für das eine oder andere, fühlt die Zange.

Ich habe viel gearbeitet in diesen Tagen, trotz allem, à fonds perdu. Achtzehn Gedichte von Ossip Mandelstamm sind übersetzt, ich schick sie Dir in den nächsten Tagen. Auch der neue Gedichtband ist fast abgeschlossen. All das – zu welchem Ende?

Glaub Deinem Herzen, Ingeborg, laß es wach sein, immer und überall.

Und schreib ein paar Zeilen.

Paul

98 Ingeborg Bachmann an Paul Celan, Paris, 23. 6. 1958

Montag, 23. Juni 1958

Paul,

ich bin in Paris (niemand weiß es) – aber bist auch Du hier – oder noch in Deutschland? Ich muß Dich sprechen. Bitte kannst Du am Mittwoch um 16 Uhr ins Café George V. kommen, mir fällt im Augenblick nichts bessres ein, es ist neben der Metro-Station, die auch so heißt. Wenn Du Mittwoch nicht hier bist, schreibe ich Dir noch einmal und bitte Dich, an einem andren Tag zu kommen.

Und bitte sage, falls Du Bekannte triffst, nichts von meinem Hiersein.

Das gilt natürlich nicht für Gisèle.

Mittwoch ist mein Geburtstag; vor 10 Jahren haben wir meinen 22. gehabt.

Als Du mich anriefst, wußte ich noch nicht, wie alles kommen würde. Aber ich weiß, daß Du versuchen wirst, mich zu verstehen, um zu helfen, mit einem Rat oder ratlos. Wenn Du nur da bist, mich ansiehst ein paar Stunden –

Ingeborg

Beilage: Gedicht »Wohin wir uns wenden im Gewitter der Rosen«.

99 *Paul Celan an Ingeborg Bachmann, Widmung in Sonderdruck Arthur Rimbaud, »Das trunkene Schiff«, Paris, Juni 1958*

Für Ingeborg –
Paul

Paris, Juni 1958.

100 *Ingeborg Bachmann an Paul Celan, Neapel, 16. 7. 1958*

Neapel, Via Generale Parisi 6
den 16. Juli 1958

Paul, ich bin dann doch weiter nach Neapel gefahren, wegen dem »Aufenthalt« für später in München, und so werde ich hier sein bis zum Sommerende. Aber ich bin traurig und entfernt von allem, wo ich auch bin. Ich fange an zu arbeiten und will an nichts andres als die Arbeit denken, nicht aufsehn. Manchmal glaube ich daß der Krieg kommen wird; alle Nachrichten und Äusserungen lassen das Böse und den Irrsinn hervorblicken wie nie zuvor. Was werden wir noch tun können? Sag. Ich denke verzweifelt an Dich und dann wieder an Dich an dem Nachmittag auf der Ile St. Louis, das war, als wären wir im Gleichgewicht, im Regen, und es hätte uns kein Taxi mehr fortbringen müssen.

Ich bin froh, daß Gisèle und das Kind um Dich sind und Du um die beiden, – ein Schutz, so weit es Schutz gibt hier.

Und wir – ach Paul, Du weißt ja, und ich weiß nur jetzt kein Wort dafür, in dem es ganz stünde, was uns hält.

Ingeborg

101 *Paul Celan an Ingeborg Bachmann, Paris, 21. 7. 1958*

21. Juli 1958

Ingeborg, Dein Brief, Deine Briefe sind gekommen, heute.

Wo wills mit uns hin, ich weiß nicht, es geschieht so viel Furchtbares.

Nimm diese beiden Jessenin-Gedichte, es war schön, sie zu übersetzen, jetzt hängen wieder die Schleier davor.

Il y aura toujours l'Escale

Paul

Wir fahren aufs Land, für acht Tage.

Beilagen: Übertragungen von Sergej Jessenin, »Der Frühlingsregen weint die letzte Träne« und »Ihr Äcker, nicht zu zählen«.

102 Ingeborg Bachmann an Paul Celan, Neapel, 10. 8. 1958

Via Generale Parisi 6 (bitte: Parisi!)
Napoli, 10. August 1958

Paul, Lieber.
Einer dieser toten Sonntage. Ich blättre wieder im Mandelstamm und lese die letzten Jessenin-Gedichte wieder. »... du singst kein Blatt vom Zweig.« Ich schreibe trotzdem und bin ängstlich froh darüber, es geht langsam, noch ist nichts entschieden und fertig. Und sonst ist nichts. Gleichgültigkeit fast in dieser Einsamkeit. Ein Tag wie der andere. Keine Menschen. Hans arbeitet nebenan, ab und zu gehen wir ins Kino am Wochenende wie alle Leute hier. Es ist ein ganz gutes Leben, man bedarf so wenig, wenn man begriffen hat. Es wird sowieso nur eine Atempause sein, eine dieser wenigen, die man uns zugesteht. Und die »Lösung« gibt es wohl nicht, die ich gesucht habe und vielleicht wieder einmal versucht sein werde, zu suchen. Man hütet sich, Fragen zu stellen, bei soviel offenbarer Sinnlosigkeit. Welche Instanz wüßtest Du? Daß ich darum auch niemand drum bitten kann, Dich zu beschützen – das fällt mir auch ein. Daß ich nur meine Arme habe, um sie um Dich zu legen, wenn Du da bist, nur wenige Worte, um Dir etwas zu sagen, ein Blatt Papier, um Dir meinen Namen nach Paris zu schicken. Ach, Paul.

Ingeborg

Gisèle hat so lieb geschrieben, und von Euren Landtagen. Was macht Eric? Könnte er mich nicht einmal anrufen? Durch sein kleines Telefon.

103 Paul Celan an Ingeborg Bachmann, Paris, 1. 9. 1958

Paris, den 1. September 1958.

Bist Du noch in Neapel, Ingeborg? (Ich erinnere mich, daß Du im September wieder nach München wolltest.)

Mein August war, bis auf vier Gedichte, leer, der September wird wohl viel Aufregung bringen, meine Laune ist nicht die beste.

Vor etwa zwei Wochen war Neske hier, der Schallplatten-Aufnahme wegen, ich habe Dir eine recht törichte Karte geschrieben – Du bist doch nicht böse? Wie geht es Dir, Ingeborg, Dir und Deiner Arbeit? Du wolltest mir etwas schicken – tu's bitte! (Soll ich Dir die neuen Gedichte schicken – wohin?)

Kurz nach Deiner Abreise rief die Prinzessin an; sie hat Dir dann auch geschrieben, nach München, der Honorare wegen – hast Du den Brief erhalten? Höllerer hat sein Honorar noch nicht bekommen, ich fürchte, auch die anderen warten noch, mir ist das sehr unangenehm, bitte schreib der Prinzessin, sie möchte, wenn sie's noch nicht getan hat, die Honorare (die nicht geringer als die der »Akzente« sein können) überweisen. Verzeih, daß ich Dich damit behellige – ich habe das Gefühl, die Huld der Prinzessin in nur bescheidenem Maße genießen zu dürfen.

Noch etwas: ich habe Karl Krolow, der seit ein paar Monaten hier lebt, auf seine wiederholten Fragen hin gesagt, Du seist hier gewesen, einen Augenblick nur, zu einem Zeitpunkt, da er selbst in Brüssel war. (Er fragte so oft, daß ich mir sagte, er wisse es vielleicht von Böll, den er hier getroffen hat. Von Neske hörte ich, Du seist in Spanien.)

Im September, gegen den 14. wohl, kommt Klaus, ich freue mich sehr auf diesen Besuch.

Glaubst Du, daß es schon jetzt – denk noch ein paar Gedichte und die ›Engführung‹ hinzu – einen Gedichtband geben kann? Fischer will, obwohl das Buch erst im Frühjahr erscheinen kann, schon jetzt, d.h. Ende September, das Manuskript haben. Mir kommt alles so dürftig vor!

Schreib ein paar Zeilen, Ingeborg!

Dein

Paul

104 Ingeborg Bachmann an Paul Celan, München, 5. 10. 1958

München, den 5. Oktober 58

Paul, lieber Paul,
ich habe so lange geschwiegen und doch so sehr an Dich gedacht, denn das Schweigen in einer Zeit, in der ich Dir nur einen Brief hätte schreiben können, in dem nicht gestanden wäre, was wirklich vorging, erschien mir ehrlicher. Und doch hat es mich sehr gequält, schon weil ich so fürchtete für Euch in diesen vergangenen unruhigen Pariser Tagen!

Dieser August und September: voll Zweifel, und das Neue, das geschehen ist. Du erinnerst Dich, eines Nachmittags, als wir aus der Rue de Longchamp weggingen, einen Pernod tranken und Du machtest einen Scherz – ob ich mich verliebt hätte? Damals stimmte es nicht, und später ist es auf eine so merkwürdige Weise geschehen, nur so nennen darf ich es nicht. Vor wenigen Tagen kam ich aus Kärnten, wo ich zuletzt war, zurück ... ich muß doch anders beginnen, es rasch sagen. In diesen letzten Tagen hier, den ersten in München, ist Max Frisch gekommen, um mich zu fragen, ob ich es könnte, mit ihm leben, und nun ist es entschieden. Ich bleibe noch etwa drei Monate in München und übersiedle dann nach Zürich. Paul, wenn Du doch hier wärst, wenn ich mit Dir sprechen könnte! Ich bin sehr froh, sehr aufgehoben in Güte und Liebe und Verständnis, und ich bin nur manchmal traurig über mich selbst, weil eine Angst und ein Zweifel nicht ganz weggehen, der mich selbst betrifft, nicht ihn. Ich glaube, ich darf Dir das sagen, wir wissen es doch, – daß es für uns fast unmöglich [ist], mit einem anderen Menschen zu leben. Aber da wir es wissen, uns nicht täuschen und nicht zu täuschen versuchen, kann doch etwas Gutes entstehen, aus der Bemühung jeden Tag, das glaube ich jetzt doch.

Ich möchte Deine Gedanken kennen, wenn Du diesen Brief aus der Hand legst. Denk etwas Gutes für mich!

Wann kommst Du? Soll ich irgendwohin kommen? Kommst Du zu mir? Sag! Ich kann es offen tun und werde es immer dürfen, darüber bin ich auch froh.

Schick mir jetzt Deine Gedichte, alles Neue! Und sag mir ein Wort!

Ingeborg

P. S.
Vor ungefähr sieben Wochen habe ich nochmals an Eugene Walter geschrieben, ich denke, es müßte jetzt in Ordnung gekommen sein, ich tat es schon, eh Dein Brief kam. Ich wollte, als ich von Neapel wegfuhr, in Rom aussteigen und die Prinzessin aufsuchen, aber ich konnte einfach nicht, Menschen sehen, all das, ich brachte es nicht fertig. Es ist schon das Unfreiwillige in München (ich muß noch vier Wochen fürs Fernsehen arbeiten) zuviel, die Menschen wieder, die Post von drei Monaten, ich fühle mich ganz kopflos, bringe alles durcheinander.

Aber Klaus war hier, kam die Treppe herauf, als ich meine Koffer niederstellte, grade vom Bahnhof kam, und er war glücklich, von Paris und Trier, das war schön, und wir hatten zwei Abende, eh er mit Bildern zurückmußte nach Wien. Wie oft habe ich »Paul« sagen können...

I.

105 Paul Celan an Ingeborg Bachmann, Paris, 8. 10. 1958

Paris, den 9. Oktober 1958.

Meine liebe Ingeborg!
Ich soll etwas Gutes für Dich denken, sagst Du – ich denk es gerne, ich denk es so, wie Dein Brief, aus dem das Gute mit solcher Ein-

deutigkeit spricht, es mir vordenkt. Aufgehobensein, Güte, Liebe und Verständnis: Du sprichst davon, und schon allein dieses Davon-sprechen-Können beweist, daß es für Dich da sein muß. Vielleicht, so sage ich mir, solltest Du nicht allzu lange in München bleiben: drei Monate sind eine lange Zeit.

Hast Du auch arbeiten können? Vergiß nicht, daß Du mir etwas schicken wolltest, Prosa oder Gedichte.

Ich sage meinem Herzen, daß es Dir Glück wünschen soll – es tut's, gerne, von selbst: es hört Dich hoffen und glauben.

Paul

106 Ingeborg Bachmann an Paul Celan, München, 26. 10. 1958

Sonntag, den 26/10/1958.

Paul,
hab Dank! Du hast schon weiter gesehen, mir, ich weiß nicht warum, gesagt, ich solle früher gehen, und nun gehe ich wirklich schon bald weg aus München, am 15. November. Ich sehne mich nach Ordnung und Ruhe, und hier ist nur Unruhe, zuviel Gleichgültiges, so viele Störungen, die ich stärker empfinde von Tag zu Tag.

Ich werde zunächst in der Stadt eine Wohnung für mich haben (Zürich, c. o. Honegger-Lavater, Feldeggstraße 21), später aber, im Frühling auf dem Land in der Nähe sein.

Ich habe noch schwere Tage gehabt, mit vielen Zweifeln, Verzweiflungen, aber man kann die Ängste nur in die Wirklichkeit tragen und sie dort auflösen, nicht im Denken.

Du sagst mir aber nicht, wann Du kommst, wann wir uns sehen können. Du hast die Gedichte nicht geschickt! Entzieh mir Deine Hand nicht, Paul, bitte nicht.

Und schreib mir von Dir, Deinen Tagen, ich muß wissen, wo Du stehst.

Dein schöner Brief, Dein lieber, noch einmal, und noch viele Male mein Frohsein darüber – keine »Stille«.

Ingeborg

107 Ingeborg Bachmann an Paul Celan, Zürich, 20. 11. 1958

Feldeggstraße 21
bei Honegger
Zürich / Schweiz
Tel: 34 97 03 20. November 1958

Paul,
Dein Geburtstag ist nah. Ich kann die Post nicht bewegen, auf Tag und Stunde genau zu sein, aber Dich und mich wieder.

Es ist so still hier. Eine halbe Stunde ist seit dem ersten Satz vergangen, und der vergangene Herbst drängt sich in diesen Herbst.

Ingeborg

108 Ingeborg Bachmann an Paul Celan, Widmung in: »Der gute Gott von Manhattan«, München (?), November 1958

Paul, für Dich.

Ingeborg
November 1958

109 Paul Celan an Ingeborg Bachmann, Widmung in: Arthur Rimbaud, »Bateau ivre / Das trunkene Schiff«, Paris, 24. 11. 1958

Für Ingeborg –

Paul
Paris, 24. XI. 1958.

110 Paul Celan an Ingeborg Bachmann, Paris, 1. 12. 1958

am 1. Dezember 1958.

Liebe Ingeborg,
eine Bitte: sag mir, ob Du der Prinzessin geschrieben hast bzw. die Höhe der einzelnen Honorare genannt hast. Die Honorare sind nämlich bis heute nicht überwiesen worden. Mir ist das mehr als unangenehm. Aber ich möchte, ehe ich nach Rom schreibe, doch noch Näheres von Dir wissen.

Alles Gute!
Paul

111 Ingeborg Bachmann an Paul Celan, Zürich, 2. 12. 1958

Feldeggstraße 21
Zürich, den 2. Dezember 1958

Lieber Paul,
ich habe der Prinzessin geschrieben; allerdings hatte ich zuvor noch einen Brief aus Rom bekommen, in dem ein für mich schwer verständlicher Satz steht: »... I am waiting for a hit (?) with what I should pay for the last issue with Germans. I long to get this in order...« Und ich habe besonders wegen Nelly Sachs geschrieben, hoffe auch, bald Antwort von ihr zu bekommen und zu erfahren, was für eine Art von Schwierigkeit, wenn da eine ist, es gibt.

Hab Dank für »Das trunkene Schiff« und die Gedichte von Klaus!

(Ich denke, ich schreibe jetzt auch noch einmal an Eugene Walter, es ist nicht zu verstehen, was diesmal passiert ist.)

Es fällt mir noch schwer, von hier, von dem Neuen aus, herauszugehen, mit Briefen und Dingen, an alles zu denken, manchmal bin ich sehr müde, und Du nimmst Dich auch verstummt aus, ich versuche, es zu verstehen, möchte die Schwierigkeiten, wie manchmal im vergangenen Jahr, sich in Gesprächen auflösen sehen.

Ingeborg

112 Paul Celan an Ingeborg Bachmann, Paris, 2. 12. 1958

2. XII. 58.

Liebe Ingeborg,
ich schicke Dir die Abschrift eines Berichts über meine Bonner Lesung. (Der Brief stammt von einem Studenten.) Sag mir, bitte, was Du denkst.

Paul

112.1 Beilage (Jean Firges, Briefausschnitt)

»... Andere waren der Ansicht, dass Ihre Titelansagen viel von der Komik Heinz Erhardts gehabt hätten. (Ich bin mit dieser Meinung nicht einverstanden.) Vor allem fiel man aber über Ihr Pathos an der Hosiannah-Stelle her. Eine unfaire Kritik kam mir nach der Lesung in Form einer Karikatur zu Gesicht. Darauf stand in gebückter Haltung ein gefesselter Sklave, der schnaubend gegen seine Ketten aufbegehrte. Unter der Zeichnung stand (und hier beginnt die Gemeinheit): Hosiannah dem Sohne Davids!«

113 Ingeborg Bachmann an Paul Celan, Zürich, 10. und 23. 12. 1958

10. XII. 58

Paul,
ich denke über Deine Frage und diesen Brief nach, kann nicht alles aufschreiben, was ich denke, nur vom Ende her etwas sagen. Ich glaube, daß es keine Antwort darauf gibt, für Dich, von Dir, auf diesen Bericht; er gehört in den Papierkorb. Wir wissen ja, daß es diese Leute gibt, in Deutschland und anderswo, und es würde uns auch wundern, wenn sie plötzlich alle verschwunden wären. – Es ist vielmehr die Frage, ob man, wenn man in einem Saal von Men-

schen, die man sich nicht aussuchen kann, hineingeht, bereit ist, trotzdem für die zu lesen, die zuhören wollen und sich der anderen schämen. Es ist, praktisch, nur von da aus etwas zu tun, zu entscheiden.

Wie das Böse aus der Welt zu schaffen ist, weiß ich nicht, und ob man es nur erdulden soll, auch nicht. Aber Du bist da und hast Deine Wirkung und die Gedichte wirken für sich und beschützen Dich mit – das ist die Antwort und ein Gegengewicht in der Welt.

23. Dezember:
Weihnachten ist so nah, ich muß mich beeilen. Heute morgen ist das Päckchen von Euch gekommen; ich werde es morgen unter den Christbaum legen, erst dann öffnen. Vorige Woche habe ich eines an Euch geschickt und hoffe auch sehr, daß es gut und rechtzeitig ankommt. Kurz nach Neujahr werde ich für ein paar Tage zu meinen Eltern fahren, einiges ist zu besprechen. Mein Bruder will sein nächstes Praktikum in Israel machen. Er ist ganz allein auf den Gedanken gekommen, und aus einem und keinem Grund zugleich freut mich das.

Ich werde morgen an Euch denken. An Eric, der den Abend wirklich machen wird. Uns fällt das ja schwer.

In Liebe.

Ingeborg

P. S. Die Prinzessin hat geschrieben; sie hat an Nelly Sachs 100 Dollar geschickt, Heym bezahlt und schickt nun an die anderen auch Schecks. Bitte sag mir noch, ob Du schon etwas bekommen hast! Ich werde jedenfalls, ohne Deine Antwort abzuwarten, darüber noch ein Wort an sie schreiben, damit alles in Ordnung kommt, ich tu es, weil sie mich ersucht, sie an alles zu erinnern, es ist also nur natürlich.

I.

114 Ingeborg Bachmann an Gisèle Celan-Lestrange und Paul Celan, Widmungskärtchen für ein Geschenk, Weihnachten 1958(?)

Pour Gisèle, pour Paul

Ingeborg

115 Paul Celan an Ingeborg Bachmann, Widmung in Alexander Block, »Die Zwölf«, Paris, Weihnachten 1958 (?), Ende Januar/Anfang Februar 1959 (?)

Für Ingeborg –

Paul

116 Paul Celan an Ingeborg Bachmann, Paris, 2. 2. 1959

am 2. Februar 1959.

Ingeborg, ich sage mir, daß Dein angekündigter Brief nur deshalb nicht kommt, weil es Dir schwer fällt, ihn zu schreiben, d. h. weil ich es Dir mit meinem Redeschwall am Telephon noch schwerer gemacht hab, als es ohnehin schon war. Schreib also bitte nur ein paar Zeilen, ich weiß ja, daß Du weißt, worum es mir, auch in dieser üblen Bonner Sache, geht.

Ich fahre erst im März nach Deutschland – wenn Du glaubst, daß ich irgend etwas für Dich tun kann, so will ich gern irgendwohin kommen, um mit Dir zu sprechen, nach Straßburg vielleicht oder nach Basel. Oder willst Du lieber nach Paris kommen?

Alles Gute, Ingeborg!

Paul

117 Ingeborg Bachmann an Paul Celan, Zürich, 8. 2. 1959

Zürich, den 8. Feber 1959

Paul, der Brief ist nur nicht gleich geschrieben worden, weil ich hier ein paar schwere Tage hatte, mit Aufregungen, und nun die Grippe dazu, nicht schlimm, aber ich fühle mich zu nichts imstande, kann nicht arbeiten, und es ging gerade so gut vorher. Jetzt wieder: Leerlauf Zweifel, Niedergeschlagenheit.

Ich möchte Dich unbedingt sehen und überlege nur, ob Basel oder Straßburg richtig sind, diesmal, das erste Mal nach dieser Veränderung für mich. Ob wir uns nicht in Zürich treffen sollten? Der Grund ist, daß für Max alles leichter wäre, wenn es eine Begegnung zwischen Dir und ihm gäbe; er hat mich gebeten, schon vor längerer Zeit, ihn nicht auszuschließen. Ich weiß nicht, ob ich es gut erkläre – er weiß, was Du mir bedeutest und wird es immer richtig finden, daß wir uns treffen, in Basel, oder Paris oder sonstwo, aber ich sollte ihm nicht das Gefühl geben, daß ich Dir mit ihm ausweiche oder ihm mit Dir.

Sag mir, wie Du's empfindest! Ich könnte mir denken, daß es nicht leicht ist für Dich, vielleicht auch schwierig sein wird, einen Kontakt zu finden, aber wahrnehmen könnte man einander doch. Und Du mußt gewiß nicht fürchten, daß wir nicht genug Zeit füreinander haben werden in Zürich.

Ich habe jetzt mit Max noch nicht über unseren Wunsch nach dem Wiedersehen gesprochen, weil ich zuerst Deine Antwort kennen möchte.

Bitte, Paul, davon abgesehen, weil ich noch etwas zu dem Anruf sagen möchte, – Du machst es mir nur dann schwer, wenn Du zu vermuten anfängst, daß ich etwas falsch verstehen könnte. Du sollst doch zu mir sagen, was immer zu sagen ist, das Unüberlegte, das Überlegte, es ist gleich vor mir, immer recht und immer gleich.

Der Blok ist wunderschön, mühelos wild und ein Ausbruch im Deutschen, der staunen macht. Ich bin ganz glücklich damit, es ist so sehr ein Ganzes!

Jetzt kommen bald Deine Gedichte, wieder aus unserer Zeit. (Vergiß nicht, Dich um den Umschlag zu kümmern, es gibt so leicht unliebsame Überraschungen.)

Ich denke so sehr, so viel an Dich! Ingeborg

118 Paul Celan an Ingeborg Bachmann, Paris, 11.2.1959

Correspondenz-Karte.
An

Fräulein
Ingeborg Bachmann
in Zürich
Feldeggstraße 38
bei Honegger

Gruss aus Wien. 1. Bez. Am Hof.

119 Ingeborg Bachmann an Paul Celan, Zürich, 18.2.1959

Nur ein kleiner Aufsatz, der in ein Musikbuch kommt; und weil es noch eine Weile dauern wird, bis ich Dir die Versuche, die augenblicklichen zeigen kann!

Ingeborg

Beilage: Manuskript des Essays »Musik und Dichtung«, nicht erhalten.

120 Paul Celan an Ingeborg Bachmann, Paris, 18.2.1959

18.2.59.

Ingeborg,
ich habe Dir vor ein paar Tagen eine alte Wiener Ansichtskarte geschickt, sie war, wie ich jetzt sehe, nicht ganz richtig adressiert – hoffentlich hat sie Dich erreicht. (Ich hatte sie bei einem Bouquinisten gefunden, auf den Quais, fast an der gleichen Stelle, an der mir vor über einem Jahr das Gedicht eingefallen war.)

Ich will gerne nach Zürich kommen, Ingeborg, vielleicht gehts im Mai. Aber vielleicht kommt Ihr vorher schon hier vorbei?

Ich übersetze Mandelstamm, im Herbst soll der Band erscheinen, bei Fischer.

Sei guten Muts, Ingeborg, schreib – und schick mir, wenn Du kannst, ein paar Seiten.

Klaus liest am 26. bei Fischers, kannst Du vielleicht Frau Kaschnitz bitten, hinzugehen?

Alles Gute, Ingeborg, alles Gute!

Paul

121 Paul Celan an Ingeborg Bachmann, Paris (?), 23.2.1959

am 23. Feber 1959.

Ein paar Zeilen nur, Ingeborg, um Dich zu fragen, ob Hans Weigel, der jetzt seine Verdienste um die junge österreichische Dichtung um eine bibliophile Anthologie zu vermehren gedenkt, sich auch an Dich bzw. an Piper gewandt hat. Mich erreicht eben eine Anfrage der Deutschen Verlags-Anstalt, (die es sich übrigens nicht nehmen läßt, mich bei dieser Gelegenheit auf das unflätigste zu beschimpfen...). Ich würde diese »Ehre« nur allzu gerne ablehnen, aber das hätte ja wohl nur dann einen Sinn, wenn auch Du es getan hast. Schreib mir also, bitte, ein paar Zeilen.

Paul

122 Ingeborg Bachmann an Paul Celan, Zürich, 2.3.1959

ab 15. März: Haus zum Langenbaum
Seestrasse
UETIKON bei Zürich
Tel: 92 92 13 (Zürich)

den 2. März 1959

Lieber Paul,

ich glaube wirklich nicht, dass man gegen eine Kritik etwas machen kann, Zuschriften sind nicht üblich, werden, meines Wissens, auch nicht abgedruckt. Man kann nur versuchen, einige Leute auf das Buch aufmerksam machen und so vielleicht erreichen, dass es, wenn es sie nicht ohnehin bekommt, andere Kritiken, die ausgleichen, erhält.

Ich habe gestern Kuno Raeber (Du erinnerst Dich vielleicht an ihn) von den Gedichten erzählt, da er Besprechungen für den Rundfunk macht. Werner Weber gebe ich selbst den Band für die Neue Zürcher Zeitung. Natürlich wird es nicht immer leicht sein, das Interesse dafür zu wecken, wir wissen ja aus eigner Erfahrung wie lange es manchmal dauert; mein erster Band wurde erst ein Jahr nach dem Erscheinen und nur zögernd hier und da rezensiert, aber die Zeit arbeitet dann doch für Gedichte, und sie wird es für Klaus' Gedichte tun, das glaube ich, und wir und noch andere Freunde sind da – das hat doch schon ein wenig in der kurzen Zeit bewirkt. Moras bringt wieder etwas zum Abdruck, und ich könnte, wenn Du es für richtig hältst, Schwab-Felisch von der FAZ schreiben, damit er jetzt, gerade nach dieser bornierten Kritik, ein Gedicht von Klaus in der Zeitung nachdruckt.

Es war schön, Deine Stimme zu hören, ich bin immer froh, wenn sie aus dem weissen Kasten kommt, der auf meinem Schreibtisch steht. In vierzehn Tagen übersiedeln wir in eine andere Wohnung am See, nah von Zürich – es ist so schwer, etwas zu finden in der Stadt. Ich denke, dass wir kaum am 1. Mai von hier und nach Rom gehen können, weil ich mit dem Buch fertig sein müsste vor der Abreise, und ich werde wohl nicht fertig werden.

Es ist so mühsam, alles so zweifelhaft, diese vielen Sätze und Seiten; allein dass man nicht alles aus dem Aug verliert, scheint mir jetzt schon eine Leistung zu sein.

Ich würde ja gerne eher nach Paris kommen, aber mir geht es wie Dir, ich kann mich im Augenblick nicht bewegen, der Umzug steht schon wieder vor der Tür, und Du musst ein wenig Geduld haben, bitte. Zur Char-Übersetzung schreibe ich noch, ich habe sie noch nicht ganz gelesen, man kann es auch fast nur stückweis tun.

Von Weigel habe ich nichts gehört, auch der Verlag scheint keine Anfrage bekommen zu haben. Ich weiss daher nicht, worum ich Dich bitten soll. Ich möchte ja, wenn es irgend geht und ich gefragt werden sollte, nein sagen, nach diesen Anpöbelungen, fürchte aber andrerseits auch, noch mehr heraufzubeschwören, die mich sinnlos aufregen und denen man doch nicht begegnen kann. Ich bin ratlos. Vielleicht entscheidest Du es vorläufig für Dich.

Lieber, so vieles ist quälend, allein der Gedanke daran, aber versuch, beiseite zu werfen, soviel Du kannst, es ist nicht wert, dass man Kraft drauf verschwendet.

Wenn Du im Mai kommen könntest! …

Max schickt Grüsse. Er wird auch sehr froh darüber sein.

Ich freue mich auf Dein Buch – und auf jedes Zeichen!

Ingeborg

123 Paul Celan an Ingeborg Bachmann, Paris, 12. 3. 1959

am 12. März 1959.

Liebe Ingeborg,
laß Dir vor allem zu Deinem Preis gratulieren. Es sind ja Blinde dabei, einer von ihnen muß gesehen haben – vielleicht sogar mehrere.

Ich weiß nicht viel zu berichten. Ich erlebe täglich ein paar Gemeinheiten, überreichlich serviert, an jeder Straßenecke. Der letzte »Freund«, der mich (und Gisèle) mit seiner Verlogenheit zu bedenken wußte, heißt René Char. Warum auch nicht? Ich habe ihn ja übersetzt (leider!), und da konnte sein Dank, den ich schon vorher, allerdings in geringeren Dosen erleben durfte, nicht ausbleiben.

Lüge und Niedertracht, fast überall.

Wir sind allein und ratlos.

Grüße Max Frisch –

Hab es gut und leicht –

Dein Paul

124 Paul Celan an Ingeborg Bachmann, Widmung in »Sprachgitter«, Frankfurt am Main, 20. 3. 1959

Für Ingeborg

Frankfurt am Main, Im Palmengarten,
am 20. März 1959.

Paul

125 Paul Celan an Ingeborg Bachmann, Paris, 22. 3. 1959

Paris, am 22. 3. 59

Hast Du das Buch bekommen, Ingeborg? (Ich habe es am Freitag in Frankfurt aufgegeben, dummerweise als Drucksache und mit Luftpost – hoffentlich ist es gut angekommen.)

Seltsamerweise weiß ich in diesem Augenblick, daß es ein Gewicht hat.

Dein Paul

126 Ingeborg Bachmann an Paul Celan, Uetikon am See, 23. 3. 1959

LIEBER PAUL ICH DANKE DIR FUER DIE EINTRITTSKARTE ZU DEN GEDICHTEN ZU DEM PALMENGARTEN ZU NOUS DEUX ENCORE DANK FUER DIESE GEDICHTE

INGEBORG

127 Ingeborg Bachmann an Paul Celan, Zürich, 14. 4. 1959

Paul,

Dienstag oder Mittwoch also, wie Du willst und kannst! Ich komme Dich abholen. Du schreibst mir noch die Ankunftszeit oder telegrafierst, bitte!

Und jetzt warte ich. Ingeborg

Den 14. April 1959

128 Paul Celan an Ingeborg Bachmann, Paris, 18. 4. 1959

15. 4. 59.

Liebe Ingeborg,

verzeih, ich werde nun doch nicht schon nächste Woche kommen, sondern erst übernächste, ich muß nämlich – es ist seit langem versprochen – nach England zu einer alten Tante, die es mir kaum verzeihn wird, wenn ich sie, wie schon einmal, im Stich lasse. Bitte, sei nicht enttäuscht darüber, ich komme, wenn's auch für Euch geht, Ende April und bleibe zwei oder drei Tage.

Dein

Paul

129 Ingeborg Bachmann an Paul Celan, Zürich, 20. 4. 1959

20 – 4 – 59

Lieber Paul,
es ist uns genau so lieb nächste Woche, das möchte ich Dir rasch sagen! Komm, wann es für Dich am besten geht. Wir haben nichts vor, arbeiten und wünschen uns gutes Wetter für die Tage mit Dir. Aber komm trotzdem bald.

Ingeborg

130 Paul Celan an Ingeborg Bachmann, Paris, 22. 4. 1959

am 22. April 1959.

Meine liebe Ingeborg,
ich schreibe wieder, schon heute, leider um Dir, um Euch zu sagen, daß ich auch nächste Woche nicht kommen kann: die England-Reise haben wir hinausschieben müssen, denn Eric hat sich zu seinem noch nicht ganz abgeklungenen Keuchhusten einen starken Schnupfen geholt; außerdem werde ich von Fischer wegen der Mandelstamm-Übersetzung bedrängt, spätestens am 15. Mai soll sie dort sein, ich muß mich also, wenn ich pünktlich sein will und das Buch im Herbst erscheinen soll, sehr »dahinterknien«: die Übersetzung ist zwar abgeschlossen, aber noch nicht getippt, und an ein paar Stellen ist leider noch nicht alles geklärt.

Ob Ihr gegen den 20. Mai noch in Zürich seid? Bitte sei nicht böse, Du weißt, wie gerne ich gekommen wäre.

Dein Paul

131 Ingeborg Bachmann an Paul Celan, Uetikon am See, 16. 5. 1959

16 – Mai – 59

Lieber Paul,
verzeih bitte, dass ich erst jetzt, nach Deinem Telefongespräch mit Max, schreibe! Ich bin froh, dass Du das Schweigen nicht missdeutet hast, denn ich war nur ganz und gar beansprucht von der Krankheit; erst jetzt habe ich ein Mädchen gefunden, und es fängt an, besser zu gehen mit dem Haushalt und der Pflege.

Es ist gut, dass Ihr kommt. Wir freuen uns. Ich gehe jetzt in das Hotel hinüber, um die Zimmer auszusuchen. Und am Donnerstag komme ich Euch nach Zürich abholen. Bitte schick vorher ein Telegramm.

Zur Ansteckungsgefahr wollte ich noch etwas sagen: sie gilt weniger für Gisèle und Eric, als für Dich, da die Gelbsucht in erster Linie eine »Männerkrankheit« ist, und die Bazillen reisen nicht in der Luft herum, sondern werden nur sehr direkt übertragen, durch Essen vom gleichen Teller etc., und das lässt sich also vermeiden. Ich sage es Dir, um Dich einerseits zu beruhigen, andrerseits aber Dich doch darauf aufmerksam zu machen, dass ich nicht ganz dafür einstehen kann, dass nichts passiert. Es scheint mir jedoch wirklich eine seltene Krankheit zu sein, und man muss jedenfalls schon die Disposition dazu mitbringen. Lieber Paul, es gilt also beides: dass wir uns freuen und glauben, dass es nicht gefährlich ist, und dass wir, wenn es Euch bedenklich erscheint, keinen Augenblick böse sind und es vollkommen verstehen.

Ich will für schönes Wetter sorgen und für kleine bequeme Ausflüge; der Greifensee mit dem Landvogthaus liegt in der Nähe, ganz verzaubert, und noch einiges andere.

Ja, kommt!

Deine

Ingeborg

132 Ingeborg Bachmann an Paul Celan, Uetikon am See, 31. 5. 1959

Uetikon, den 31. Mai 1959

Liebster Paul,
wie gut war es, dass Ihr nicht gekommen seid! An dem Donnerstag, an dem Ihr kommen wolltet, ging es Max plötzlich schlechter, und am Freitag, also vor 10 Tagen, wurde er ins Spital gebracht. Er wird jetzt zum Teil künstlich ernährt, fühlt sich ganz schwach, dürfte eigentlich nicht einmal mich sehen, – aber wir haben trotzdem Hoffnung, dass die gute Behandlung in etwa drei Wochen ihm soweit geholfen haben wird, dass er abreisen kann, nach Chianciano, in ein italienisches Leberbad, das beste oder eines der besten.

Mir geht es auch nicht gut, wohl auch weil ich so gar nichts tun kann, so überflüssig bin; auch arbeiten kann ich nicht, obwohl ich noch nie soviel Zeit dafür gehabt habe. Wir sind nun aus diesen und noch einigen andren Gründen übereingekommen, dass ich in etwa vierzehn Tagen vorausfahre, nach Rom, mir dort in der Campagna, wo es billiger ist, eine kleine Sommerwohnung suche, und ich kann von dort aus in zwei Stunden in Chianciano sein und Max besuchen.

Paul, was machen wir nun? Wie und wann könnten wir uns sehen? Mir fällt im Augenblick, in dieser Öde, die sich in mir fortsetzt, so wenig ein. Wie lange bleibt Ihr in Krimml? Selbst wenn Ihr vor dem 15. Juni oder um den 15. Juni kämt, könnte es zu einem Gespräch, einem wie Du es Dir wünschst und wie Max es sich wünscht, kaum kommen, er hat Besuchsverbot, in dem Zimmer gibt es an der Tür ein Fenster, durch das man sprechen kann, das ist zu trostlos, und er ist immer so erschöpft, wird es noch lange bleiben, dass ich meine, wir sollten damit lieber bis zum Herbst warten, bis er innerlich und äusserlich wieder hergestellt ist.

So bliebe die Möglichkeit eines Wiedersehens für uns, aber ich muss wirklich am 15. oder 16., vielleicht sogar schon am 14. Juni fahren. Ich habe die Landkarte angesehen, hoffte, dass Euer Ort näher sei, aber es ist sehr weit. Weisst Du einen Rat? Sag Gisèle und Eric viel Liebes von mir.

Ach, Paul, ich bin ganz erfroren, von dem Wettersturz draussen und noch einigem.

Ingeborg

133 Ingeborg Bachmann an Paul Celan, Rom, 9. 7. 1959

Via della Stelletta 23
Roma
Tel: 56 30 39 den 9. Juli 1959

Liebster Paul,
hab Dank für das Telegramm! Und verzeih, dass ich erst heute schreibe und nur so wenig schreiben kann. Ich kann mich nicht verständlich machen vor Öde und Erschöpfung, und es geht schon seit Wochen so. Max hätte kommen sollen, jetzt, in ein Sanatorium hier, ein Leberbad bei Rom, aber nun muss er doch nach Deutschland zuerst, nach Bad Mergentheim. Ich bekam heute einen Brief von ihm, er schreibt, Du seist in Zürich gewesen und hättest versucht, ihn in Uetikon zu erreichen; er war aber in Thalwil bei Freunden, um die Tage zwischen dem Krankenhaus und dem Sanatorium zu überbrücken. Im August kommt Max hierher, und so bleibe ich hier bis zum 20. September, dann muss ich, um ein wenig Geld zu verdienen, eine Flugreise machen und etwas darüber schreiben, ich sollte überhaupt arbeiten, kann aber nicht, es zerbricht mir alles. Paul, wir werden einmal reden. Es ist zu schwer jetzt, hab Geduld mit mir.

Ingeborg

134 Paul Celan an Ingeborg Bachmann, Sils-Baselgia, 15. 7. 1959

Pension Chasté, Sils im Engadin, am 15. Juli 1959.

Meine liebe Ingeborg,
Du bist in Rom, ich bitte Dich, die Prinzessin zu fragen, weshalb sie die von mir seinerzeit beschafften Beiträge für Botteghe Oscure

nicht honoriert hat. Grass, den ich in Zürich getroffen habe, hat sein Honorar jedenfalls bis heute nicht erhalten. Für mich ist damit eine äusserst unangenehme Lage entstanden, ich habe ja Honorare in Aussicht gestellt.

Mehrere Briefe an den wirklich unmöglichen Eugene Walter, darunter auch ein rekommandierter, sind unbeantwortet geblieben. Ist das bloss Nachlässigkeit, oder ist es, wie ich leider annehmen muss, etwas anderes? Bitte hilf mir aus dieser unangenehmen Situation heraus, bitte verschaff mir Klarheit.

Wir bleiben bis zum 24. hier, dann fahren wir, nicht zuletzt um uns von soviel Ferien zu erholen, nach Paris zurück.

Auch mir gehts nicht immer gut.

Alles Liebe
Dein
Paul

135 Paul Celan an Ingeborg Bachmann, Sils-Baselgia, 20. 7. 1959

Meine liebe Ingeborg,
gestern war Max Frisch hier, unerwartet, ich war so gar nicht vorbereitet darauf, es waren auch Zürcher Bekannte gekommen, Allemanns, das Gespräch war kurz, nur einen Augenblick lang wohl so, wie er und ich es uns erhofft hatten.

Mir gehts – mein letzter Brief sagts auf seine dumme Weise – nicht gut, ich bin, obwohl ich die Jeune Parque übersetzt habe, wieder ganz zerfallen mit mir und mit allem, was soll das Schreiben – und was soll der, der sich ins Schreiben hineingelebt hat? Und außerdem...

Ich hatte, ehe ich Dir den Brief wegen der Botteghe Oscure-Honorare schrieb, einen andern geschrieben – und nicht aufgegeben; da ist er nun mit allen seinen halben Überlegungen und Fragen...

Vielleicht ists doch richtig, daß Du die Frankfurter Dozentur angenommen hast – wir sind ja schon alle tief im Kompromiß.

Aber mit dem Düsen-Weltflug, Ingeborg, ist [es] vielleicht doch ein wenig anders: erlaub mir, Dir zu sagen, daß in mir etwas sehr zu mir Gehörendes dagegen ist und Dich deshalb, nämlich weil ichs so garnicht von mir abzulösen weiß, bittet, Dir das Ganze noch einmal zu überlegen; kannst Du's nicht, so weißt Du, daß ich mich dann mit den Gedanken in die Geschwindigkeiten droben setz und Dich wieder gut heimbring.

Wir fahren in wenigen Tagen nach Paris zurück – bitte schreib dorthin! Schreib oft!

Dein
Paul

135.1 Beilage

Pension Chasté, Sils-Baselgia am 11. Juli 1959.

Meine liebe Ingeborg,
ich war ein wenig besorgt. Nun bin ichs doch weniger, Du bist ja in Rom, also irgendwie daheim, und wohnst, so wills zumindest mein Italienisch, in der Sternchengasse...

Wir sind seit acht Tagen hier, nach langen Regenwochen im Salzburgischen, einem achttägigen Aufenthalt in Wien, einem eintägigen Umhersausen in der Umgebung von Genua (genauer: Monterosso, das Lilly von Sauter uns als menschenleer und ganz, ganz still empfohlen hatte...), drei Tagen Zürich.

Aus Wien hatte ich Dich anzurufen versucht, abends, Du warst nicht da, das lag wohl daran, daß ich vom Westbahnhof, nicht aus dem Postamt in der Landstraße anrief.

Ich habe ein wenig gearbeitet, irgendein Teufel will, daß ich jetzt, statt mit mir selber weiterzukommen, die Jeune Parque übersetze, von den 510 Versen sind 460 übersetzt, der Teufel oder einer seiner näheren Verwandten helfe mir nun weiter!

Ehe Dein Brief kam, erfuhr ich aus der Zeitung, daß Du einen »Ruf« nach Frankfurt erhalten hast, an die Universität –: meinen herzlichsten Glückwunsch! (Aber, im Vertrauen: kann man das denn wirklich dozieren? Soll mans? »Camarado, dies ist kein Buch, wer dies berührt, berührt einen Menschen!« Ich fürchte, die bis in die Fingerkuppen reichenden Seelenfortsätze sind längst bei den meisten wegoperiert, im Namen der human relations übrigens...)

Ingeborg, flieg nicht zuviel! Du weißt, wir sind »chthonisch fixiert«... (Übrigens, da dies Wörtlein ja in Wuppertal geboren ward: hat der ›Bund‹ Dich für Oktober dorthin eingeladen? Fährst Du?)

Eine Bitte noch: Frag doch die Prinzessin Caetani, warum die Honorare für die von mir beschafften Beiträge nicht überwiesen wurden; Graß, den ich in Zürich traf, hat's jedenfalls nicht bekommen, vermutlich auch die andern nicht. (Frag doch bitte Enzensberger.) Mir ist das äußerst unangenehm, außerdem frage ich mich, was eigentlich dahintersteckt – denn etwas oder irgendwer steckt da dahinter!

Ich sitze hier oben – Nietzsche mags mir verzeihen! (Erinnerst Du Dich, daß er alle Antisemiten erschießen lassen wollte? Jetzt kommen sie wohl im Mercedes heraufgefahren...)

Laß es Dir gut gehn, Ingeborg –

Ich unterschlag Dir den Enzian und bin infolgedessen mit Gold-Pippau und vielen

Rapunzeln.

Dein Paul

136 Paul Celan an Ingeborg Bachmann, Paris, 26. 7. 1959

am 26. Juli 1959.

Paris, wieder – hoffentlich ists in Rom nicht ganz so heiß wie hier..

Vorigen Mittwoch war Max Frisch noch einmal in Sils gewesen, wir gingen eine Stunde (oder länger) auf der Chasté spazieren, es war, glaub ich, ein gutes Gespräch. Ob Du ihm nicht helfen könntest, indem Du – er sprach davon – ins Engadin hinaufgingst? Und dann: die Luft, die Lichtfülle, die Lärchen, das nahe nackte Gestein.. (Einmal solltest Du dann auch nach Alp Grüm, wo's einem aufs deutlichste gezeigt wird, daß diese Erde nicht unbedingt für die Menschen geschaffen wurde.)

Eine Bitte, Ingeborg: Vielleicht läßt sich in Rom dieses Buch finden:

Renato Poggioli, Pietre di paragone, Firenze 1939 (es enthält einen »Commento a Mandelstam«). Ich hab's vor Monaten über die Buchhandlung Flinker bestellt – ohne Erfolg. Sag mir bitte, wohin ich Dir Dein Geburtstagsbuch schicken darf!

Und sag auch, was Du tust und denkst!

Dein

Paul

137 Ingeborg Bachmann an Paul Celan, Uetikon am See, 5. 8. 1959

Uetikon am See, Haus Langenbaum den 5. August 1959

Mein lieber Paul,
auf so vieles will ich Dir antworten; ich fange mit dem Ende an. Da es in Rom so schlecht ging, fuhr ich plötzlich weg und nach Scuol, und dann sah ich, dass es richtig war, und nun sind Max und ich wieder in Uetikon.

Ich bin froh, dass ihr Euch noch einmal gesehen habt, aber wie gerne wäre ich auch dabei gewesen! Gleich nach Euch ist die grosse Kälte eingebrochen ins Engadin, ich habe es nur mehr herbstlich, fast winterlich angetroffen, der frische Schnee lag auf den Pässen. Aber wir gehen, wenn das Wetter wieder besser wird, vielleicht noch einmal für ein paar Tage nach Sils Maria, und dann werde ich den Weg gehen, den Du mir genannt hast in Deinem letzten Brief.

Die Botteghe Oscure: ich habe einmal ganz im Anfang in Rom Marie Luise von Kaschnitz zur Redaktion begleitet; sie wollte auch ihr Honorar holen. Aber die Redaktion war verändert, anstelle von Eugene Walter ist seit Monaten ein junger Ire dort, der ihr nur sagen konnte, dass er das Gefühl habe, es sei kein Geld da. Die Prinzessin ist nicht in Rom, sondern in Paris. Walter habe ich auch einmal gesehen, er ist, nach irgendeiner Differenz, weggegangen oder gegangen worden von der Prinzessin, aber er sagte mir, er wolle ihr nochmals eine Liste der Autoren vorlegen, die noch immer kein Honorar bekommen haben. (Ich werde ihm schreiben, die Namen, soweit ich sie weiss.) – Paul, es ist zwar sehr unangenehm, auch für mich, da ich Walser um ein Manuskript gebeten hatte, aber man kann es vorläufig nur auf dem Ärger beruhen lassen. Dahinter steckt sicher nichts, ausser, dass es ihr wohl über den Kopf gewachsen ist, sie ist eben doch sehr alt und wahrscheinlich schlecht beraten. (Enzensberger habe ich schon alles erklärt; Grass, falls er noch hier ist oder wiederkommt, kann ich es auch sagen.)

Die Flugreise und das Frankfurter Semester bedrücken mich sehr. Beide Angebote habe ich angenommen in einem Augenblick, in dem ich nicht zurechnungsfähig war, nicht mehr weiter wusste. Trotzdem macht mir das Fliegen viel weniger Sorgen, und Deine Bedenken deswegen teile ich nicht ganz. Du sprichst vom Kompromiss, den wir alle schon machen, das hat mich am meisten betroffen, denn ich habe für mich dieses Gefühl so wenig gehabt bisher – für mich fängt der Kompromiss mit Frankfurt an, weil ich fürchte, damit etwas zu tun, was ich nie tun wollte, und ich suche nun einen Ausweg. Da es sich kaum mehr rückgängig machen lässt, will ich versuchen, der Gefahr, die ich sehe, zu begegnen, indem ich mich nicht über literarische Fragen verbreite, nicht rede »über«, damit dem Geschwätz nicht noch ein Geschwätz hinzugefügt wird.

Bitte Paul, schreib mir, ob Du glaubst, dass man mit einem grossen Zweifel und aus vielen Zweifeln heraus doch etwas sagen darf!

Über die Flugreise denke ich anders, ich sehe darin eine Arbeit, die anstrengend ist und für [die] man soundsoviel Geld bekommt, und ich brauche nur zu schreiben, was ich schreiben will, es mag schlecht oder unwichtig sein, aber ich verlasse oder verzeichne mich deswegen nicht. Ich sehe die Gefahr wirklich nur in dem »ehrenvollen« Frankfurt, denn dort, wo das Verdächtige nicht auf der Hand liegt, kommt man mit ihm ins Gleiten. Die Reise ist wahrscheinlich töricht, aber ich fürchte mich nicht, etwas Dummes zu tun; danach kann ich Eric wenigstens sagen, wo es wirklich Elefanten gibt und wie es in der Südsee aussieht, und sein kopfschüttelnder Vater wird nachsichtig sein, wenn ich verspreche, nie wieder hinzugehen.

Paul, da die Reise Ende Oktober in London endet, könnte ich über Paris zurückfahren. Ich hoffe es. Dann könnten wir uns doch bald sehen.

Heute hat mich Herr Neske angerufen, wegen des Beitrags für die Heidegger-Festschrift, und ich muss Dich dazu etwas fragen, denn es gehört für mich zum Kompromiss. Bitte, wenn Du kannst, gib mir eine kurze Antwort darauf – ich weiss nicht, was ich tun soll. Ich habe doch vor Jahren eine kritische Heidegger-Arbeit geschrieben, und obwohl ich dieser obligatorischen Fleissübung keinen Wert beimesse, habe ich doch meine Einstellung Heidegger gegenüber nie geändert, seine politische Verfehlung bleibt für mich indiskutabel, ich sehe auch, nach wie vor, die Einbruchsstelle dafür in seinem Denken, in seinem Werk, und zugleich weiss ich auch, weil ich sein Werk wirklich kenne, um die Bedeutung und den Rang dieses Werks, dem ich nie anders als kritisch gegenüberstehen werde. – Hinzu kommt noch, dass ich gerne, wenn nun endlich die deutsche Wittgenstein-Ausgabe gemacht wird, die Einleitung machen würde – und wenn ich sie nicht machen sollte, so wird es sein, weil ich fürchte, dass meine Fähigkeiten nicht hinreichen, aber es wäre ein aufrichtiges Bedürfnis.

Ich weiss ja schon seit langer Zeit, dass ich einen Beitrag zu der Festschrift geben soll, ich wollte es auch, freute mich, als ich hörte, dass Heidegger meine Gedichte kennt, aber das uneingestandene Zögern seit Monaten ist nun ein eingestandenes. (Wenn ich Neske absage, so werde ich es ohne Erklärung tun, denn ich möchte kein überflüssiges Gerede, auch keine Kränkung, ich möchte mich nur vor mir selber richtig verhalten und Dich fragen. Und ich möchte vor allem Dich nicht irre machen, Deiner Zusage wegen, denn es gibt kein schematisch richtiges Verhalten; wir würden uns ja jeder Lebendigkeit berauben.)

Ich schreibe bald wieder. Ich denke viel an Dich.

Deine

Ingeborg

138 Paul Celan an Ingeborg Bachmann, Paris, 10. 8. 1959

Paris, am zehnten August 1959.

Es ist nicht leicht, Deine Fragen zu beantworten, aber ich wills versuchen, gleich jetzt.

Zur Heidegger-Festschrift: Neske hat mir vor ein paar Tagen geschrieben, dem Brief liegt eine Liste bei, ich stehe auf dieser Liste, ohne gefragt worden zu sein, d. h. ohne dass Neske, dem ich vor einem Jahr gesagt habe, ich würde, wenn er mir vorher die Namen der anderen an der Festschrift Beteiligten mitteilte, ebenfalls an einen Beitrag denken, sein Versprechen gehalten hätte. Das hat er also nicht, ich stehe vielmehr, und das hat zweifellos seine (recht billigen) Gründe, auf dieser Liste und soll nun, so schnell als möglich, mein Gedicht schicken ... Dies ist also der Kontext, und dieser Kontext gibt mir auch in anderer Hinsicht zu denken. Ich werde also nichts schicken. Damit hat Neske es mir aber, sicherlich nicht von ungefähr, leicht gemacht. Ich sehe auch, dass Martin Buber, von dem Neske mir seinerzeit sagte, er habe ebenfalls einen Beitrag versprochen, nicht dabei ist. Soweit das Unmittelbare. Bleibt Heidegger. Ich bin, Du weissts, sicherlich, der letzte, der über die Freiburger Rektoratsrede und einiges andere hinwegsehen kann; aber ich sage mir auch, zumal jetzt, da ich meine höchst konkreten Erfahrungen mit so patentierten Antinazis wie Böll oder Andersch gemacht habe, dass derjenige, der an seinen Verfehlungen würgt, der nicht so tut, als habe er nie gefehlt, der den Makel, der an ihm haftet, nicht kaschiert, besser ist als derjenige, der sich in seiner seinerzeitigen Unbescholtenheit (war es, so muss ich, und ich habe Grund dazu, fragen wirklich und in allen Teilen Unbescholtenheit?) auf das bequemste und einträglichste eingerichtet hat, so bequem, dass er sich jetzt und hier – freilich nur »privat« und nicht in der Öffentlichkeit, denn das schadet ja bekanntlich dem Prestige – die eklatantesten Gemeinheiten leisten kann. Mit anderen Worten: ich kann mir sagen, dass Heidegger vielleicht einiges eingesehen hat; ich <u>sehe</u>, wieviel Niedertracht in einem Andersch oder Böll steckt; ich <u>sehe</u> ferner, dass Herr Schnabel »einerseits« ein Buch über die Anne Frank schreibt und das

Honorar für dieses Buch mit nicht zu übersehender Großzügigkeit für irgendwelche Wiedergutmachungszwecke spendet, und daß »andererseits« derselbe Herr Schnabel dem Herrn von Rezzori für dessen Buch, das – vor welchem Hintergrund! – so hübsch und so amüsant und, nicht wahr, so witzig den ganzen, freilich »vor-nazistischen« Antisemitismus zu servieren weiss, einen Preis verleiht (und sich dann, nachdem ich – aber warum muss denn *ich* es sein, wenns darauf ankommt? – ihn zurechtgewiesen, enormiter blessieret zeigt ob der »Form«, in der ich das getan habe).

Dies, meine liebe Ingeborg, sehe ich, sehe ich *heute*.

Und nun zu Deinem Frankfurter Lektorat: ich hatte, ich habe – und es wäre falsch, es Dir zu verschweigen – wirkliche Bedenken. Abgesehen davon, dass sich damit die Zunft (und nicht nur sie) die Dichtung sozusagen an den Hut steckt – und, verzeih, das gehört nun eben einmal zum bundesrepublikanischen Protzentum, auf diese Weise sind »wir« nun ebenso fein wie Oxford –, abgesehen davon, dass man, indem man sich das Gedicht zu Gemüt führt (denn man hat ja ein Programm, und dazu gehört ja auch, dem guten und besten Vernehmen nach, auch ein »drittes«), die »Leistungsfähigkeit« dieses Gemüts auf das schönste demonstriert – abgesehen von all dem (und manchem andern), glaube ich kaum, dass »Poetik« dem Gedicht dorthin zu verhelfen vermag, wohin es sich, unter unsern finstern Himmeln, aufgemacht hat. Aber, und ich sage das nicht etwa deshalb, weil Du das Ganze ja nicht mehr rückgängig machen kannst, *aber*: Versuchs trotzdem, ja. Etwas, das Dir vielleicht noch nicht ganz deutlich vor Augen steht, eine kleine Unsichtbarkeit, ein Augen-Stottern vor vermeintlich Überdeutlichem, hilft Dir wohl zu dieser oder jener wirklichen *Mitteilung*. (Randbemerkung: Ich bin durchaus für das Artikulierte.)

Und dann Dein Flug, Ingeborg: Flieg bitte, wenn Du's nicht lassen kannst. Kannst Du's aber lassen, so flieg nicht. Letzten Endes ist Deine »Freiheit«, so oder auch anders darüber zu schreiben, nur ein kleines Raffinement der an Deinem Flug beteiligten Reklame-Idee. Denn dass Du fliegst, gerade Du: *das*, Ingeborg, genügt den Leuten. (Du nennst es Arbeit; denk bitte an den Mehrwert und bedenk dabei, dass das Gedicht, das Du schreibst, dazu beisteuert.)

Und, Ingeborg, das bisschen Dortgewesensein... Die soundsoviel Stunden Südsee und Elefanten... Soll Dir nicht lieber Eric einen Elefanten zeichnen, der, wenn Du Glück hast, eine grosse Ähnlichkeit mit einer Feldmaus hat? Aber (auch hier): in dieser unsrer Zeit wird geflogen – warum sollst nicht auch Du fliegen, vielleicht erfliegst Du Dir dabei etwas, das ich, der ich nur ein paar gezählte Male hab einen Drachen steigen lassen, gar nicht sehn kann und es erst sehn werde, wenn Du's sichtbar gemacht hast? Alles Gute also, auch in der Luft!

Grüss Max Frisch!

Dein Paul

Kommst Du Ende Oktober nach Wuppertal?

139 Ingeborg Bachmann an Paul Celan, Uetikon am See, 3. 9. 1959

Uetikon am See
3 – 9 – 59

Lieber Paul,
ich habe den Flug abgesagt. Es machte viel Mühe, aus der einmal eingegangenen Verpflichtung herauszukommen, und die letzten Tage vergingen damit. Ich wollte Dir nicht eher schreiben, nicht ehe ich Dir das sicher hätte sagen können. Jetzt bin ich froher. Bleibt noch Frankfurt...

Freilich verstehe ich, was Du wegen Heidegger sagst, und ich bin ja auch nach wie vor der Meinung, daß die Absage nicht in eine Kränkung verkehrt werden soll, noch weniger in ein Urteil.

Der »Valéry« ist gekommen, mein Geburtstagsbuch, ich habe so große Freude daran! Aber damals, in Paris, hast Du mir die Geschwisterbücher selber geben können. Wann seh ich Dich wieder? Im Winter, in Frankfurt? Wirst Du mir die Übersetzung schicken?

Hier ist es still, es geht gut, ich versuche ein wenig zu arbeiten, aber ich fühle mich immer müde, erschöpft von Zweifeln, noch ehe ich anfange.

Ich denke und denke, aber immer in dieser Sprache, in die ich kein Vertrauen mehr habe, in der ich mich nicht mehr ausdrücken will. – Leb wohl, lieber Paul.

Ingeborg

140 Paul Celan an Ingeborg Bachmann, Paris, 7. 9. 1959

am 7. September 1959.

Ingeborg, ich bin froh, daß Du nicht fliegst.

Jetzt, da Du endgültig abgesagt hast, darf ich Dir auch sagen, daß es vor allem das Unheimliche, das diese Nachricht für mich hatte, war, das mich all die (sekundären) Argumente finden ließ.

Ich bin wirklich froh, daß Du nicht fliegst.

Frankfurt: sag nicht ab, bitte, es wird ganz bestimmt gut gehen.

Die Heidegger-Festschrift: Neske ist, daran zweifle ich auch nicht eine Sekunde lang, ein unsauberer Mensch. Nach meinen Erfahrungen mit der Schallplatte und nachdem ich außerdem auch ungefragt auf seiner Liste stehe, muß ich mir u. a. auch sagen, daß in der Festschrift, wenn sie gedruckt vorliegt, dieser oder jener vorher nicht erwähnte Name dabei sein könnte (Friedrich Georg Jünger ist auch nicht gerade einer der schönsten...), in dessen Nachbarschaft ich mich auf keinen Fall begeben darf... Ich habe also nur gesagt, ich hoffte, er, Neske, würde mich, wenn er zu Heideggers 75. Geburtstag wieder eine Festschrift publiziert, rechtzeitig verständigen...

(Ich bin auch, weiß Gott, kein »Hirte des Seins«...)

Ich schicke Dir das erste Drittel der Jeune Parque, Ingeborg. Es ist die Rundschau-Korrektur – der leserlichste Text, den ich im Augenblick besitze. Bitte gib ihn mir, wenn Du ihn gelesen hast, zurück; Anfang Oktober habe ich es wohl zu einer Reinschrift des Ganzen gebracht – jetzt wollen meine Gedanken so gar nicht dorthin –, dann bekommst Du sie.

Der Mandelstamm wird bald da sein, aber ich habe damit schon so schlechte Erfahrungen gemacht, daß ich mir nicht viel von seinem Buch-Dasein verspreche. (Ich bin übrigens auch sonst wieder im Finstern.)

Ob Du nach Wuppertal kommst? Ich habe ein paar Einladungen zu Lesungen, eine davon sogar nach Wien (!), Burgtheater-Matinee; aber ich bin lesemüde, all diese Briefe sind noch unbeantwortet; außerdem habe ich eine Deutsch-Lektor-Stelle bei der Ecole Normale angenommen, nicht zuletzt auch des damit verbundenen Monatsgehalts wegen. Ich glaube, ich muß durch ein längeres Stummsein.

Alles Gute, Ingeborg!

Paul

Beilage: von Celan handschriftlich korrigierter Umbruch für die Teilpublikation seiner Übertragung Paul Valéry, »Die junge Parze« in ›Die Neue Rundschau‹.

141 Paul Celan an Ingeborg Bachmann, Paris, 22. 9. 1959

22. 9. 59.

Eine Bitte, Ingeborg: kannst Du mir die Jeune Parque zurückschicken? Ich sehe nämlich, daß ich die Korrekturen im MS nicht nachgetragen habe ..

Wie geht es Dir? Gut, hoff ich, gut.

Paul

142 Ingeborg Bachmann an Paul Celan, Zürich, 28. 9. 1959

Kirchgasse 33
Zürich, 28 – 9 – 59

Paul,
verzeih, daß ich noch nicht antwortete. Ich übersiedle in diesen Tagen nach Zürich, in eine kleine Arbeitswohnung, die uns zufällig zugefallen ist. Max bleibt in Uetikon, auch ich bleibe ja, aber wir kamen nie zur Arbeit in solcher Nähe. Es ist ein ruhig gefaßter Entschluß, er ändert nichts.

Ich habe mir zur »Jungen Parze« ein paar Anmerkungen gemacht; darf ich sie Dir sagen?

3. Seite, Zeile 16:

Der Geist – er ist so rein nicht, daß (wäre diese Satzstellung nicht besser?)
5. Seite, 3. Zeile von unten:
die Wange glüht, als flammt’ drauf etc. (’ oder nicht?, weil Du auch sonst so vorgehst, wo eine Verwechslung mit dem Präsens möglich ist)
letzte Seite, 4. Zeile
Mein Sinn……, als schlief’ er – (hier, weil man sonst ans Imperfektum denken könnte.)

Das ist auch schon alles. Die Übersetzung muß sehr schwierig sein, bei so wenig Bewegungsfreiheit. Sie ist schön.

Ich komme nicht nach Wuppertal (ich glaube, ich habe auch keine Einladung bekommen).

Ich weiß nicht, was ich sagen soll zu Deiner Lektor-Stelle; es tut mir weh, daß Du es tun mußt, aber vielleicht ist es gut wenigstens für die Zeit des erwarteten Stummseins, als Tätigkeit. Schreib mir, ob die Arbeit erträglich ist und sich in Grenzen hält.

Leb wohl, Paul.
Ingeborg

Schreibst Du mir in die Kirchgasse? Ich ziehe am 1. Oktober hin, das Haus ist alt und heißt »Steinhaus«, es ist das höchste in der Stadt, zwischen Zwingli-, Büchner- und Gottfried Kellerhäusern.

Beilage: von Celan handschriftlich korrigierter Umbruch für die Teilpublikation seiner Übertragung Paul Valéry, »Die junge Parze« in ›Die Neue Rundschau‹.

143 Paul Celan an Ingeborg Bachmann, Paris, 17. 10. 1959

17. X. 59.

Liebe Ingeborg,
die beiliegende Besprechung kam heute früh – bitte lies sie und sag mir, was Du denkst.

Paul

143.1 Beilage (Günter Blöcker, Rezension zu »Sprachgitter«)

GEDICHTE ALS GRAPHISCHE GEBILDE
Der Titel des neuen Gedichtbandes von Paul Celan ist ungewöhnlich treffend und entlarvend zugleich. Die dünnen Lineaturen dieser Gedichte sind in der Tat Sprachgitter. Es fragt sich nur, was man durch diese Gitter sieht. Das ist – wie immer bei Celan – schwer zu beantworten, weil seine Lyrik nur selten einem Objekt gegenübersteht. In der Regel entwickelt sich ihr verbales Filigran wie Spinnfäden gewissermassen aus den Sprachdrüsen selbst. Celans Metaphernfülle ist durchweg weder der Wirklichkeit abgewonnen, noch dient sie ihr. Das Bild als die besser verstandene, durchdringender geschaute und reiner empfundene Wirklichkeit bleibt bei ihm eine Ausnahme. Seine Bildersprache lebt von eigenen Gnaden. Der Leser wohnt einer Art Urzeugung von Bildern bei, die dann zu gegliederten Sprachflächen zusammengesetzt werden. Entscheidend ist nicht die Anschauung, sondern die Kombinatorik.
Selbst wo Celan Natur ins Spiel bringt, ist das keine lyrische Benennung im Sinne des Naturgedichts. Von dem Thymianteppich in »Sommerbericht« geht keine Berauschung aus, er ist duftlos – ein Wort, das für diese Lyrik als Ganzes gelten kann. Celans Verse sind vorwiegend graphische Gebilde. Ihr Mangel an dinghafter Sinnlichkeit wird auch durch Musikalität nicht unbedingt wettgemacht. Zwar arbeitet der Autor gern mit musikalischen Begriffen: die vielgerühmte »Todesfuge« aus »Mohn und Gedächtnis« oder, in dem vorliegenden Band, die »Engführung«. Doch das sind eher kontrapunktische Exerzi-
→ *tien auf dem Notenpapier oder auf stummen Tasten – Augenmusik, optische Partituren, die nicht voll zum Klang entbunden sind. Nur selten ist in diesen Gedichten der Klang bis zu dem Punkt entwickelt, wo er sinngebende Funktionen übernehmen kann.*
Celan hat der deutschen Sprache gegenüber eine grössere Freiheit als die meisten seiner dichtenden Kollegen. Das mag an seiner Herkunft liegen. Der Kommunikationscharakter der Sprache hemmt und belastet ihn weniger als andere. Freilich

wird er gerade dadurch oftmals dazu verführt, im Leeren zu agieren. Uns wollen diejenigen seiner Gedichte am überzeugendsten scheinen, in denen er die Fühlung mit der ausserhalb seines kombinationsfreudigen Intellekts gelegenen Wirklichkeit nicht ganz aufgegeben hat. Verse etwa in der Art der Anfangszeilen des Gedichts »Nacht«:

Kies und Geröll. Und ein Scherbenton, dünn,
als Zuspruch der Stunde.

Besonders schön, wie hier die nächtliche Beängstigung (das stolpernde »Kies und Geröll«!) durch Geräusche gemildert wird und der »dünne Scherbenton« den sonoren Klang der Beruhigung annimmt: die ganz auf den dunkelsten Vokal gestellte Wendung vom »Zuspruch der Stunde«. Oder wie in dem Gedicht »Die Welt« aus kahlen Baumschäften Fahnen werden, unter denen der verlassene Mensch kämpft:

/Zwei Baumschäfte............. den Fahnen./

Das sind echte lyrische Metamorphosen, die jenseits einer allzu selbstbesessenen Kombinatorik liegen. In dieser Richtung könnte man sich eine weitere Entwicklung dieses Autors denken, ganz im Sinne seiner Feststellung, dass der Dichter ein Mann sei, der »mit seinem Dasein zur Sprache geht, wirklichkeitswund und Wirklichkeit suchend.«

Günter Blöcker, Der Tagesspiegel, Berlin, 11. X. 59.

144 Ingeborg Bachmann an Paul Celan, Zürich, 9. 11. 1959

Kirchgasse 33
Zürich, Montag. */9. November 1959/*

Lieber Paul,
ich war kurz in Deutschland und bin mit einer schlimmen Kopfgrippe heimgekommen, die mich gehindert hat, gleich zu antworten. Und jetzt hindert mich etwas anderes, so zu antworten, wie ich es sonst getan habe, denn alles ist davon überschattet, daß ich

von dem Brief weiß, den Max an Dich geschrieben hat, von meinen Ängsten und meiner Ratlosigkeit deswegen. Ich hätte verhindern können, daß der Brief abgeht, aber ich glaube noch immer, nicht das Recht dazu gehabt zu haben, und muß eben diese kommenden Tage durchstehen in Ungewißheit.

Ich möchte zurückfinden zu dem Ausgangspunkt und Dir meine – von all dem unabhängige – Antwort geben, aber sie entgleitet mir fast, nicht weil mir Selbständigkeit fehlt, sondern weil mir das erste Problem überschwemmt wird von dem neuen.

Hat Blöcker Dir, in irgendeiner Form, geantwortet und was? Daß er manchmal aufs Geratewohl und aufs Leichtfertigste beleidigen kann in seinen Kritiken weiß ich, seit mir das auch widerfahren ist von ihm nach meinem zweiten Gedichtband. Ob es diesmal einen anderen Grund hat, ob Antisemitismus der Grund ist? – nach Deinem Brief dachte ich es auch, sicher bin ich nicht, frage darum nach seiner Antwort. – Laß mich noch einmal wo anders anfangen: Paul, ich fürchte oft, daß Du überhaupt nicht wahrnimmst, wie sehr Deine Gedichte bewundert werden, wie groß ihre Wirkung ist, ja, daß nur Deines Ruhmes wegen (laß mich das Wort dies eine Mal verwenden und weis es nicht ab) immer wieder der Versuch gemacht werden wird, ihn zu schmälern, auf jede Weise, und es gibt zuletzt noch den motivlosen Angriff – als wäre das Ungewöhnliche nicht zu ertragen, nicht duldbar. Ich möchte Dich am liebsten anrufen, wegen allem zusammen, und schrecke diesmal vor dem Telefon zurück, weil man nur so kurz sprechen kann und ich nicht weiß, wie ich Dich antreffe.

Ich bin am 25. u. 26. November in Frankfurt, dann nochmals 14 Tage darauf, im Dezember, der Vorlesungen wegen.

Wenn wir uns doch sehen könnten! Wenn Du nie nach Frankfurt kommst im Winter, will ich versuchen, nach Paris zu fahren.

Lieber Paul, zu wenig von dem, was mich bewegt, steht hier aufgeschrieben. Wenn Dein Gefühl es ergänzen könnte, bis ich Dich wiederseh!

Deine

Ingeborg

145 Paul Celan an Ingeborg Bachmann, Paris, 12. 11. 1959

Paris, den 12. November 1959.

Ich habe Dir am 17. Oktober geschrieben, Ingeborg – in der Not. Am 23. Oktober, als noch immer keine Antwort gekommen war, schrieb ich, ebenfalls in der Not, an Max Frisch. Dann, da die Not fortdauerte, versuchte ich, Euch telephonisch zu erreichen, mehrere Male – vergebens.

Du warst – ich erfuhr es aus den Zeitungen – zur Tagung der Gruppe 47 gefahren und hattest mit einer Erzählung, die »Alles« heisst, grossen Beifall geerntet.

Heute morgen kam Dein Brief, heute nachmittag der Brief von Max Frisch. Was Du mir geschrieben hast, Ingeborg, weisst Du.

Was Max Frisch mir geschrieben hat, weisst Du ebenfalls.

Du weisst auch – oder vielmehr: Du wusstest es einmal –, was ich in der Todesfuge zu sagen versucht habe. Du weisst – nein, Du wusstest – und so muss ich Dich jetzt daran erinnern –, dass die Todesfuge auch dies für mich ist: eine Grabschrift und ein Grab. Wer über die Todesfuge das schreibt, was dieser Blöcker darüber geschrieben hat, der schändet die Gräber.

Auch meine Mutter hat nur dieses Grab.

Max Frisch verdächtigt mich der Eitelkeit und des Ehrgeizes; er beantwortet meine Notzeile – ja, es war nur eine Zeile: wieviel glaubte ich doch (törichterweise) voraussetzen zu dürfen! – mit diversen Aperçus und Mutmassungen hinsichtlich verschiedener Probleme des »Schriftstellers«, so z. B. hinsichtlich »unseres Verhaltens zur literarischen Kritik überhaupt«. – Nein, ich muss hier, obgleich ich annehme, dass Max Frisch einen Durchschlag seines Briefes aufbewahrt – auch ich schreibe jetzt mit Durchschlag ... –, noch einen Satz zitieren: »Denn sollte auch nur ein Funke davon /gemeint sind die »Regungen der Eitelkeit und des gekränkten Ehrgeizes«/ in Ihrem Zorn sein, so wäre die Anrufung der Todeslager, scheint mir, unerlaubt und ungeheuer.« – Das schreibt Max Frisch.

Du, Ingeborg, vertröstest mich mit meinem »Ruhm«.

So schwer es mir auch fällt, Ingeborg – und es fällt mir schwer –, ich muss Dich jetzt bitten, mir nicht zu schreiben, mich nicht anzurufen, mir keine Bücher zu schicken; nicht jetzt, nicht in den nächsten Monaten – lange nicht. Die gleiche Bitte richte ich, über Dich, auch an Max Frisch. Und, bitte, versetzt mich nicht in die Lage, Euch Eure Briefe zurückzuschicken!

Ich lasse, obgleich noch manches mir vor Augen tritt, diesen Brief nicht länger werden.

Ich muss an meine Mutter denken.

Ich muss an Gisèle und das Kind denken.

Ich wünsche Dir von Herzen alles Gute, Ingeborg! Leb wohl!

Paul

146 Paul Celan an Ingeborg Bachmann, Paris, 17. 11. 1959

17. XI. 59

Ich bin in Sorge um Dich, Ingeborg –

Aber Du mußt mich verstehn: mein Notschrei – Du hörst ihn nicht, bist nicht bei Dir (wo ich Dich vermute), bist ... in der Literatur.

Und Max Frisch, der sich diesen »Fall« – der ja ein Schrei ist! – literarisch interessant macht...

Schreib also, bitte, oder schick mir – telegraphisch – Deine Telephonnummer in der Kirchgasse.

(Ruf bitte nicht an: wir haben Besuch: Rolf Schroers...)

Paul

147 Ingeborg Bachmann an Paul Celan, Zürich, 18. 11. 1959

Mittwoch mittag,

eben kam Dein Expressbrief, Paul, gottlob. Atmen ist wieder möglich. Gestern versuchte ich in meiner Verzweiflung an Gisèle zu schreiben, der Brief liegt unbeendet da, ich möchte sie nicht verstören, aber durch Dich jetzt inständig um ein schwesterliches Gefühl bitten, eines, das Dir meine Not übersetzen kann, den

Konflikt, – auch meine Unfreiheit in dem Brief, der schlecht war, ich weiß es, der nicht leben konnte.

Hier die letzten Tage, seit Deinem Brief – es war entsetzlich, alles im Wanken, dem Bruch nahe, jetzt sind jedem von jedem soviel Wunden geschlagen. Aber ich kann und darf von hier nicht reden.

Von uns muß ich reden. Das darf nicht sein, daß Du und ich einander noch einmal verfehlen, – es würde mich vernichten. Du sagst, ich sei nicht mehr bei mir, sondern ... in der Literatur! Nein, ich bitte Dich, wo irrst Du hin mit Deinen Gedanken. Ich bin, wo ich immer bin, nur am Verzagen oft, am Einstürzen unter den Lasten, es ist schwer, auch nur einen einzigen Menschen, den Selbstzerstörung und Krankheit vereinsamen, zu tragen. Ich muß noch mehr können, ich weiß, und ich werde es können.

Ich werde Dich hören, aber hilf Du mir auch, indem Du mich hörst. Ich schicke jetzt das Telegramm ab mit der Nummer und bete drum, daß wir die Worte finden.

Ingeborg

148 Ingeborg Bachmann an Paul Celan, Zürich, 18. 11. 1959

342987 NUR NICHT HEUTE ABEND LASS UNS DIE WORTE FINDEN

INGEBORG

149 Ingeborg Bachmann mit Klaus Demus an Paul Celan, Zürich, 20.-21. 11. 1959

Zürich, 20./21. Nov. 1959

Wir grüßen Dich Paul –
Deine nächsten, Deine treuesten Freunde.

Ingeborg *Klaus*

150 Ingeborg Bachmann an Paul Celan, Zürich, 23. 11. 1959

DIE MUSIK IST FUER DEN GEBURTSTAG UND ALLES GUTE ALLES SCHOENE WUENSCHE ICH DIR

INGEBORG

151 Ingeborg Bachmann an Paul Celan, Zürich, 21. 12. 1959

Montag,
20 – 12 – 59

Lieber Paul,
ich habe so lange gezögert jetzt und nur die Geburtstagswünsche geschickt. Ich hoffte, es würde mir einfallen oder etwas zu Hilfe kommen, was ich Dir sagen kann, damit uns allen geholfen ist, denn nicht nur Du und ich sind betroffen, und ich hoffte auch, daß Klaus Dir noch ein Bild von den Schwierigkeiten hier geben wird, besser als ich es in einem Brief vermag. Ich habe Klaus gestern abend eine Stunde lang gesehen, sprechen konnten wir nur wenig, im Lautsprecherlärm eines Cafés zwischen zwei Zügen, und erst nachher ist alles wieder über mich hereingebrochen, Fragen, Fragen, und mir ist, als wüßte ich nicht mehr als zuvor, trotz der lieben großen Bemühung von Klaus. – Paul, ich muß darum noch sehr direkt einiges sagen, damit keine Undeutlichkeit ist und nichts in der Schwebe bleibt. Den Rat, den ich am Telefon nicht wußte – Du erinnerst Dich? Ich muß etwas vorausschicken; es beginnt damit, daß Du den Brief von Max keiner Antwort für wert befunden hast und daß die Beleidigung, durch die verletzende Absage in dem Brief an mich, für ihn weiter besteht, auch nachdem Du und ich ein erlösendes Wort gefunden haben füreinander. Dies kann für ihn nicht gelten, denn sein Brief war vor allem die Ursache, ja es verschlimmert nur die Gedanken, auch mir gegenüber, weil es aussieht, als läge mir nur an Dir, an Deiner Not, an unserer Beziehung. Damals, nach Deinem ersten Brief und dem Unheil, das er zwischen Max und mir angerichtet hat, als ich fürchten

mußte für alles, konnte ich nur eins erreichen, – daß darüber geschwiegen wird (und es wurde noch mehr, ein lastendes Schweigen zwischen uns). Und kürzlich erzählte mir Hildesheimer auf der Durchreise, daß Max Dir »suspekt« sei, ich war allein zugegen und habe Max nichts davon gesagt, aber der Bericht hat mich entsetzt, ich kann dann nicht begreifen, was Du von mir erwartest, wie dieses schweigende Hinnehmen, die Beschämung, vereinbar sein soll mit der geringsten Forderung, die ein Mensch, mit dem wir leben, an uns stellen darf. Ich war so irre manchmal, daß ich wegzugehen wünschte, hier für immer, und Dich nicht wiederzusehen wünschte, deswegen, und weil ich nur beides halten oder beides verlieren zu können meinte und nun die Unmöglichkeit sah. Aber es gibt die Möglichkeit, muß sie geben, nur einer allein kann sie nicht schaffen. Ich glaube, daß Du Max schreiben mußt, wie auch immer, aber von der Deutlichkeit, die Klarheit schafft. Und ich weiß, was ihm unerträglich ist – zu denken, daß, was zwischen Euch ist, von mir ausgetragen werden soll.

Paul, ich ahne, welch schlimme Zeit Du durchlebt hast, aber ob Du ahnst, was hier geschehen ist – oft zweifle ich. Ich konnte auch Klaus nicht alles sagen, es war nicht möglich.

Dazu diese Lasten, Frankfurt, Tag- und Nachtarbeit seit Wochen, zwei Haushalte ohne Hilfe, es könnte nicht ärger alles zusammenkommen, und man wundert sich manchmal, daß man nicht einfach umfällt. Es geht auch so nicht weiter, sowie das Semester zu Ende ist, wollen wir fort, aufs Land, in die Südschweiz oder nach Oberitalien, für ganz, – wenn nur bis dahin alles durchzustehen gelingt.

Jetzt noch Weihnachten. Ich fahre nicht nach Kärnten, muß durcharbeiten, es wird kein Fest sein. – Ich habe heut Nachmittag Gisèle geschrieben, – mach Du es ihr nie zu schwer, seid glücklich, und es gibt Eric, ich denke oft an ihn und daß er ja da ist.

Ingeborg

152 Ingeborg Bachmann an Paul Celan, Zürich, 28. 12. 1959

28 – 12 – 59

Lieber Paul,
habt Dank, Du und Gisèle, nochmals für den Anruf am Weihnachtsabend, ich konnte nicht viel sagen, und mein Französisch war ganz durcheinander, aber es war gut, auch so. Und jetzt wollen wir ruhiger werden, alle, und bis zu dem Wiedersehen jenes Gespräch ruhen lassen.

Ich schreibe hie und da, oder ich schicke Dir, sowie ein Stück für das Buch fertig ist, ein Manuskript, – das möchte ich schon lange Dir zeigen, aber ich bin mit dem Verbessern jetzt nicht weiter gekommen.

Meinen Dank nochmals – und sag ihn auch Gisèle.

Ingeborg

153 Ingeborg Bachmann an Paul Celan, Zürich, 29. 12. 1959

Dienstag Nacht

Lieber Paul,
von Rolf Schroers erfuhr ich von der Bremer Affaire, und da ich ihn jetzt anrufen musste, weil ich ohne Adressen und im Zweifel über die »Anrede« war, erfuhr ich auch noch, dass Du grosse Sorgen hast, deswegen. Paul, bitte darf ich Dich beruhigen, obwohl ich die Gedanken verstehe, die Dir gekommen sind; denn leider ist es so, dass wohl kaum einer der Preisträger imstande wäre, das Geld aufzubringen und zurückzugeben, und es ist niemand damit geholfen, ich kann keinen Sinn darin sehen, wenn ausgerechnet dieser Senat den Vorteil von der Demonstration hat. Hingegen ist mir, Deiner Gedanken wegen, ein anderer Gedanke gekommen. Ich glaube, so vielleicht hätte die Demonstration einen Sinn: Könnten wir nicht versuchen, Du und ich und die anderen, soviel Geld zusammenzulegen, unsren Kräften entsprechend, dass wir es Günter Grass geben können, als Preis – damit wäre das Urteil der Jury bekräftigt und dem Senat die wirksamste Lehre erteilt. Ich weiss nicht, vielleicht ist der Gedanke sehr tö-

richt; sag mir, was Du meinst! Aber ich möchte gern, dass, wenn etwas geschehen soll, etwas geschieht, das sinnvoll ist.

Ich lege Dir einen Durchschlag von meinem Brief an den Senat bei, damit Du weisst, was ich geschrieben habe.

Und sorge Dich nicht zu sehr!

Ingeborg

153.1 Beilage

Ingeborg Bachmann
Kirchgasse 33 / Zürich den 29. Dezember 1959

An den Senat der Freien Hansestadt Bremen
Staatskanzlei – B r e m e n

Sehr geehrte Herren,
erlauben Sie mir, da ich die Ehre hatte, vor drei Jahren den Literaturpreis der Freien Hansestadt Bremen zu erhalten, Ihnen mein Befremden über Ihr Veto gegen die diesjährige Entscheidung der Jury mitzuteilen. Ich glaube, dass das Urteil einer angesehenen Jury, der, soviel ich weiss, unter anderem die Herren Professor von Wiese und Dr. Rudolf Hirsch angehören, nicht desavouiert werden darf und die Wahl nicht zunichte gemacht werden kann – oder es ist jede vorangegangene gutgeheissene Wahl und jede künftige, die Sie gutheissen könnten, zur opportunen traurigen Farce erklärt.

Darum hoffe ich, dass die Jury auf ihrem Spruch beharrt und dass Sie, sehr geehrter Herr Senator, und Sie, sehr geehrte Herren vom Senat, den Weg finden, der für keinen von uns ungangbar ist – den der Umkehr aus Einsicht in eine verfehlte Handlung von solch grundsätzlicher Konsequenz, dass sie mich, und wohl jeden Schriftsteller, den jene Ehrung erfreute, mitbetreffen und alarmieren muss.

Mit vorzüglicher Hochachtung

154 Paul Celan an Ingeborg Bachmann, Paris, 3. 1. 1960

am 3. Jänner 1960.

Alles Gute, Ingeborg!
Ich habe Euch den Mandelstamm geschickt, gestern, Euch beiden.

Von Hildesheimer kam ein guter Brief, ich habe das Klärende mit Hellem beantwortet, tu das bitte auch.

Dein Paul

(Dem Bremer Senat habe ich am 30. Dez. ein Brieftelegramm geschickt.)

155 Ingeborg Bachmann an Paul Celan, Zürich, 22. 1. 1960

22. Jänner 1960

Paul,
Dr. Hirsch wird Dir wohl gesagt haben, wie es in Frankfurt war, ich wäre beinahe geblieben. Aber wahrscheinlich war es Dir lieber so, denn andernfalls hättest Du mir eine Nachricht gegeben.

Hab Dank für die Mandelstamm-Gedichte; das ist ein so schöner Band geworden, mir wichtiger als die Char- und Valéryübersetzungen. Das Liebste neben dem Block. Kannst Du aber wieder für Dich arbeiten?

Frankfurt läßt mich nicht zu Atem kommen, ich suche ein paar freie Stunden, um endlich ins Reine schreiben zu können, was im vergangenen Jahr entstanden ist.

Alles alles Gute!

Ingeborg

(Zwischen Hildesheimer und mir ist alles gut.)

Noch eins: hast Du von den Botteghe Oscure schon oder endlich oder noch immer nicht ein Honorar bekommen? Ich habe plötzlich einen Brief bekommen aus Rom, mit einer Frage deswegen.

156 Ingeborg Bachmann an Paul Celan, Zürich, 1. 2. 1960

1. Feber 1960

Das ist die erste Geschichte. Ich kann nichts dazu sagen, nur hoffen...

Grüsse!

Deine

Ingeborg

Beilage: Erzählung »Alles«.

157 Ingeborg Bachmann an Paul Celan, Zürich, 19. 2. 1960

Feber 1960
Zürich

Lieber Paul,
nach allem, was geschehen ist, glaube ich, daß es für uns kein Weiter mehr gibt. Es ist mir nicht mehr möglich.

Es fällt mir sehr schwer, das zu sagen.

Ich wünsche Dir alles Gute.

Ingeborg

158 Hans Mayer, u. a. mit Ingeborg Bachmann, an Paul Celan, Leipzig, zwischen dem 29. und dem 31. 3. 1960

(2. 4. 1960.)

Lieber Paul Celan, diese Karte ist gerade schön und sinnig genug, um Ihnen unsere herzlichen Grüsse zu senden. Wir hoffen sehr, auch Sie, wie die Dichter, die nun folgen, als Gast unserer Universität begrüssen zu können. Herzlichst Ihr Hans Mayer

Mit herzlichen Grüßen

Georg Maurer

Herzlichst! Ihr Peter Huchel
Ingeborg
Freundliche Grüsse
Ernst Bloch *Werner Krauss*
Inge Jens
Walter Jens. – *Karola Bloch*
Werner Schubert *Ingeburg Kretzschmar*
hmenzensberger *Stephan Hermlin*

159 Paul Celan an Ingeborg Bachmann, Paris, 19. 5. 1960

/Poincaré 39-63/

Paris, am 19. Mai 1960.

Ich schreibe Dir, Ingeborg.

Weisst Du noch, was ich Dir gesagt habe, als ich Dich zum letztenmal sah, vor zwei Jahren, in Paris, im Taxi, vor Deiner Abreise?

Ich weiss es noch, Ingeborg.

»Verabenteuere Dich nicht, Ingeborg« – das habe ich Dir gesagt.

Du hast Dich verabenteuert, – dass Du es nicht einmal weisst, ist... der Beweis dafür.

Allen jenen, die mich nur allzu gerne verleumden, glaubst Du aufs Wort; mich fragst Du nicht einmal. Alles über mich Zusammengelogene hat für Dich Evidenz. Mich selbst willst Du nicht wahrnehmen, nicht wahrhaben, nicht fragen.

Ingeborg, wo bist Du? – Da kommt so ein Blöcker daher, kommt ein Gräberschänder, ich schreibe Dir, in der Verzweiflung, und Du hast kein Wort und keine Silbe für mich übrig, du fährst zu Literatentagungen. (Und wenn es um irgendwelche Literaturpreise geht, schreibst Du »Dienstag nachts«.)

Und eines Tages – ich zähle Dir nicht noch einmal alles auf – bekomme ich einen Brief, in dem Du mir »nach allem Geschehenen« die Freundschaft aufsagst...

Schämst Du Dich nicht, Ingeborg?

Ich schreibe Dir, Ingeborg.

Ich schreibe Dir auch deshalb, weil ich Dir sagen muss, dass ich am 24. nach Zürich fahre, um Nelly Sachs zu sehen.

Ich weiss, dass Du sie auf dem Flugplatz erwartest. Ich hätte Dich gerne dorthin begleitet – nun musste ich Nelly Sachs sagen, dass mir diese Möglichkeit genommen sei.

Wenn du es dennoch für möglich hältst, so sag es jetzt gleich Nelly Sachs, und sag es, bitte, auch mir. Nelly Sachs wird das sicherlich freuen.

Und wenn Du willst, dass wir miteinander sprechen, so sag mir, bitte, auch das.

Ich war nicht gut auf Dich zu sprechen, Ingeborg, in diesen letzten Monaten – wenn Du jetzt einen Augenblick Du selbst sein kannst, so siehst Du ein, wieso und weshalb.

Und – bitte –: Frage jetzt nicht, ehe Du mir antwortest oder nicht antwortest, andere um Rat – Frage Dich selbst.

Paul

160 Paul Celan an Ingeborg Bachmann, Widmung in Paul Valéry, »Die junge Parze«, Paris, 30. 5. 1960

Für Ingeborg,
am 30. Mai 1960.

Paul

161 Ingeborg Bachmann an Paul Celan, Zürich, 7. (?) 6. 1960

Lieber Paul,
hab Dank für die »Junge Parze«. Es ist eine Freude, sie so schön gedruckt zu sehen – ein wenig Lohn auch für die unbelohnbare, wunderbare Arbeit, die Du getan hast.

Ich hoffe, Ihr seid mit guten Gefühlen heimgekommen und lebt ohne Störungen. Nelly Sachs kommt am Montag den 13. um 16^{15} nach Paris, mit dem Flugzeug, das um 15^{05} von Zürich abgeht. Du weißt, sie geht nur Deinetwegen hin. Ich war sehr glücklich und zuversichtlich in den Tagen, die sie noch hier war, und aufgefangen. Sie hat ein großes Herz.

Leb wohl –

Deine

Ingeborg

162 Ingeborg Bachmann an Paul Celan, Uetikon am See, 10. 7. 1960

Uetikon am See
Haus zum Langenbaum
10 – 7 – 1960

Hab Dank, lieber Paul, für das herrliche Buch! Der Geburtstag war schön, aber man erlernt Älterwerden nicht ohne Schaudern, weil so viele Grenzen gezogen werden.

Ihr seid vielleicht schon auf dem Land. Es soll Euch sehr gut ergehen!

Ingeborg

163 Ingeborg Bachmann an Paul Celan, Zürich, 28. 8. 1960

28 – 8 – 60

Lieber Paul,
jetzt sind die halbfertigen Briefe doch zum Teil schon überholt. Diese zwei letzten Wochen mit Familie, Sorgen und Wegen wegen Bobbie und dann noch Deine beängstigenden Nachrichten – es war viel. Am Telefon sagte ich Dir schon, ich habe keine Nachricht aus Stockholm, vergass aber zu sagen, daß ich eine frühe Karte von Nelly Sachs spät bekommen habe, wo sie eine andere Adresse angibt, c. o. Frl. Hella APPELTOFFT, HJALMAR SÖDERBERGSVÄGEN 16^{c}, STOCKHOLM, aber womöglich gilt diese Adresse

auch nicht mehr, sehr wahrscheinlich nicht mehr. Ich weiß mir auch keinen Rat. Wir fahren nun am Mittwoch früh weg, – bitte, wenn Du irgendwelche Nachrichten für mich hast, schreib mir so, daß ich um den 14. September ungefähr in Madrid, poste restante, den Brief bekomme! Und vom 10. Oktober an bin ich wieder in Uetikon.

Ja, und die Entgegnung von Klaus: Paul, ich muß Dir sagen, muß es leider auch Klaus schreiben, daß ich sie nicht gut finde, daß sie mir, in dieser Form, nur schädlich erscheint. Ich weiß nichts Besseres vorzuschlagen, als Dr. Hirsch zu bitten, die Formulierung zu übernehmen. Die Fakten gehen in diesem Manuskript unter und kommen nicht zur Wirkung, und der Ton scheint mir auch verfehlt.

Von Marie Luise von Kaschnitz, auch von Dr. Hirsch, habe ich nichts gehört, aber ich wüßte gerne, wie sie sich dazu äußern.

Lebt wohl, Du, Gisèle, Eric, – ein gutes Sommerende wünsche ich Euch, und Max läßt vielmals grüßen!

Deine

Ingeborg

164 Ingeborg Bachmann und Max Frisch an Gisèle Celan-Lestrange und Paul Celan, Madrid, 11. 9. 1960

Madrid, 11 – 9 – 60

Liebe Gisèle, lieber Paul,

wir sind zu früh hierhergekommen, weil uns der Süden und die Wärme locken, fahren morgen weiter und grüßen Euch!

Ingeborg

Wenn man nur soviel erleben könnte, wie man auf einer solchen Fahrt erlebt!

Herzlich Ihr Frisch

165 Paul Celan an Ingeborg Bachmann, Widmung auf Sonderdruck »Gespräch im Gebirg«, Paris, 29. 10. 1960

Für Ingeborg,

Paul

Paris, am 29. Oktober 1960.

166 Paul Celan an Ingeborg Bachmann, Paris, 17. 11. 1960

17. XI. 60.

Meine liebe Ingeborg,
bist Du, seid ihr noch in Zürich? Ich fahre am 25. dorthin, ich muß mit Dr. Weber sprechen.

In der ›Welt‹ vom 11. 11. ist die Infamie in einer kaum zu überbietenden Weise wiedergekommen. Auch in »Christ und Welt«. (Christ und ...)

Siehst Du, Ingeborg, ich wußte ja, daß auch der Büchner-Preis diesen Machenschaften nicht Einhalt tun würde ... Wie gut, daß Eure Entgegnung erscheint – von Herzen danke ich Dir dafür, daß Du Deinen Namen darunter gesetzt hast. Laßt es Euch gut gehen, urbi et orbi.

Dein

Paul

167 Ingeborg Bachmann an Paul Celan, Uetikon am See, 18. 11. 1960

18 – 11 – 60

Lieber, lieber Paul,
am 25. bin ich hier – so sehen wir uns! Ich bin so froh, daß ich mich freuen kann, daß ich Dich wiedergefunden habe an diesem Regentag in Paris. Wir werden auch den Rat und den Weg finden, um diese Welt aus der Welt zu schaffen. Ich sehe Dr. Weber nächste Woche, wir werden darüber sprechen, er wird mir auch die Blätter zeigen. Szondi soll in einer Zeitung sehr gut erwidert haben.

Ich bin nur wenige Tage in Rom gewesen, um Max den Anfang zu erleichtern, das Nötige herzurichten. Jetzt muß ich noch 4 Wochen hierbleiben, mich abschließen, arbeiten, das geht nur hier und es geht nicht anders. Bitte schreib mir, wann Du kommst, damit ich Dich abholen kann. Nicht telefonieren, weil ich das Telefon abgestellt habe! Und wo willst Du wohnen? Ich möchte sagen hier, kann's nur nicht, weil dieses Mietshaus so schweizerisch ist.

Ich werde auf dem Bahnhof stehen –

Deine

Ingeborg

168 Ingeborg Bachmann an Paul Celan, Uetikon am See, 23. 11. 1960

ALLES ALLES LIEBE ZUM GEBURTSTAG DAS PAECKLEIN WARTET HIER

DEINE INGEBORG

169 Paul Celan an Ingeborg Bachmann, Paris, 24. 11. 1960

Bin morgen fünfzehn 49 bis Sonntagabend Zürich
Bitte Zimmer Urban oder Nähe reservieren
Dein dankbarer Paul

170 Ingeborg Bachmann an Paul Celan, lose eingelegte Widmung in Gertrude Stein, »Drei Leben«, Uetikon am See (?), zwischen dem 25. und dem 27. 11. 1960

Lieber Paul
zum Geburtstag
an mehreren Novembertagen
Deine
Ingeborg

171 Paul Celan an Ingeborg Bachmann, Paris, 2. 12. 1960

Es muß etwas geschehen Ich kann nicht länger warten Ruf bitte an

P.

172 Ingeborg Bachmann an Paul Celan, Uetikon am See, 3. 12. 1960

HABE VERGEBLICH VERSUCHT DICH ANZURUFEN GEHEIMNUMMER WIRD NICHT BEKANNTGEGEBEN BITTE RUF MICH GEGEN 10H00 MORGENS AN ODER TELEGRAFIERE DEINE NUMMER

DEINE INGEBORG

173 Ingeborg Bachmann an Paul Celan, Uetikon am See, 3. 12. 1960

Samstag nachts

Paul,
an Gisèle habe ich nun schon das Wichtigste geschrieben. Heut abend habe ich noch mit Hirschfeld gesprochen, der den Brief an den Herausgeber schreiben wird.

Es geschieht etwas, ich bitte Dich, aber es wird noch Tage und Tage brauchen, bis es sich auswirkt, das verstehst Du doch. Paul, Lieber, Du mußt arbeiten, nicht dauernd dran denken, es verwüstet Dich, das darf nicht sein.

Viele viele inständige gute Gedanken!

Deine

Ingeborg

174 Ingeborg Bachmann an Paul Celan, Zürich, 5. 12. 1960

5 – 11 – 60

Lieber Paul,
Dr. Weber hat die Grippe, die Verabredung verschiebt sich nochmals um eine Woche. Für Kurt Hirschfeld habe ich die Unterlagen beschafft, das Wichtigste, damit er dem Herausgeber das mitschikken kann. Er wird schreiben. In der »Tat« ist noch nichts erschienen, aber es mag eine Verzögerung sein – oder ich habe andere Exemplare gekauft. Mittwoch früh muß ich für drei Tage nach Frankfurt fahren. Ich schreibe dann wieder!

Alles Liebe.

Ingeborg

175 Ingeborg Bachmann an Paul Celan, Rom, Weihnachten 1960

Paul,
daß das Gute gut bleibt und das andre gut wird!

Ingeborg

Weihnachten 1960

176 Ingeborg Bachmann und Max Frisch an Gisèle Celan-Lestrange und Paul Celan, Rom, 24. 12. 1960

FROHE WEIHNACHTEN WÜNSCHEN

INGEBORG UND MAX FRISCH

177 Paul Celan an Ingeborg Bachmann und Max Frisch, Montana, 27. 12. 1960

Montana, am 27. Dezember 1960.

Liebe Ingeborg, lieber Max Frisch!
Unsere Weihnachtswünsche sind seit Tagen unterwegs: ich hatte das Telegramm zuerst »152, Via Giulia«, dann »125«, und schließlich, da auch diese Hausnummer sich als falsch erwies, an die alte Adresse in Uetikon geschickt. Entschuldigt, bitte, diese Verspätung. (In der Eile der Abreise hatte ich die am Telephon notierte römische Adresse auf meinem Tisch liegen lassen.)

Noch einmal, auch hier: Alles Frohe und Helle Euch beiden!

Ich fahre schon übermorgen zurück, über Zürich. /Dies noch, zur Information: Leonhardt hat mir, benebst Weihnachtsgrüßen, den Abel-Artikel geschickt, die Sache, so drückte er sich aus, müsse »durchgestanden« werden, am liebsten, schreibt er, wäre es ihm, wenn ich selbst antwortete...

Es gibt überall diese Boten: gestern traf ich hier, in Montana, einen Mann, der mich vor Jahren in Paris besucht hat: Enrique Beck. Ob ich schon gelesen hätte, was in der letzten Nummer der »Kultur« (Dezember) über mich geschrieben worden sei.../

Die herzlichsten Grüße und Wünsche!

Paul

178 Ingeborg Bachmann an Paul Celan, Rom, 3. 1. 1961

3. Jänner 1961

Lieber Paul,
habt Dank für das Telegramm und Dank für Deinen Brief! Die Commerce-Hefte sind alle alle genau dafür am 24. hierhergekommen, durch ein Postwunder, aber immer kann die Post eben keine Wunder tun. – Einen Brief, den ich Dir vor Tagen geschrieben

habe, lege ich bei, weil ein paar Dinge drinstehen, die Du wissen sollst; ich wollte ihn zuerst nicht abschicken, damit Du in den Ferien verschont bleibst. In der »Kultur« habe ich nachgesehen; es steht aber nichts darin. Ich denke, daß Dr. Weber Dir in Zürich raten konnte wegen Leonhardt.

Jetzt dürfte ja bald die Erklärung der Büchner-Preisträger erscheinen.

Laß Dich nach Rom erst im Frühjahr einladen, denn der Winter ist nicht schön, man schlottert den ganzen Tag, und ich fühl mich die ganze Zeit krank oder halbkrank.

Alles Gute, lieber Paul!

Deine

Ingeborg

178.1 Beilage

Lieber Paul,
jetzt ist von Leonhardt, dem ich ja schrieb, nachdem er den Artikel von Abel aufgehalten hatte, eine kurze Nachricht gekommen; er schreibt, er habe Dir den Artikel geschickt (und das wollte ich doch auch verhindern, dass Du den je zu sehen bekommst!), denn offenbar hatte ich ihm zu wenig Anhaltspunkte dafür gegeben, was er nun vom »journalistischen« Standpunkt! aus machen solle. Du weisst ja schon, dass Dr. Weber es für unsinnig und schlecht hielt, dass ich oder jemand, den ich benenne, darauf erwidre, denn es gibt nichts zu erwidern – Abel muss zuerst einmal richtigstellen. Leonhardt will offensichtlich vor allem etwas »Journalistisches, Interessantes« für sein Blatt, und darauf kann man nicht eingehen.

Abel selber hat mir nun auch geschrieben, er wirft mir den Text der »Entgegnung« in der Neuen Rundschau vor, einige der Formulierungen. Es ginge an, ihn ohne Antwort zu lassen, aber ich werde ihm wahrscheinlich doch antworten; ich denke, er ist jung, und ein Wort kann vielleicht helfen, ihn sein Unrecht einsehen zu machen.

Ich brauche nur noch etwas Zeit, weil ich uns noch einrichten muss; dieser Beginn hier ist nicht leicht. Hoffentlich ist Montana gut und tut Euch gut.

Ich bin furchtbar deprimiert.

Deine

Ingeborg

Via Giulia 102

Rom 23 – 12 – 60

179 Paul Celan an Ingeborg Bachmann, Paris, 9. 1. 1961

Paris, am 9. Jänner 1961.

Meine liebe Ingeborg,
eben kamen Deine beiden Briefe – ich will sie gleich beantworten, in aller Kürze und Eile, ich muss nämlich in die Rue d'Ulm.

Abels ersten Aufsatz in der ›Welt‹ kennst Du; er basiert auf niederträchtigen Verleumdungen – ›gefragt‹ wird, ob ich Sterbende bestehle – und auf zurechtgefälschten ›Zitaten‹ und Daten. Nach der ›Entgegnung‹ und dem Aufsatz von Peter Szondi geht das, siehe ›Die Zeit‹ und deren Fahnen, ungestört, d. h. noch infamer weiter.

Wenn Abel Dir schreibt, Ingeborg, so ist das eine Provokation. Bitte geh darauf nicht ein! Auf keinen Fall, Ingeborg!

Maurer hat, ich erfuhr es vorgestern, in der ›Welt‹ vom 31. 12. das ihm von C.G. in den Mund gelegte Wort vom ›Meisterplagiator‹ dementiert.

Ingeborg, vergiss nicht: der sogenannte Nachlass ist – nachweisbar – eine Konstruktion. Es gab, nach G.'s Tod, ein paar deutsch geschriebene Verse. Die von C.G. hierzu 1951, 1956 und 1960 angeführten Daten, auch der Vergleich der beiden ›Fassungen‹ ihres 1951 und 1960 zum ›Traumkraut‹ geschriebenen Vorworts zeigen deutlich, dass und wie und warum hier retuschiert wurde.

Drei von mir übersetzte Zyklen hat C.G., nachdem sie sie ›bearbeitet‹ hat – auch das ist nachweisbar – unter ihrem Namen veröffentlicht. (Dem Luchterhand Verlag ist all das genauestens bekannt.)

Nochmals, Ingeborg: Abel handelt mala fide. Lass Dich nicht provozieren!

Ich lege diesen Zeilen, für Dich und Max Frisch, eine Photokopie von ›Baubudenpoet‹ bei: damit Ihr seht, was womit erreicht wird...

Alles Gute!

Dein Paul

Daß es nicht die ›Kultur‹, sondern ›Panorama‹ ist, habe ich Euch ja schon geschrieben...

Beilage: Photokopie des Artikels von Claire Goll, »Unbekanntes über Paul Celan«.

180 Ingeborg Bachmann an Paul Celan, Uetikon am See, 20. 1. 1961

Uetikon am See
20 – 1 – 1961

Lieber Paul,
hab Dank für den Brief! Wegen »Panorama«: das einzig Richtige ist sicher, wenn der Fischer-Verlag an diese Redaktion die »Neue Rundschau« schickt, mit einem Begleitbrief, damit die Redaktion aufgeklärt wird und berichtigt.

An Abel werde ich also nicht schreiben. Ich habe zwar angefangen, einen Brief zu entwerfen, aber man lässt sich da wirklich auf eine fatale Weise ein und ist so wenig sicher, dass auf der anderen Seite ein guter Wille ist – ja alles spricht eigentlich dagegen. Aber so gern würde man einen guten Willen vermuten und sich verleiten lassen...

Ich werde für eine Weile noch hier sein in der Schweiz, bis Anfang Feber; dann bin ich bis zum 20. März ohne Adresse, weil ich eine Reise machen muss (Lesungen). Und Ende März bin ich wieder in Rom. Dann kommst Du hoffentlich auch bald.

Deine Ingeborg

181 Ingeborg Bachmann an Paul Celan, Zürich, 27. 1. 1961

27 – 1 – 61

Lieber Paul,
ich lege Dir einen Artikel bei, der in der Studenten-Zeitschrift NOTIZEN erschienen ist!

Alles Liebe.
Ingeborg

Beilage: Originalartikel von Jürgen P. Wallmann: »Die Hetze gegen Paul Celan«.

182 Ingeborg Bachmann an Paul Celan, Uetikon am See, 28. 1. 1961

28 – 1 – 61

Lieber Paul,
ich habe erfahren, daß noch weitere Artikel, in denen für Dich eingetreten wird, erschienen sind, einer von Szondi in den Neuen Deutschen Heften und einer, auf die Neue Rundschau hin, in »Das Schönste«. Leider bekam ich sie nicht und kann sie drum nicht schicken. Auch daß Maurer im Osten seine böse Behauptung zurückgenommen hat, ist sehr wichtig und wird wirken. Sei guten Muts, Du solltest es schon sein.

Deine
Ingeborg

183 Ingeborg Bachmann und Max Frisch an Paul Celan, Rom, 25. 4. 1961

SIND IN SORGE WOHNUNG UETIKON STEHT EUCH ZUR VERFUEGUNG SCHLUESSEL BEI GUENTHART IM HAUS

INGEBORG UND MAX FRISCH

184 Paul Celan an Ingeborg Bachmann und Max Frisch, Paris, 25. 4. 1961

78, RUE DE LONGCHAMP. XVIe

Liebe Ingeborg, lieber Max Frisch,
ich danke Euch, wir danken Euch für Euer Telegramm.

Weggehen – das können wir nicht. Hiersein und Hierbleiben: wir haben das, zumal in der Nacht von Sonntag auf Montag, als das einzig Richtige empfunden. (Was nichts mit irgendwelchen Prognosen zu tun hat.)

Nochmals Dank für das Telegramm

Herzlich

Paul

Paris, am 25. April 1961.

185 Paul Celan an Ingeborg Bachmann und Max Frisch, Paris, 2. 5. 1961, nicht abgesandt

Paris, am 2. Mai 1961.

Liebe Ingeborg, lieber Max Frisch,
vor ein paar Tagen habe ich Marie Luise Kaschnitz geschrieben – ich hoffe, dass sie Euch meinen Brief gezeigt hat.

Was Kasack – er ist nicht der einzige Intrigant in dieser Sache – zusammen mit dem Nazi Martini da fertiggebracht hat, kann Euch nicht gleichgültig lassen.

Herzlich

186 Ingeborg Bachmann an Paul Celan, Rom, 31. 5. 1961

VIA de NOTARIS 1 F
ROMA 31 – 5 – 61

Lieber Paul,
hab Dank für Deinen Brief. Nun ist ja gottlob das Schlimmste abgewendet; ich verstehe auch, daß Ihr Euch so entschlossen habt,

aber trotzdem sollt Ihr immer wissen, daß diese Möglichkeit da ist, daß wir für Euch da sind!

Wir waren eine zeitlang weg, in Griechenland, vorher und nachher in Wohnungsnöten, die jetzt ihre Lösung gefunden haben, wir übersiedeln gerade, und die neue Adresse steht auf dem ersten Blatt.

Vom Fischer-Verlag habe ich einen Claire Goll-Brief bekommen, man schreibt dazu, Du wüßtest davon. Ich denke, man kann nur nicht drauf antworten. Oder denkst Du anders darüber? Ich habe ihn nur noch nicht in [den] Papierkorb geworfen, weil ich gerne wüßte, ob Du ihm eine Wichtigkeit beimißt. Es war nichts anderes zu erwarten, – neue niederträchtige Lügen, da ihr die alten ausgehen.

———

Die Büchner-Rede habe ich wiedergelesen, mit großer Freude, und nun auch alle Jessenin-Gedichte. So schön sind die, von Dir gefunden. Du wirst noch Nachsicht haben müssen mit meinen Ungaretti-Versuchen, die ich Dir bald schicken kann. Blatt und Blatt...

Wirst Du nach Rom kommen – ? die neue Wohnung hat auch ein Gastzimmer, das wartet. (Wir haben für zwei Jahre gemietet.)

Leb wohl, mein lieber Paul, grüsse Gisèle, und nehmt viele Grüsse von Max.

Mit vielen, oft sorgenvollen Gedanken –

Deine
Ingeborg

187 Ingeborg Bachmann an Paul Celan, Widmung in »Das dreißigste Jahr«, Rom, 4. 6. 1961

Für Paul –
Ingeborg
Rom 4 – 6 – 61

188 Ingeborg Bachmann an Paul Celan, Widmung in: Giuseppe Ungaretti, »Gedichte«, Rom (?), Sommer 1961

Für Paul –
Ingeborg
Sommer 1961

189 Paul Celan an Ingeborg Bachmann, Paris, 11. 9. 1961, nicht abgesandt

Liebe Ingeborg,
es geht mir, zumal nach der Vorwärts-Provokation (die bestimmt nicht die letzte ist), gar nicht gut. Ich sage mir – und das ist vielleicht doch kein ganz egoistischer Gedanke –, daß ein Gespräch mit Dir und Max Frisch helfen könnte, aufklären, aufhellen könnte.

Und so bitte ich Dich und Max Frisch um ein solches Gespräch.

Ich kann leider nicht zu euch kommen – bitte kommt also hierher, irgendeinmal, morgen oder übermorgen, aber laßt es mich schon jetzt wissen.

Von Herzen wünsche ich Euch alles Gute!

Paul

11.9.61.

190 Paul Celan an Ingeborg Bachmann, Paris, 27. 9. 1961

78, rue de Longchamp
(Poi 39-63) 27. 9. 61.

Meine liebe Ingeborg,
ich habe lange nicht geschrieben, ich habe es versäumt, Dir zum Geburtstag zu gratulieren, Dir für Deine Bücher zu danken. – Laß es mich jetzt nachholen.

Alles, alles Gute, Ingeborg!

Ich sage mir – und sage es jetzt auch Max Frisch –, daß das, was zwischen uns getreten ist, nur ein Mißverständnis sein kann, ein schwer zu entwirrendes vielleicht, aber doch nur das.

Laß uns also versuchen, es gemeinsam aus der Welt zu schaffen. Ich glaube an Gespräche, Ingeborg. Ja, laß uns miteinander sprechen – ich bitte auch Max Frisch darum.

Alles Liebe!

Paul

191 Ingeborg Bachmann an Paul Celan, Zürich, nach dem 27. 9. 1961, nicht abgesandt

Lieber Paul,
vor wenigen Minuten haben wir telefoniert – lass mich aber trotzdem auf Deinen Brief zuerst die Antwort versuchen. Ich weiss nicht, ob es Missverständnisse sind, die zwischen uns getreten sind oder etwas, das einer Aufklärung bedarf. Ich empfinde es anders: Einbrüche von Schweigen, ein Ausbleiben von den einfachsten Reaktionen, etwas, das mich hilflos macht, weil ich nur Vermutungen anstellen kann, mit denen ich mich verirren muss, und dann höre ich wieder von Dir, wie jetzt, höre, wie schlecht es Dir geht, und bleibe so hilflos wie in dem Schweigen und weiss nicht, wie herausfinden und wie ich jemals wieder lebhaft und lebendig werden kann Dir gegenüber. Manchmal weiss ich auch die Gründe sehr deutlich, ein paar Dinge, Vorkommnisse aus der schlimmen Zeit im vergangenen Jahr, die ich nicht verstehe, auch heute noch nicht und die ich mich zu vergessen bemühe, weil ich sie nicht wahrhaben will, weil ich nicht möchte, dass Du sie getan, gesagt, geschrieben hast. Auch jetzt bin ich wieder erschrocken, als Du am Telefon mir sagtest, Du hättest Abbitte zu tun für etwas, ich weiss ja nicht, was Du damit meinst, aber mir ist schon wieder bang, weniger weil mich wieder etwas bitter machen könnte, als weil ich spüre, wie mutlos es mich zur Freundschaft macht, in einer, die hinausgeht über Mitgefühl und die Wünsche, dass sich alles zum Besseren wenden möge für Dich. Diese Gefühle sind mir zu wenig und sie müssen es ja auch für Dich sein.

Lieber Paul, das ist nun vielleicht wieder nicht die richtige Zeit, um einiges zu sagen, was sich schwer sagen lässt, aber es gibt ja die richtige Zeit nicht, sonst hätte ich es schon einmal über mich bringen müssen. Ich glaube wirklich, dass das grössere Unglück in Dir selbst ist. Das Erbärmliche, das von aussen kommt – und Du brauchst mir nicht zu versichern, dass es wahr ist, denn ich weiss es ja zu einem grossen Teil – ist zwar vergiftend, aber es ist zu überstehen, es muss zu überstehen sein. Es kann jetzt nur von Dir abhängen, ihm richtig zu begegnen, Du siehst ja, dass alle Erklärungen, jedes Eintreten, so richtig es auch gewesen sein mag, in Dir das Unglück nicht verringert hat, wenn ich Dich sprechen höre, kommt es mir vor, als sei alles wie es vor einem Jahr war, als gelte es Dir nichts, was dass viele Menschen sich bemüht haben, als gelte nur das andere, der Schmutz, das Hämische, die Torheit. Du verlierst auch Freunde, weil die Menschen fühlen, dass es Dir weniger gilt, dass auch ihr Widerspruch nicht gilt, wo er ihnen vonnöten scheint. Der Widerspruch fällt leicht unglücklicher aus als das Einverständnis, aber nützlicher ist er manchmal doch, und seis auch nur, dass man für sich selber danach besser herausfindet, als die anderen, wo der Fehler liegt. Aber lassen wir die anderen.

Von den vielen Ungerechtigkeiten und Beleidigungen, denen ich bisher ausgesetzt [war,] sind mir am schlimmsten immer die Du mir zugefügt hast – auch weil ich sie nicht mit Verachtung oder Gleichgültigkeit beantworten kann, weil ich mich nicht schützen kann dagegen, weil mein Gefühl für Dich immer zu stark bleibt und mich wehrlos macht. Gewiss handelt es sich für Dich jetzt in erster Linie um andere Dinge, um Deine Nöte, aber für [mich], damit es sich um sie handeln kann, in erster Linie um unsere Beziehung, damit das andere diskutierbar wird. Du sagst, Du möchtest uns nicht verlieren, und ich übersetze es mir in »Dich nicht verlieren«, weil diese oberflächliche Beziehung zu Max – ohne mich hättet Ihr Euch wahrscheinlich nie kennengelernt – oder mit andren Voraussetzungen, denen ich mehr Chance gebe als diesen durch mich geschaffenen Voraussetzungen – also sagen wir doch ehrlich, um einander nicht zu verlieren. Und ich frage mich eben, wer bin ich für Dich, wer nach soviel Jahren? Ein Phantom, oder eine Wirklichkeit, die einem Phantom nicht mehr entspricht. Denn für mich ist viel geschehen und ich möchte der sein, der ich bin, heute, und nimmst Du mich heute wahr? Das eben weiss ich nicht, und das macht mich verzweifelt. Eine Weile, nach unserem Wiedersehen in Wuppertal habe ich geglaubt an dieses Heute, ich habe Dich, Du mich bestätigt in einem neuen Leben, so kam es mir vor, ich habe Dich angenommen, nicht nur mit Gisèle sondern auch mit neuen Bewegungen, neuen Leiden und Glücksmöglichkeiten die für Dich nach unserer Zeit gekommen sind.

Du hast mich einmal gefragt, was ich von der Kritik von Blöcker halte. Jetzt gratulierst Du mir zu meinem Buch, bzw. Büchern, und ich weiss nicht, ob da die Blöckerkritik eingeschlossen ist, die andern Kritiken alle, oder meinst Du, dass ein Satz gegen Dich mehr bedeutet als dreissig Sätze gegen mich? Meinst Du es wirklich? Und meinst Du wirklich dass ein Blatt, das gegen mich hetzt, seit es besteht, das Forum z.B. daher seine Rechtfertigung bezieht, dass es sich, zu Deiner Verteidigung herbeilässt? Lieber, ich beklage mich sonst nie gegenüber jemand, über die Gemeinheiten, aber mir fallen sie ein, wenn die Leute, die dieser Gemeinheiten fähig sind, plötzlich sich auf Dich berufen. Du musst mich nicht missverstehen.

Ich kann alles überstehen durch Gleichmütigkeit, durch einen gelegentlichen Anfall im schlimmsten Fall. Es fiele mir nicht ein, mich an jemand zu wenden, um Hilfe, auch nicht an Dich, weil ich mich stärker fühle.

Ich beklage mich nicht. Ich habe, ohne es zu wissen, gewusst, dass dieser Weg, den ich einschlagen wollte, eingeschlagen habe, nicht mit Rosen eingefasst sein würde.

Du sagst, man verleide Dir Deine Uebersetzungen. Lieber Paul, das war vielleicht das einzige, das ich ein wenig angezweifelt habe, ich meine nicht Deine Berichte, sondern ihre Auswirkungen, aber ich glaube Dir jetzt vollkommen, denn ich habe nun die Bösartigkeit der professionellen Uebersetzer auch zu spüren bekommen, mit deren Einmischung ich auch nicht rechnete. Man macht sich einen Witz daraus, über meine angeblichen Fehler zu sprechen, Leute, die was mich nicht kränken würde, schlechter Italienisch können und andre, die es vielleicht besser können, aber jedenfalls

Leute, die keine Ahnung haben, wie ein Gedicht im Deutschen aussehen sollte. Verstehst Du: ich glaube Dir, alles, alles. Nur glaube ich nicht, dass sich der Klatsch, die Kritik, auf Dich beschränken, denn ich könnte ebensogut des Glaubens sein, dass sie sich auf mich beschränken. Und ich könnte Dir beweisen, wie Du mir beweisen kannst, dass es so ist.

Was ich nicht kann: es Dir ganz beweisen, weil ich die anonymen und andren Papierfetzen wegwerfe, weil ich glaube, dass ich stärker bin als diese Fetzen, und ich will, dass Du stärker bist, als diese Fetzen, die nichts, nichts besagen.

Aber das willst Du ja nicht wahrhaben, dass dies nichts besagt, Du willst, dass es stärker ist, Du willst Dich begraben lassen darunter.

Das ist Dein Unglück, das ich für stärker halte als das Unglück, das Dir widerfährt. Du willst das Opfer sein, aber es liegt an Dir, es nicht zu sein, und ich muss denken an das Buch, das Szondi schrieb, an das Motto, das mich getroffen hat weil ich nicht anders konnte, als an Dich denken. Gewiss, es wird, es kommt, es wird jetzt von aussen kommen, aber Du sanktionierst es. Und es ist die Frage ob Du es sanktionierst, es annimmst. Aber das ist dann Deine Geschichte und das wird nicht meine Geschichte sein, wenn Du Dich überwältigen lässt davon. Wenn Du eingehst darauf. Du gehst darauf ein. Das nehme ich Dir übel. Du gehst darauf ein, und gibst ihm dadurch den Weg frei. Du willst der sein, der dran zuschanden wird, aber ich kann das nicht gutheissen, denn Du kannst es ändern. Du willst, dass die Schuld haben an Dir, und das werde ich nicht hindern können, dass [Du] es willst. Verstehst Du mich einmal, von *[unleserliches Wort]* aus: ich glaube nicht, dass die Welt sich ändern kann, aber wir können es und ich wünsche, dass Du es kannst. Hier setze den Hebel an. Nicht der »Strassenfeger« kann es weg[fegen,] sondern Du kannst es, Du allein. Du wirst sagen, ich verlange zuviel von Dir für Dich. Das tue ich auch. (Aber ich verlange es auch von mir für mich, darum wage ich es, Dir das zu sagen). Man kann nichts anders verlangen. Ich werde es nicht ganz erfüllen können und Du wirst es nicht ganz erfüllen können, aber auf dem Weg zu dieser Erfüllung wird vieles wegfallen.

Ich bin oft sehr bitter, wenn ich an Dich denke, und manchmal verzeihe ich mir nicht, dass ich Dich nicht hasse, für dieses Gedicht, diese Mordbeschuldigung, die Du geschrieben hast. Hat Dich je ein Mensch, den Du liebst, des Mordes beschuldigt, ein Unschuldiger? Ich hasse Dich nicht, das ist das Wahnsinnige, jedoch wenn je etwas gerad und gut werden soll: dann versuch auch hier anzufangen, mir zu antworten, nicht mit Antwort, sondern mit keiner schriftlichen, sondern im Gefühl, in der Tat. Ich warte darauf, wie auf einiges andre, keine Antwort, keine Entschuldigung, weil keine Entschuldigung ausreicht und ich sie auch nicht annehmen könnte. Ich erwarte, dass Du, [indem] Du mir hilfst, Dir selbst hilfst, Du Dir.

Ich habe Dir gesagt, dass Du es sehr leicht hast mit mir, aber so wahr das ist – es ist auch wahr, dass Du es schwerer haben wirst mit mir als mit irgendeinem anderen. Ich bin glücklich, wenn Du auf mich zukommst im Hôtel du Louvre, wenn Du heiter und befreit bist, ich vergesse alles und bin froh, dass Du heiter bist, dass Du es sein kannst. Ich denke viel an Gisèle, wenn es mir auch nicht gegeben ist, das sehr laut werden zu lassen, am wenigsten ihr gegenüber, aber ich denke wirklich an sie und bewundre sie für eine Grösse und Standhaftigkeit, die Du nicht hast. Das musst Du mir nun verzeihen: aber ich glaube, dass ihre Selbstverleugnung, ihr schöner Stolz und ihr Dulden vor mir mehr sind, als Dein Klagen.

Du genügst ihr in Deinem Unglück, aber Dir würde sie nie in einem Unglück genügen. Ich verlange, dass ein Mann genug hat an der Bestätigung durch mich, aber Du billigst ihr das nicht zu, welche Ungerechtigkeit.

192 Ingeborg Bachmann an Paul Celan, Basel, 24. 10. 1961

24 – 10 – 61

Mein lieber Paul
jeden, fast jeden, Abend habe ich versucht, weiterzuschreiben an dem langen Brief. Ich kann ihn jetzt nicht abschicken, da er zu

vieles möchte. Lieber möchte ich ihn nach Paris mitbringen, und ergänzen im Gespräch und ihn ergänzen lassen von Dir. Damit etwas klarer wird, das allein Dich und mich betrifft. Missverständnisse, die Du annimmst, sehe ich nicht; ich dachte bloss, als keine Nachricht mehr kam, meine Bücher hätten Dir missfallen. –

Ich kann Dir im Augenblick noch kein Datum nennen. Bis zum 5. oder 7. November – bis die Theaterarbeit für Max vorbei ist – ist Kommen nicht möglich. Und ich kann nur allein nach Paris fahren, weil Max sehr erschöpft ist, dann noch erschöpfter sein wird und die sofortige Rückreise nach Rom für ihn, in jeder Hinsicht, notwendig ist.

Ich hoffe sehr, daß es Dir besser geht, wünsche es Dir sehr und schreibe nächste Woche, wann ich kommen kann!

Vielmals grüße ich Gisèle.

Ingeborg

193 Ingeborg Bachmann an Paul Celan, Rom, 5. 12. 1961

5 – 12 – 61
Via de Notaris 1 F
Roma

Lieber, lieber Paul,
wohl jeden Tag habe ich schreiben wollen, aber unsere Rückreise, und für mich noch eine Reise dazwischen, haben mich zu nichts kommen lassen; wenn ich wenigstens noch, wie es andre können, einen Brief schreiben könnte in einer Stunde oder an einem Abend – aber es ist seit langem schon wie eine Krankheit, ich kann nicht schreiben, bin schon versehrt, wenn ich das Datum hinsetze oder das Blatt in die Maschine ziehe.

Ich möchte und ich wünsche, daß es Dir endlich besser geht, daß Dich mehr Gesundheit bewahren könnte, oder, mehr noch, eine neue Fassung und Gefasstheit Dir die Gesundheit ganz wieder geben könnten.

Oft kommt mir vor, daß Du auch schon weißt, wieviel an Dir liegt und daß Du Dich von da her fassen kannst, wo Du Dich einsiehst.

Unsre Lektionen werden immer schwieriger. Lass sie uns lernen.

Grüsse Gisèle, und kommt oder komm, wenn es möglich ist!

Alles Liebe, alles Gute.

Deine

Ingeborg

194 Ingeborg Bachmann und Max Frisch an Gisèle Celan-Lestrange und Paul Celan, Rom, Dezember 1961

Dezember 1961

Liebe Gisèle, lieber Paul,
wir wünschen Euch schöne Weihnachten, eine gute, eine bessere Zeit!
Ingeborg Max Frisch

195 Paul Celan an Ingeborg Bachmann, Paris, 21.9.1963

78, rue de Longchamp Paris, den 21. September 1963

Liebe Ingeborg,
ich hatte Dich, als ich in der Zeitung las, Du seist in Rußland gewesen, sehr um diese Reise beneidet, zumal um den Aufenthalt in Petersburg. Aber kurz danach, Ende August, erfuhr ich in Frankfurt von Klaus Wagenbach, daß das gar nicht stimme, daß es Dir vielmehr gar nicht gut gegangen sei und Du eben erst wieder aus dem Krankenhaus zurück seist. – Ich wollte Dich darauf anrufen, aber Du hattest noch kein Telephon.

Jetzt schreibe ich Dir, ein paar Zeilen nur, um Dich ebenfalls um ein paar Zeilen zu bitten. Laß mich doch bitte wissen, wie es Dir geht.

Ich habe ein paar nicht ganz erfreuliche Jahre hinter mir – »hinter mir«, wie man so sagt.

In den nächsten Wochen erscheint ein neuer Gedichtband von mir – Verschiedenes ist da mit einverwoben, ich bin mitunter, denn das war so gut wie vorgeschrieben, einen recht »kunstfernen« Weg gegangen. Das Dokument einer Krise, wenn Du willst – aber was wäre Dichtung, wenn sie nicht auch das wäre, und zwar radikal?

Schreib mir also bitte ein paar Zeilen.

Ich wünsche Dir alles Gute, Ingeborg

Herzlich

Paul

196 Paul Celan an Ingeborg Bachmann, Frankfurt am Main, 30. 7. 1967

Liebe Ingeborg,
durch Dr. Unseld erfuhr ich, aus Freiburg kommend, vor drei Tagen von der Achmatowa-Affäre; dann kaufte ich den Spiegel.

Laß Dir herzlich danken dafür, daß Du mich Piper als Übersetzer der russischen Dichterin – deren Gedichte ich seit längerem kenne – empfohlen hast. Mandelstamm war einer ihrer treuesten Verehrer.

Vielleicht schreibst Du mir mal ein paar Zeilen. Wenn, dann bitte an diese Adresse: P. C. Ecole Normale Supérieure, 45, rue d'Ulm, Paris 5e.

Alles Gute!

Herzlich

Paul

Frankfurt, am 30. Juli 67

Briefwechsel
Paul Celan – Max Frisch

197 Paul Celan an Max Frisch, Paris, 14. 4. 1959

78, rue de Longchamp Paris, den 14. April 1959.

Lieber Max Frisch,
ich habe gestern angerufen, unvermittelt, in der Hoffnung, Sie würden, wie schon einmal – aber damals wußte ich es nicht –, am Telephon sein: ich wollte Sie um Rat bitten, um ein Gespräch, in Zürich, in Basel, wollte Sie fragen, was zu tun sei – denn etwas muß ja getan werden! – angesichts all dieser sich mehr und mehr Raum greifenden Verlogenheit und Niedertracht und Hitlerei: ich hatte nämlich wenige Stunden vorher einen Brief bekommen, von Heinrich Böll, einen Brief, der mir ein weiteres Mal bewies, wieviel Gemeinheit noch in den Gemütern sitzt, die man, leichtgläubig genug – aber wer will, wenn er sich den Glauben an die Menschen bewahren möchte, seine »Leichtgläubigkeit« aufgeben? –, zu denjenigen zählte, auf die es »ankommt«.

Aber ach, kaum hält man ihnen das vor Augen, was sie tatsächlich tun und sind, so – verwandeln sie sich augenblicklich in sich selbst zurück. Diese (keineswegs neue) Erfahrung habe ich nun auch mit Böll gemacht. Nicht daß ich darauf nicht vorbereitet gewesen wäre; aber daß es so kommen würde, so eindeutig in seiner Infamie, das hatte ich weiß Gott nicht erwartet.

Und so rief ich bei Ihnen an, um Sie und Ingeborg zu fragen, ob ich mit all diesen Fragen und Ratlosigkeiten – die Sie ja kennen, seit langem, in jederlei Gestalt! – nach Zürich kommen kann, in einer Woche etwa. Bitte, sagen Sie mir, ob Ihnen dieser Zeitpunkt gelegen ist, ich kann – wirklich – auch später kommen (und bis dahin und darüber hinaus mit meinen Fragen weiterleben), im Mai vielleicht, auf der Reise nach Österreich (wo wir den Sommer verbringen wollen) oder im Juni.

Entschuldigen Sie, bitte, die Eile und Sprunghaftigkeit dieser Zeilen und erlauben Sie mir, Sie auf das herzlichste zu grüßen

Ihr Paul Celan

198 Max Frisch an Paul Celan, Uetikon am See, 16. 4. 1959

Uetikon, 16. 4. 59

Verehrter und lieber Paul Celan,
eben kommt Ihr Brief. Ich habe zuvor einen Brief von Inge auf die Post gebracht. Kommen Sie bald! Ich bitte Sie um Nachsicht, wenn dieser Brief nicht sehr spontan klingt, ich habe Ihnen gestern einen spontanen geschrieben, aber die Herrin fand einen Nebensatz darin, einen Lappalien-Satz, einen Geschwätz-Satz, betreffend den VW, der Sie abholen und hieherbringen soll, nicht angemessen, und ich mag Briefe solcher Art, spontane, nicht desinfizieren. Wir haben also gezankt! – im übrigen versuchte jener Brief, den ich zerknüllt habe, Ihnen zu sagen, dass ich mich aufrichtig auf die Begegnung mit Ihnen freue, dass ich sie schon seit einiger Zeit wünsche, dass ich eine Scheu davor habe, weil ich viel von Ihnen weiss, durch Inge, und sehr wenig, Scheu nicht wegen Inge, sondern wegen Ihres Werkes, das ich bewundere, soweit es mir zugänglich ist, und Scheu, weil es mir nicht überall zugänglich ist bis jetzt. Ich denke, Uetikon wäre besser als Basel, wo man sich von Restaurant zu Restaurant trifft; hier in der Nähe, zweihundert Schritte von dieser Wohnung, ist ein nettes Hotel, wo Sie übernachten könnten, und hier haben wir Ruhe, wir können auch dahin oder dorthin ausfahren. Bleiben Sie nicht zu kurz! Man muss sich die Chance geben, dass man sich in Wiederholungen eines Gesprächs, wenn man darüber geschlafen hat, verständlicher macht. Können Sie ein paar Tage bleiben? Glauben Sie mir, dass ich mich freue.

In Erwartung und herzlich Ihr

Max Frisch

199 Paul Celan an Max Frisch, Paris, 18. 4. 1959

am 15. April 1959.

Lieber Max Frisch,
Ihr Brief ist da, auch der Brief von Ingeborg: herzlichen Dank!

Ich werde nun doch nicht schon nächste Woche kommen können, sondern erst übernächste, denn ich bin soeben an eine Pflicht erinnert worden, der ich mich nicht zu entziehen weiß, an eine Neffenpflicht nämlich, an mein vor Monaten gegebenes Versprechen, zu den jüdischen Ostern nach London zu fahren, zu einer alten Tante, und nun werde ich, obgleich ich mich keineswegs erinnere, jemals aus Ägypten ausgezogen zu sein, dieses Fest feiern, in England, bei meinen Verwandten, die, wenn sie auch kein ungesäuertes Brot mehr essen, dieses Fest begehen (bzw. nicht ins Büro müssen).

Wir fahren also Mitte nächster Woche nach London, ich könnte dann am 28. oder 29. April nach Zürich kommen – hoffentlich nicht zur Unzeit.

Die herzlichsten Grüße
Ihr Paul Celan

200 Max Frisch an Paul Celan, Schuls, 20. 7. 1959

Schuls, 20. VII.

Lieber Paul Celan!
Meine Ärzte, hier und in Zürich, verbieten mir die Flucht nach Sils-Maria, leider, und malen mir den Teufel an die Wand, wenn ich's tue. So beuge ich mich denn, und Rom ist ferner, als ich gemeint habe. – Ich war froh, bin froh, Sie getroffen zu haben, Paul Celan. Vielleicht fahre ich (insgeheim) am Mittwoch nochmals an den Silser-See. Ich habe versäumt, mich von Ihrer Frau zu verabschieden; grüßen Sie Ihre Frau von mir.

Ihr Max Frisch

201 Paul Celan an Max Frisch, Paris, 23. 10. 1959

23. X. 59.

Lieber Max Frisch,
Hitlerei, Hitlerei, Hitlerei. Die Schirmmützen.

Sehen Sie, bitte, was Herr Blöcker, erster deutscher Nachwuchs-Kritiker von Herrn Rychners Gnaden, Autor, ach, von Kafka- und Bachmann-Aufsätzen, schreibt.

Alles Gute!
Ihr Paul Celan

201.1 Beilage

Paul Celan
78, rue de Longchamp (16e) Paris, den 23. Oktober 1959.
(Eingeschrieben)

An die Feuilleton-Redaktion des TAGESSPIEGEL, Berlin
Da ich, wie die Dinge in Deutschland nun einmal wieder sind, nicht annehmen kann, dass einer Ihrer hoffentlich zahlreichen Leser zu der in Ihrer Ausgabe vom 11. Oktober d. J. erschienenen Besprechung meiner Gedichte (Rezensent: Günter Blöcker) das gesagt hat, was dazu gesagt werden muss, tue ich es selbst: das mag, wie ja auch meine grössere Freiheit der deutschen Sprache – meiner Muttersprache – gegenüber, an meiner Herkunft liegen.

Ich schreibe Ihnen diesen Brief: der Kommunikationscharakter der Sprache hemmt und belastet mich weniger als andere; ich agiere im Leeren.

Die »Todesfuge«, als deren leichtsinnigen Autor ich mich heute bezeichnen muss, ist tatsächlich ein graphisches Gebilde, in dem der Klang nicht bis zu dem Punkt entwickelt ist, wo er sinngebende Bedeutung übernehmen kann. Entscheidend ist hier nicht die Anschauung, sondern die Kombinatorik.

Auschwitz, Treblinka, Theresienstadt, Mauthausen, die Morde, die Vergasungen: wo das Gedicht sich darauf besinnt, da handelt es sich um kontrapunktische Exerzitien auf dem Notenpapier.

Es war tatsächlich hoch an der Zeit, denjenigen, der – das mag an seiner Herkunft liegen – nicht ganz gedächtnislos deutsche Gedichte schreibt, zu entlarven. Wobei so bewährte Ausdrücke wie »kombinationsfreudiger Intellekt«, »duftlos« usw. sich ganz besonders empfahlen. Gewisse Autoren – das mag an ihrer Herkunft liegen – entlarven sich übrigens eines schönen Tages selbst; ein kurzer Hinweis auf die erfolgte Selbstentlarvung genügt dann; worauf man unangefochten über Kafka weiterschreiben kann.

Aber, werden Sie einwenden, unter »Herkunft« z. B. versteht der Rezensent ja nichts anderes als den Geburtsort des Autors jener graphischen Gebilde. Ich muss Ihnen zustimmen: Blöckers Wirklichkeiten, nicht zuletzt die freundlichen Ratschläge am Ende seiner Rezension, sprechen unzweideutig für diese Auffassung. Dieser Brief hat also, werden Sie nun, einen Schlusspunkt setzend, sagen, mit der Besprechung nichts zu tun. Auch hier muss ich Ihnen zustimmen: Tatsächlich. Nichts. Nicht das geringste. Ich agiere im Leeren.

(Paul Celan)

P.S. Alles in diesem Brief durch Unterstreichungen Hervorgehobene stammt aus der Feder Ihres Mitarbeiters Blöcker.

Weitere Beilage: Abschrift des Artikels von Günter Blöcker, »Gedichte als graphische Gebilde«.

202 *Max Frisch an Paul Celan, Uetikon am See, 3.11.1959, nicht abgesandt*

Uetikon, 3. 11. 59
nicht gesendet

Lieber Paul Celan!
Das ist der vierte Versuch eines Briefes, der Ihnen antworten soll, es kann also kein guter mehr werden. Haben Sie Nachsicht! Der erste war herzlicher, aber man kann Herzlichkeit nicht abschreiben. Sind wir Freunde? Ich weiss gar nicht, wieweit Sie mich ernstnehmen können, wahrnehmen können ausserhalb des Zirkels, der der Ihre ist. Unsere kurze Begegnung in Sils: ich war froh darum, Ihr Gesicht und Ihre Stimme wahrzunehmen, nachdem doch Ihr Name, lange schon der Name eines Dichters, ein Name in meinem eigenen Leben geworden ist durch Ingeborg. Was ich weiss: Sie geben mir Kredit, kein Antisemit zu sein. Allein damit kann ich mich noch wenig bewegen. Verstehen Sie, was ich meine? Ich fürchte ein wenig, dass Sie mich auf die Rolle eines verlässlichen Anti-Nazi reduzieren. Oder eines unverlässlichen, wenn ich auf diese Blöcker-Kritik nicht so reagiere, wie Sie es erwarten. Ob Sie zu einer Freundschaft bereit sind, wenn ich nicht mit Ihnen einverstanden bin? Ich lebe mit einer Wunde, die freilich nicht Sie mir geschlagen haben, auch nicht Hitler, aber auch mit einer Wunde,

sensibilisiert bis zur Krankhaftigkeit, allzuleicht fühle ich mich verraten, ausgeliefert, verhöhnt, ausgestossen, preisgegeben, Zwischentöne vergiften mich, und Nachlässigkeiten genügen, um mich zu schinden, und oft, allzu oft brauche ich alle Kraft, um nicht verletzt zu sein von meiner blossen Einbildung, um nicht meinen Verstand umzusetzen in brillante Selbstgerechtigkeit aus Notwehr. Wozu sage ich das! Der Verwundete, der sich an mich wendet wie Sie, muss wissen, dass er zu einem Verwundeten kommt; auch Ihnen gegenüber, lieber Paul Celan, fühle ich mich unfrei durch das Bedürfnis, geachtet zu werden, zu geneigt, einverstanden zu sein mit Ihnen. Ich bin aber nicht einverstanden mit Ihrer Haltung in dieser Sache. Ich habe Ihre neuen Gedichte in diesem Sommer oft gelesen, schon im Krankenhaus; später wieder und wieder, weil ich mit einem Teil davon Mühe habe. Dann denke ich immer, es liegt an mir, wenn die Kommunikation nicht gelingt; ich fühle mich unzuständig und schweige. Was nun Herr Blöcker, den ich nicht kenne, dazu schreibt, ist nicht mein Urteil, immerhin nehme ich es als Versuch eines Urteils. Es sind ja viele Urteile gestattet. Ich finde seinen Text nicht gut, nicht frei von zwielichtigen Wendungen. Das muss ich Ihnen zugeben. Aber es geht Ihnen ja nicht darum, dass der Kritiker sich negative Meinungen gestattet, sondern um Symptome politischer Art. Wahrscheinlich haben Sie, diesbezüglich, leider recht. Ist der Freundesdienst, den Sie von mir und andern erwarten, damit geleistet, dass wir Ihnen, vom Scharfsinn Ihrer Entgegnung geführt, recht geben? Ich kenne Sie zu wenig, lieber Paul Celan, ich weiss zum Beispiel gar nicht, wie Sie in einem Fall, wo Verdacht auf Antisemitismus ausgeschlossen ist, auf eine einschränkende Kritik an Ihrem dichterischen Werk reagieren. Ich will Sie keineswegs gleichsetzen mit mir; ich weiss nicht von Ihnen, aber von mir, wie ich mitunter froh bin festzustellen, dass ein Kritiker, der mich nicht lobt, politisch oder auch sonstwie eine trübe Figur ist. Meistens sind es ja trübe Figuren, leider. Da bei mir der Verdacht, dass ich aus Antisemitismus getadelt oder missverstanden werde, nicht anzuwenden ist, wohin soll ich mich wenden? Ich muss mit mir selbst fertigwerden, was immer wieder eine mühsame und leidige Arbeit ist; dabei habe ich die Erfahrung gemacht, dass ein wilder Verriss mich weniger trifft als die Zwischentöne einer Anerkennung, die mir zeigt, wo der Kritiker meine momentane Schwäche oder meine Grenze überhaupt sieht. Meistens ist es nicht allzu schwer, ihn mit seinen eignen Unstimmigkeiten zu schlagen, aber was habe ich davon? Mein Scharfsinn wird der Complice meiner Selbstgerechtigkeit, das ist alles. Von einem gewissen Lebensalter an, nämlich wenn man durch einige Leistungen schon ausgesteckt ist, leidet man ja weniger an einem Fall von Misslingen als an den deutlich werdenden Grenzen seiner Möglichkeiten überhaupt, und ich könnte mir denken, dass auch jemand daran leidet, dessen Möglichkeiten gross und ungewöhnlich sind, also auch jemand wie Sie. Die Nennung der Todeslager, in diesem Zusammenhang, ist mir nicht geheuer. Sie zwingt mich zu glauben, dass Ihre Empörung über die Kritik von Blöcker vollkommen frei ist von allen anderen Regungen, die eine solche Kritik in einem Verfasser auslösen kann. Ich will es glauben. Sie zwingen mich dazu. Denn wäre in Ihnen, mit Bezug auf diese Kritik, auch nur ein Funke gekränkter Eitelkeit, so wäre ja die Nennung der Todeslager, scheint mir, unerlaubt, ungeheuerlich. Missdeuten Sie mich nicht, lieber Paul Celan, ich zweifle nicht an Ihrem Entsetzen über Symptome der Hitlerei, die auch mich entsetzen, und wäre Ihr Ausruf HITLEREI, HITLEREI, HITLEREI, DIE SCHIRMMUETZEN! nicht erfolgt im Zusammenhang mit einer literarischen Kritik, die Ihnen auch sonst ärgerlich sein mag, so wäre ich auf das politische Problem eingegangen. So ist es mir nicht möglich, denn das Einverständnis im Politischen, das Sie zu Recht bei mir voraussetzen, würde nur verdecken, was zwischen uns nicht stimmt, durch Verschweigen nicht stimmt. Darum ist mir nicht wohl dabei. Sie nötigen mich zu einem Brief, der dazu führen mag, dass Sie mich abschreiben wie Böll und viele und fast alle, oder zu einem Verschweigen, was das Ende einer Freundschaft bedeutet, bevor sie begonnen hat. Vielleicht brauchen Sie gar keine Freundschaft, aber es ist das Einzige, was ich anzubieten vermag.

Herzlich grüsst Sie
Ihr

203 Max Frisch an Paul Celan, Uetikon am See, 6. 11. 1959

Uetikon, 6. 11. 59

Lieber Paul Celan!
Ich habe Ihnen schon vier Briefe geschrieben, lange, dann auch noch einen fünften, kurzen, alle gehen nicht. Aber ohne Antwort kann ich Sie nicht lassen. Was soll ich Ihnen nur schreiben? Das politische Einverständnis, das Sie bei mir voraussetzen können, würde nur verdecken, was mich an Ihrem kurzen Brief sonst bewegt, Ihr persönliches Problem, worüber zu sprechen mir nicht zukommt, zumal Sie es nicht als solches, sondern als ein politisches, objektives, vor mir hinstellen. Ich bin in echter Verlegenheit, glauben Sie mir das, und der Brief an Sie beschäftigt mich seit Tagen, ich habe ganze Vormittage und ganze Abende darauf verwendet. Sie geben mir den Kredit, kein Antisemit zu sein. Verstehen Sie, was ich meine, wenn ich Ihnen sage, dass ich mich damit noch wenig bewegen kann? Ich habe keine Ahnung, welchen Kredit sonst Sie mir geben. Ich habe die Erfahrung gemacht, dass es zwischen Menschen so, wie es zwischen Ihnen und mir kommen würde, wenn ich Ihnen einfach recht gebe, nicht geht, und ich bin besorgt, wenn ich mich auf die Rolle eines verlässlichen Anti-Nazi reduzieren lasse. Ihr Brief, lieber Paul Celan, fragt mich nicht, Ihr Brief gibt mir die Chance, mich zu bewähren, wenn ich auf die Kritik von Blöcker so reagiere wie Sie. Das ist es, was mich aufreizt. Ich wollte, nach so vielen gescheiterten Briefen, nur noch schreiben: Sie haben recht, Sie haben recht. Ich wollte resignieren. Wie schwer es mir fällt, lieber Paul Celan, zu resignieren. Unsere Begegnung in Sils: ich war so froh, Ihr Gesicht und Ihre Stimme wahrzunehmen, nachdem doch Ihr Name, lange schon der Name eines Dichters, ein Name in meinem eigensten Leben geworden ist. Ich hatte Angst vor Ihnen, jetzt habe ich sie wieder. Ob Sie zu einer Freundschaft bereit sind? Und auch dann, wenn ich nicht mit Ihnen einverstanden bin? Ich könnte Ihnen versichern, dass mich Symptome von Hitlerei ebenfalls entsetzen, ferner darauf hinweisen, dass die neuen Bedrohungen, wie wir ja wissen, sich kaum in Aehnlichkeiten mit der alten Hitlerei werden erkennen lassen. Aber wenn wir ins Politische denken wollen, so müssten wir uns, glaube ich, ablösen

von allen Fällen, die sich vermischen können mit dem Problem, wie wir uns zur literarischen Kritik überhaupt verhalten. Ich weiss nicht von Ihnen, aber von mir, wie froh ich mitunter bin festzustellen, dass der Kritiker, der meinen Ehrgeiz verletzt, politisch eine trübe Figur ist. Und was mich, zum Beispiel, am meisten verletzt, das ist nicht ein wilder Verriss, sondern das sind die Zwischentöne einer Anerkennung, die mir zeigt, dass der Kritiker (wie miserabel er sich auch ausdrücken mag) meine momentane Schwäche oder meine Grenze überhaupt gewittert hat. Von einem gewissen Alter an, nämlich wenn wir durch einige Leistungen ausgesteckt sind, leiden wir ja weniger an einem Fall von Misslingen als an den deutlich werdenden Grenzen unsrer Möglichkeiten überhaupt, und ich könnte mir denken, dass auch jemand daran leidet, dessen Möglichkeiten gross und ungewöhnlich sind, also auch jemand wie Sie. Seien Sie nicht böse, lieber Paul Celan, wenn ich mich daran erinnere, wie kränkend das öffentliche Missverständnis ist auch dann, wenn der Verdacht, dass es aus Antisemitismus kommt, nicht anwendbar ist. HITLEREI, HITLEREI, HITLEREI, DIE SCHIRMMUETZEN! schreiben Sie. Ich finde die Kritik von Blöcker nicht gut, nicht frei von zwielichtigen Wendungen, das gebe ich Ihnen zu, wenn ich das andere auch sagen darf: Ich finde Ihre Entgegnung, obschon sie ein Meisterstück sprachlichen Scharfsinns ist, auch nicht gut. Sie zwingt mich (und ich verehre Sie ja freiwillig), Sie zu verehren, nämlich ohne Frage zu glauben, dass Sie, lieber Paul Celan, vollkommen frei sind von Regungen, die mich und andere heimsuchen, Regungen der Eitelkeit und des gekränkten Ehrgeizes. Denn sollte auch nur ein Funke davon in Ihrem Zorn sein, so wäre die Anrufung der Todeslager, scheint mir, unerlaubt und ungeheuer. Wem sage ich das! Wenn Sie aus einer Kritik, wie der von Blöcker, ein politisches Phänomen machen, so stimmt das zum Teil, glaube ich, zum andern Teil aber nicht, und ein Problem fälscht das andere. Es fällt mir nicht leicht, einen Brief abzuschicken, der dazu führen kann, dass Sie mich aufgeben, oder zu einem Verschweigen, was das Ende einer Freundschaft bedeutet, bevor sie begonnen hat. Vielleicht können Sie auch das, was ich unter Freundschaft verstehe, gar nicht brauchen, nicht wünschen, aber es ist das Einzige, was ich anzubieten vermag.

Von Herzen Ihr Max Frisch

204 *Max Frisch an Paul Celan, Widmung in »Glossen zu Don Juan«, Uetikon am See (?), Jahresende 1959*

Für
Paul Celan

am Ende eines
wirren Jahres

Max Frisch
1959

205 *Max Frisch an Paul Celan, Widmung auf Sonderdruck der Büchnerpreisrede »Emigranten«, Uetikon am See, 27. 5. 1960*

Für Paul Celan
in Uetikon,
27. V. 60
herzlich MF.

206 *Paul Celan an Max Frisch, Paris, 29. 5. 1960*

Lieber Max Frisch,
ich möchte Ihnen noch einmal für das Gespräch bei Ihnen in Uetikon danken.

Vieles, ich weiß, wollte nicht ins Wort, ließ sich nicht greifen. Vielleicht war aber gerade das unser beider Gewinn: das so scharfe Hervortreten der Konturen, das wir dem Psychologischen – es gehört zweifellos zum Unumgänglichen – verdanken, hat, glaube ich, seine Kehrseite –: die Entfernungen, die Räume, das In-der-Zeit-Stehen der Dinge, das alles wird dabei aufgehoben. (In unserm Gespräch blieb es unaufgehoben.)

Ich glaube wirklich, daß es etwas gibt, das hier »mitspielt«, uns allen – so oder so – mitspielt; ich meine dabei das, was ich im Gespräch mit Ihnen »objektive Dämonie« nannte – ohne es durch diese Bezeichnung wirklich benannt zu haben. »Zufall« wäre vielleicht ein anderes Hilfswort dafür, in dem Sinne etwa, daß es das uns Zugefallene und Zufallende ist; auch ein Wort wie »Schicksal« mag hier mitunter »helfend« hinzutreten. Mit all dem haben wir wohl Berührung, wenn wir schreiben.

Mit herzlichen Grüßen

Ihr

Paul Celan

Paris, am 29. Mai 1960.

207 Paul Celan an Max Frisch, Trébabu par Le Conquet, Ende Juli/Anfang August (?) 1961, abgebrochener Entwurf

Lieber Max Frisch,
diese Zeilen sind herzlich gemeint – ich bitte Sie, sie so und nicht anders aufzufassen.

Es kann Ihnen nicht entgangen sein, in welche Phase diese ganze gegen mich angezettelte Sache mit der Schroers-Mondstrahl-Veröffentlichung getreten ist. Es kann Ihnen nicht entgangen sein, was damit bezweckt wird und mit Hilfe diverser überfreundlicher Zeugen denn auch bereits erreicht wurde. Sie wissen, dass das einem Entmündigungsspruch gleichkommt und auch – ich bin ja Schriftsteller – seine materiellen Aspekte hat.

Sie wissen auch, dass ich all dem ebensowenig widersprechen kann wie dem so oder so travestierten Scharlatan-, Gauner- und Dieb-Motiv. Diese ganze Geschichte spottet bewusst jeder Evidenz – meine weiss Gott zahlreichen Bemühungen haben mir das hinreichend bewiesen.

Die Fälschungen sind von augenfälligster Plumpheit – man duldet und fördert sie gern. Ebenso die Verleumdungen. Zum Perfidesten gehört eine bestimmte Art der Verteidigung. Und allerlei doppeltes Spiel – wobei (aber auch hier wissen viele seit langem Bescheid) der Regisseur an unglaublichstem Ort sitzt und sich der unglaublichsten Werkzeuge und Methoden bedient.

Darf ich es hier nur ganz kurz sagen: es gab hier und gibt hier, vermutlich von Anfang an, einen Agent provocateur, und diesem bin ich – aber auch Sie und Ingeborg – verschiedentlich auf den Leim gegangen.

Lieber Max Frisch! Sie haben mir, als ich über den Blöcker-Artikel in Wallung geriet – auch das gehörte bereits nachweisbar in diesen Kontext – Ihre Freundschaft angetragen. Es hat damals ein Missverständnis zwischen uns gegeben – ich habe mich redlich bemüht, es zu beseitigen. Ich kann nicht glauben, dass Sie sie mir jetzt versagen. Ich bitte Sie um eine Aussprache, und ich bitte Sie, nach Paris zu kommen: weil Sie mir das, was ich Ihnen unterbreiten möchte, nicht glauben können, ehe ich es Ihnen gezeigt habe. Es ist viel, Max Frisch, sehr viel.

Ingeborg hat richtig gesehen, als sie die »Entgegnung« für verhängnisvoll hielt, falsch im »Ton«. Aber [der] Tonangebende war, in mehr als nur einem Sinn, Rudolf Hirsch.

Aber

208 Paul Celan an Max Frisch, Trébabu par Le Conquet, 22. 8. 1961, nicht abgesandt

Kermorvan, Trébabu par Le Conquet (Finistère), am 22. 8. 1961.

Lieber Max Frisch,
es kann Ihnen nicht entgangen sein, in welche Phase das gegen mich Angezettelte jetzt getreten ist, und was es für einen Schriftsteller bedeuten muss, seinen Namen bzw. seine Feder nun auch auf diese Weise diskreditiert zu sehen.

Damit ist allerdings nur noch deutlicher geworden, warum man diesen ganzen – weiss Gott plumpen – Nachlass-Schwindel und die damit einhergehenden Verleumdungen so lange geduldet und gefördert hat. Deutlich geworden ist auch das Zusammenspiel der »einen« und der »anderen«; die Vorwärts-»Kontroverse« mit ihren nicht von ungefähr alliterierenden Superlativen gibt – auch – darüber Aufschluss.

Für mich hat das den Vorteil (...), dass ich nun den eigentlichen – an unglaublichstem Ort sitzenden – Regisseur dieser ganzen Sache kenne.

Ich sage mir auch, dass es gelungen sein muss, Sie und Ingeborg hinters Licht zu führen: es war von aller Anfang an eine Methode dieser Leute – und es sind ihrer nicht wenige, Max Frisch! –, mit allerlei Verdrehungen und Provokationen Keile zwischen mich und meine Freunde zu treiben.

Und ich sage mir schliesslich, dass Sie, wenn Sie alles vor Augen hätten, was ich vor Augen (und Ohren) habe, als das dagegen stehen würden, was hier letzten Endes aufs Korn genommen wurde: als Person.

Grüssen Sie Ingeborg!

Herzlich
Ihr

209 Paul Celan an Max Frisch, Paris, 23. 9. 1961, nicht abgesandt

Paris, am 23. September 1961.

Lieber Max Frisch,
ich bitte Sie und Ingeborg herzlich um eine Aussprache.

Ich kann nicht glauben, daß Sie nicht sehen, woher alle diese Provokationen*) – Schroers ist nur eine unter vielen – kommen. Ich kann nicht glauben, daß Sie nicht sehen, was und wer hier am Werk ist – und warum.

Sie wissen, was es für einen Schriftsteller bedeutet, das zu lesen und zu hören, was über mich geschrieben und kolportiert wird. (Und welche »Zeugen« sich dazu bereitfinden!)

Und Sie wissen auch, daß ich all dem ebensowenig widersprechen kann wie allem Bisherigen: keinem dieser Burschen geht es um Wahrheit. Darum auch, gegen alle Evidenz, diese ganze bodenlose Infamie.

Ich kann nicht denken, daß Sie diesen Dingen gleichgültig zusehen. (Was mich betrifft, so bin ich mir endlich über das Zusammenspiel der »einen« und der »anderen« im klaren – auch über die »jüdische« Beteiligung...)

Es ist viel Lüge um uns her, Max Frisch. Und viel Lüge ist zwischen uns getreten. Lassen Sie uns das alles aufklären und beseitigen – ich bitte Sie und Ingeborg von Herzen darum. Und lassen Sie es uns gemeinsam tun.

Ich käme gerne zu Ihnen – ich muß Sie bitten, nach Paris zu kommen.

Und gleichzeitig bitte ich Sie um strengste Diskretion.

Herzlich Ihr

Paul Celan

Lieber Max Frisch! Verstehen Sie, bitte, daß ich mich auch für die Erklärung der Büchnerpreisträger nicht bedanken konnte: statt den Rufmord und die literarische Falschmünzerei zu entlarven, wird dem Gemordeten »Unbestechlichkeit« attestiert... Ich bin kein Robespierre, Max Frisch! Ich bin ein Mensch wie Sie und jeder andere auch. Nicht mehr, nicht weniger.

Und diese – furchtbare – Sache mit der Nelly Sachs-Hommage. Wie soll ich neben dem Goll-Zeugen und <u>Mitfälscher</u> Pinthus publizieren können?!

---

*) Wir <u>sind</u> – Sie und Ingeborg und ich – provoziert worden, Max Frisch. Auf das diverseste, auf das perverseste...

210 Paul Celan an Max Frisch, Paris, 27. 9. 1961

78, rue de Longchamp — Paris, am 27. 9. 61.

Lieber Max Frisch,
ich frage mich oft, weshalb soviel Schweigen zwischen uns getreten ist.

Es kann sich nur um Mißverständnisse handeln, um schwerwiegende, gewiß, aber doch um solche, die ein Gespräch, so glaube ich, aus der Welt schaffen kann.

Lassen Sie uns versuchen, das alles aufzuklären, ein für allemal!

Aus der Zeitung weiß ich, daß Sie im Herbst nach Köln gehen –

da hab ichs ja nicht weit. Oder kommen Sie in absehbarer Zeit in Paris vorbei?

Ich schreibe gleichzeitig an Ingeborg – im gleichen Sinne, in der gleichen Hoffnung.

Herzlich
Ihr Paul Celan

211 Paul Celan an Max Frisch, Paris, 10. 10. 1961

10. 10. 61.

Lieber Max Frisch,
von Dr. Unseld, der vorhin anrief – ich konnte mich noch rechtzeitig an der Nelly Sachs-Hommage beteiligen –, weiß ich, daß Sie in Zürich sind. Dr. Unseld erwähnte auch einen Brief, den Sie mir, wie er sich zu erinnern glaubte, vor einigen Monaten geschrieben haben – dieser Brief hat mich nicht erreicht, lieber Max Frisch! Ich selbst habe vor etwa zehn Tagen an Sie und an Ingeborg geschrieben, an Ihre römische Adresse.

Hoffentlich bietet sich recht bald Gelegenheit zu einem längeren Gespräch!

Herzlich Ihr Paul Celan

212 Max Frisch an Paul Celan, Widmung in »Andorra«, Rom (?), Dezember 1961

Für
Paul Celan

herzlich
Max Frisch
XII. 1961

Briefwechsel
Ingeborg Bachmann – Gisèle Celan-Lestrange

213 Gisèle Celan-Lestrange an Ingeborg Bachmann, Paris, vor Weihnachten 1957 (?)

Ma chère Ingeborg,
Permettez-moi de vous souhaiter du fond de mon cœur un bon Noël!
Gisèle Celan

Meine liebe Ingeborg, erlauben Sie mir, Ihnen aus tiefem Herzen ein gutes Weihnachtsfest zu wünschen! / Gisèle Celan

214 Ingeborg Bachmann an Gisèle Celan-Lestrange, München, vor dem 24. 12. 1957

Je Vous remercie de tout cœur – chère Gisèle!
Ingeborg

Ich danke Ihnen von ganzem Herzen – liebe Gisèle! / Ingeborg

215 Gisèle Celan-Lestrange an Ingeborg Bachmann, Paris, 29. 12. 1957

78 rue de Longchamp
Paris 16e

29 décembre 1957

Ma chère Ingeborg,
Vos roses étaient auprès de moi le 24 au soir, si belles, si belles! Cela m'a beaucoup émue de les recevoir de vous et j'aurais aimé pouvoir vous écrire une longue lettre, j'en suis incapable, je vous prie de m'en excuser.

Merci beaucoup pour ces roses, je les garde avec moi, elles me viennent de vous, elles étaient si belles!

Gisèle

Meine liebe Ingeborg, / Ihre Rosen waren bei mir am 24. abends, so schön, so schön! Sie von Ihnen zu bekommen, hat mich sehr bewegt, und ich hätte Ihnen gerne einen langen Brief schreiben können, ich bin dazu nicht fähig, entschuldigen Sie mich bitte. / Vielen Dank für diese Rosen, ich behalte sie bei mir, sie kommen mir von Ihnen, sie waren so schön! / Gisèle

216 Gisèle Celan-Lestrange an Ingeborg Bachmann, Paris, 23. 1. 1958

78 rue de Longchamp
Paris 16e

23 janvier 1958.

Ma chère Ingeborg,
J'ai lu vos poèmes ce soir pour la première fois, très longtemps. Ils m'ont bouleversée. J'ai compris beaucoup de choses à travers eux, et j'ai honte des réactions que j'ai pu avoir, lorsque Paul est revenu vers vous. Depuis ce soir, je crois vous connaître un peu plus. Je comprends tout ce que vous avez dû souffrir durant ces six années. J'ai pleuré, Ingeborg, en lisant plusieurs de vos poèmes. J'ai compris et j'ai eu honte de moi. Le monde a été vraiment trop injuste envers vous. Que tout est mal fait!

J'ai souffert, vous le savez, de sentir Paul s'éloigner, si loin… lors de son retour de Cologne en octobre, mais vous avez tellement plus souffert. Tellement plus.

Je voudrais vous serrer la main, Ingeborg
Gisèle

Meine liebe Ingeborg, / heute abend las ich zum erstenmal in Ihren Gedichten, sehr lange. Sie haben mich erschüttert. Ich habe viel durch sie verstanden, und ich schäme mich der Reaktionen, die ich hatte, als Paul zu Ihnen zurückging. Seit heute abend glaube ich, Sie ein wenig besser zu kennen. Ich verstehe, wie sehr Sie während dieser vergangenen sechs Jahre leiden mußten. Ich weinte, Ingeborg, als ich mehrere Ihrer Gedichte las. Ich verstand, und ich schämte mich. Die Welt war wirklich zu ungerecht gegen Sie. Wie schlecht ist alles eingerichtet! / Ich habe gelitten, das wissen Sie, als ich Paul sich entfernen fühlte, so weit … bei seiner Rückkehr aus Köln im Oktober, aber Sie haben so viel mehr gelitten. So viel mehr. / Ich würde Ihnen gerne die Hand drücken, Ingeborg / Gisèle

217 Ingeborg Bachmann an Gisèle Celan-Lestrange, Widmungen in »Die gestundete Zeit« und »Anrufung des Großen Bären«, München, 10. 3. 1958

Pour Gisèle.
Ingeborg

Munich, mars 1958.

Für Gisèle. / Ingeborg / München, März 1958.

Pour Gisèle
sous les ombres: les roses.
Ingeborg

Munich, le 10 mars 1958

Für Gisèle / unter den Schatten: die Rosen. / Ingeborg / München, am 10. März 1958

218 Gisèle Celan-Lestrange an Ingeborg Bachmann, Paris, 5. 4. 1958

78 rue de Longchamp
Paris 16e

5 Avril 1958.

Ma chère Ingeborg,
Depuis longtemps je voulais vous remercier pour vos livres, excusez-moi de ne l'avoir fait plus tôt.

Je pense très souvent à vous, très souvent à vos poèmes
Gisèle.

Liebe Ingeborg, / schon lange wollte ich Ihnen für Ihre Bücher danken, entschuldigen Sie, daß ich es nicht früher getan habe. / Ich denke sehr oft an Sie, sehr oft an Ihre Gedichte / Gisèle.

219 Gisèle Celan-Lestrange an Ingeborg Bachmann, Rochefort-en-Yvelines, 30. 7. 1958

Le Moulin
Rochefort-en-Yvelines
(Seine-et-Oise)

30 juillet 1958.

Ma chère Ingeborg,
Je vous remercie de votre si gentille lettre!

Cela m'a fait vraiment un très grand plaisir de faire votre connaissance et je vous remercie d'avoir bien voulu venir chez nous à Paris.

Je voudrais vous souhaiter un bon été, beaucoup de soleil, du très bon travail et aussi quelque chose de très doux pour votre cœur. Est-ce que je peux vous souhaiter cela?

Avant de nous remettre au travail à Paris, nous sommes venus, Paul, Eric, le grand ballon et moi, passer deux semaines à la campagne. Paul pêche des brochets, Eric court après les papillons, je les regarde tous les deux.

Comme vous, les événements du Moyen-Orient nous ont beaucoup inquiétés, nous voudrions tant qu'il y ait un peu plus de calme dans le monde. Mais peut-on vraiment l'espérer.

Je pense à vous souvent, j'espère que nous vous reverrons bientôt et que vous nous donnerez de vos nouvelles. Il y a si peu d'amis autour de nous!

Gisèle.

Vous ne savez pas combien j'ai été en admiration devant votre si bon français. C'est une vraie joie pour moi que vous parliez si bien ma langue.

Meine liebe Ingeborg, / für Ihren so *freundlichen Brief danke ich Ihnen sehr! Es war für mich wirklich eine große Freude, Sie kennenzulernen, und ich danke Ihnen, daß Sie zu uns nach Paris gekommen sind. / Ich möchte Ihnen einen guten Sommer wünschen, viel Sonne, sehr viel gute Arbeit und auch etwas sehr Zartes für Ihr Herz. Darf ich Ihnen das wünschen? / Bevor wir in Paris wieder an die Arbeit gehen, sind wir, Paul, Eric, der große Ball und ich, zwei Wochen aufs Land gefahren. Paul angelt Hechte, Eric läuft den Schmetterlingen nach und ich schaue beiden zu. / Wie Sie haben auch uns die Ereignisse im Nahen Osten sehr beunruhigt, wir wünschten uns so sehr ein wenig Ruhe in der Welt. Aber kann man es wirklich hoffen? / Ich denke oft an Sie, ich hoffe, daß wir uns bald wiedersehen und daß Sie uns von sich schreiben. Es gibt um uns so wenige Freunde! / Gisèle. / Sie wissen gar nicht, wie sehr ich Ihr so gutes Französisch bewundere! Es ist eine wahre Freude für mich, daß sie meine Sprache so gut sprechen.*

220 Gisèle Celan-Lestrange an Ingeborg Bachmann, Wald im Pinzgau, 13. 6. 1959

Hotel Walderwirt
WALD IM PINZGAU
(Salzburg)
Autriche

13 juin 1959.

Ma chère Ingeborg,
Juste un petit mot pour vous dire que nous pensons beaucoup à vous. Nous avons été désolés de savoir que Max Frisch n'allait pas encore bien. Nous espérons que vous pourrez bientôt nous donner de meilleures nouvelles et que vous passerez tous les deux de bonnes vacances, pleines de soleil et de bon travail.

De tout cœur avec vous, de tout cœur
Gisèle

Meine liebe Ingeborg, / nur eine kurze Nachricht, um Ihnen zu sagen, daß wir viel an Sie denken. Wir waren traurig, als wir erfuhren, daß es Max Frisch noch nicht gut geht. Wir hoffen, daß Sie bald bessere Nachrichten für uns haben und daß Sie beide schöne Ferien verbringen, voller Sonne und guter Arbeit. / Ihnen von ganzem Herzen Grüße, von ganzem Herzen / Gisèle

221 Ingeborg Bachmann an Gisèle Celan-Lestrange, Zürich, 17. (?) 11. 1959, abgebrochener Entwurf

Kirchgasse 33
Zürich / Suisse

Ma chère Gisèle,
je viens chez Vous, dans mon désespoir, après la lettre de Paul, et je ne sais même pas quoi Vous demander. Je le comprends si bien, mais en même temps il me semble trop affreux parce que ma lettre était mauvaise, mais écrite dans un si grand embarras, qui Vous peut-être comprendra mieux, et maintenant cela devient plus déchirant encore. Je ne sais pas comment vivre dans un tel état, repoussé, parce que je ne savais plus me conduire sans désavouer Max et sans perdre la confiance de Paul, et plus encore ce qu'il exige.

Je pourrais expliquer les raisons, le contexte, qui proviennent d'une blessure aussi, mais ce n'est pas l'heure, et surtout pas l'heure pour Paul. Je voudrais Vous dire, Gisèle, que je ne supporte pas l'éloignement et cette expulsion – Vous croyez que je le mérite, je ne sais pas où tout cela me mènera ... sauf [si] vous hésitez encore, Gisèle, ne répondez pas, si Vous ne pouvez pas, mais donnez-moi un jour un mot d'espérance, que toute mon erreur   Votre place est chez Paul, et je dois préférer qu'il se sent sûr de Vous que de moi,

dans quelle paralysie

quand je suis visible de nouveau pour Paul comme je l'espérais d'être pour toujours, et peut-être pour toujours sans importance pour Paul.

Je Vous prie seulement, si c'est possible pour Vous, de lui donner pour son anniversaire un petit paquet, que j'envoie dans ces jours-ci.

Meine liebe Gisèle, / in meiner Verzweiflung komme ich zu Ihnen nach Pauls Brief, und ich weiß nicht einmal, worum ich Sie bitten soll. Ich verstehe ihn so gut, und gleichzeitig scheint es mir schrecklich, daß mein Brief so schlecht war, aber er war in einer so großen Verwirrung geschrieben, wer verstünde das vielleicht besser als Sie, und jetzt zerreißt es mich noch mehr. Ich weiß nicht, wie ich in einem solchen Zustand leben soll, zurückgestoßen, denn ich wußte nicht mehr, wie ich mich verhalten soll, ohne Max zu verraten und ohne Pauls Vertrauen zu verlieren, und, schlimmer noch, ich wußte auch nicht mehr, was Paul von mir will. / Ich könnte die Gründe, den Zusammenhang erklären, die auch von einer Verletzung herrühren, aber dafür ist jetzt nicht der richtige Zeitpunkt, vor allem nicht der richtige Zeitpunkt für Paul. Ich möchte Ihnen sagen, Gisèle, daß ich die Entfernung und dieses Ausgestoßenwerden nicht mehr ertrage – glauben Sie denn, daß ich es verdiene, ich weiß nicht, wohin mich das alles führt ... es sei denn, Sie zögern noch, Gisèle, antworten Sie nicht, wenn Sie es nicht können, aber geben Sie mir irgendwann ein Wort der Hoffnung, daß mein ganzer Fehler Ihr Platz ist neben Paul, und es muß mir lieber sein, daß er sich Ihrer sicher fühlt als meiner, / in welcher Lähmung / wenn ich für Paul wieder sichtbar bin, wie ich immer zu sein es gehofft habe, und vielleicht immer ohne Bedeutung für Paul. / Ich bitte Sie nur, wenn es Ihnen möglich ist, ihm zu seinem Geburtstag ein kleines Päckchen zu geben, das ich dieser Tage aufgebe.

222 *Ingeborg Bachmann an Gisèle Celan-Lestrange, Zürich, 20. 12. 1959*

Kirchgasse 33
Zürich, 20 – 12 – 59

Ma chère Gisèle,
Vous savez probablement que je voulais Vous envoyer une lettre, demandant Votre aide, quand j'étais si désespérée le mois dernier. Mais au fond je désire trop que Vous n'avez que porter la douleur et les soucis de Paul, et je sais que cela exige déjà toute Votre grande et belle force. Ainsi il me reste peu à dire – mais j'ai, après comme avant, plus confiance en Votre force et en Votre présence qu'en tous les mots, en toutes les lettres. Pour aider Paul dans le malheur, pour le délivrer aussi de toute méfiance, où elle existe sans raison, ne suffira jamais l'amitié, mais cette présence et tout ce que Vous lui donnez, l'amour inépuisable et courageux. – Gisèle, je regrette une fois [de] plus que nous nous sommes pas rencontrées cet été, et souvent je crois que beaucoup serait devenu moins grave si on aurait pu se parler. Je crains de plus en plus les lettres parce qu'elles nous regardent inflexiblement, quand on ne cherche que la parole vivante – et même la contradiction vivante.

Dans quelques jours Eric attendra le père Noël. Mais nous, qui ne l'attendons pas et même pas le miracle le plus petit ... il nous faut le faire l'un pour l'autre et à cause de cela je vis dans l'attente patiente que tout guérira.

Je Vous souhaite de tout cœur des jours calmes, beaux, et le bonheur!

Ingeborg

Meine liebe Gisèle, / Sie wissen vermutlich, daß ich Ihnen einen Brief schreiben und Sie um Hilfe bitten wollte, als ich letzten Monat so verzweifelt war. Aber im Grunde möchte ich zu sehr, daß Sie nur den Schmerz und die Sorgen von Paul tragen müssen, und ich weiß, daß schon das Ihre ganze große und schöne Kraft verlangt. So bleibt mir wenig zu sagen – aber ich habe, nach wie vor, mehr Vertrauen in Ihre Kraft und Ihre Gegenwart als in alle Worte, als in alle Briefe. Um Paul im Unglück zu helfen, um ihn auch von allem Mißtrauen zu erlösen, wo es ohne Grund ist, wird Freundschaft niemals genügen, sondern diese Gegenwart und all das, was Sie ihm geben, die unerschöpfliche und tapfere Liebe. – Gisèle, noch einmal bedauere ich, daß wir uns im Sommer nicht getroffen haben, und oft glaube ich, daß vieles nicht so schlimm gekommen wäre, wenn wir hätten miteinander sprechen können. Ich fürchte Briefe mehr und mehr, weil sie uns unbeugsam ansehen, wenn man nur das lebendige Wort sucht – und sogar den lebendigen Widerspruch. / In wenigen Tage wartet Eric auf den Weihnachtsmann. Aber wir, die wir nicht auf ihn warten und nicht einmal auf das kleinste Wunder ... wir müssen darauf warten, einer für den anderen, und deshalb lebe ich im geduldigen Warten darauf, daß alles gut wird. / Ich wünsche Ihnen von ganzem Herzen ruhige, schöne Tage, und Glück! / Ingeborg

223 Ingeborg Bachmann an Gisèle Celan-Lestrange, Uetikon am See, 24. 5. 1960

RENTREE SEULEMENT MAINTENANT A ZURICH PRIERE DEMAIN TELEGRAPHIER L'ADRESSE DE PAUL A ZURICH OU DE LUI FAIRE APPELER 342987 CE SOIR OU DEMAIN MATIN

INGEBORG

Erst jetzt nach Zürich zurückgekehrt, bitte Pauls Adresse in Zürich telegraphieren oder ihn bitten, heute abend oder morgen früh 342987 anzurufen / Ingeborg

224 Gisèle Celan-Lestrange an Ingeborg Bachmann, Zürich, 26. 5. 1960

jeudi soir

Ma chère Ingeborg,
J'ai été contente de pouvoir parler un peu avec vous ce soir et j'espère que nous aurons plus souvent l'occasion de nous revoir à l'avenir. Je voulais vous dire aussi que moi non plus je ne sais pas toujours aider Paul. Sa vie et son destin sont très durs, il est très malheureux et ce n'est pas facile pour moi d'être pour lui ce que je devrais être, ce que je voudrais être.

Je sais que vous avez beaucoup de difficultés, je vous souhaite sincèrement de trouver un chemin vrai qui vous apporte un peu de bonheur; mon plus grand désir, ce soir, en ce moment où vous êtes avec Paul, est qu'il puisse vous comprendre et que vous puissiez le comprendre. Je vous le souhaite de tout mon cœur.

Eric dort à côté, il est heureux, il est confiant. Il sait beaucoup de choses et il ne sait rien – Je voudrais le garder très heureux le plus longtemps possible, mais je sais aussi que cela ne pourra durer. C'est très difficile d'élever un enfant dans un monde si méchant, si mal fait. Comment le préserver? comment l'aider? Pour le moment c'est encore facile, il est bien à nous, mais les enfants ne nous appartiennent pas longtemps. C'est une grande chance, ce fils, un grand souci de chaque instant aussi. Il est de Paul, il lui ressemble, je crois qu'il le comprendra.

J'espère à bientôt, je vous prie de me considérer comme une amie, je suis votre amie –

Gisèle

Donnerstag abend / Meine liebe Ingeborg, / es hat mich gefreut, daß ich mit Ihnen heute abend ein wenig sprechen konnte, und ich hoffe, daß wir in Zukunft öfter Gelegenheit haben, uns zu sehen. Ich wollte Ihnen sagen, daß auch ich Paul nicht immer helfen kann. Sein Leben und sein Schicksal sind sehr hart, er ist sehr unglücklich, und es ist für mich nicht leicht, für ihn das zu sein, was ich sein sollte, was ich gern sein möchte. / Ich weiß, daß Sie viele Schwierigkeiten haben, ich wünsche Ihnen aufrichtig, daß Sie einen wahren Weg finden, der Ihnen ein wenig Glück bringt; mein größter Wunsch heute abend, in diesem Augenblick, in dem Sie mit Paul zusammen sind, ist, daß er Sie verstehen kann und daß Sie ihn verstehen können. Ich wünsche es Ihnen von ganzem Herzen. / Eric schläft nebenan, er ist glücklich, er hat Vertrauen. Er weiß viel und er weiß nichts – Ich möchte dafür sorgen, daß er so lange wie möglich sehr glücklich bleibt, aber ich weiß auch, daß das nicht immer so bleiben kann. Es ist sehr schwer, ein Kind in dieser bösen, so schlecht gemachten Welt aufzuziehen. Wie ihn beschützen? wie ihm helfen? Im Augenblick ist es noch einfach, er gehört uns ganz, aber die Kinder gehören uns nicht lange. Dieser Sohn ist ein Glück für uns, aber in jeder Minute auch eine große Sorge. Er ist von Paul, er ähnelt ihm, ich glaube, er wird ihn verstehen. / Auf bald, hoffe ich, bitte betrachten Sie mich als Freundin, ich bin Ihre Freundin – / Gisèle

225 Ingeborg Bachmann an Gisèle Celan-Lestrange, Zürich, 24. 6. 1960

24 – 6 – 60
Zürich, Kirchgasse 33

Ma chère Gisèle,
Votre lettre était si touchante! Je Vous remercie tant. J'espère que Vos pensées ce soir nous ont aidés tous. Depuis Votre départ et depuis le départ de Nelly Sachs je travaille sans cesse, – à peine que je me rends compte comment le temps fuit, dans cet été lourd et chaud. Le 15 juillet je quitterai la Kirchgasse et je serai de nouveau à Uetikon am See. Nous resterons là jusqu'à septembre, malgré nos premiers plans (de partir pour l'Espagne) parce que je ne vois plus une fin pour ce livre. Et pour Max il sera nécessaire d'aller à Scuol encore une fois dans quelques jours pour répéter la cure.

Le cirque de Zurich m'a donné pour Eric ce mouchoir; les clowns usent les mêmes. – Si je peux Vous procurer des cadres – écrivez-moi! Je serais heureuse de Vous pouvoir aider ce peu.

Je Vous souhaite tout le bien possible, un été reposant et plus facile après cette année dure! Je suis Votre amie –

Ingeborg

Meine liebe Gisèle, / Ihr Brief war so bewegend! Ich danke Ihnen vielmals. Ich hoffe, daß Ihre Gedanken an jenem Abend uns allen geholfen haben. Seit Ihrer Abreise und der Abreise von Nelly Sachs arbeite ich ohne Unter-

brechung – fast merke ich nicht, wie schnell die Zeit verfliegt, in diesem schwülen und heißen Sommer. Am 15. Juli verlasse ich die Kirchgasse und bin dann wieder in Uetikon am See. Wir bleiben da bis September, entgegen unseren ursprünglichen Plänen (nach Spanien zu fahren), weil ich kein Ende mehr für dieses Buch sehe. Und Max muß in einigen Tagen noch einmal nach Scuol fahren, um die Behandlung zu wiederholen. / Der Zirkus in Zürich hat mir für Eric dieses Taschentuch gegeben, die Clowns benützen die gleichen. – Wenn ich Ihnen Rahmen besorgen kann, schreiben Sie mir! Ich wäre froh, Ihnen ein bißchen helfen zu können. / Ich wünsche Ihnen alles nur erdenklich Gute, einen erholsamen und leichteren Sommer nach diesem so harten Jahr! Ich bin Ihre Freundin – / Ingeborg

226 Gisèle Celan-Lestrange an Ingeborg Bachmann, Paris, 2. 12. 1960

78 rue de Longchamp
Paris 16e

2 décembre 1960

Ma chère Ingeborg,
Huit jours ont passé depuis que Paul est allé à Zurich, il y allait le cœur léger dans l'espoir de rencontrer des réactions humaines et vraies, il n'a pas été déçu, il vous a vue ainsi que Weber. Il avait repris courage et espoir.

Huit jours ont passé!... Et rien n'est arrivé. Ingeborg, Paul est désespéré, Paul est très fatigué, Paul ne va pas bien. Il n'a plus aucun courage, il faut absolument que cette histoire éclate dans sa vérité. Faites, je vous en supplie, tout ce que vous pouvez pour cela. Aidez les gens à comprendre que toute cette histoire est ignoble et qu'on n'a pas le droit de rester sans rien faire.

Depuis sept ans que tout cela dure, il commence à se faire tard pour Paul, très tard, il ne s'agit ni de mots, ni de consolations, il faut maintenant des faits, il faut que les gens écrivent dans les journaux, qu'ils dénoncent les mensonges, les calomnies, mais qu'ils le fassent vite, Ingeborg, qu'ils le fassent tout de suite. C'est de leur devoir de le faire, au nom de la Vérité, de la poésie, ce qui est la même chose – Il faut se révolter, s'indigner, il ne faut pas permettre que cela continue. Je vous le redis, Ingeborg, Paul n'en peut plus. Il attend chaque courrier, chaque parution de journal, sa tête est pleine de tout cela. Il n'y a de place pour rien d'autre – Comment en serait-il autrement après sept ans?

Depuis son retour de Zurich, où vraiment il était à nouveau plein d'espoir, de courage, décidé à travailler, presque heureux. Pas une ligne ne lui est parvenue. Dans la N.Z.Z. quelques lignes signalant la Entgegnung dans la Rundschau: c'est tout, c'est très mince, c'est très très peu et si c'était tout, ce serait affreux. Il y a eu aussi un téléphone de Armin Mohler, ancien nazi, qui, lui, va sans doute, si ce n'est déjà fait, écrire quelque chose pour le journal de Rychner, vous comprendrez que cela ne nous fait pas grande joie et que nous espérions d'autres voix que la sienne. Armin Mohler, l'ancien nazi prenant la défense de Paul: comprenez, Ingeborg, ce que cela a de blessant.

Kasack: Paul lui a téléphoné à son retour de Zurich, il veut »Der Sand aus den Urnen« .... Oui bien sûr, mais tout de même, a-t-on vraiment besoin de voir des preuves. N'est-il pas possible de s'indigner contre ceux qui calomnient Paul, de réagir immédiatement lorsque l'on attaque sa Todesfuge, de dénoncer les infamies qu'elle fait circuler sur lui. Ne peut-on écrire son indignation si l'on ne possède pas son premier recueil? Tout cela est affreux. Devant Paul les gens s'indignent, l'écoutent, mais dès qu'il est loin tout s'écroule, c'est comme si ça ne les regardait pas.

Ingeborg, vous avez vu Weber, vous avez peut-être parlé de nouveau avec le directeur du Burgtheater, vous avez écrit à Max Frisch à ce sujet. Je vous supplie de le faire, de le faire très vite et de tenir Paul au courant.

Téléphonez-lui, s'il vous plaît. Aidez les gens à agir. Si vous saviez combien Paul est seul, malheureux, complètement anéanti par ce qui lui arrive.

Je vous supplie de faire tout ce que vous pouvez pour que quelque chose de positif arrive le plus vite possible. Ne le laissez pas sans nouvelles.

Dimanche Mme Fischer vient à Paris, nous devions la voir chez des amis. Mais ... aussi incroyable que cela paraisse, des amis de C.G. y sont invités, et voilà ce qui arrive. Dans sa propre maison d'édition, il ne sait pas qui il va rencontrer. Hier il s'est décommandé.

Voilà la situation, Ingeborg, elle est très mauvaise. Permettez-moi de vous le dire à nouveau, il faut agir, il faut agir très vite – Ne lâchez pas Paul, tenez-le au courant. Vous pouvez l'aider. Faites-le s'il vous plaît. Faites-le tout de suite. Non par des mots ou des consolations, il n'en n'aurait que faire. Des faits, des gestes, des actions précises, et courageuses – Au nom de la Vérité, au nom de la Poésie, au nom de Paul, je vous en supplie.

Je vous prie de tenir ma lettre pour très personnelle et de ne parler à personne de ce que je vous dis sur l'état de Paul.

Nous sommes très désespérés, je vous le dis, à vous, qui comprendrez.

Gisèle.

Meine liebe Ingeborg, / acht Tage sind vergangen, seit Paul nach Zürich gefahren ist, er fuhr mit leichtem Herzen in der Hoffnung, auf menschliche und wahre Reaktionen zu treffen, er wurde nicht enttäuscht, er hat Sie gesehen und auch Weber. Er hatte wieder Mut und Hoffnung gefaßt. / Acht Tage sind vergangen!... Und nichts ist passiert, Ingeborg. Paul ist verzweifelt. Paul ist erschöpft, Paul geht es nicht gut. Er hat keinerlei Mut mehr, diese Geschichte muß in ihrer ganzen Wahrheit unbedingt ans Tageslicht. Ich bitte Sie, tun Sie alles dafür, was Sie können. Helfen Sie den Leuten zu verstehen, daß diese ganze Geschichte unwürdig ist, und daß man nicht tatenlos zusehen darf. / Das alles dauert nun schon sieben Jahre, langsam wird es spät für Paul, sehr spät, es geht nicht um Worte, nicht um Trost, jetzt sind Taten notwendig, die Leute müssen in den Zeitungen schreiben, müssen die Lügen, die Verleumdungen anprangern, aber sie müssen das schnell tun, Ingeborg, sie müssen das sofort tun. Es ist ihre Aufgabe, das zu tun, im Namen der Wahrheit, *der Poesie, was das gleiche ist – Man muß sich auflehnen, sich empören, man darf nicht zulassen, daß das weitergeht. Ich sage es Ihnen noch einmal, Ingeborg, Paul kann nicht mehr. Er wartet jedesmal, wenn die Post kommt, jedesmal, wenn die Zeitungen erscheinen, sein Kopf ist voll von all dem. Für anderes ist kein Platz mehr – Wie könnte es auch anders sein nach sieben Jahren? / Seit seiner Rückkehr aus Zürich, als er wirklich wieder voller Hoffnung war, voller Mut, entschlossen zu arbeiten, fast glücklich, hat ihn keine Zeile erreicht. In der N.Z.Z. einige Zeilen, die auf die Entgegnung in der Rundschau hinweisen: das ist alles, das ist sehr dünn, das ist sehr, sehr wenig, und wenn das alles wäre, wäre es schrecklich. Es gab auch einen Anruf von Armin Mohler, einem ehemaligen Nazi, der wohl, wenn es nicht schon geschehen ist, etwas für die Zeitung von Rychner schreiben will; Sie verstehen, daß uns das nicht gerade freut und daß wir auf andere Stimmen als gerade die seine hoffen. Armin Mohler, der ehemalige Nazi, übernimmt Pauls Verteidigung: verstehen Sie, Ingeborg, wie sehr das verletzt. / Kasack: Paul hat ihn nach seiner Rückkehr aus Zürich angerufen, er möchte »Der Sand aus den Urnen« .... Ja, sicherlich, aber dennoch, muß man wirklich Beweise sehen? Ist es nicht möglich, gegen diejenigen aufzustehen, die Paul verleumden, sofort zu reagieren, wenn man seine »Todesfuge« angreift, die infamen Behauptungen anzuprangern, die sie über ihn verbreiten läßt? Kann man seine Empörung nicht niederschreiben, wenn man seinen ersten Band nicht in der Hand hat? Das alles ist schrecklich. In Pauls Gegenwart sind die Leute empört, hören ihm zu, aber sobald er fort ist, fällt alles ins sich zusammen, also ob es sie nichts angehe. / Ingeborg, Sie haben Weber gesehen, Sie haben vielleicht wieder mit dem Direktor des Burgtheaters gesprochen, Sie haben Max Frisch davon geschrieben. Ich flehe Sie an, tun Sie es, tun Sie es schnell und halten Sie Paul auf dem laufenden. / Rufen Sie ihn bitte an. Helfen Sie den Leuten zu handeln. Wenn Sie wüßten, wie allein Paul ist, wie unglücklich und vollkommen zerstört durch das, was ihm zustößt. / Ich flehe Sie an, tun Sie alles, was Sie können, damit so schnell wie möglich etwas Positives zustande kommt. Lassen Sie ihn nicht ohne Nachricht. / Am Sonntag kommt Frau Fischer nach Paris, wir sollten sie bei Freunden sehen. Aber ... so unglaublich das scheint, Freunde von C.G. sind dort eingeladen, so weit sind wir. In seinem eigenen Verlag weiß er nicht, wen er trifft. Gestern hat er abgesagt. / So ist die Lage, Ingeborg, sie ist sehr schlecht. Erlauben Sie mir, Ihnen es noch einmal zu sagen, man muß handeln, schnell handeln – Lassen Sie Paul nicht im Stich, halten Sie ihn auf dem laufenden. Sie können ihm helfen. Tun Sie es bitte. Tun Sie es sofort. Nicht mit Worten oder Trost, damit könnte er nichts anfangen. Tatsachen, Gesten, konkrete und mutige Taten – Im Namen der* Wahrheit, *im Namen der* Dichtung, *im Namen Pauls, bitte ich Sie flehendlich darum. / Bitte behandeln Sie meinen Brief als ganz persönlich und sprechen Sie mit niemandem über das, was ich Ihnen zu Pauls Zustand sage. / Wir sind sehr verzweifelt, ich sage es Ihnen, Ihnen, die es verstehen werden. / Gisèle.*

227 *Ingeborg Bachmann an Gisèle Celan-Lestrange, Uetikon am See, 3. 12. 1960*

3 – 11 – 60

Ma chère Gisèle,
dans ce moment j'ai eu votre lettre. Je comprends votre inquiétude, mais je vous en prie de ne pas désespérer, pas dans ce moment!

Après le départ de Paul, lundi, j'ai envoyé à Max Frisch une lettre – comptant avec la poste irrégulière italienne je n'attends une réponse qu'avant la semaine prochaine. Le même jour j'ai rencontré M. Weber, il était très pressé, j'ai pu seulement lui demander l'article de Szondi, des copies, – qui sont arrivées hier, à cause d'une erreur de poste (Kirchgasse!). Je verrai Weber finalement lundi prochain (le lendemain) pour en parler vraiment. J'ai pris hier une copie, pour informer mieux, et je l'envoyais avec une lettre à M. Leonhardt (Die Zeit). J'espère tant qu'il fera quelque chose et j'espère que j'ai trouvé les mots pour convaincre, pour faire comprendre la nécessité et l'urgence. J'irai demain au directeur du Schauspielhaus, qui rentre ce soir d'un voyage; il était parti aussi, après Paul.

Gisèle, croyez-moi, je fais le possible, je m'en occupe vraiment! Je ne pense qu'à cela. Mais quand même il nous faut de patience, une infamie de 7 ans on n'arrête pas dans une semaine. Vous calmerez Paul. J'étais très heureuse pendant ces deux jours quand Paul était ici et j'ai regagné la confiance aussi après cette année horrible et maladive. Chère Gisèle,

Ingeborg

Je partirai pour Rome vers le 14, je téléphonerai avant!

Meine liebe Gisèle, / gerade habe ich Ihren Brief bekommen. Ich verstehe Ihre Beunruhigung, aber ich bitte Sie, nicht zu verzweifeln, nicht in diesem Augenblick! Nach Pauls Abreise, Montag, habe ich Max Frisch geschrieben – bei der unregelmäßigen italienischen Post erwarte ich eine Antwort erst nächste Woche. Am selben Tag habe ich Herrn Weber getroffen, er hatte es sehr eilig, ich konnte ihn nur um den Artikel von Szondi bitten, Kopien – sie sind gestern gekommen, wegen eines Adreßfehlers (Kirchgasse!). Ich sehe Weber jetzt nächsten Montag (oder am Tag drauf), um wirklich darüber zu sprechen. Ich habe gestern eine Kopie gemacht, um besser informieren zu können, und ich habe sie mit einem Brief an Herrn Leonhardt (Die Zeit) geschickt. Ich hoffe sehr, daß er etwas tut, und ich hoffe, daß ich die Worte gefunden habe um überzeugen, um die Notwendigkeit und die Eile verständlich machen zu können. Morgen gehe ich zum Direktor des Schauspielhauses, der heute abend von einer Reise zurückkommt; er ist ebenfalls weggefahren, nach Paul. / Gisèle, glauben Sie mir, ich tue das Mögliche, ich kümmere mich wirklich darum! Ich denke ständig daran! Aber wir brauchen dennoch Geduld, eine 7 Jahre dauernde Infamie kann man nicht in einer Woche aufhalten. Sie werden Paul schon beruhigen. Ich war an den beiden Tagen, als Paul da war, sehr glücklich, und auch ich habe nach diesem fürchterlichen und krankhaften Jahr wieder Vertrauen gefaßt. Liebe Gisèle / Ingeborg / Ich fahre etwa am 14. nach Rom. Vorher rufe ich an!

228 Ingeborg Bachmann an Gisèle Celan-Lestrange, vor Weihnachten 1960 (?)

Ma chère Gisèle,
de tout cœur –
et que Vous, Paul et Eric passez un soir heureux!
Ingeborg

Meine liebe Gisèle, / von ganzem Herzen – / und verbringen Sie, Paul und Eric einen glücklichen Abend! / Ingeborg

229 Ingeborg Bachmann an Gisèle Celan-Lestrange, Widmung in »Das dreißigste Jahr«, Rom, 4. 6. 1961

Chère Gisèle, pour Vous –

Ingeborg
Rome, 4 – 6 – 61

Liebe Gisèle, für Sie – / Ingeborg / Rom, 4 – 6 – 61

230 Gisèle Celan-Lestrange an Ingeborg Bachmann, Paris, 10. 5. 1970

78 rue de Longchamp
Paris 16e
10 mai 1970

Ma chère Ingeborg,
Je ne sais si ma lettre vous rejoindra. Je pense que vous avez appris la terrible nouvelle. Je voulais tout de même vous écrire.

Le jeudi 16 avril, lorsque mon fils Eric a été déjeuner comme d'habitude avec Paul, il s'est rendu compte qu'il était à nouveau très mal. Je lui ai moi-même téléphoné le lendemain et jusqu'au dimanche 19 avril, les amis qui ont essayé de le joindre ou qui l'ont vu n'ont fait que me confirmer la crise dans laquelle il était à nouveau.

Dans la nuit de dimanche à lundi 19/20 avril, il a quitté son domicile pour ne plus jamais revenir.

J'ai passé quinze jours à le chercher partout, je n'avais aucun espoir de le retrouver vivant. C'est le premier mai que la police l'a retrouvé, quinze jours donc presque après son geste terrible. Je ne l'ai su que le 4 mai –

Paul s'est jeté dans la Seine. Il a choisi la mort la plus anonyme et la plus solitaire.

Que puis-je dire d'autre, Ingeborg. Je n'ai pas su l'aider comme je l'aurais voulu.

Eric va avoir quinze ans le mois prochain.

Je vous embrasse

Gisèle Celan

Meine liebe Ingeborg, / ob mein Brief Sie erreicht, weiß ich nicht. Ich denke, daß Sie die schreckliche Nachricht erfahren haben. Ich wollte Ihnen trotzdem schreiben. / Am Donnerstag, dem 16. April, merkte mein Sohn Eric, der wie gewöhnlich mit Paul essen war, daß es ihm wieder sehr schlecht ging. Ich rief ihn selbst am Tag drauf an und bis zum Sonntag, dem 19. April; Freunde, die versuchten, ihn zu erreichen oder die ihn trafen, haben mir nur bestätigt, daß er sich wieder in einer Krise befand. / In der Nacht von Sonntag auf Montag, 19. auf 20. April, verließ er seine Wohnung, um nie mehr zurückzukommen. / Zwei Wochen lang habe ich ihn überall gesucht, ich hatte keine Hoffnung, ihn lebend wiederzufinden. Am ersten Mai fand ihn die Polizei, also fast zwei Wochen nach seinem schrecklichen Schritt. Ich erfuhr es erst am 4. Mai – / Paul hat sich in die Seine gestürzt. Er hat den namenlosesten und einsamsten Tod gewählt. / Was kann ich anderes sagen, Ingeborg. Ich habe ihm nicht helfen können, wie ich es gerne gewollt hätte. / Eric wird nächsten Monat fünfzehn. / Ich umarme Sie / Gisèle Celan

230.1 Beilage (Jean Bollack, Bericht)

Paul a été enterré ce matin, à neuf heures au cimetière de Thiais, en présence d'une trentaine de personnes, la famille de Gisèle et quelques amis. Sans compter un agent, d'outre-mer, de la police municipale. Sous une pluie fine de printemps. On s'est incliné devant la fosse avant d'embrasser Gisèle et Eric qui, transformé, ressemblait étrangement à son père.

Mardi 12 mai 70

Jean

Heute morgen ist Paul beerdigt worden, um 9 Uhr auf dem Friedhof Thiais, in Anwesenheit von etwa 30 Leuten, der Familie von Gisèle und einigen Freunden. Den Beamten der städtischen Polizei, von Übersee, nicht mitgezählt. Unter einem feinen Frühlingsregen. Man verbeugte sich vor der Grube und umarmte dann Gisèle und Eric, der, ganz verwandelt, auf eine seltsame Weise seinem Vater ähnlich war. / Dienstag, 12. Mai 1970 / Jean

231 Gisèle Celan-Lestrange an Ingeborg Bachmann, Paris, 23. 11. 1970

78 rue de Longchamp
Paris 16
23 novembre 1970

Ma chère Ingeborg,
Comment vous dire combien vos fleurs aujourd'hui avec votre petit [mot] m'ont touchée? Vous êtes bien la seule à me faire signe aujourd'hui. Et vous savez ce que peut être ce 23 novembre cette année!

Je serais toujours contente de vous revoir si vous veniez à Paris. Plusieurs fois je suis allée à Rome, mais je n'avais pas votre adresse, je ne savais pas si vous aviez envie de me rencontrer, je n'ai pas osé vous faire signe.

Je voulais vous écrire souvent.

Depuis ces semaines terribles d'avril dernier, je pense et pense encore sans réponse, sans solution, à tout ce malheur.

Paul a choisi la mort la plus anonyme et la plus solitaire qui soit. On ne peut que se taire, respecter, mais c'est très dur, vous le savez bien. Vous savez sûrement que depuis deux ans je ne vivais plus avec lui. Je ne pouvais plus l'aider, seulement me détruire avec lui, et il y avait Eric. Je crois que Paul le comprenait parfois sûrement. Mais ça a été très dur. Etait-ce la solution? Y en avait-il une? Laquelle? Ai-je eu raison? J'y pense beaucoup. Si j'avais su? Ce que je craignais! Je ne sais pas écrire sur tout cela, je sais très mal le vivre aussi. Et je vais d'échec en échec. Mais pourquoi vous dire tout cela.

Parfois j'ai eu des nouvelles de vous, très vagues, que vous n'alliez pas bien et souvent je pensais à votre destin difficile.

Croyez-moi, tous mes vœux allaient vers vous. Vers vous, votre vie, votre travail.

J'essaye de lutter, parfois c'est trop dur à supporter et je me suis moi aussi écroulée souvent.

Vos fleurs sont là: des roses. Une fois déjà vous m'en aviez envoyées. Je n'ai pas oublié – Des fleurs que Paul aimait tant. Elles sont là, de quelqu'un qui a aussi souffert par Paul et qui a aussi aimé Paul.

Excusez-moi de ne savoir que très maladroitement vous dire quelques mots, mais cela me touche beaucoup de vous sentir aujourd'hui proche de moi –

Si je viens à Rome – peut-être vers Noël? – puis-je venir vous voir?

Eric a quinze ans, l'âge où un père est peut-être le plus utile. Il est très gentil mais me donne beaucoup de souci.

Il est malheureux avec lui-même, ne travaille pas bien et est en pleine crise d'adolescence. Ce n'est pas dramatique mais [c'est] difficile de l'aider.

Je vous embrasse, Ingeborg, avec toute mon affection et merci encore

Gisèle

Donnez-moi de vos nouvelles. J'aimerais savoir que vous allez bien maintenant. S'il vous plaît.

Meine liebe Ingeborg, / wie soll ich Ihnen sagen, wie sehr mich Ihre Blumen heute mit dem kleinen Gruß berührt haben? Sie sind wirklich die einzige, die mir heute ein Zeichen gegeben hat. Und Sie wissen, was der 23. November in diesem Jahr sein kann. / Ich würde mich immer freuen, Sie wiederzusehen, wenn Sie nach Paris kommen. Ich war mehrfach in Rom, aber ich hatte Ihre Adresse nicht, ich wußte nicht, ob Sie mich treffen möchten, ich habe mich nicht getraut, Ihnen ein Zeichen zu geben. / Oft wollte ich Ihnen schreiben. / Seit jenen schrecklichen Tagen im letzten April denke und denke ich immer wieder an all dieses Unglück, ohne Antwort, ohne Lösung. / Paul hat den denkbar namenlosesten und einsamsten Tod gewählt. Man kann dazu nur schweigen, ihn respektieren, aber das ist sehr hart, Sie wissen das ja. Sie wissen sicher, daß ich seit zwei Jahren nicht mehr mit ihm zusammengelebt habe. Ich konnte ihm nicht mehr helfen, mich nur noch mit ihm zusammen zerstören, und da war Eric. Ich glaube, daß Paul es manchmal sicher verstand. Aber das war sehr hart. War es die Lösung? Gab es eine? Welche? Hatte ich recht? Ich denke viel darüber nach. Wenn ich gewußt hätte? Was habe ich davor Angst gehabt! Ich kann über all das nicht schreiben, ich kann damit auch sehr schlecht leben. Ich habe Mißerfolg um Mißerfolg. Aber warum Ihnen all das sagen. / Manchmal erfuhr ich etwas über Sie, sehr ungenau, daß es Ihnen nicht gut geht, und oft dachte ich an Ihr schwieriges Schicksal. / Glauben Sie mir, alle guten Wünsche gingen zu Ihnen hin. Zu Ihnen hin, zu Ihrem Leben, Ihrer Arbeit. / Ich versuche zu kämpfen, es ist manchmal zu hart zu ertragen, und oft bin auch ich zusammengebrochen. / Ihre Blumen sind da: Rosen. Schon einmal haben Sie mir welche geschickt. Ich habe das nicht vergessen – Die Blumen, die Paul so geliebt hat. Sie sind da, sie kommen von jemandem, der auch durch Paul gelitten hat und der Paul auch geliebt hat. / Entschuldigen Sie, daß ich Ihnen nur sehr unbeholfen diese Worte sagen kann, aber es berührt mich sehr, Sie mir heute nahe zu wissen – / Wenn ich nach Rom komme – vielleicht um Weihnachten? – darf ich Sie besuchen? / Eric ist fünfzehn, in diesem Alter braucht man einen Vater vielleicht am meisten. Er ist sehr nett, aber er macht mir große Sorgen. / Er ist mit sich selbst nicht glücklich, arbeitet nicht gut und ist voll in der Pubertät. Es ist nicht dramatisch, aber es ist schwer, ihm zu helfen. / Ich umarme Sie, Ingeborg, mit meiner ganzen Zuneigung und danke noch einmal / Gisèle / Schreiben Sie mir von sich. Ich wüßte gerne, daß es Ihnen jetzt gut geht. Bitte.

232 Gisèle Celan-Lestrange an Ingeborg Bachmann, Paris, 20. 12. 1970

78 rue de Longchamp
Paris 16
Dimanche

Ma chère Ingeborg,
Les fêtes approchent qui me sont depuis longtemps pénibles. Eric part en Autriche faire du ski.

J'ai eu ces temps-ci pas mal de petits ennuis de santé et je dois quitter Paris et ma maison qui m'accablent. Comme je suis toujours assez incapable de faire des projets, ce n'est qu'aujourd'hui que je me décide à essayer de partir. Une amie très gentille m'invite à Rome. Dès demain j'essaierai de trouver une place dans un train pour y aller.

J'aimerais beaucoup vous rencontrer si ça ne vous ennuie pas et j'essaierai de vous téléphoner si je trouve votre numéro –

Si je trouve une place mercredi prochain, j'arriverai à Rome jeudi matin. Sinon le lendemain, j'espère. Je resterai une dizaine de jours.

J'habiterai chez Madame Marianne KRAISKY, via Ludovico di Monreale 12, (interno 16) 580 74 55.

J'espère que vous allez bien maintenant et que vous travaillez.

A bientôt. Très affectueusement

Gisèle.

Sonntag / Meine liebe Ingeborg, / die Feiertage nähern sich, die mir seit langem eine Last sind. Eric fährt zum Skifahren nach Österreich. / Ich hatte in der letzten Zeit immer wieder kleine Probleme mit der Gesundheit, und ich muß aus Paris und meiner Wohnung, die mich bedrücken, raus. Weil ich schon immer ziemlich schlecht im Plänemachen bin, habe ich mich erst heute zum Versuch entschlossen wegzufahren. Eine sehr nette Freundin lädt mich nach Rom ein. Gleich morgen versuche ich, einen Platz in einem Zug dorthin zu bekommen. / Wenn Sie das nicht stört, würde ich Sie sehr gerne treffen, und wenn ich Ihre Nummer finde, versuche ich, Sie anzurufen. / Wenn ich für nächsten Mittwoch einen Platz bekomme, bin ich Donnerstag morgen in Rom. Sonst am Tag drauf, hoffe ich. Ich bleibe etwa zehn Tage. / Ich wohne bei Frau Marianne KRAISKY, via Ludovico di Monreale 12 (interno 16) 580 74 55. / Ich hoffe, daß es Ihnen gut geht und daß Sie arbeiten können. / Bis bald. Sehr herzlich / Gisèle.

233 Gisèle Celan-Lestrange an Ingeborg Bachmann, Rom, 1. 1. 1971

1er janvier 1971

Ma chère Ingeborg,
Notre rencontre à Rome a été pour moi une vraie rencontre, importante et grave comme les vraies choses. Rare.

Je m'inquiète seulement de vous avoir fatiguée, d'être restée si longtemps et de vous avoir empêchée de dormir. J'espère que tout ce sera bien passé à Francfort et que votre retour à Rome sera aussi un nouveau départ.

N'oubliez jamais qu'il m'est important de savoir que vous êtes là, que vous allez bien, que vous travaillez.

Je pense beaucoup à vous. Je vous embrasse

Gisèle

Merci de votre accueil

Meine liebe Ingeborg, / Unsere Begegnung in Rom war für mich eine wahre Begegnung, wichtig und ernst wie die wahren Dinge. Selten. / Ich fürchte nur, daß ich Sie ermüdet habe, daß ich zu lange geblieben bin und Sie daran gehindert habe, schlafen zu gehen. Ich hoffe, daß in Frankfurt alles gut verlaufen ist und daß Ihre Rückkehr nach Rom auch ein Neuanfang wird. / Vergessen Sie nie, mir ist wichtig zu wissen, daß Sie da sind, daß es Ihnen gut geht, daß Sie arbeiten können. / Ich denke viel an Sie. Ich umarme Sie / Gisèle / Danke für Ihre freundliche Aufnahme

234 Gisèle Celan-Lestrange an Ingeborg Bachmann, Paris, 11.-13. 2. 1971

78, rue de Longchamp
Paris 16
11 février 1971.

Ma chère Ingeborg,
Je pense beaucoup à vous ce soir et peut-être un peu égoïstement, si Rome n'était pas si loin je vous téléphonerais et vous dirais: passons la soirée ensemble, je n'ai pas le courage de rester seule! Alors je vous écris.

Si vous en avez la possibilité, mettez-moi un mot de temps en temps. Vous savez que je me fais du souci pour vous. Comment allez-vous maintenant? Je voudrais que votre histoire d'épaule soit tout à fait remise. Je voudrais que vous puissiez me dire que vous vous sentez bien à Rome, que vous travaillez, que vous lisez, que vous écrivez, que des amis gentils sont auprès de vous quand vous le souhaitez et que la vie enfin pour vous n'est plus si méchante!

Quand paraîtra votre livre? Il faut me l'envoyer et j'espère qu'il sera aussi traduit en français, et rapidement.

A Rome, après une passe très difficile, j'allais bien lorsque vous m'avez vue, depuis, ce sont les hauts et les bas. Le sommeil insuffisant et les périodes parfois de si grand découragement. J'essaye de continuer sur l'élan de Rome, de faire des gouaches – et chaque fois que le travail gagne-pain me le permet – je travaille. Mais vous savez, c'est très décourageant que les gravures et les gouaches ne rencontrent pas de possibilité vraie de dialogue. Tout reste dans les tiroirs et c'est très décourageant. Malgré tout j'essaye de continuer ce travail qui est une façon de vivre malgré tout. Mais je suis très seule.

Eric devient de plus en plus éprouvant. Je comprends ses problèmes, ses difficultés, sa révolte, son mécontentement au lycée, mais parfois j'ai du mal à le supporter. Il peut – comme on peut l'être à cet âge – être si égoïste, si méchant même – et, vous savez, ne pas pouvoir aider un enfant dont on se sent si proche et dont on croit tout de même comprendre beaucoup, c'est très très dur aussi –

Sinon que dire? Je sors à droite, à gauche, je tue le temps, j'accepte de dîner avec les uns, d'aller voir un film avec les autres pour me retrouver plus seule encore après, mais j'ai au moins pour quelques heures fui ma maison, fui moi-même – C'est terrible d'en arriver là, et pour l'essentiel, je fais des erreurs, des gaffes et je me mets dans d'impossibles situations – Mais je ne voulais pas parler de tout cela.

(.... Samedi)

Beda Allemann est encore à Paris, où il est professeur associé, invité pour une année au Grand Palais (annexe de la Sorbonne pour les langues et l'allemand en particulier). C'est là que je travaille, je le vois donc souvent.

Je crois qu'il a entrepris très sérieusement le travail avec les poèmes de Paul, mais pour moi c'est très éprouvant. Lorsqu'il obtient des millions pour ce travail et envisage de faire venir deux de ses assistants pour trois ans à Paris, je pense, et ne peux le faire sans une certaine amertume, que du vivant de Paul, il n'était pas si facile de vivre de sa poésie, et je me demande aussi avec le travail de fiches, de photocopies, de références, où se trouve vraiment la poésie. Mais c'est ainsi – On n'attend pas longtemps aujourd'hui pour employer les moyens les plus modernes pour publier dans la hâte.

Viendrez-vous un jour à Paris?
Si je reviens à Rome, je vous le dirai.

J'ai tellement envie parfois de tout envoyer promener et de quitter ce travail, les amis que j'ai ici et cette ville et cet appartement!

Je pars tout à l'heure à 100 km de Paris, avec Eric, où, vous le savez sans doute, nous avons une maison. Tout y est calme et solitude. Eric l'aime beaucoup et se dépense en promenades à mobylette, ou à bricoler le bois. J'y fais de longues promenades sans rencontrer personne et en général j'arrive à lire et à dessiner et j'y dors assez bien. Mais tous ces lieux sont hantés de tant de souvenirs, de tant de présence et d'absence, que j'ai là aussi du mal, bien du mal à être à l'aise.

Où suis-je à l'aise d'ailleurs maintenant?

Je vous envoie mes plus amicales pensées et vous embrasse

Gisèle –

Meine liebe Ingeborg, / heute abend denke ich viel und vielleicht ein wenig egoistisch an Sie, wenn Rom nicht so weit weg wäre, würde ich Sie anrufen und würde Ihnen sagen: Verbringen wir doch den Abend zusammen, ich habe den Mut nicht, allein zu sein! Also schreibe ich Ihnen. / Wenn Sie können, schicken Sie mir doch gelegentlich einen Gruß. Wissen Sie, ich mache mir Sorgen um Sie. Wie geht es Ihnen jetzt? Ich wünschte mir, daß Ihre Schultergeschichte wieder ganz gut ist. Ich wünschte mir, Sie könnten mir sagen, daß Sie sich in Rom wohl fühlen, daß Sie arbeiten können, daß Sie lesen, daß Sie schreiben, daß nette Freunde um Sie sind, wenn Sie das möchten, und daß das Leben nun nicht mehr so bös mit Ihnen umgeht! / Wann erscheint Ihr Buch? Sie müssen es mir schicken, und ich hoffe, daß es auch ins Französische übersetzt wird, und zwar rasch. / Als Sie mich in Rom sahen, ging es mir, nach einer sehr schwierigen Zeit, gut, seither gibt es Höhen und Tiefen. Nicht genug Schlaf und manchmal Zeiten von großer Niedergeschlagenheit! Ich versuche, im römischen Schwung zu bleiben, Gouachen zu machen – und immer, wenn es der Broterwerb es erlaubt, arbeite ich. Aber, wissen Sie, es ist sehr entmutigend, daß die Gouachen und Radierungen keine wirkliche Möglichkeit zum Dialog finden. Alles bleibt in der Schublade, und das ist sehr entmutigend. Trotz allem versuche ich, diese Arbeit weiterzumachen, die eine Art trotzdem zu leben ist. Aber ich bin sehr einsam. / Eric wird immer anstrengender. Ich verstehe seine Probleme, seine Schwierigkeiten, seine Auflehnung, seine Unzufriedenheit in der Schule, aber manchmal kann ich ihn schlecht ertragen. Er kann – wie man in diesem Alter sein kann – so egoistisch sein, ja, so bösartig – und, wissen Sie, einem Kind, dem man sich so nahe fühlt und von dem man doch viel zu verstehen glaubt, nicht helfen zu können, das ist auch sehr, sehr hart – / Was sonst sagen? Ich gehe hierhin und dorthin, ich schlage die Zeit tot, ich gehe mit den einen essen, mit den anderen ins Kino, und fühle mich danach um so einsamer, aber ich bin dann wenigstens ein paar Stunden vor meiner Wohnung weggelaufen, vor mir selbst weggelaufen – Es ist schrecklich, so weit zu kommen, und in den wesentlichen Dingen mache ich Fehler, blamiere mich und bringe mich in unmögliche Situationen – Aber von all dem wollte ich Ihnen nicht sprechen. / (.... Samstag) / Beda Allemann ist noch in Paris, er ist für ein Jahr Gastprofessor am Grand Palais (wo Institute der Sorbonne, Sprachen und besonders Deutsch, untergebracht sind). Eben dort arbeite ich, ich sehe ihn also oft. / Ich glaube, er hat sehr ernsthaft angefangen, mit Pauls Gedichten zu arbeiten, aber für mich ist das nicht einfach. Wenn er Millionen Francs für diese Arbeit bekommt und daran denkt, zwei seiner Assistenten für drei Jahre nach Paris zu holen, denke ich, und ich kann das nicht ohne eine gewisse Bitterkeit, daß man zu Pauls Lebzeiten nicht so leicht von seinen Gedichten leben konnte, und bei all dieser Arbeit mit Karteikarten, Photokopien, Belegstellen frage ich mich, wo da die Dichtung wirklich ist. Aber so ists – Man zögert heute nicht groß und setzt die modernsten Mittel ein, um in aller Hast zu veröffentlichen. / Kommen Sie mal nach Paris? / Wenn ich nach Rom komme, sage ich es Ihnen. / Ich habe manchmal so große Lust, alles hinzuschmeißen und diese Arbeit, die Freunde, die ich hier habe, die Stadt und diese Wohnung hinter mir zu lassen! / Ich fahre gleich mit Eric 100 km aus Paris heraus, wo wir, wie Sie sicher wissen, ein Haus haben. Alles dort ist Ruhe und Einsamkeit. Eric mag es sehr und verausgabt sich beim Mofa-Fahren oder beim Basteln mit Holz. Ich mache lange Spaziergänge, auf denen ich niemandem begegne, und im allgemeinen kann ich lesen und zeichnen, und ich schlafe dort ganz gut. Aber an all diesen Orten spuken so viele Erinnerungen, so viele An- und Abwesenheiten, daß es mir auch dort schwerfällt, ziemlich schwerfällt, mich wohl zu fühlen. / Aber wo fühle ich mich denn jetzt überhaupt wohl? / Ich schicke Ihnen meine freundschaftlichsten Grüße und umarme Sie / Gisèle –

235 Gisèle Celan-Lestrange an Ingeborg Bachmann, 18. 3. 1971

78, rue de Longchamp
Paris 16
18 mars 1971

Ma chère Ingeborg,
Comment vous remercier de votre téléphone? J'étais très touchée et les signes d'amitié en ce jour me sont venus de loin: Tel-Aviv, Rome et Vienne, chez soi à Paris, on est plus seul!

J'ai transmis à Pierre Szondi votre message, j'espère qu'il vous téléphonera comme il me l'a dit. Je ne l'avais pas vu depuis très longtemps, j'étais contente de le revoir.

Je viens de prendre la décision de partir 15 jours à Pâques vers Israël. Vous savez, j'ai toujours beaucoup de mal à me décider à partir, mais rester à Paris lorsque je suis en vacances de ce travail idiot au Grand Palais me pèse toujours, car je n'arrive pas à travailler pour moi et je crains cette solitude avec mes incapacités. De Tel-Aviv, ce très gentil téléphone m'invitant si chaleureusement m'a fait me décider. Je partirai du 3 avril au 20 avril. Mais je ne veux pas vous manquer lorsque vous viendrez à Paris.

Si vous le pouvez, vous me mettrez un mot pour me dire quand vous pourrez venir.

Le livre de traductions de Paul au Mercure de France est, paraît-il, sorti aujourd'hui et je le recevrai demain pour mon anniversaire. Cela me touche beaucoup d'autant plus que plusieurs livres de

Paul sont déjà arrivés pour ce jour-là et qu'il se réjouissait toujours de cette date de parution. (Je l'apprends à l'instant par un téléphone d'André du Bouchet.)

Comment saviez-vous que c'était mon anniversaire?

Maintenant ce sera la sortie de votre nouveau livre, à nouveau et de tout cœur, tous mes vœux vont vers lui, vers vous. Je vous souhaite un bon séjour en Allemagne.

A très bientôt. Je vous embrasse.

Portez-vous bien –

Gisèle.

Meine liebe Ingeborg, / wie Ihnen für Ihren Anruf danken? Ich war sehr berührt, und die Freundschaftszeichen sind mir an diesem Tag von weither gekommen: aus Tel Aviv, Rom und Wien, zuhause in Paris ist man einsamer! / Ich habe Peter Szondi Ihre Nachricht überbracht, ich hoffe, er ruft Sie an, wie er mir gesagt hat. Ich hatte ihn sehr lange nicht gesehen, ich habe mich gefreut, ihn wiederzusehen. / Ich habe mich gerade entschlossen, zu Ostern zwei Wochen nach Israel zu fliegen. Sie wissen ja, daß ich mich immer sehr schlecht entscheiden kann wegzufahren, aber während der Ferien von dieser blödsinnigen Arbeit im Grand Palais in Paris zu bleiben ist für mich immer lästig, denn ich schaffe es nicht, für mich zu arbeiten, und bei meinen Unfähigkeiten fürchte ich mich vor dieser Einsamkeit. Der mich so warmherzig einladende liebe Anruf aus Tel Aviv hat mich zu einer Entscheidung gebracht. Ich fahre vom 3. bis zum 20. April. Aber ich will Sie nicht verfehlen, wenn sie nach Paris kommen. / Wenn Sie wollen, schreiben Sie mir doch kurz, wann Sie kommen können. / Das Buch mit den Übersetzungen von Pauls Gedichten im Mercure de France ist offenbar heute erschienen, und ich werde es morgen zu meinem Geburtstag bekommen. Das berührt mich um so mehr, als einige Bücher von Paul an diesem Tag herausgekommen sind, und er sich immer sehr über dieses Erscheinungsdatum gefreut hat. (Ich erfahre das gerade eben durch einen Anruf von André du Bouchet.) / Woher wußten Sie, daß ich Geburtstag habe? / Jetzt erscheint Ihr neues Buch, noch einmal und von ganzem Herzen gehen meine Gedanken zu ihm, zu Ihnen. Ich wünsche Ihnen einen guten Aufenthalt in Deutschland. / Auf sehr bald. Ich umarme Sie. / Lassen Sie es sich gutgehn – / Gisèle.

236 Gisèle Celan-Lestrange an Ingeborg Bachmann, separate Widmung für die drei Radierungen »Fin d'année 1971«, Paris, Ende 1971

Avec mes meilleurs vœux pour
1972

Gisèle.

Mit meinen besten Wünschen für / 1972 / Gisèle.

237 Gisèle Celan-Lestrange an Ingeborg Bachmann, Paris, 2. 1. 1973

704 39 63
2 janvier 1972

Ma chère Ingeborg,
Je suis encore toute émue de votre appel d'hier soir: j'étais un peu paralysée par la surprise, la distance, ce que vous représentez pour moi, et je n'ai pas pu trouver les mots que j'aurais voulu vers vous –

Je suis très touchée par l'attention que vous me portez, je sens si fort que cela vous importe que j'aille bien et que je me trouve un chemin, merci de ces pensées si chaleureuses.

Vous savez, vous savez ... les difficultés que l'on a chacun avec soi-même, avec la vie. On essaie, on se fourvoie, on trouve des chemins qui ne mènent nulle part, on fait des pas qui ne sont pas toujours les justes et on se retrouve à nouveau dans ses impasses ...

Depuis quatre ans c'est ainsi. J'ai eu la chance que ce ne soit pas toujours ainsi. J'ai eu, vous le savez, – et à quel prix – mes années de vraie vie, où la justesse, la vérité du chemin n'étaient jamais à remettre en question. Un jour j'ai tout perdu, je me suis éloignée de cette vérité, de ma vérité – Depuis ce sont les échecs successifs, les efforts dans les fausses directions, les lendemains de solitude – J'ai des amis, de bons amis, quelques-uns, et cela m'est très important – mais ...

J'ai beaucoup de mal avec le temps: l'hier dont je continue à vivre, l'hier qui fait partie de mon présent. Ce que je suis aujourd'hui par cet hier devenant présent. Mais l'hier paralyse parfois l'aujourd'hui parce que s'imposant trop fort. J'ai essayé de prendre une distance, sans doute [de façon] trop brutale, et j'ai été récupérée par l'hier toujours présent. Je sais bien que je ne le renierai jamais, que je ne le peux ni ne le veux. Mais vivre avec et continuer de vivre avec le minimum de distance qu'il faut n'est pas un équilibre que je trouve facilement. J'essaie, j'essaie, je fais des pas, je marche – – mais pas très bien.

Le travail m'est une aide, mais vous savez, avec l'âge et les générations qui se succèdent si rapidement, le fossé de solitude se creuse chaque jour plus, et vis-à-vis des cuivres, de mon effort vers la gravure, je suis parfois très découragée – Je continue d'essayer de me rester fidèle dans ce travail.

Le classement des papiers de Paul, entrepris avec l'aide d'un ami autrichien vivant à Paris et parlant aussi bien le français, me bouleverse à chaque instant. Me stimule aussi – Nous le faisons très consciencieusement, très lentement et avec tout le respect que cela mérite – je crois –, mais parfois ça m'accable. Tant de vie que j'ai un peu partagée, inscrite dans la moindre page. Heureusement j'ai confiance dans cet ami et sa discrétion et sa sensibilité me sont une grande aide lorsque c'est trop pesant pour moi.

Mais avec Allemann, je suis un peu inquiète. Il a trop de choses à faire avec son université, ses étudiants, son travail personnel, et sa santé depuis un an lui a donné aussi beaucoup de souci – Son travail n'avance pas vite en ce qui concerne Paul – Ce ne serait pas grave si tout de même il faisait quelque chose, mais je crains que ses assistants ne prennent une place trop importante à cause de ses défaillances et dans ce cas je ne trouve pas que Paul soit dignement servi –

Peut-être irai-je à Bonn pour quelques jours. Six lettres sont restées sans réponse de sa part, qui pourtant ont leur importance –

Tout me décourage un peu en ce moment et les nuits de trop peu de sommeil ont repris depuis quelques semaines, ce qui n'arrange rien. Mais vous le disiez, le saviez: ces périodes de fausses fêtes n'aident pas et je sais les vivre depuis longtemps très difficilement. Je vous trouve courageuse de période en période d'avoir la force de tout recommencer dans un autre pays. Après l'Autriche, l'Allemagne, l'Italie, maintenant l'Afrique. Tous mes vœux vont vers l'accueil chaleureux que je vous y souhaite.

J'aimerais vous voir plus souvent.

Je n'ose pas trop quitter Eric en ce moment, non qu'il ne s'en réjouirait pas, au contraire. Mais ses activités, ses amitiés m'inquiètent un peu. Il est parfois engagé vers des activités qui m'inquiètent, même si pour le moment ça ne le prend pas totalement et ne dure que quelque temps, l'inquiétude est grande malgré tout chez moi.

Il a du mal avec lui-même, avec le monde qui l'entoure, avec son âge. Comment en serait-il autrement. Parfois je suis bouleversée de son sérieux, parfois sa légèreté me désole. Il cherche, se cherche, il est difficile de l'aider en ce moment. J'essaie d'être là quand il en a envie, ce qui arrive, de garder pour lui une sorte d'accueil, une disponibilité. Je crois que je ne peux pas beaucoup plus pour lui et c'est très peu.

Un jour, si vous pouvez, vous m'écrirez quelques lignes. Sinon, je sais tout de même que nous sommes proches et je comprends et respecte votre silence.

Je pense à vous, beaucoup. Il m'importe que vous alliez bien, que vous continuiez de travailler, d'être là courageusement quelque part dans ce monde. Mais je voudrais plus. J'aimerais savoir que votre vie enfin est entourée d'un peu de douceur, d'un peu de tendresse, d'un peu de vraie vie.

Je vous embrasse. Je vous embrasse très affectueusement

Gisèle.

Je vous avais envoyé »vers 1973« un petit signe de mon travail. Les postes italiennes vous l'auront-elles transmis?

Meine liebe Ingeborg, / ich bin noch ganz bewegt von Ihrem Anruf gestern abend. Ich war ein wenig gelähmt von der Überraschung, der Entfernung, das, was Sie für mich bedeuten, und ich konnte nicht die Worte finden, die ich gerne für Sie gefunden hätte. / Die Aufmerksamkeit, die Sie mir zukommen lassen, berührt mich, ich fühle ganz stark, wie wichtig für Sie ist, daß es mir gutgeht und daß ich einen Weg für mich finde. Danke für diese so warmherzigen Gedanken. / Sie wissen ja, Sie wissen ja ... die Schwierigkeiten, die jeder mit sich hat, mit dem Leben. Man versucht, man gerät auf Abwege, auf Holzwege, man macht Schritte, die nicht immer die richtigen sind und gerät wieder in Sackgassen ... / Seit vier Jahren ist das so. Ich hatte Glück, das das nicht immer so war. Ich hatte, Sie wissen es – und zu welchem Preis –, meine Jahre wahren Lebens, wo die Richtigkeit, die Wahrheit des Wegs immer fraglos war. Eines Tages habe ich alles verloren, habe ich mich von dieser Wahrheit entfernt, von meiner Wahrheit – Seither ein Mißerfolg nach dem anderen, Anstrengungen in die falsche Richtung, und nachher die Einsamkeit – Ich habe Freunde, gute Freunde, ein paar, und das ist sehr wichtig für mich – aber ... / Ich habe große Schwierigkeiten mit der Zeit: mit dem Gestern, aus dem heraus ich immer noch lebe, dem Gestern, das zu meiner Gegenwart gehört. Was ich heute bin, bin ich durch dieses Gestern, das gegenwärtig wird. Aber das Gestern lähmt manchmal das Heute, weil es zu dominant ist. Ich habe versucht, Abstand zu gewinnen, sicherlich auf allzu brutale Weise, und ich wurde wieder eingeholt von diesem immer noch gegenwärtigen Gestern. Ich bin mir sicher, daß ich es nie verleugnen werde, daß ich das weder kann noch will. Aber es fällt mir nicht leicht, ein Gleichgewicht zu finden zwischen einem Leben mit ihm und einem Weiterleben mit dem notwendigen Minimum an Abstand davon. Ich versuche, versuche, mache Schritte, gehe – – aber nicht sehr gut. / Die Arbeit ist mir eine Hilfe, aber wissen Sie, mit dem Alter und den so schnell aufeinander folgenden Generationen wird der Graben der Einsamkeit jeden Tag tiefer, und vor dem Kupfer, bei meinem Mühen um die Radierung, bin ich manchmal sehr mutlos – Ich versuche weiter, mir in dieser Arbeit treu zu bleiben. / Das Ordnen von Pauls Papieren, bei dem mir ein österreichischer Freund hilft, der in Paris lebt und fließend Französisch spricht, erschüttert mich immer wieder. Regt mich auch an – Wir machen das sehr gewissenhaft, sehr langsam, mit allem Respekt, den es verdient – glaube ich –, aber manchmal macht es mich niedergeschlagen. So viel Leben, das ich ein bißchen geteilt habe, eingeschrieben in das kleinste Blatt. Glücklicherweise habe ich Vertrauen in diesen Freund, und seine Diskretion und Sensibilität sind mir eine große Hilfe, wenn es mich zu sehr niederdrückt. / Allemann aber beunruhigt mich ein wenig. Er hat zu viel mit seiner Universität zu tun, seinen Studenten und seiner persönlichen Arbeit, und seine Gesundheit macht ihm seit letztem Jahr auch große Sorgen – Seine Paul betreffenden Arbeiten kommen nicht schnell voran – Das wäre nicht schlimm, wenn er wenigstens irgendetwas täte, aber ich fürchte, seine Assistenten werden wegen seiner Schwächen zu dominant, und in diesem Fall glaube ich nicht, daß Paul angemessen gedient ist – / Vielleicht fahre ich ein paar Tage nach Bonn. Schon sechs Briefe hat er nicht beantwortet, die aber durchaus wichtig waren – / Gerade entmutigt mich alles ein bißchen, und seit einigen Wochen schlafe ich nachts wieder nicht genug, und das macht die Sache nicht besser. Aber Sie haben es gesagt, Sie wußten es: diese Zeiten der falschen Feiertage helfen nicht, ich komme mit ihnen seit langem sehr schlecht zurecht. / Ich finde Sie mutig, wie Sie immer wieder die Kraft haben, in einem anderen Land von vorne anzufangen. Nach Österreich, Deutschland, Italien nun Afrika. Alle meine Wünsche gehen zu dem warmherzigen Empfang, den ich Ihnen dort wünsche. / Ich würde Sie gern öfter sehen. / Ich traue mich im Augenblick kaum, Eric allein zu lassen, nicht daß er sich darüber nicht freuen würde, im Gegenteil. Aber seine Aktivitäten, seine Freundschaften beunruhigen mich etwas. Er ist manchmal in Aktivitäten verwickelt, die mich beunruhigen, auch wenn ihn das im Augenblick nicht vollständig in Beschlag nimmt und es nur eine begrenzte Zeit dauert, die Unruhe ist bei mir trotz allem groß. / Er tut sich schwer mit sich, mit der Welt um ihn, mit seinem Alter. Wie könnte es auch anders sein. Manchmal bin ich bestürzt über seinen Ernst, manchmal macht mich seine Leichtfertigkeit traurig. Er sucht, er sucht sich, man kann ihm im Augenblick schlecht helfen. Ich versuche, dazusein, wenn er das will, das kommt gelegentlich vor, für ihn eine Art von Tür offenzuhalten, eine Bereitschaft. Viel mehr kann ich, glaube ich, nicht für ihn tun, und das ist sehr wenig. / Schreiben Sie mir einmal, wenn Sie können, ein paar Zeilen. Wenn nicht, weiß ich trotzdem, daß wir uns nahe sind, ich verstehe und respektiere Ihr Schweigen. / Ich denke an Sie, oft. Es ist mir wichtig, daß es Ihnen gutgeht, daß Sie weiterarbeiten können, daß Sie mutig da sind, irgendwo auf dieser Welt. Aber ich hätte gern mehr. Ich würde gerne wissen, daß Ihr Leben endlich mit etwas Freundlichkeit umgeben ist, mit etwas Zärtlichkeit, mit etwas wahrem Leben. / Ich umarme Sie. Ich umarme Sie sehr liebevoll / Gisèle / Ich habe Ihnen »auf 1973 zu« ein Zeichen meiner Arbeit geschickt. Hat es die italienische Post Ihnen wohl überbracht?

Abbildungen

Abb. 1

Abb. 2

Abb. 3-4

Abb. 5

Abb. 6

Abb. 7

Abb. 8

Abb. 9

Abb. 10

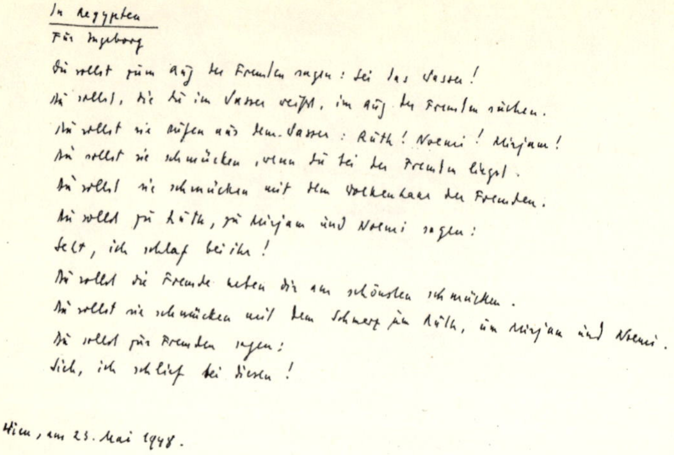

In Aegypten

Für Ingeborg

Du sollst zum Aug der Fremden sagen: Sei das Wasser!
Du sollst, die du im Wasser weißt, im Aug der Fremden suchen.
Du sollst sie rufen aus dem Wasser: Ruth! Noemi! Mirjam!
Du sollst sie schmücken, wenn du bei der Fremden liegst.
Du sollst sie schmücken mit dem Wolkenhaar der Fremden.
Du sollst zu Ruth, zu Mirjam und Noemi sagen:
Seht, ich schlaf bei ihr!
Du sollst die Fremde neben dir am schönsten schmücken.
Du sollst sie schmücken mit dem Schmerz um Ruth, um Mirjam und Noemi.
Du sollst zur Fremden sagen:
Sieh, ich schlief bei diesen!

Wien, am 23. Mai 1948.

Abb. 11

März 51.

Paul, Lieber,

es ist Ostermontag, und ich bin zum ersten Mal aufgestanden, nach einer Krankheit, die nicht sehr arg war, die mir aber sehr wichtig war, die mir fast wunderbar zu Hilfe gekommen ist. Denn ich wusste nicht mehr, wie ich es hier und wie ich es hier mir recht machen sollte. Der erste Fehler war, dass ich eine Woche mein altes Wiener Leben weiterspielte, genau so, als wäre nichts gewesen, dann plötzlich verzweifelt und hysterisch abbrach und nicht aus dem Haus wollte und dabei doch wusste, dass es so nicht immer bleiben könne, und dann kam noch von aussen etwas dazu, das sehr schlimm war und fast schlimmer als alles bisher. Dann kam meine Schwester und dann diese Grippe. Jetzt ist es so still wie nach den Bombenabwürfen im Krieg, wenn sich der Rauch verzogen hatte und man entdeckte, dass das Haus nicht mehr stand und nichts zu sagen wusste; was hätte man auch sagen sollen?
Morgen werde ich vielleicht schon ausgehen, eine Arbeit suchen. Es findet sich immer etwas. Das Telephon ist heute schon ganz still-wie in einem heimlichen, heiteren Einverständnis.
Im Herbst komme ich vielleicht nach Paris. Es hat sich jedoch noch nichts entschieden. Aber auch, wenn ich hierbleiben muss, will ich nicht traurig sein. Ich habe soviel gehabt, soviel genommen, dass es noch lange reichen könnte; aber auch, wenn es nicht reicht – man kommt mit so wenigem aus. Später einmal werden wir sowieso nur wenig Gepäck mitnehmen dürfen, vielleicht überhaupt keines.
Du erwartest ja nicht, dass ich heute schon etwa zu "uns" beiden sage, ich kann jetzt nicht gut denken, ich muss zuerst wegkommen von allem, nur fürchte ich, dass ich dann auch von Dir zu weit weg sein werde. Schreibe mir bitte zuweilen. Schreibe mir nicht zu vage, erzähle ruhig, dass der Vorhang vor unserem Fenster schon wieder abgebrannt ist und uns die Leute zusehen von der Strasse.

Von Herzen

Deine

Ingeborg

Lass die Nani innig grüssen von mir.
Milo Dor hat sich sehr gefreut.

4. Juli: Ich lege diesen Brief nun bei, – es ist einer von vielen, die [illegible] und alle schon [illegible] – damit Du Dir ein bisschen ausdenkst.

Abb. 12

As Lines so Loves oblique may well
Themselves in every Angle greet:
But ours so truly Parallel,
Though infinite can never meet.

Therefore the Love which us doth bind,
But Fate so enviously debarrs,
Is the Conjunction of the Mind,
And Opposition of the Stars.
(Andrew Marvell, The Definition of Love)
5.11.

16

am 5. November 1957.

Eine kurze Nachricht, Ingeborg, mit der ich
vielleicht Deiner Antwort zuvorkomme: heute kam
ein Brief aus Tübingen, man schlägt mir die
erste ~~Novemb~~ Dezemberwoche vor, ich werde annehmen.
Die Reise geht dann wohl zunächst über
Frankfurt, wo ich bei Fischer ~~für~~ das Honorar
für eine kleine Übersetzung, an der ich jetzt
arbeite, abholen will, am 29. oder 30. kann
ich in München sein. Ich kann ein paar
Tage bleiben, drei oder vier, sag, ob Du's
noch willst.

Gisèle weiß, daß ich zu Dir fahren will,
sie ist so tapfer!

Ich werde nicht weggehen, nein.

Und wenn Du nicht willst, daß ich von

Abb. 13a

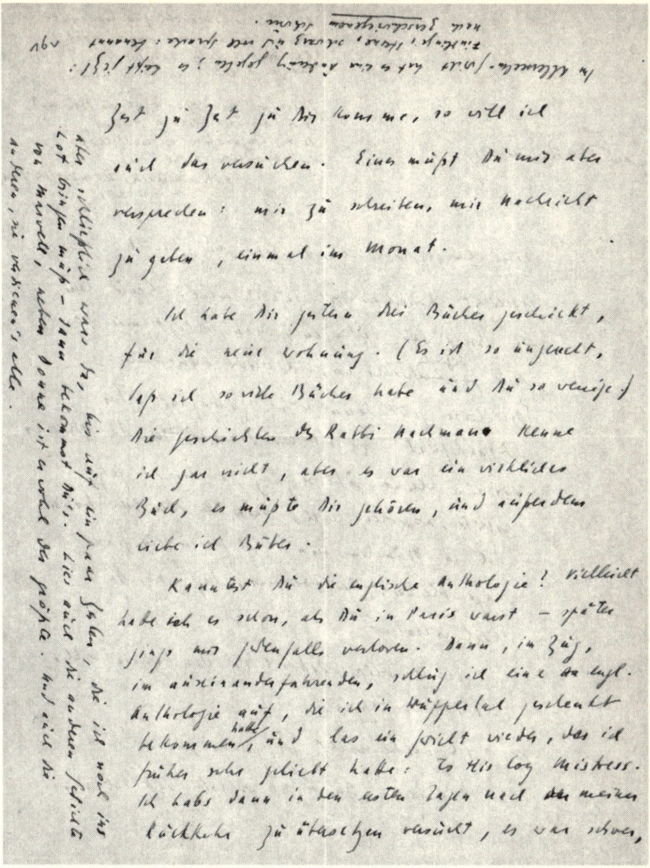

[illegible] zu Dir komme, so will ich
mich das versuchen. Eines mußt Du mir aber
versprechen: mir zu schreiben, mir Nachricht
zu geben, einmal im Monat.

Ich habe Dir gestern drei Bücher geschickt,
für die neue Wohnung. (Es ist so ungerecht,
daß ich so viele Bücher habe und Du so wenige.)
Die Geschichten des Rabbi Nachman kenne
ich gar nicht, aber es war ein wirkliches
Buch, es müßte Dir gehören, und außerdem
liebe ich Bücher.

Kanntest Du die englische Anthologie? Vielleicht
habe ich es schon, als Du in Paris warst – später
ging sie mir jedenfalls verloren. Dann, im Zug,
im auseinanderfahrenden, schlug ich eine engl.
Anthologie auf, die ich in Wuppertal geschenkt
bekommen habe, und las ein Gedicht wieder, das ich
früher sehr geliebt habe: To His Coy Mistress.
Ich habs dann in den ersten Tagen nach meiner
Rückkehr zu übersetzen versucht, es war schwer,

Abb. 13b

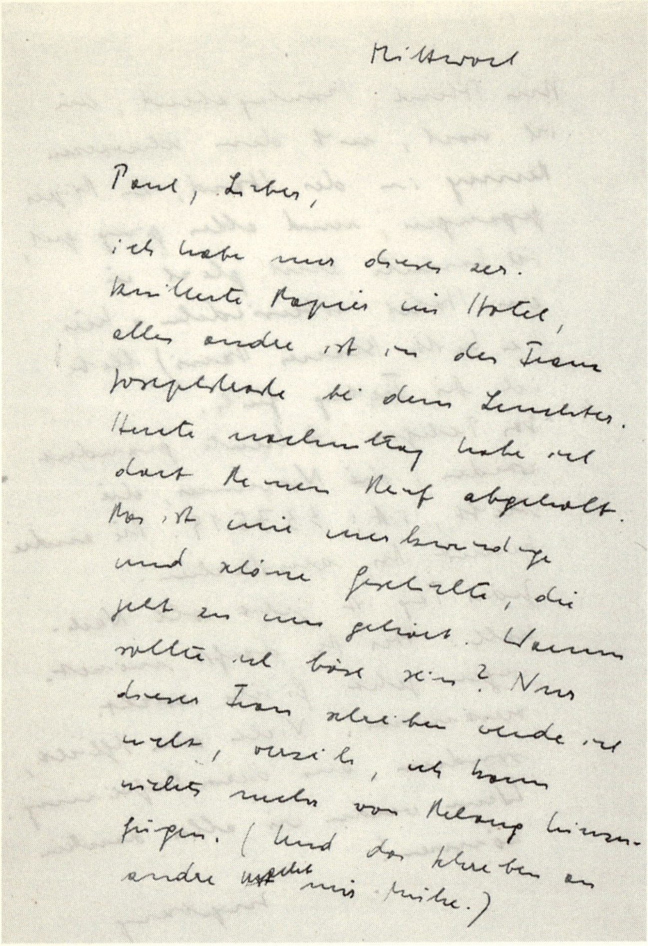

Mittwoch

Paul, Lieber,

ich habe nur dieses zer-
knitterte Papier im Hotel,
alles andre ist in der Trans-
portkiste bei dem Leuchter.
Heute nachmittag habe ich
dort Deinen Brief abgeholt.
Das ist wie eine wunderbare
und schöne Geschichte, die
jetzt zu uns gehört. Warum
sollte ich böse sein? Nur
diesen Traum schreiben würde ich
nicht, verzeih, ich kann
nichts mehr von Belang hinzufügen. (Und das Schreiben an
andre ~~ist~~ macht mir Mühe.)

Abb. 14a

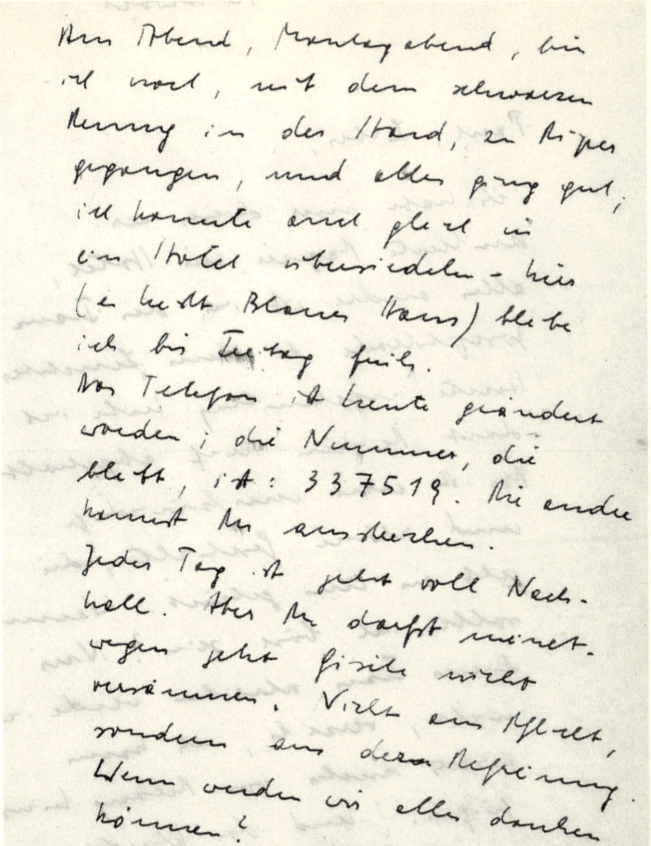

Am Abend, Montagabend, bin ich noch, mit dem schweren Koffer in der Hand, zu Riegers gegangen, und alles ging gut; ich konnte auch gleich in ein Hotel übersiedeln – hier (es heißt Blaues Haus) bleibe ich bis Freitag früh.
Das Telefon ist heute geändert worden; die Nummer, die bleibt, ist: 337519. Die andere kannst Du ausstreichen.
Jeder Tag ist jetzt voll Nachhall. Aber Du darfst meinetwegen jetzt Gisèle nicht versäumen. Nicht am Abschied, sondern an deiner Hoffnung. Wann werden wir alles denken können?

Ingeborg

Abb. 14b

Allemagne
Mademoiselle Ingeborg Bachmann
Biederstein
München 13
Franz-Josephstr. 9A
PAR AVION
MONTEVIDEO

Abb. 15

-JAHRFEIER
MÜNCHEN
58 1958
UNI -31. AUG.
(13b) MÜNCHEN BPA 1
19.1.58.-12
dh
800-JAHRFEIER
MÜNCHEN
1158
14. JUNI
INTERNATIONALE
BRIEFWOCHE
1957
20
DEUTSCHE
BUNDESPOST
M. Paul Celan
78, Rue de Longchamps
PARIS 16ème
FRANCE

Abb. 16

Ich ann alles überstehen durdh Gleichmütigkeit, urch eigän gelehtich
Anfall ðmhselimmsten Falö Es fiele mir nich ein, mich an jemand zu
wenden, um Hilfe, auch nih an Dich, we l ich mich stärker fühle.
ch belage mich nicht. Ich habe, ohne es zu wissen, gewusst,,
dass di s r weg , den ich einschlagen woll e, einsc lagen habe, nicht
mit Rosen einfass s in würde.
Du sag s, Maian vereide Dir Deine Uerbersetzungen.Lieber Paul, ich
as war vielleicht das einzige, das i h ein wenig angezweifelt habe,
ch meine nich Deine B richte, ondern ihre Auswikungeen, aber ich
glaube Dr Dir jetzt vollkommen, denn ich habe nun die B sarzgike ti
der professionellen Uebersetzer auch zu spüren bekommen, mit d ren
xxxxxxxxxx Einkischung ich auch nicht rechnete. Man macht sich einen
Wtz daraus, ber meine angeblichen Fehler zu sprechen, Leute, die
was mich nicht kr ne wrde, behlechter italinische können und
ancre, diees vielleicht besser könn n, abr jedenfalls Leute, die
kein Ahnung haben, wie ein Gedicht im Deutscen aussehen sollte.
Versteh t Du: ich glyube Dir, alles, alles. Nur glaube ich nicht,
dass sch der Klatsch, die Kritik, auf Dich bescrän en, denn
ich könnte benesogut des Gkäubens sein, dass sie si h auf mich be
schränken. Undich könnte Dir beweisen, wie Du mirbeweisen kannst,
dass es so ist.
as ich nict kann: es Dir ganz beweisen, weil ich die anonymen und
andren Papirfetzen wegwerfen, weil ich laube, dass ich stärker bin
als diese Fetzen,
und ich will, dass Du stärker bist, als diese Fetzen, ie nichts,
nichts besagem.
Abr das willst Du janicht wahrhaben, dass dies nih s besagt, Dunwillst,
dass es träker ist, Du willst Dich begraben lassen darunter.
Das ist Dein Unglück, das ich für starker halte als das Unglück, das
Dir widerfährt. Du willst das Opfer sein, aber es lieg an Dir, es
nicht zu sein, und ich muss denken an das Buch, das Szondisc ibe,
an das moto, das mich etroffen ht weil ich nicht anders könnte, als
an Dich denken. Gewiss, es wird, es kommt, es wirdjetzt von aussen
kommen, aber Du sanktionierst es. Und es ist die Frage ob du es sankti
i r , es animmst. A er das istbdann Deine Gescichte nd dass
wird nicht meine Gesihte sein, ennn Du dich ü erwälitigen lässt
davon. Wenn Du eingeshts darauf. Du gehst daraufnein. Das nehme
ich dir übel. Du gehst daraufnein, und gibst ihm dadu ch den Weg frei.
Dunwillsr der ein, das dran zugchanden wird, aber ic ann das nicht
guthissen, denn du kannst es ändern. Du willst, dass die Schuld haben
an dir, xxxx und das werde ich nicht hindern können, dass es willst.

Abb. 17a

Verstehst Du mih einmal, von e e aus: ich glaube niht, dass die Welt
sich ändern kann, aber wir können es und ich wünsche, dass Du es
kannst. Hier sette der Hebel an. Nicht der "Strassenfeger" kann es weg
yondern Du annst es, Du allein. Du wirst sage; ich verlange zuviel
von Dir für Dich. Das tue ich auch. (Aber ich verlange es auch von
mir für mich, darum wage ich es, Dir das zu sagen) Man kann nichts
anders verlangen. Ich werde es nicht ganz erfülle können und das
Du wirst es nich t ganz rfüllen könne, aber af dem Weg zu dieser
Erfüllung ird vieles wegfallen.

Ich bin oft sehr bitter, wenn ich an Dich denke, und manchmal v rzeihe
ich mir nicht, dass ich Dich niht hasse, für dieses Gedicht, diese
Mordbeschuldigung, die Du geschrieben hast. HtaDih je einMwnwxhc,
den du liebst , des Mordes beschuldigt, ei Unschuldiger? Ich hasse
Dich nicht, das ist das Wahnsinnige, jd wenn je etwas gerad und
gutnwerden soll: dann versuch auch hier anzufangen, mir zu antworten,
nicht kit Antwort, sondernmi keiner schriftlichen, sondern
im Gefühl, in der Tat. Ich erwarte darauf, wie auf einige andre,
keine Antwot, keine Entschuldgung, weil keine Entschuldigung ausreich
und ich sie auch nict anhemenkönnte. Ich erwarte, dass Du, dami Dur
mir h lfst, Di selbst ehilfst, Du ir.

ch habe Dir gesagt, dass Du es ser leicht hast m t mir, aber
so wahr das ist - es is auch wahr, dass Du es schwerer haben wirst
mir mir als mit irgen einem anderen. Ich bin glücklich, wenn
ich Du auf mich zkomst im Hoel du Louvre,wennn Du heiter und befreit
bist, ich vergesse alles und bin froh, dass Du heiter bist, dass
Du es sein kannst. Ich de ke viel an Gisele, wenn es mir auh
nicht gegeben ist, das seh laut werden zu laasen, am wenigsten ihr
g enüber, aber ich denke wiric an sie und bewundre sie für eine
Grösse und Standhaftigkeit, die Du ichts hast. Das musst Du mir
nun verzeihen: aberich laube, dass ih e Selbstv rle gung, ihr
sc öner Solz und ih Diden vor mir mehr sind, s Dein Klagen.
Du gnügst ihr in De nem Unglüc. aber Dir würde sie nie in einem Unglück
genügen. Ich verlamge, dass ein Mann genug at an der Bestätigung
durch mich, aber Du billgst ihr das nicht zu, we.che ngerechtigkeit.

Abb. 17b

Abb. 18a

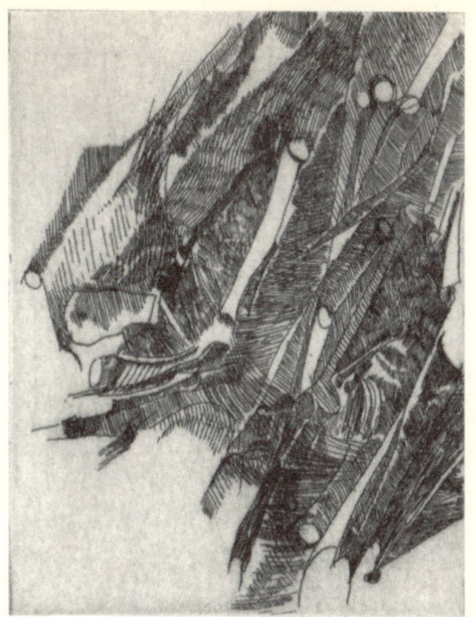

Abb. 18b und c

Kommentar

»Laß uns die Worte finden«.

Zum Briefwechsel zwischen Ingeborg Bachmann und Paul Celan

Das Liebespaar, das da im Mai 1948 im besetzten Wien zusammenfand, hatte Schicksale, die so verschieden waren wie nur irgend möglich: Die Philosophie studierende Tochter eines frühen österreichischen Mitglieds der NSDAP und ein staatenloser Jude deutscher Sprache aus Czernowitz, der beide Eltern in einem deutschen Konzentrationslager verloren und selbst ein rumänisches Arbeitslager überlebt hatte. Aus dieser nicht zu überbrükkenden Differenz leitet er, Paul Celan, sein Schreiben als jüdischer Dichter für deutschsprachige Leser ab und seinen hohen Anspruch an ein Gedicht in deutscher Sprache nach der jüdischen Katastrophe; ihr, Ingeborg Bachmann, die sich schon vor dieser Begegnung mit der jüngsten deutschen und österreichischen Vergangenheit auseinandergesetzt hatte, wird sie zum neuen Anstoß, lebenslang gegen das Vergessen zu kämpfen, Anstoß auch, sich für Celans Dichtung einzusetzen. Die Differenz wie auch das Bemühen, trotzdem, ja, gerade aus ihr heraus, das Gespräch nach teilweise tiefgreifenden Störungen immer wieder aufzunehmen, bestimmt ihrer beider Briefwechsel vom ersten Gedicht-Geschenk aus dem Mai/Juni 1948 bis zum letzten Brief im Herbst 1967. Es ist ein großes, ein so dramatisches wie bewegendes Lebenszeugnis – und doch anders, als durch die jahrelangen Spekulationen darum zu erwarten war. Unser Wissen von der Beziehung zwischen Ingeborg Bachmann und Paul Celan und deren Niederschlag in beider Werk hat mit der vorliegenden Edition endlich gesicherte Grundlagen.

Schreiben steht im Lebenszentrum beider Briefpartner, die in den 1950er Jahren oft in einem Atemzug als die Hauptvertreter der deutschsprachigen Nachkriegslyrik genannt wurden. Schreiben ist beiden aber keine einfache Sache, auch Briefe-Schreiben nicht. Das Ringen um Sprache, das Hadern mit dem Wort erhält in der Korrespondenz einen zentralen Ort. Immer wieder ist von nicht abgesandten Briefen die Rede: Manche dieser Briefe scheitern und werden weggeworfen, der eine oder andere Versuch wird immerhin aufbewahrt und steht zwischen den Briefen als Zeugnis des Zweifelns. Andere Entwürfe sind wesentlich späteren Briefen beigelegt, nicht immer vollständig, weil der Partner manches doch nicht mehr erfahren soll; auch die inzwischen vergangene Zeit ›entschärft‹ sie, so können sie das damals dem andern nicht Sagbare vermitteln. Oder besser: das nicht Schreibbare. Denn dem Mündlichen traut vor allem Bachmann mehr zu, manchmal auch nur dem Erzählen von vermittelnden Freunden, die, wie sie meint, Schwierigkeiten besser beschreiben können. Ein »Du weißt« und »Du weißt ja« ersetzen oftmals die direkte Aussage; Telegramme oder kurze Briefe kündigen ausführliche Briefe an, die nicht immer dann auch kommen. Und immer wieder die Bitten, ja, das Betteln um Briefe: Auf ein »Schreib mir nur überhaupt« (Nr. 26) reduziert Bachmann ihre Ansprüche, und Celan macht durch einen recht verqueren Satz deutlich, wie schwer ihm selbst diese Bitte wird: »Jetzt schreibe ich Dir, ein paar Zeilen nur, um Dich ebenfalls um ein paar Zeilen zu bitten« (Nr. 195). Anhaltendes Schweigen des andern läßt den Wartenden gelegentlich auch über bei sich selbst liegende Gründe nachdenken: »weil ich es Dir mit meinem Redeschwall am Telephon noch schwerer gemacht hab« (Nr. 116), oder: »Ich habe vielleicht keinen sehr klugen Brief geschrieben« (Nr. 34). Manchmal bleibt nur das Beschwören von Möglichkeiten des Gesprächs: »Laß uns die Worte finden« (Nr. 148).

Das von dem einen oder dem andern Partner als quälend empfundene oder aber von beiden in stillschweigendem Übereinkommen gewahrte Schweigen ist ein wichtiges Element in den sechs im Briefwechsel zu beobachtenden Zeitabschnitten, deren Grenzen eng mit biographischen Wendepunkten in beider Leben verknüpft sind. Zwischen den gemeinsamen Wochen in Wien und jenem letzten von 196 Dokumenten – Briefe, Postkarten, Telegramme, Widmungen und eine Gesprächsnotiz – sind das Celans Abreise aus Wien in Richtung Paris Ende Juni 1948, die für lange Zeit letzte Begegnung der beiden bei der Niendorfer Tagung der Gruppe 47 Ende Mai 1952, die Wiederaufnahme der Liebesbeziehung nach einer Tagung in Wuppertal im Oktober 1957, Bachmanns Begegnung mit Max Frisch im Sommer 1958 und schließlich die Zuspitzung von Celans psychischer Krise Ende 1961 nach dem Höhepunkt der aus den von Yvan Golls Witwe Claire Goll lancierten Plagiatsvorwürfen entstandenen Goll-Affäre, durch die der Brief*wechsel* wie andere Celans auch schließlich sein eigentliches Ende fand. Es sind dies die Schnittstellen eines durch seine Diskontinuität geprägten, sehr variantenreichen brieflichen Gesprächs: Jeder der durch die Wendepunkte markierten Abschnitte hat ein eigenes Gesicht durch einen je eigenen Ton, eigene Themen, eine eigene Dynamik, eigene Formen des Schweigens und damit eine immer wieder neu zu bestimmende Asymmetrie.

Die erste Zeit, die Zeit der Begegnung in Wien, ist im Briefwechsel mit einem kapitalen Dokument repräsentiert, Celans Widmungsgedicht »In Ägypten«. An ihm werden gleich zu Anfang wesentliche Elemente dieser Freundschaft deutlich, die bis zum Schluß ihre Gültigkeit behalten. In der Rhetorik des Dekalogs legt das durch den Titel in einem Exil verortete Gedicht einen grundlegenden Gegensatz offen zwischen drei mit jüdischen Namen bedachten Frauen, denen das angesprochene Du zugehörig ist, auf der einen und einer nur durch ihr Fremdsein Charakterisierten auf der anderen Seite. Von einer ungenannten Instanz wird dem Du als Sprechendem *und* als Liebendem ein vermittelndes Verhältnis zu beiden Seiten in neun ›Geboten‹ zur Pflicht gemacht – ein erotisches Verhältnis und zugleich eines zwischen Dichter und Leser, das der Differenz eingedenk bleibt. Ohne die Trauer um die der Vergangenheit Zugeordneten ist die Verbindung der in der Gegenwart verorteten Fremden zum Du nicht möglich; die Zuwendung zur Namenlosen, zur Nichtjüdin allein aber ermöglicht ein Gedenken an die Verlorenen, an die dem Du im Schmerz Zugehörigen. Bachmann *ist* nicht diese Fremde; fast zehn Jahre später wird Celan gerade an diesem Gedicht deutlich machen, wie differenziert er die Beziehung zwischen Leben und Gedicht sieht, das *immer neu* im Lesevorgang zu aktualisieren ist: »Sooft ichs lese, seh ich Dich in dieses Gedicht treten: Du bist der Lebensgrund, auch deshalb, weil Du die Rechtfertigung meines Sprechens bist und bleibst.« (Nr. 53) Das immer neue Ins-Gedicht-Treten wird möglich, weil die Begegnung – auch wenn Celan ebendies, ein von Bachmann in einem frühen Pariser Brief sorgfältig *durch-*

gestrichenes Wort aufgreifend, bestreitet – etwas »Exemplarisches« (Nr. 18 und 19) hat und genau dies schon dem Widmungsgedicht eingeschrieben ist.

Derart sicher über die Bedeutung ihrer Begegnung füreinander und für das je eigene poetische Sprechen ist sich keiner der Briefpartner in den Jahren unmittelbar danach. Die recht lockere Brieffolge zwischen der Jahreswende 1948/49 und dem Frühjahr 1952 ist geprägt durch Reflexionen über das, was war, und unermüdliche Versuche, auch nach als endgültig verstandenen Trennungen wieder eine lebbare Form für die Beziehung zu finden. Die wenigen Wiener Wochen sind Bezugspunkt, wenn sie auch nicht wiederholbar sind, nur die »Freundschaft« bleibt schließlich möglich. Das immer neue Scheitern wird Celan 1957 als ein unverständliches »zu Tode hetzen« mit »Geringfügigem« (Nr. 63) charakterisieren. Wirkliche Gründe für die ständigen Mißverständnisse erfährt der Leser nicht, die vermittelnden Gespräche mit den gemeinsamen Freunden Nani und Klaus Demus haben nur wenige, die Auseinandersetzungen während Bachmanns beiden Paris-Aufenthalten 1950 und 1951 so gut wie keine Spuren hinterlassen. Wohl aber wird deutlich, daß die Initiative für neue Versuche vor allem von Ingeborg Bachmann ausgeht und daß sie am brieflichen Gespräch nicht nur materiell, sondern auch emotional den größeren Anteil hat. Zu Recht muß sie schließlich formulieren: »Ich habe alles auf eine Karte gesetzt und ich habe verloren« (Nr. 28). Dennoch ist die Korrespondenz dieser Zeit in ganz erstaunlichem Maße auf Celan zentriert. Eine wichtige Rolle spielt dabei sein Werk, für das Bachmann Sorge zu tragen versucht, wo immer sie kann, auch und gerade in Zeiten der relativen Distanz. Ihre Briefe schwanken zwischen einem märchenhaften, ›romantischen‹, das Verlorene heraufbeschwörenden Ton und ganz sachlichen Hinweisen auf Zeitschriften, Verleger oder die Fahrtstationen nach Niendorf – und das manchmal in ein und demselben Brief. Wie Anfang 1958, als es darum geht, die Texte für die Zeitschrift ›Botteghe Oscure‹ zusammenzustellen, werden derartige Brüche auch jetzt gelegentlich in den Briefen selbst reflektiert.

Die lange und karge Zeit nach Niendorf – nur elf Dokumente in mehr als fünf Jahren – liegt abgesehen von einem Widmungsexemplar Celans ganz in Bachmanns Händen. Sie bemüht sich wenigstens um das Aufrechterhalten der von Celan vorgeschlagenen freundschaftlichen Verbindung, und sei es durch reine Lebenszeichen – Unterschriften auf Kartengrüßen Dritter, wie sie der Briefwechsel nur ein weiteres Mal, im schwierigen Frühjahr 1960, kennt – oder, noch ›stummer‹, durch ein vom Verlag in ihrem Namen gesandtes Buchgeschenk. Erstmals präsent ist hier jedoch Bachmanns Werk, nicht nur mit einem Widmungsexemplar, sondern auch mit den einem Brief beigelegten vier Einzelgedichten für eine von Celan zu verantwortende Österreichische Anthologie. In geradezu unhöflich zu nennender Weise äußert er sich nicht dazu, die Aufnahme eines einzigen dieser Gedichte in die engere Auswahl jedoch ist aussagekräftig: Hinter dem poetischen Sprechen von »Große Landschaft bei Wien« steht nicht nur die gemeinsame Wiener Erfahrung; es ist auch eines von den Gedichten Bachmanns, die frühe Gedichte Celans zitieren, Gedichte also, die sie in der Wiener Zeit kennenlernte. Während der mehrjährigen, kaum unterbrochenen Pause nach den unbeantworteten Briefen zur Anthologie scheint Bachmann, die 1956 wohl ohne Wissen Celans länger in Paris war, das Gespräch außerhalb des Briefwechsels in dieser poetischen Weise weitergeführt zu haben: Viele der ab 1953 entstehenden Gedichte von *Anrufung des Großen Bären* zitieren, wie schon manche aus *Die gestundete Zeit*, Celans frühes, gelegentlich auch sein aktuelles Werk, *Von Schwelle zu Schwelle*, aus dem wohl von Dritten erhaltene Einzelmanuskripte in ihrem Besitz waren. Celan hat dieses zitierende Gespräch durch – vielleicht gezielte – Vorabdrucke von Bachmanns Gedichten wahrnehmen können: »Das Spiel ist aus« oder Teile der »Lieder von einer Insel« etwa im ›Jahresring 54/55‹, wo auch Gedichte von ihm selbst enthalten waren. Auch dieses ›Gespräch‹ bleibt jedoch einseitig, selbst eine derartige *poetische* Antwort erhält Bachmann nicht, das gilt jetzt wie später. Daß Bachmanns *Werk* in Celans Gedichten wohl nicht präsent ist, heißt aber nicht, daß sie nicht auch nach »In Ägypten« als *Person* Anstöße zu wichtigen Gedichten gegeben hätte. Offensichtlich ist das in den Gedichten aus der Zeit der Liebesbeziehung 1957/58. Vielleicht haben aber auch spätere Texte mit Auseinandersetzungen zwischen den beiden oder mit späten Erinnerungen zu tun: das nicht von Celan veröffentlichte, wohl im Herbst 1959 entstandene »Es kamen Jahre, eh du kamst« etwa, »Flimmerbaum« aus dem Frühjahr 1961 oder das 1964 nach einem Rom-Aufenthalt geschriebene Gedicht »Mittags«.

Daß aber auch Celan das *Gespräch* weitergeführt hat, zeigt die Heftigkeit, mit der sich nach der Wuppertaler Begegnung der Charakter des Briefwechsels ändert. Das neuerliche Aufeinanderzugehen war sicherlich ›vorbereitet‹: Celan kaufte 1956 in Köln *Anrufung des Großen Bären*; und er war erstmals seit 1948 im Sommer 1957 in Wien, wo er Bachmann, die sich in Rom aufhielt, zwar nicht traf, wo er aber das Gedicht »Sprachgitter« schrieb, in dem er die u. a. mit »In Ägypten« formulierte Differenz neu zu fassen versuchte. Den kürzesten und zugleich reichsten Abschnitt des Briefwechsels nach der Wiederbegegnung dominiert nun Celan materiell wie emotional, er schreibt Briefe von einer Intensität, wie sie in Celans Korrespondenz überhaupt einmalig ist. Jetzt ist er ihr als Person wieder und dem Werk vielleicht erstmals wirklich zugewandt. Jetzt reflektiert er auch die Einzigartigkeit dieser Beziehung. Er überschüttet sie so sehr mit Briefen und Gedichten, daß ihr das Antworten unmöglich wird. Nun mutet sie ihm Schweigen zu; zumindest anfangs scheint sie sich zum Selbstschutz – Celan ist verheiratet und hat einen Sohn – Distanz aufzuerlegen. Trotz der vier Begegnungen und der zahlreichen, z.T. durch Briefe belegten Telefongespräche stellen die kurzen Monate auch von der Dichte des brieflichen Gesprächs her einen Höhepunkt dar. Die neue, die alte Liebe steht im Zentrum: »Du warst, als ich Dir begegnete, beides für mich: das Sinnliche *und* das Geistige. Das kann nie auseinandertreten, Ingeborg« (Nr. 53). Nicht umsonst ersetzen unbegleitete Gedichte Celans vor allem anfangs Briefe; mit den Widmungsexemplaren und einer Fülle von beigelegten Gedichten und Gedichtübersetzungen sind sie Zeugnisse für die poetische Dimension des Ereignisses. Erinnerungen an die Begegnungen in Wien und Paris, an damals entstandene Gedichte, tragen mit dazu bei. Und in den Jahren danach wird das Erleben zwischen Oktober 1957 und Mai 1958 selbst Bezugspunkt für Erinnerungen.

Im ersten Herbst ihres Zusammenlebens mit Max Frisch formuliert Bachmann in diesem Sinn: »der vergangene Herbst drängt sich in diesen Herbst« (Nr. 107). Der Briefwechsel steht nun unter dem Zeichen einer von beiden wie auch von den jeweiligen Partnern akzeptierten, einander freundschaftlich zugewandten, wenn auch keineswegs immer unproblematischen Beziehung. Die ergänzend gegebenen Korrespondenzen zwischen Max Frisch und Celan mit 16 sowie zwischen Bachmann und Celans Frau Gisèle Celan-Lestrange mit 25 französischen Briefen sind eng in das briefliche Gespräch einbezogen, ja, sie gehören tatsächlich dazu. Nicht nur werden manche dieser Briefe zum Thema der Auseinandersetzung zwischen Bachmann und Celan; nicht wenige der Briefe an den Partner werden stellvertretend für solche geschrieben, die an den eigentlichen Adressaten zu richten schwierig oder unmöglich scheint, und das briefliche Gespräch kommt dadurch manchmal erst wieder in Gang. In diesem Zeitabschnitt spitzt sich eines der Themen zu, die das literarische Gespräch im Briefwechsel als ganzem bestimmen und die mit dem je verschiedenartigen Anspruch an das eigene Schreiben verbunden sind. Welche Kompromisse verträgt Dichtung, wenn sie als »Grabschrift« verstanden wird, wie Celan in einem bewegenden Brief zur »Todesfuge« formuliert (Nr. 145)? Welche, wenn die Sicherung des Lebensunterhalts – Bachmann ist in einer völlig anderen Situation als der durch seine Heirat materiell abgesicherte Celan – immer mitbedacht werden muß? Welche Förderung braucht das Werk des jeweils anderen? Bachmann steht ganz grundsätzlich zu Celans Werk. Umgekehrt ist Celan, für den es kein derartig uneingeschränktes Einverständnis mit dem ihren zu geben scheint, wohl der Auffassung, Bachmanns Gedichte, Hörspiele, Erzählungen oder Übertragungen hätten von sich aus Erfolg und also keine besondere Förderung nötig. Wie schon zehn Jahre vorher überschätzt Celan noch 1961 die Möglichkeiten der Nichtjüdin Bachmann im österreichischen wie im deutschen Literaturbetrieb im Vergleich zu den Widerständen bei weitem, die er dem eigenen Werk als dem Werk eines Juden gegenüber wahrnimmt. Die mit dem frühen Widmungsgedicht formulierte Differenz bleibt bestimmender Rahmen auch da, wo beide Partner in außergewöhnlichen Briefen ihr Verhältnis zu Martin Heidegger darstellen: Während Bachmann von ihrer profunden Kenntnis aus der Zeit der Promotion her differenziert über den Philosophen und den in die Politik Verstrickten spricht, stellt Celan seine Einschätzung in für ihn typischer Weise in den Zusammenhang mit der *aktuell* wahrgenommenen Alibi-›Verarbeitung‹ der deutschen Vergangenheit, ›richtet‹ ihn also nicht ein für allemal und nicht unabhängig von diesem Heute. Das briefliche Gespräch mit Celan hat in den Jahren Bachmanns mit Frisch schon durch die zumindest anfängliche materielle Ausgewogenheit im Anteil der beiden eine neue Qualität. Anders als etwa in den von seiner Seite her stummen Jahren nach 1953, als die Plagiatsvorwürfe durch Claire Goll beginnen, vertraut Celan der Freundin nun die tiefen Kränkungen durch seine Zeitgenossen und Leser an, die in diese Zeit fallen: antisemitische Angriffe im Zusammenhang mit einer Lesung 1958 in Bonn, die als antisemitisch empfundene *Sprachgitter*-Rezension von Günter Blöcker 1959 und die neuen Plagiatsvorwürfe 1960. Nach wie vor ist Bachmann bereit, auch nach Kränkungen auf Celan zuzugehen und ihm nach Kräften zu helfen. Die Ausgewogenheit des Briefwechsels spiegelt sich aber auch in einem Selbstbewußtsein Bachmanns, wie es vorher nur selten so deutlich wird. Denn sie fordert nun gleichzeitig mit ihrem Einsatz für Celan ein, daß auch er ihre Probleme wahrnimmt: die z.T. durch Celans Ansprüche an unbedingte Solidarität ausgelösten Probleme in ihrer Partnerschaft mit Frisch, ihre banal-materiellen Sorgen wie auch die mit dem deutschen Literaturbetrieb. Und sie erwartet, daß auch Celan ihr Werk so beachtet, wie er seines von ihr beachtet sehen will. In den Zeitraum fällt Bachmanns von der Presse keineswegs mit Wohlwollen mitvollzogene Wende zur erzählenden Prosa, die sich schon Anfang 1958 in den Briefen andeutet – im übrigen parallel zu einer neuerlichen, aber nie derart ausschließlichen und schließlich auch wieder aufgegebenen Beschäftigung Celans mit erzählenden Texten. Das 1958 dem letzten Brief Bachmanns *vor* der Begegnung mit Frisch beigelegte kleine Gedicht »Wohin wir uns wenden im Gewitter der Rosen«, das bereits gleich nach der Wuppertaler Wiederbegegnung im Briefwechsel eine Rolle spielt und als einzige nicht zweckgebundene Gedichtbeilage an sich schon ein Ereignis darstellt, scheint unter diesem Licht ein Abschied, nicht nur von der Liebe zu Celan, sondern auch vom Gedicht als Zentrum der literarischen Beschäftigung. In die gleiche Zeit fällt mit ihren Ungaretti-Übertragungen auch die Hinwendung zu einer bisher von Celan ganz für sich beanspruchten Form literarischen Arbeitens. In einem Briefentwurf vom Herbst 1961 (Nr. 191) formuliert sie ihre Forderungen an eine gleichberechtigte Freundschaftsbeziehung zu Celan und ihre Deutung seiner Situation in beeindrukkender Hellsicht und Schärfe – und zieht eine, wenn sie auch den Adressaten nicht erreicht, bewegende Bilanz.

Die Jahre des Briefwechsels nach 1961 liegen – spiegelbildlich zu Bachmanns Dominanz in den Jahren zwischen 1952 und 1957 – ganz in der Hand Celans. Aber gerade seine beiden nur kurzen Briefe in großem Abstand zeigen, wie sehr sich die Briefpartner, obwohl kein persönlicher Kontakt mehr besteht und trotz Bachmanns stummer Verweigerung eines Neuanfangs, einander zugewandt bleiben. Beide Male reagiert Celan auf durch Informationen von gemeinsamen Bekannten ergänzte Nachrichten über Bachmann aus der Presse. Im letzten Brief ist das die standhafte und zornige Verteidigung des Übersetzers Celan durch die Freundin, als ihr eigener Verlag ihm für Achmatova-Übertragungen den höchst belasteten Nazi-Dichter Hans Baumann vorzieht. Der so kurze wie bewegende Brief zeigt – wie im übrigen auch der Briefwechsel Bachmanns mit Gisèle Celan-Lestrange über Celans Tod hinaus und nicht zuletzt ihr mit Celan immer wieder zitierendsprechender *Malina*-Roman – die Unzerstörbarkeit einer besonderen Beziehung bei allen darin wahrnehmbaren Zerstörungen, und dies gerade auch über das dem Briefpapier anvertraute Wort hinaus.

Barbara Wiedemann und Bertrand Badiou
Februar 2008

Das Briefgeheimnis der Gedichte

Poetologisches Nachwort

»Mein Leben ist zu Ende, denn er ist auf dem Transport im Fluß ertrunken«, sagt das Traum-Ich vom Fremden mit dem schwarzen Mantel in Ingeborg Bachmanns Roman *Malina* (1971): »er war mein Leben. Ich habe ihn mehr geliebt als mein Leben« (IBW 3,195). Im April 1970 hatte sich Paul Celan in die Seine gestürzt und war ertrunken. Bachmanns Roman erinnert in der »Legende der Prinzessin von Kagran« und im Traum-Kapitel an die Liebe zu Paul Celan. Das Wort »Transport«, aus dem Vokabular der NS-Vernichtungsbürokratie, bringt seinen Selbstmord mit der Katastrophe der Judenvernichtung in Verbindung. Die nach Celans Tod in den entstehenden Roman eingefügten Teile – die »Legende« und die Traum-Szenen im Kapitel »Der dritte Mann« – sind eine Gedächtnisschrift für den einstigen Geliebten, ein Gewebe von Zitaten aus Celan-Gedichten und aus biographisch signifikanten Erinnerungen wie dem schwarzen Mantel oder der singenden Stimme des Fremden.

»Ich möchte das Briefgeheimnis wahren. Aber ich möchte auch etwas hinterlassen«

Die Liebesbeziehung zwischen Ingeborg Bachmann und Paul Celan stellt eines der dramatischsten Kapitel der Literaturgeschichte nach 1945 dar. Durch den hier edierten Briefwechsel wird die literarische wie die geschichtliche Dimension der Beziehung zwischen den beiden bedeutenden deutschsprachigen Dichtern in ihrem ganzen Ausmaß erkennbar. Es sind symptomatische Schriften, deren Geheimnis im Problem von Schreiben und Autorschaft nach Auschwitz liegt. Das »Exemplarische« ihrer Beziehung und ihres Briefwechsels (Nr. 18 u. 19) ist beiden Schreibenden bewußt gewesen. Indirekt bereits im ersten Gedicht, »In Ägypten«, dann in späteren Briefen direkt ausgesprochen, führt diese Frage zum zentralen Motiv des Briefgeheimnisses im letzten Kapitel von *Ma-*

lina. Ähnlich wie Celan mit dem Topos der Literatur als Flaschenpost gab Bachmann der Rätselfrage des Privaten und Persönlichen in der Literatur eine grundsätzlichere, existentielle Wendung. In den Briefen ist ihrer beider je einmalige »Stimme« und »Stummheit« aufbewahrt, nur schutzloser und preisgegebener noch als im Briefgeheimnis der Gedichte, widersprüchlicher auch und dramatischer, weil hier *zwei* sterbliche »Seelenwesen« (GW III 177) miteinander und gegeneinander ihren Weg suchen, jedes mit seiner einmaligen Herkunft und Geschichte geschlagen.

»Seht, ich schlaf bei ihr!«

»Der surrealistische Lyriker Paul Celan« habe sich »herrlicherweise« in sie verliebt, schreibt Ingeborg Bachmann am 20. Mai 1948 ihren Eltern. Ihr Zimmer sei »ein Mohnfeld«, denn er beliebe sie »mit dieser Blumensorte zu überschütten« (Nr. 1/Anm.). Drei Tage später widmet ihr Celan das Gedicht »In Ägypten«, ein Liebesgedicht, das den Briefwechsel eröffnet (vgl. Abb. 11).

Bachmann und Celan begegneten einander im Nachkriegs-Wien, wo sie Philosophie studierte und er sich nach der Flucht aus Rumänien als ›displaced person‹ aufhielt. Nie hätten sie einander finden können, wenn Bachmann sich nicht schon vorher aus der von Nationalsozialismus und Krieg bestimmten Vater-Welt ihrer Herkunft zu befreien begonnen und sich als Jugendliche aus der völkischen Gemeinschaft der NS-Zeit absentiert hätte. Das Lesen und Schreiben wurde zur inneren Emigration. Mitten in der Zeit des ›Totalen Kriegs‹ stellte die Siebzehnjährige in einer historischen Erzählung der mörderischen NS-Politik die Idee einer die Grenzen überschreitenden Sprache und ihre Utopie der Brücke entgegen. Auf dem Terrain des Heimatromans erschuf sich die Schülerin jenes Andere, das ihr die in der Nazi-Zeit verbotenen Bücher bedeuteten. Im Tagebuch nennt sie bei Kriegsende »Thomas Mann und Stefan Zweig und Schnitzler und Hofmannsthal« (PNIB), die in ihr den »Glauben an das ›Andere‹ befestigt« haben, von dem sie sich nie mehr abbringen lassen wollte (Nr. 26).

Nach der Befreiung durch die Alliierten im Frühsommer 1945 bekam sie Kontakt zu einem Offizier der Royal Army, einem jungen jüdischen Intellektuellen, der aus Österreich ins englische Exil geflüchtet war und nun mit der Befreiungsarmee – und nur als Befreiung konnte sie den Sieg der Alliierten verstehen – zurückkehrte. In der Freundschaft mit ihm wurde ihr bewußt, was es in Österreich auch nach dem Ende der Nazi-Herrschaft, nach dieser »Katastrophe«, hieß, »mit dem Juden gehen« (PNIB). Er, Jack Hamesh, bestärkte sie in ihrem Wunsch, Philosophie zu studieren. Als Studentin kam sie dann über Innsbruck und Graz nach Wien, nicht zuletzt ihres eigenen Schreibens wegen. Davor schon hatte sie Kontakt zu literarischen Institutionen in Wien aufgenommen. Sie setzte dort ihr Philosophiestudium fort. Im September 1947 machte sie die Bekanntschaft von Hans Weigel, dem bekannten, aus dem Exil nach Wien zurückgekehrten Schriftsteller und Literaturförderer. Mit ihm ging sie eine sehr freie Lebensgemeinschaft ein, die weiter fortbestand, als die Beziehung mit Paul Celan im Mai 1948 ihren Anfang nahm.

Celan, 1920 in Czernowitz in einem jüdischen Elternhaus geboren, war um entscheidende sechs Jahre älter als Bachmann. Seine Eltern waren in einem deutschen KZ umgebracht worden, er hatte in einem rumänischen Arbeitslager überlebt. Nach dem Krieg ging er nach Bukarest, arbeitete dort, in vielen Sprachen und Literaturen zu Hause, als Übersetzer und schrieb weiter an seinem literarischen Werk. 1947 erschien die »Todesfuge« auf Rumänisch. Im Dezember 1947 flüchtete er, gelangte über Ungarn nach Wien, wo er schon von Bukarest aus mit seinen Gedichten angekündigt worden war. Alfred Margul-Sperber, Celans rumänischer Mentor, nannte seine Gedichte in einem Brief an Otto Basil, den Herausgeber des »Plan«, der wichtigsten Literaturzeitschrift im Nachkriegs-Österreich, »das einzige lyrische Pendant des Kafkaschen Werkes« (9. 10. 1947), eine Einschätzung, die das »Gedichtbuch« – der spätere Lyrikband *Der Sand aus den Urnen* – indirekt als Gedächtnis der jüdischen Katastrophe würdigte.

Bei der im Mai 1948 beginnenden Beziehung zwischen der angehenden Dichterin und dem Autor, der, wie es ihm die Notiz zu den im Frühjahrsheft des »Plan« abgedruckten siebzehn Gedichten bescheinigt, »das wichtigste deutsche Gedichtbuch dieser letzten Dezennien« (Margul-Sperber) geschrieben hat, ist neben der gänzlich anderen Herkunft und neben der kulturellen Isolation der Jugendlichen in der NS-Zeit und in der Kärntner Provinz auch der Altersunterschied mitzudenken. Celan ist 27 Jahre alt, wenn er das Gedicht »In Ägypten« schreibt, sie ist damals 21. Sechs Jahre später wird sie, als sie so alt ist wie er bei ihrer Begegnung in Wien, die Gedichte für ihren zweiten – und letzten – Lyrikband *Anrufung des Großen Bären* (1956) schreiben.

Autorschaften

»In Ägypten« (Nr. 1) verkündet neun Gebote der Liebe und des Schreibens nach der Shoah. »Du weißt auch«, schreibt ihr Celan in einem späteren Brief zu diesem Eingangs-Gedicht ihrer Beziehung, »Du warst, als ich Dir begegnete, beides für mich: das Sinnliche *und* das Geistige. Das kann nie auseinandertreten, Ingeborg« (Nr. 53). »In Ägypten« spricht vom Schmerz über den Tod der einst und immer geliebten jüdischen Frauen – »Ruth! Noemi! Mirjam!«, und es bestimmt den neuen, festlichen Bund: Erinnerung an die Toten in der Liebe »zur Fremden«, wodurch jede bisherige Liebe überstiegen wird – »Du sollst die Fremde neben dir am schönsten schmücken. / Du sollst sie schmücken mit dem Schmerz um Ruth, um Mirjam und Noemi. / Du sollst zur Fremden sagen: / Sieh, ich schlief bei diesen!« Das Gedicht, eine utopische Blasphemie gegenüber den geläufigen historischen und religiösen Übereinkünften, beauftragt das angeredete männliche Du mit dem Totengedächtnis. Die neun Gebote regeln die Beziehung zu den jüdischen Frauen, und »die Fremde« wird als Medium der Verbindung zu den Toten eingesetzt, sie ist geliebte Person und Sprache in einem. Unter dem Titel »In Ägypten« steht die Widmung: »Für Ingeborg«, am Ende stehen Ort und Datum des Gedichts: »Wien, 23. Mai 1948«.

In dem beinahe zehn Jahre späteren Brief an Ingeborg Bachmann (Nr. 53) kommt Celan auf dieses Eingangs-Gedicht ihrer Beziehung zurück. Er schreibt ihr, daß er, sooft er »In Ägypten«

liest, *sie* »in dieses Gedicht treten« sieht. Das Gedicht ist für ihn eine Schwelle zwischen den Getrennten, »die Fremde« als die geliebte Frau ist sein »Lebensgrund«, und sie sei und bleibe »die Rechtfertigung« seines »Sprechens«. In einer ähnlichen Rolle wie »die Fremde« in Celans Gedicht konnte sich die angehende Autorin 1951 in einem Schlüsselroman – *Unvollendete Symphonie* – sehen, den ihr damaliger Lebensgefährte Hans Weigel über eine junge Künstlerin aus der österreichischen Provinz schrieb. Sie, »die junge Ingeborg Bachmann«, wie Weigel die später berühmt gewordene Autorin in einer Neuauflage des Romans (1992) entschlüsselte, habe dem Überlebenden den Sinn seines Überlebens und seiner Rückkehr bewiesen. In Weigels Romantext ist sie die Beschriebene und Besprochene, auch wenn sie hier selbst als Ich des Romans spricht: »Ich habe so viel von deinen Toten gewußt – [...]. Ich habe verstanden, was es für dich bedeutet, sie so mit mir lebendig zu machen [...]. Und ich habe gesehen, wie dich die Bitterkeit darüber, daß *sie* nicht mehr da sind, nicht losläßt« (S. 74). Bei Hans Weigel – mit ihm führte Bachmann den zweiten größeren Briefwechsel der Wiener Jahre – findet sich bereits die Einsicht in eine gegenseitige Fremdheit, an der die beiden Protagonisten zwar keine persönliche Schuld tragen, die sie aber »unwiederholbar und unüberwindlich« scheidet. Sie, die Vertriebenen und Ermordeten, sind es, die »nicht hiergewesen« sind: »Das, das, unterscheidet uns. Unsere Angst ist nicht eure Angst. Unser Gerettetsein ist nicht euer Gerettetsein« (S. 183).

Weigel läßt die Frau mit *seiner* Stimme sprechen, es gibt in seinem Roman keinen Ort für *ihre* Stimme, und es gibt nicht das Problem einer weiblichen Autorschaft, so daß hier nicht vorhanden ist, was den Briefschriften und Textschriften von Bachmann und Celan ihre Dramatik verleiht, was dort die tiefreichende Störung der Kommunikation bedingt, das Sprechen am Rande des Erstickens, die verborgenen und offenen Schuldzuweisungen, die Mißverständnisse, die »Einbrüche von Schweigen« (Nr. 191) und das ganze Register eines symptomatischen Sprechens. »Schwere«, »Dunkel«, »Schweigen« und »Schuld« sind Leitwörter des Briefgesprächs, das sich immer wieder erhellen will, nicht verstummen möchte, wodurch die thematischen Wörter in der

Geschichte des Briefwechsels die verschiedensten Modulierungen, Differenzierungen und Veränderungen durchlaufen. »Nur sage ich mir manchmal, daß mein Schweigen vielleicht verständlicher ist als das Deine, weil das Dunkel, das es mir auferlegt, älter ist«, schreibt Celan am 20. August 1949 (Nr. 9).

Zweifellos war Celans »Dunkel« älter, aber sie wollte auch *ihr* Dunkel verstehen, *ihre* »Ängste«, wie eines ihrer schaurigsten Gedichte aus dem Jahr 1945 heißt, und sie bestand auf ihrer anderen Utopie, die nicht aufging in der »der Fremden« von Celans »In Ägypten«. Einen Begriff dieser anderen Geschichte, eines anderen Dunkels, einer anderen, weiblichen Geschichte der Autorschaft und einer anderen Utopie wird das ›In Ägypten‹ ihres Romans *Das Buch Franza* vermitteln. Aber das Bestehen auf ihrer Differenz bedeutet nicht, daß für Bachmann jemals die NS-Vernichtung aufgehört hätte, der Mittelpunkt und Kulminationspunkt aller bisherigen historischen und privaten Verbrechen zu sein. Vom Beginn ihrer Begegnung in Wien bis über seinen Tod hinaus hat sie Celan im eigenen Schreiben wie im unermüdlichen Bemühen für seine Gedichte als Zeugen der Vernichtung bezeugt. Bachmanns Briefe dokumentieren die vielfältigen Aspekte dieses in der Diskussion der Erinnerungskultur der Shoah »›sekundäre Zeugenschaft‹« (Lydia Koelle) genannten Auftrags: als Leserin von Celans Gedichten, als Strategin bei der Vorbereitung seiner öffentlichen Wirkung, als Schreibende, die sich auf seine Bilder der Shoah bezieht, als Dozentin der Poetik-Vorlesungen in Frankfurt, in ihrer *Todesarten*-Prosa. Sie glaubt, sie könne seine Gedichte »besser lesen als die anderen«, weil sie ihm »darin begegne«: »Immer geht's mir um Dich, ich grüble viel darüber und sprech zu Dir« (Nr. 5). Sie übernimmt seine Chiffren in die eigenen Briefformulierungen und den Lebensalltag und hält so seine Gedichte lebendig, indem sie Teil ihrer Existenz werden. »Ich lebe und atme manchmal nur durch sie«, schreibt sie und fügt mit einem Gedichtwort aus »Wasser und Feuer« dazu: »›denk, dass ich war, was ich bin‹« (Nr. 26).

Orpheus und Eurydike nach 1945

Oft sind in der Bachmann-Philologie die Celan-Zitate in ihrem Werk nachgewiesen worden, aber während das »Dialogische als poetisches und poetologisches Prinzip bei Paul Celan« (Gilda Encarnação) in avancierten Studien erforscht wurde, ist die spezifische Poetik von Bachmanns lyrischer Auseinandersetzung mit den Celan-Gedichten noch nirgends werkgeschichtlich genauer und zusammenhängender rekonstruiert worden. Die Spannungen der symptomatischen Rede im Briefwechsel, die Verkennungen und Mißverständnisse, die Schuldzuweisungen oder der im Schweigen sich manifestierende Widerspruch lassen alle harmlosen Vorstellungen von Dialog und Intertextualität fragwürdig erscheinen. Es sind die Briefpartner selbst, die die Gedichte als exemplarische Darstellung ihrer Konflikte lesen – oder auch als das erfahrene Glück der Einigung; beide reflektieren in den Briefen die Geschichtlichkeit ihrer Beziehung, sie verlangen voneinander ein »wahrheitsgetreues Erinnern« (Nr. 19 und 20), das die Voraussetzung der oft so mühsam wieder neu hergestellten Verbindung zueinander ist.

»Dura legge d'Amor«, mit dem Petrarca-Zitat am Beginn von »Lieder auf der Flucht«, überträgt die Dichterin den Topos des Liebesstreits in die Literatur nach 1945. Die Szenen ihrer Gedichte sind Schauplätze eines Kampfes, bei dem es um Leben und Tod geht. Gerade in den gewalttätigsten Szenen bezieht sich Bachmann am direktesten auf die Sprachbilder Celans und das durch sie vorgegebene ›harte Gesetz‹ des Schreibens. »Die Saite des Schweigens / gespannt auf die Welle von Blut, / griff ich dein tönendes Herz. / Verwandelt ward deine Locke / ins Schattenhaar der Nacht, / der Finsternis schwarze Flocken / beschneiten dein Antlitz« (»Dunkles zu sagen«). Die Chiffren »Schattenhaar der Nacht« und »Locke« in Bachmanns Gedicht sind Celans sprachliche Zeichen für den Judenmord – »Dein aschenes Haar Sulamith« heißt es in der »Todesfuge«, »Judenlocke, wirst nicht grau« in »Mandorla«. Bachmanns Verse »der Finsternis schwarze Flocken / beschneiten dein Antlitz« beziehen sich auf Celans Gedicht »Schwarze Flocken«, das die Ermordung seiner Eltern im Land, »wo der breiteste

Strom fließt«, am direktesten anspricht. Es beginnt mit dem Satz: »Schnee ist gefallen, lichtlos«.

Bachmanns Orpheus-Gedicht hält die dramatische Szene fest, wo die Erinnerung an den »dunklen Fluß« in die Liebesszene einbricht: »Vergiß nicht, daß auch du, plötzlich, / an jenem Morgen, als dein Lager / noch naß war von Tau und die Nelke / an deinem Herzen schlief, / den dunklen Fluß sahst, / der an dir vorbeizog.« Ihr Titel – »Dunkles zu sagen« – verändert die Wendung »wir sagen uns Dunkles« – aus Celans Gedicht »Corona« – in eine Verpflichtung, und mit Celans Chiffren für die Shoah wird auf den Grund für die Trennung der Liebenden hingewiesen. Das Gedicht schließt mit dem Trost, daß die Kunst ihr Auge aufschlägt, wenn das Auge des Liebenden sich geschlossen hat. »Und ich gehör dir nicht zu. / Beide klagen wir nun. // Aber wie Orpheus weiß ich / auf der Seite des Todes das Leben, / und mir blaut / dein für immer geschlossenes Aug.« Diesem Trost des gelungenen Gedichts, das auf der Trennung von Kunst und Leben beruht, hat Bachmann von Beginn an mißtraut. Das »weiß ich« am Schluß des Gedichts ist Teil der langen Reihe von Wendungen wie »ich weiß« oder »Du weißt ja« oder »wir wissen« in den Briefen. Noch die »Legende der Prinzessin von Kagran« in *Malina* wird an dieses Wissen erinnern, wenn »der Fremde [...] schweigsam seinen und ihren ersten Tod« entwarf. In »einer fürchterlichen Stille« hatte er »ihr den ersten Dorn schon ins Herz getrieben. Er sang nichts mehr zum Abschied«. »Sie lächelte aber und lallte im Fieber: Ich weiß ja, ich weiß!« (IBW 3,70).

»Drüben versinkt dir die Geliebte im Sand«

Bachmann schickte den Gedichtband *Die gestundete Zeit* im Dezember 1953 mit einer Widmung an Celan. Es ist keine Antwort von seiner Seite überliefert. Der Briefwechsel war zu diesem Zeitpunkt schon mehr als ein Jahr abgebrochen. Im Titelgedicht nahm sie eine Spur auf, die damals wohl nur Celan als das Briefgeheimnis des Gedichts entziffern konnte. Die Symptomatik, die sich in den Briefen manifestierte, die Schuldvorwürfe, das Schweigen oder der nur halb ausgesprochene Widerspruch rücken nun als ein »Fall« weiblicher Autorschaft in den Blick. Bachmanns Gedicht stellt das Verstummen der »Geliebten« als Stumm-gemacht-Werden dar und ist damit zugleich Widerspruch und Anklage. In dieser Differenz der Geschichte des weiblichen Ich als Seitenstück zu der großen Differenz ihrer verschiedenen Herkunft liegen die nicht übersehbaren Spannungen, die in den Briefen wie in den Gedichten ausgetragen werden. »Ich fange ja langsam zu verstehen an, warum ich mich so sehr gegen Dich gewehrt habe, warum ich vielleicht nie aufhören werde, es zu tun. Ich liebe Dich und ich will Dich nicht lieben, es ist zuviel und zu schwer; aber ich liebe Dich vor allem –«, heißt es in einem erst später mitgeschickten Brief Ingeborg Bachmanns (Nr. 18.3). Diese und ähnliche Brief-Stellen legen es nahe, den Schauplatz des Tods der Geliebten in »Die gestundete Zeit« als Einsicht in die andere Seite der Autorschaft nach 1945 zu lesen. In der Beziehung der Dichterin und des Dichters geht es um die »unvermeidliche dunkle Geschichte, die seine Geschichte begleitet, ergänzen will, die er aber von seiner klaren Geschichte absondert und abgrenzt«, wie die viel spätere Formulierung zum Verhältnis des weiblichen Ich zur männlichen Autorposition Malinas in Bachmanns Roman lautet (IBW 3,22f.). Von einem »generationenbreiten Gelände«, in dem die schreibende Frau verlorenzugehen droht an den Mann, an die Literatur als Männer-Institution, spricht Christa Wolf in ihrer vierten Frankfurter-Poetik-Vorlesung (*Voraussetzungen einer Erzählung: Kassandra*) über Ingeborg Bachmann: »Ich behaupte, daß jede Frau, die sich in diesem Jahrhundert und in unserem Kulturkreis in die vom männlichen Selbstverständnis geprägten Institutionen gewagt hat – ›die Literatur‹, ›die Ästhetik‹ sind solche Institutionen –, den Selbstvernichtungswunsch kennenlernen mußte.«

In der ›persönlichen‹ Chiffrierung der Erfahrung der ›gestundeten Zeit‹ stellt der zweite Teil des Gedichts einen Umschlagpunkt dar, die schockierende Wendung, mit der die *Todesarten*-Thematik als zweite, palimpsestartige Bedeutungsschicht in den Blick gerückt wird. Noch schockierender ist dabei, daß diese Hinwendung zu einer »Todesart« der Geliebten zentrale Sprachbilder aus Celan-Gedichten durchscheinen läßt: »Drüben versinkt dir die Geliebte im Sand, / er steigt um ihr wehendes Haar, / er fällt ihr ins Wort, / er befiehlt ihr zu schweigen, / er findet sie sterblich / und willig dem Abschied / nach jeder Umarmung.« Die nächste Strophe setzt ein mit dem Vers »Sieh dich nicht um«, der das Orpheus-Motiv ins Spiel bringt. Aber nicht das Mythos-Zitat, sondern die sieben Verse davor sind das Ereignis des Lyrikbands und ein Ereignis im Briefwechsel zwischen Bachmann und Celan, den es, zwischen 1952 und 1957, gar nicht gegeben hätte, wenn nicht die Flaschenpost der Gedichte gewesen wäre: »Drüben«, das erste Wort der sieben Verse, zitiert den Titel des ersten Gedichts von Celans Gedichtband *Der Sand aus den Urnen*, der im September 1948 noch in Wien erschienen war und den Bachmann besaß. Der »Sand«, in dem die Geliebte versinkt, ist in Celans Gedichtband die Chiffre für die Judenvernichtung. Das ›wehende Haar‹ der Geliebten, um das der Sand steigt, erinnert an Annette von Droste-Hülshoffs Gedicht »Am Thurme«, wo es dem weiblichen Ich von der ständischen Geschlechterordnung untersagt ist, ihr Haar im Wind »flattern« zu lassen. In Bachmanns literarischer Flaschenpost wird aber Drostes frühe feministische Evokation einer größeren Freiheit, und wärs »mindestens nur« die der Männer, überlagert von der Erinnerung an Celans Gedicht »Auf Reisen«, das 1948 unmittelbar nach Celans Abschied aus Wien entstanden ist. Das Totengedenken der Weltstunde der Judenvernichtung, das dem Ich des Gedichts »den Staub zum Gefolge« macht und sein »schwarzes Aug zum schwärzesten Auge«, verbietet es dem Haar, beim Abschied zu wehen: »Dein Haar möchte wehn, wenn du fährst, das ist ihm verboten – die bleiben und winken, wissen es nicht.« Die »Todesfuge« hatte mit den beiden Versen geschlossen: »dein goldenes Haar Margarete / dein aschenes Haar Sulamith«. Im Gedicht »In Ägypten«, das den Briefwechsel eröffnete, hieß es: »Du sollst sie schmücken mit dem Wolkenhaar der Fremden«. In den Sprachbildern von »Haar« und »Locke« in Celans Gedichten ist die Geschichte der Lyrik nach der Shoah mitzulesen. Bachmanns Gedicht »Die gestundete Zeit« weiß um diese Geschichte und nimmt es dennoch nicht hin, daß das Haar der Geliebten vom Sand begraben und daß »sie« zum Schweigen gebracht wird. Was Bachmann in den Briefen registriert, daß sie

»immer etwas erstickt« hielt, nicht »unähnlich« dem, was »unsere Briefe bisher trug« (Nr. 10.1), auch das immer wieder konstatierte Verstummen und die komplementären Evokationen des Atmens, das ist in den sieben Versen von »Die gestundete Zeit« in einer Szene von bedrängender persönlicher und geschichtlicher Dramatik zusammengefaßt.

»Ich bin noch schuldig. Heb mich auf«

Bachmanns Werk habe im Dialog mit Celan »sein Zentrum und seine Tiefe« in der »Verletzung durch die Liebe zu einem durch die *Shoah* und ihre Folgen versehrten Dichter und die *daraus* entstehende Verantwortung im Schreiben und Denken«, schreibt Lydia Koelle in ihrer Studie zum »›Zeitkern‹ von Paul Celans Dichtung«. Die Briefe verweisen uns noch stärker auf diesen »Zeitkern« *und* auf den Widerstand und die Ausbruchsversuche aus den persönlichsten Zumutungen der Folgen der Shoah. Bachmann hat in einigen ihrer Gedichte diese Zumutung der Schuld in der extremen Ausgesetztheit eines Ich dargestellt, und andererseits in der *Undine*-Poetik oder zum Beispiel in dem vielstrophigen Gedicht »Lieder von einer Insel« rebellisch den verantwortungslosen Ausbruch gefeiert: »Wenn einer fortgeht, muß er den Hut / mit den Muscheln, die er sommerüber / gesammelt hat, ins Meer werfen / und fahren mit wehendem Haar«, und noch einmal, mit einem Ausrufzeichen am Ende der Strophe wiederholt: »und fahren mit wehendem Haar!«

In dem anderen vielstrophigen Liederzyklus, in »Lieder auf der Flucht«, dem Schluß des zweiten Lyrikbandes, begegnet das Bild der im Sand versinkenden Geliebten aus dem Titelgedicht des ersten Lyrikbands transponiert in das Bild vom Sterben im »Schnee« – neben dem »Sand« bei Celan eine andere Chiffre für die Shoah. Das zweite der »Lieder«, das mit einem Sappho-Zitat einsetzt, wieder also mit der Erinnerung an eine schreibende Frau, heißt: »Ich aber liege allein / im Eisverhau voller Wunden. // Es hat mir der Schnee / noch nicht die Augen verbunden. // Die Toten, an mich gepreßt, / schweigen in allen Zungen. / Niemand liebt mich und hat / für mich eine Lampe geschwungen!« Nach dem neuerlichen Beginn der Liebesbeziehung mit Celan im Herbst 1957 wird ihn Bachmann dringend »bitten«, nachdem er ihr in Köln gesagt hatte, er sei »auf immer versöhnt mit [ihr]«, doch »›Die Lieder auf der Flucht‹ noch einmal zu lesen«: »in jenem Winter vor zwei Jahren bin ich am Ende gewesen und habe die Verwerfung angenommen. Ich habe nicht mehr gehofft, freigesprochen zu werden. Zu welchem Ende?« (Nr. 52) In den »Liedern« geht es um einen Schuldspruch, der das weibliche Ich niederdrückt und das liebende Paar in die Parteien von Richter und Gerichteter zerfallen läßt: »Mund, der das Urteil sprach, / Hand, die mich hinrichtete!«, so beginnt in der 13. Strophe eine Szenenfolge von alptraumhafter Gewalt und leidenschaftlicher Erlösungssehnsucht: »Ich bin noch schuldig. Heb mich auf. / Ich bin nicht schuldig. Heb mich auf. // Das Eiskorn lös vom zugefrornen Aug, / brich mit den Blicken ein, die blauen Gründe such, schwimm, schau und tauch: // Ich bin es nicht. / Ich bin's« (IBW 1,146). Das symptomatische Sprechen der Briefe wird im Gedicht als selbstzerstörerischer Kampf mit der Schuldfrage ausgetragen, bei dem zuletzt die Erlösung aus Erstarrung und Stummheit ins Medium der Sprache verlagert wird. Die eisige Erstarrung verwandelt sich in singendes Wasser, und das »Eiskorn« löst sich »vom Aug«, wie man den Vorgang der Übertragung kommentieren könnte, der entfernt an das Medium erinnert, welches das Auge »der Fremden« in Celans »Ägypten«-Gedicht sein soll: das Wasser, in dem die Toten lebendig bleiben. Das weibliche Ich geht in Bachmanns Gedicht bei dieser Verwandlung verloren; was bleibt, ist das »Schweigen«, auf das sich das Gedicht auf Kosten der Lebenden – mit einer Anspielung an Rilkes *Sonette an Orpheus* (I/XIX) – seinen Reim macht: »doch das Lied überm Staub danach / wird uns übersteigen.«

»die beiden / herzgrauen Lachen«

Celan kannte »Lieder auf der Flucht«, das Abschlußgedicht des Lyrikbands *Anrufung des Großen Bären*, den er seit 1956 besaß, wahrscheinlich schon vor Bachmanns brieflicher Lese-Aufforderung, als er im Sommer 1957 in Wien »Sprachgitter« schrieb. Die in Klammern gesetzte Strophe in »Sprachgitter« – »(Wär ich wie du. Wärst du wie ich. / Standen wir nicht unter *einem* Passat? / Wir sind Fremde.)« – könnte sich auf die damalige Verbundenheit mit »der Fremden« in Wien beziehen, da ja auch ›Auge‹ und ›Wasser‹ auf »In Ägypten« zurückweisen. Die dem Klammerausdruck folgende Schlußstrophe von »Sprachgitter« beginnt mit einem Wort, das den innersten Bezirk der Judenvernichtung bezeichnet: »Die Fliesen. Darauf, / dicht beieinander, die beiden / herzgrauen Lachen: / zwei / Mundvoll Schweigen.« Das eigentliche Briefgeheimnis dieser fünf Verse, deren jeder einzelne in der Aufsplitterung des Sinns einen neuen Bedeutungsaspekt freilegt, ist die betonte Nähe der »beiden«, der »zwei«, des Beieinanders mitten in einem semantischen Raum, der die Vernichtung fixiert. Und genau dort erhalten zum ersten Mal die »zwei« Autorschaften auf gleicher Höhe, »dicht beieinander« und auf den »Fliesen«, einen Ort in Celans Gedicht. Geschrieben am 14. Juni 1957 in Wien, Rennweg, nahe also dem »Ungargassenland« des 3. Bezirks, läßt es einen verstehen, wie nach der Wiederbegegnung mit Ingeborg Bachmann bei Celan ein sonst nie und nirgends in seinen Briefen begegnendes Glück des neuen Miteinander- und Beieinander-Seins losbricht, wie sich für ihn die Welt in einer neuen Lesbarkeit erschließt, alles zusammenfindet, Lesen und Schreiben, Brief und Gedicht, sogar Stummheit und Schweigen nun als Miteinander erlebt werden – »das allein, das Sprechen ist's ja gar nicht, ich wollte ja auch stumm sein mit Dir« (Nr. 53) – und von da an zum ersten Mal in Celans Briefen Bachmanns Gedichte ein Echo finden können, weil er sie liest – »Und weiß auch, endlich, wie Deine Gedichte sind« (Nr. 72). Zwei Monate später bittet er sie um eine Abschrift ihres Hörspiels *Der gute Gott von Manhattan* und begründet seinen Wunsch mit »Du weißt, Ingeborg, Du weißt ja« (Nr. 90).

»Lies Ingeborg, lies«

Nun ist er es, der sich von ihr die Gedichte wünscht und ihr seine eigenen Gedichte als Liebesbriefe schickt und sogar seine früheren Gedichte als Beglaubigung der gegenwärtigen Erfahrung liest – »Denk an ›In Ägypten‹« (Nr. 53) –, auf mehrere seiner Gedichte (Nr. 67) ein »f. D.« – für Dich – als Widmung schreibt und in die nun entstehenden Gedichte auch Bachmanns Bedenken aufgrund der familiären Situation Celans einbezieht. Er gibt das eigene Staunen über die Schönheit seines Gedichts »Köln, Am Hof« – es beginnt mit dem Wort »Herzzeit« – an sie weiter und sieht in einem Wort von ihr, da sie »von ›den Geträumten‹ gesprochen« hat, die Entstehung des Gedichts begründet (Nr. 53). Und nun ist sie es, die ihn in ihren frühen Briefen so oft an »die Träume, die wir einmal geträumt haben« (Nr. 11) erinnert, die auf einer Klärung besteht: »Die Ergänzung, sagst Du, muß heißen ›Ins Leben‹. Das gilt für die Geträumten. Aber sind wir nur die Geträumten?« (Nr. 52)

In Celans Briefen ab Mitte Oktober 1957 setzt eine überschwengliche Evokation des Lesens ein, das die Welt öffnet und die Geliebte einbezieht. Die Grenzen von Kunst und Leben sind durchlässig geworden, und der Lesevorgang nimmt, ähnlich wie in Bachmanns Essay »Das Gedicht an den Leser« (undat.), utopische Züge an. Es ist ihm wichtig, daß ihre Augen ein »paar Augenblicke« auf den Übersetzungen, die er ihr schicken möchte, »ruhen« (Nr. 56); im Zugabteil auf der Fahrt von München nach Frankfurt liest eine Frau Bachmanns Gedichte; er sieht »daß die Augen lasen, wieder und wieder. Wieder und wieder. Ich war so dankbar« (Nr. 69); in Frankfurt, wo er bei einem Freund übernachtet, sieht er ihrer beider Bücher im Bücherregal »nebeneinander« stehen (Nr. 69). »Herzzeit« nennt er in »Köln, Am Hof« die neue Erfahrung der Übereinstimmung, und sie nennt die Gedichte von *Sprachgitter* »Gedichte, wieder aus unserer Zeit« (Nr. 117), alles wird in diesen Jahren Teil ihrer gemeinsamen Zeit, die getrennten Räume und Zeiten gehen ineinander über in eine von Korrespondenzen erfüllte Welt. Beim Kramen in alten Papieren stößt er »auf einen Taschenkalender aus dem Jahre 1950« (Nr. 56) und findet unter dem 14. Oktober »die Eintragung: Ingeborg«: »Es ist der Tag, an dem Du nach Paris kamst. Am 14. Oktober 1957 sind wir in Köln gewesen, Ingeborg. Ihr Uhren tief in uns«. Der Satz »Ihr Uhren tief in uns« ist der Schlußvers des Gedichts »Köln, Am Hof«. In ihrem 1957 bei Piper neu aufgelegten Lyrikband *Die gestundete Zeit* schreibt Bachmann als Widmung für Celan: »München, Am Hof« (Nr. 68), und mehr als ein Jahr später wird er ihr eine bei einem Pariser Bouquinisten gefundene alte »Correspondenz-Karte« schicken mit Photo und Aufdruck: »Gruss aus Wien. 1. Bez. Am Hof« (Nr. 118), die er »fast an der gleichen Stelle« kaufte, an der ihm »vor über einem Jahr das Gedicht eingefallen war« (Nr. 120). Unter »Köln, Am Hof« stand ja in dem am 20. Oktober 1957 an Bachmann geschickten Gedicht: »Paris, Quai-Bourbon, / Sonntag, den 20. Okt. 1957, / halb drei Uhr nachmittags –« (Nr. 48).

Zu diesen ›Correspondenzen‹ tritt gerade in diesen Jahren bei beiden Dichtern verstärkt die theoretische Reflexion der eigenen Zeit und des eigenen Ortes des Schreiben und Lesens, ob in Celans Bremer Rede (1958) oder der »Meridian«-Poetik seiner Büchnerpreis-Rede (1960) oder in Bachmanns »Das Gedicht an den Leser«, in »Musik und Dichtung« (1959), der Kriegsblinden-Rede »Die Wahrheit ist dem Menschen zumutbar« (1959) oder den Frankfurter Poetik-Vorlesungen (1959/60). Celan hat in seiner Bremer Rede die Frage des Schreibens und Lesens mit der »Frage nach dem Uhrzeigersinn« verbunden und das Gedicht als »eine Erscheinungsform der Sprache und damit seinem Wesen nach dialogisch« mit der Vorstellung einer »Flaschenpost« assoziiert, die auf etwas zuhält, auf »etwas Offenstehendes, Besetzbares, auf ein ansprechbares Du vielleicht, auf eine ansprechbare Wirklichkeit« (GW III 186). Bachmann wiederum hat in ihrem Entwurf »Das Gedicht an den Leser«, das sich dezidiert gegen den biblischen Versteinerungs-Mythos wendet, die Beziehung zum Leser als Utopie beschworen und mit einem Zitat-Anklang an »Corona« auch an Celan als ihren Mitleser gedacht: »Nachgehen möchte ich dir, wenn du tot bist, mich umdrehen nach dir, auch wenn mir Versteinerung droht, erklingen möcht ich, […] und den Stein zum Blühen bringen« (IBW 4,308).

»wer bin ich für Dich, wer nach soviel Jahren? Ein Phantom [...]«

Durch die sogenannte Goll-Affäre und die antisemitischen Akzente der *Sprachgitter*-Rezension von Günter Blöcker geriet Celan in eine existenzbedrohende Krise. Seine Briefe an Ingeborg Bachmann und Max Frisch, mit dem sie seit November 1958 lebte, wurden zum »Notschrei« (Nr. 146, 17. 11. 1959). Daß sie diesen »Notschrei« des Freunds nicht adäquat beantworten konnte, ist eines der Mißverständnisse und des Einander-Verfehlens in diesem symptomatischen Briefwechsel. Celan hat in einem Brief an Frisch diesen Komplex der gestörten Kommunikation im Raum des Nach-Auschwitz als »objektive Dämonie« bezeichnet, »ohne es durch diese Bezeichnung wirklich benannt zu haben«: es sei jenes »etwas«, das »hier ›mitspielt‹, uns allen – so oder so – mitspielt«. »›Zufall‹ wäre vielleicht ein anderes Hilfswort dafür, in dem Sinne etwa, daß es das uns Zugefallene und Zufallende ist« (Nr. 206). Zu dieser »objektiven Dämonie« gehörte es, daß Bachmann ihren großen selbstbewußten Brief vom 27. September 1961 nicht zur richtigen Zeit schrieb und auch wußte, daß es »wieder nicht die richtige Zeit« war – »aber es gibt ja die richtige Zeit nicht, sonst hätte ich es schon einmal über mich bringen müssen« (Nr. 191). Bachmanns Brief, allein dem Umfang nach ihr größter, zielte auf eine Klärung ihrer Beziehung. In einem kritischen Rückblick auf die Geschichte der Beziehung zu Celan resümiert sie die »Einbrüche von Schweigen«, die Geschichte des Verkennens, der Mißverständnisse, und sie fragt nach ihrer »Wirklichkeit« neben ihm oder ihrer gespenstischen Nicht-Existenz. Sie »möchte der sein«, der sie geworden ist. Nach ihrem Wiedersehen in Wuppertal habe sie »geglaubt an dieses Heute«: »ich habe Dich, Du mich bestätigt in einem neuen Leben«. Sie hält ihm vor, daß er in der sogenannten Goll-Affäre »das Opfer sein« wolle und die Angriffe gegen ihn sanktioniere. Aber diese Geschichte werde sie nicht mit ihm tragen: »das ist dann Deine Geschichte und das wird nicht meine Geschichte sein, wenn Du Dich überwältigen lässt davon« (Nr. 191).

Sie ließ es beim Entwurf, schickte den Brief nicht ab, wollte damit nach Paris kommen und den Brief »ergänzen im Gespräch«

und ihn von Celan »ergänzen lassen«: »Damit etwas klarer wird, das allein Dich und mich betrifft« (Nr. 192). Sie ist nicht mehr nach Paris gekommen. Ihr letzter Brief – sieht man ab von den gemeinsam von ihr und Frisch unterzeichneten formellen Weihnachtswünschen (Nr. 194) – registriert ihre zum Krankheitssymptom gewordene Unfähigkeit, Briefe zu schreiben, »es ist seit langem schon wie eine Krankheit, ich kann nicht schreiben, bin schon versehrt, wenn ich das Datum hinsetze oder das Blatt in die Maschine ziehe« (Nr. 193). Nach einem langen Verstummen erreicht sie am 21. September 1963 ein Brief von Celan, der gehört hatte, daß sie »eben erst wieder aus dem Krankenhaus zurück« sei. Auch er habe »ein paar nicht ganz erfreuliche Jahre hinter« sich, »wie man so sagt«. In seinem Gedichtband *Die Niemandsrose*, der bald erscheinen solle, sei er »einen recht ›kunstfernen‹ Weg gegangen. Das Dokument einer Krise, wenn du willst – aber was wäre Dichtung, wenn sie nicht auch das wäre, und zwar radikal? / Schreib mir also bitte ein paar Zeilen« (Nr. 195). Es ist kein Antwortschreiben Bachmanns auf diesen Brief überliefert. Als Autorin aber ist sie neben ihm *ihren* »›kunstfernen‹ Weg« gegangen, jetzt, im eigenen Schreiben mit ihm in einem Einverständnis wie selten zuvor.

»die Kranken, [auf] die zu zählen ist«

Bachmanns *Todesarten* sind jene radikale Dichtung, die den Weg durch die Krankheit nimmt. Es »sind also die Kranken, [auf] die zu zählen ist und denen das Gefühl für Unrecht und Ungeheuerlichkeit noch nicht abhanden gekommen ist« (TA I, 174), schreibt sie in der Vorbereitung ihrer Büchnerpreis-Rede, einer ersten Durchquerung der Zonen einer inneren und äußeren Krankheit. In der Vorrede bezieht sie sich auf das Wort »Zufälle« (IBW 4,278), das Büchner für die Krankheit von Lenz verwendet, und sie verwendet es im Sinne von Celans Verständnis im Brief an Max Frisch (Nr. 206), um die darin enthaltene Dialektik der äußeren und inneren Situation eines Ich sichtbar zu machen.

Die Ägypten-Reise der Titelfigur in ihrem Roman *Der Fall Franza* (TA II: *Das Buch Franza*) versteht die Autorin als »Reise durch eine Krankheit« (IBW 3,341). Die Szene, in der die Frau in der Wüste im Spiel im Sand eingegraben wird, so daß sie nicht mehr rufen kann und ihr jede Möglichkeit, sich zu bewegen, genommen wird, hat hier noch immer mit der Shoah zu tun, im Sinne einer letzten Konsequenz der weit zurückreichenden Geschichte der immer wieder stumm gemachten und ›ausgelöschten‹ Frau. Ein Grundmotiv, das von den Briefen und frühen Gedichten an bis in die letzten *Todesarten*-Romane weiter geführt wird, ist auch die im *Franza*-Roman-Fragment gestellte Frage nach der eigenen Identität und Geschichte der Tochter/Ehefrau/Schwester, die sich von der Autorität des Vaters emanzipiert: »wer bin ich, woher komme ich, was ist mit mir« (IBW 3,446). Auch die Revolte im Opfer-Sein, jetzt und hier und in der Vergangenheit, gehört zu diesen weit zurückreichenden Lebensmotiven. *Requiem für Fanny Goldmann*, ein anderer fragmentarisch überlieferter *Todesarten*-Roman, könnte, in der Fortsetzung der im Celan-Briefwechsels aufgeworfenen Fragen, als Bachmanns biographisch radikalste fiktionale Auseinandersetzung mit ihrer eigenen Herkunft gelesen werden, sowohl was den kritischen Blick auf die Jugend der erzählten Titelgestalt angeht als auch die Aufmerksamkeit für die verschiedenen Selbstentwürfe jüdischer Identität, mit denen sie, die Wienerin Fanny Wischnewski, sich in den lebensgeschichtlichen Wandlungen ihres jüdischen Ehemannes konfrontiert findet.

Im einzigen publizierten Roman der *Todesarten*, in *Malina*, wird das schreibende Ich in eine männliche und weibliche Doppelgängerfigur aufgespalten, um das inwendige Drama der Frage der Autorschaft erzählen zu können. Gerade in dieser Konstruktion lassen sich die in der Beziehung mit Paul Celan sich manifestierenden Fragen analytischer und zugleich gegenwärtiger darstellen, als es die letzte Erzählung »Drei Wege zum See« (*Simultan*, 1972) vermag, wo die Liebe zu Paul Celan direkt in die erzählte Beziehung von Elisabeth Matrei und Franz Joseph Trotta eingespiegelt wird. Es sei ihre »große Liebe« gewesen, »die unfaßlichste, schwierigste zugleich, von Mißverständnissen, Streiten, Aneinandervorbeisprechen, Mißtrauen belastet«. Er habe sie »zum Bewußtsein vieler Dinge« gebracht, »seiner Herkunft wegen, und er, ein wirklicher Exilierter und Verlorener, sie, eine Abenteurerin, die sich weiß Gott was für ihr Leben von der Welt erhoffte, in eine Exilierte« verwandelt, »weil er sie, erst nach seinem Tod, langsam mit sich zog in den Untergang« (IBW 2,415f.).

In *Malina* wird die Gewalterfahrung im Drama des schreibenden weiblichen Ich, die in den Brief- und Gedichtszenen zu verfolgen war, zum Gegenstand eines neuen, ›denkerischen‹ Erzählens, das »etwas Philosophisches« hat und das Bachmann als »das Wichtigste« erschien (GuI 104): ein philosophischer Roman, von der Autorin als »imaginäre Autobiographie« verstanden, in dem ein vor Liebe krankes Ich als l'homme révolté spricht. Wieder begegnet die thematische Szenerie der im Sand versinkenden Geliebten, nun verwandelt in das Bild der »Wand«, in die das weibliche Ich hineingetrieben wird; es verstummt, während Malina, der männliche Ich-Teil und der Anwalt des Werks, übrigbleibt: »Es ist eine sehr alte, eine sehr starke Wand, aus der niemand fallen kann, die niemand aufbrechen kann, aus der nie mehr etwas laut werden kann. // Es war Mord« (IBW 3,337). Das zentrale Traum-Kapitel in *Malina* erklärt die geschichtlichen Voraussetzungen dieses Mords aus der Verflechtung der väterlichen Gewalt mit der Vernichtungsgeschichte, und diese Geschichte reicht in den Schreibprozeß hinein. In der Serie der Träume mit dem Vater als Verkörperung der Gewalt in einem ewigen Krieg, dessen Zentrum das NS-Vernichtungsunternehmen ist, wird der Tod des Fremden als Spätfolge des Vernichtungsgeschehens gedeutet. Aber hier, im Raum der Shoah, begegnet er, »in seinem schwärzer als schwarzen siderischen Mantel«, wie ein magisches Opfer, aus allen Widersprüchen befreit, als Teil einer Gegengeschichte, die sich in Gesten der Zuneigung zueinander manifestiert, in der Behutsamkeit und Solidarität der Verfolgten, im gegenseitigen Verstehen: »ich sehe, wie er auf seinen Kopf deutet, ich weiß, was sie mit seinem Kopf gemacht haben« (IBW 3,194 u. 195).

»ein Blatt, das uns traf, treibt auf den Wellen [...] uns nach«

Im Herbst 1957 fand Paul Celan zufällig »in der Frankfurter Zeitung« Ingeborg Bachmanns Gedicht »Im Gewitter der Rosen«, wo er die neue Strophe lesen konnte, die sie für Hans Werner Henzes Vertonung in »Nachstücke und Arien« zu dem bereits in *Die gestundete Zeit* publizierten Gedicht hinzugefügt hatte. Als sie Celan Weihnachten 1953 den eben erschienenen ersten Gedichtband *Die gestundete Zeit* schickte, hatte sie die frühere Fassung dieses Gedichts auf einem abgerissenen Papierstreifen beigelegt (Nr. 42/Anm.). Die nun neu hinzugefügte Strophe zu »Im Gewitter der Rosen« lautet:

> Wo immer gelöscht wird, was die Rosen entzünden,
> schwemmt Regen uns in den Fluß. O fernere Nacht!
> Doch ein Blatt, das uns traf, treibt auf den Wellen
> bis zur Mündung uns nach.

In der Gedichtstrophe aus dem Jahr 1957 kam ihm vielleicht jenes »Blatt« zurück, das er ihr in der Wiener Zeit geschenkt hatte. Er hielt es für »verloren« (Nr. 3), weil sie es nicht mehr in ihrem »Medaillon« hatte. »Ich möchte Dir zum Schluss noch sagen«, schrieb sie ihm darauf am 12. April 1949, »– das Blatt, das Du in mein Medaillon gegeben hast, ist nicht verloren, auch wenn es schon lange nicht mehr drinnen sein sollte; ich denk an Dich und hör Dir noch immer zu« (Nr. 4). Mehr als zwanzig Jahre später kommen die Celan-Passagen des Traumkapitels von *Malina* auf die Erinnerungen an den Wiener Stadtpark zurück, von denen in den ganz frühen Briefen Bachmanns, und nur bei ihr, die Rede war. Nun ist es im literarischen Traum der »Geliebte«, der sagt: »Sei ganz ruhig, denk an den Stadtpark, denk an das Blatt, denk an den Garten in Wien, an unseren Baum, die Paulownia blüht.« Danach fragt im Traum ein Unbekannter nach »der Prinzessin von Kagran«, um ihr die Nachricht von seinem Tod zu überbringen. Er zeigt ihr als Erkennungszeichen »ein vertrocknetes Blatt, und da weiß ich, daß er wahr gesprochen hat. Mein Leben ist zu Ende, denn er ist auf dem Transport im Fluß ertrunken, er war mein Leben. Ich habe ihn mehr geliebt als mein Leben« (IBW 3,195).

Hans Höller und Andrea Stoll
April 2008

Editorischer Bericht

Überlieferung

Die Originale liegen in der Handschriftenabteilung der Österreichischen Nationalbibliothek Wien (Nachlaß Bachmann: Briefe von Celan und Gisèle Celan-Lestrange, Entwürfe und nicht abgesandte Briefe Bachmanns), im Deutschen Literaturarchiv Marbach (Nachlaß Celan: Briefe von Bachmann und Frisch, Entwürfe, Durchschriften und nicht abgesandte Briefe Celans, Widmungsexemplare in der Nachlaßbibliothek), im Max-Frisch-Archiv an der ETH Zürich (Briefe Celans, Entwürfe von Frisch), im Nachlaß von Gisèle Celan-Lestrange (Eric Celan, Paris: Briefe und Widmungsexemplare Bachmanns) und im Privatnachlaß Bachmann (Nachlaßbibliothek, Radierungen von Gisèle Celan-Lestrange).

Herausgeber

Brieftext und Kommentar liegt eine vollständige kritische Bearbeitung des Materials zu Grunde. Archivarbeit dafür leisteten Hans Höller für den Nachlaß Bachmann, Barbara Wiedemann und Bertrand Badiou für den Nachlaß Celan sowie Bertrand Badiou für den Nachlaß Gisèle Celan-Lestrange. Auskünfte über die Dokumente im Nachlaß Frisch ergänzte Walter Obschlager. Für Transkription und Kommentierung der Briefe von Bachmann zeichnen im wesentlichen Andrea Stoll und Hans Höller, für die Celans Barbara Wiedemann und Bertrand Badiou verantwortlich.

Brieftext

Aufgenommen sind alle erreichbaren zwischen Ingeborg Bachmann und Paul Celan gewechselten Briefe, Postkarten und Telegramme, dazu nicht abgesandte Briefe und Briefentwürfe sowie die Widmungen in Büchern, Sonderdrucken bzw. Manuskripten der Briefpartner und in weiteren Buchgeschenken. Zum Korpus gehören Gedichte nur dann, wenn sie nicht als Beilage, sondern unbegleitet geschickt wurden, also selbst ›Brief‹ sind. Entwürfe für abgesandte Briefe sind dann aufgenommen, wenn sie sich durch starke Abweichungen und deutliche Unterschiede im Datum als unabhängige Briefe zu erkennen geben; wichtige Varianten in den übrigen Entwürfen verzeichnet der Kommentar. Gedruckte Beilagen werden nicht wiedergegeben, wohl aber beigelegte Briefe (auch anderer Autoren) oder Abschriften des Briefschreibers. Ebenso wurde mit den ergänzend abgedruckten Briefwechseln zwischen Max Frisch und Paul Celan sowie zwischen Gisèle Celan-Lestrange und Ingeborg Bachmann verfahren.

Eine Kopfzeile für jeden Brief gibt nach der laufenden Nummer die Basisinformationen: Briefautor(en) und Adressat, Ort und (bei Datierungsfehlern: tatsächliches) Datum sowie gegebenenfalls Status (nicht abgesandt, Entwurf etc.). Fragezeichen zeigen eventuelle Unsicherheiten an; auf diese wird im Kommentar immer eingegangen. Publizierte Beilagen erhalten eine auf die Briefnummer bezogene Unternummer. Angaben über nicht publizierte Beilagen erfolgen nach dem Brieftext.

Der Text wird mit nur sehr vorsichtigen Korrekturen wiedergegeben: Stillschweigend korrigiert sind offensichtliche Schreibfehler; ebenso stillschweigend sind Satzzeichen dann (und nur dann) ergänzt, wenn sonst Verständnisprobleme entstehen. Vergessene Wörter sind in eckigen Klammern ergänzt. Auch mit Bachmanns französischen Briefen wurde so verfahren: Die Eingriffe sind minimal, sie ergeben nicht in jedem Fall einen korrekten französischen Text; das hätte z. T. eine erheblich tiefgreifendere Umstrukturierung notwendig gemacht. Die jeweils im Anschluß gegebenen Übersetzungen vermitteln in diesen Fällen den intendierten Sinn; nur bei uneindeutigen Formulierungen wird die sprachliche Form kommentiert.

Schreibgewohnheiten der Briefpartner in Orthographie und Interpunktion sind beibehalten, auch wenn sie durch das Schreibinstrument – etwa eine französische Schreibmaschine – bedingt sind. Daten und Grußformeln sind behutsam vereinheitlicht.

Der Text erscheint in der intendierten Endfassung, d. h. ohne Korrekturen und Streichungen; für das Verständnis wichtige gestrichene Stellen, zumal wenn in den Briefen selbst thematisiert, sind im Kommentar ergänzt.

Falsche Daten sind im Brief nicht korrigiert; die Differenz zwischen ihnen und den in der Kopfzeile angegebenen wird jedoch jeweils im Kommentar diskutiert. Problematisiert wird dort auch die Einordnung undatierter Dokumente.

Texte Dritter sowie Notizen des Empfängers auf dem Dokument erscheinen kursiv.

Kommentar

Dem Stellenkommentar geht kursiv die Beschreibung des Dokuments voraus: Archivsignaturen für das Dokument mit Beilagen; Versandweg, in der Regel der Briefumschlag mit Adresse(n) sowie Ort und Datum des Poststempels. Von den Herausgebern zugeordnete Briefteile, Briefumschläge oder Beilagen sind als solche gekennzeichnet.

Der Stellenkommentar ist besonderer Kürze verpflichtet. Er konzentriert sich auf Sacherläuterungen.

Die biographischen Informationen sind u. a. den in der Bibliographie angegebenen Werken zu verdanken. Hinweise auf Briefe aus publizierten Briefwechseln sind mit den für das Verständnis notwendigen Briefdaten gegeben und dadurch identifizierbar. Dies gilt auch für Celans Briefwechsel mit Nani und Klaus Demus, der im Frühjahr 2009 erscheint (Hrsg. Joachim Seng). Wörtliche Zitate aus publizierten Briefwechseln werden exakt nachgewiesen. Alle Informationen aus unpublizierten Materialien sind durch ihre Quelle gekennzeichnet.

Angaben über mehrfach vorkommende Personen sind in einem Hauptkommentar zusammengefaßt; dabei liegt der Schwerpunkt auf dem Interesse der Briefpartner an der Person bzw. ihrem Verhältnis zu ihr. Auf Verweise zu diesem Kommentar wird verzichtet, das Personenregister hebt den Brief des Hauptkommentars durch Fettdruck hervor. Häufig mit ihrem Vornamen genannte Personen sind auch unter diesem im Personenregister aufgenommen.

Alle bibliographischen Nachweise von Gedichten der Briefpartner sind dem Register zu entnehmen; Seitenzahlen zu Kommentaren oder Anmerkungen zum Gedicht in der zitierten Ausgabe sind dabei nicht eigens angegeben, aber gegebenenfalls mitzulesen. Zitate aus theoretischer oder erzählender Prosa werden exakt nachgewiesen.

Zeitgleiche Spuren der Briefe sowie anderer Kontakte (Telefon, Gespräche mit Dritten) zwischen Celan und Bachmann bzw. Celan und Frisch in Celans Tagebüchern und Notizkalendern (die gelegentlich den Charakter eines Tagebuchs haben oder aber Korrespondenzlisten darstellen) und den für Celan von Gisèle Celan-Lestrange geführten Tagebüchern sind so vollständig wie möglich nach den Originalen dokumentiert; Grundlage dafür ist eine vollständige Transkription durch Bertrand Badiou.

Für Bachmann stehen keine Tagebücher zur Verfügung. Transkriptionen von Zitaten aus Bachmanns Briefen an die Familie und Widmungen in Büchern der Nachlaßbibliothek stellte Isolde Moser zur Verfügung.

Auf Verweise zwischen unmittelbar aufeinanderfolgenden Briefen sowie auf Negativ-Kommentare, etwa bei nicht erhaltenen bzw. nicht zu identifizierenden Geschenken oder bei Büchern der Nachlaßbibliotheken ohne Lesespuren und/oder Widmungen, wurde in der Regel verzichtet.

Parallelen zwischen den Brieftexten und den nicht im Briefwechsel enthaltenen oder dort erwähnten Werken der Briefpartner werden bewußt nicht dokumentiert, es sei denn, daß der Brief ausdrücklich daraus zitiert oder darauf anspielt. Dadurch können sowohl Anachronismen als auch unzulässige Übergänge zwischen Biographie und Fiktion vermieden werden. Zudem ließe der knappe Zuschnitt des Kommentars keine Vollständigkeit zu; dies betrifft insbesondere Bachmanns Roman *Malina*.

Zeittafel und Register

Unterstützt wird der Kommentar durch eine Zeittafel, die ihren Schwerpunkt in der Zeit des Briefwechsels hat und auf die persönlichen Begegnungen besonderen Wert legt; getrennte Werkregister für Bachmann und Celan (mit bibliographischen Nachweisen), ergänzt durch eine Liste der nicht in den Briefen und Anmerkungen erwähnten Gedichte im Celan-Konvolut des Nachlasses Bachmann sowie Bachmann betreffender Bücher in der Nachlaßbibliothek von Celan; ein Personenregister (mit Lebensdaten, wenn erreichbar) und schließlich eine Bibliographie der für biographische Fragen benutzten Quellen, der ein Verzeichnis der Siglen und Abkürzungen vorangestellt ist.

Danksagung

Für die Bereitstellung der Quellen und alle freundliche Unterstützung danken wir der Handschriftenabteilung in der Österreichischen Nationalbibliothek, der Handschriftenabteilung und der Bibliothek des Deutschen Literaturarchivs Marbach, dem Max-Frisch-Archiv an der ETH Zürich, Isolde und Christian Moser sowie Heinz Bachmann und Eric Celan.

Immer hilfsbereit waren Eva Irblich in der Österreichischen Nationalbibliothek Wien, Ulrich von Bülow, Heidrun Fink, Hildegard Dieke, Thomas Kemme und Nikolai Riedel im Deutschen Literaturarchiv Marbach; Walter Obschlager im Max-Frisch-Archiv Zürich; in der Universitätsbibliothek Tübingen Adelheid Iguchi mit ihrem Team sowie Anna-Elisabeth Bruckhaus, Annette Gauch und Mechthild Kellermann.

Für Hilfe jeglicher Art danken wir Magdalena Abele, Ute Brukkinger, Isac Chiva, Uwe Eckardt (Stadtarchiv Wuppertal), Guy Flandre, Alessandro De Francesco, Sonia Garelli, François Giannini (Paul Celan-Gesellschaft, Paris), Peter Goßens (Universität Bochum), Lilith Jdanko-Frenkel, Barbara Klein (Kosmos-Theater Wien), Annemarie Klinger, Marianne Korn (Schauspielhaus Zürich), Andrea Krauss (Universität Zürich), Hanne Lenz, Herta-Luise Ott (Universität Grenoble), Christiane Naumann (Deutsche Verlags-Anstalt), Ute Oelmann (George-Archiv Stuttgart), Halina Pichit (Stadtarchiv Zürich), Robert Pichl (Universität Wien), Evelyne Polt-Heinzl (Literaturhaus Wien), Britta Rupp-Eisenreich, Frank Schmitter (Monacensia Literaturarchiv München), Klaus Schiller (Universität Salzburg), Wolfgang Schopf (Archiv der Universität Frankfurt), Mihal Seidmann, Joachim Seng (Freies Deutsches Hochstift), Hans-Ulrich Wagner (Hans-Bredow-Institut Hamburg), Alexis Wolf, Benedikt Wolf und Thomas Wolf sowie dem geduldigen und geschickten Rosselenker Wolfgang Kaußen (Suhrkamp Verlag), ohne den unser Vierspänner nicht ans Ziel gelangt wäre.

Stellenkommentar

1

HAN/ÖNB Ser. n. 25.202 c, Bl. 15: hs. Gedicht (= HKA 2-3.2 208 H5; vgl. Abb. 11); BIB: hs. Widmung in: »Peintures 1939-46, Introduction d'André Lejard, Paris 1946.*

In Aegypten] Weitere Dokumente dazu im NIB: Ts. (darüber [!] »Erinnerung an Frankreich«) mit Widmung: »Für Ingeborg Bachmann, Wien 1948« (HAN/ÖNB Ser. n. 25.202 c, Bl. 16, = HKA H^4); Ds. mit dem Vermerk oben rechts »Paul Celan« (Ser. n. 25.202 a, Bl. 6, = HKA H^{1b}).

23. Mai 1948] Diese Abschrift datiert nur wenige Tage nach IBs erster Begegnung mit PC. Sie schrieb aus Wien jeweils an ihre Eltern: »gestern noch unruhige Besuche bei Dr. Löcker, Ilse Aichinger, Edgar Jené (surreal. Maler) wo es sehr nett war und ich den bekannten Lyriker Paul Celan etwas ins Auge faßte, – viele viele Leute« bzw. »heute hat sich noch etwas ereignet. Der surrealistische Lyriker Paul Celan, den ich bei dem Maler Jené am vorletzten Abend mit Weigel noch kennenlernte, und der sehr faszinierend ist, hat sich herrlicherweise in mich verliebt, und das gibt mir bei meiner öden Arbeiterei doch etwas Würze. Leider muß er in einem Monat nach Paris. Mein Zimmer ist momentan ein Mohnfeld, da er mich mit dieser Blumensorte zu überschütten beliebt« (17. bzw. 20. 5. 1948, PNIB). An ihrem 22. Geburtstag schrieb sie: »Von Paul Celan zwei prächtige Bände moderne franz. Malerei mit den letzten Werken von Matisse und Cézanne, ein Band Chesterton (ein berühmter engl. Dichter) Blumen, Zigaretten, ein Gedicht *[wohl »In Ägypten«]*, das mir gehören soll, ein Bild *[vgl. Abb. 2]*, das ich Euch in den Ferien zeigen kann. (Er fährt morgen nach Paris). Ich war daher gestern, am Geburtstagvorabend noch sehr festlich mit ihm aus, Abendessen und ein wenig Wein trinken« (25. 6. 1948, PNIB). Vgl. Nr. 53.

2

HAN/ÖNB Mappe 10, Bl. 3: hs. Brief.

wieder schreiben] Von den Briefbewegungen im ersten halben Jahr nach PCs Abreise aus Wien wurden keine Spuren gefunden.

Gedichtband] PC ließ von Paris aus die Auslieferung von *Der Sand aus den Urnen* (Ende September erschienen) einstellen, vor allem wegen der vielen Druckfehler. Nur ein kleiner Teil der Gedichte stammt aus PCs Wiener Zeit. IBs Exemplar (Nr. 18 von 500, BIB) enthält, neben Rezitationshilfen von fremder Hand, Bleistifteintragungen von IB: S. 52 links neben dem Gedichttitel »Deukalion und Pyrrha« ein großer Haken, S. 53 ist im Schlußvers »der Mensch mit der Nelke« ersetzt durch die entsprechende Fassung (neuer Titel »Spät und Tief«) in *Mohn und Gedächtnis*, »ein Mensch aus dem Grabe«. Zur Einlage vgl. Nr. 42/Anm.

Jenés] Den Maler Edgar Jené und seine Frau Erica Lillegg lernte PC im Kontext des Wiener Nachkriegssurrealismus kennen. PCs Essay »Edgar Jené. Der Traum vom Traume« (BIB: Exemplar 496 von 700) erschien im August 1948 in einem Band mit Reproduktionen von Bildern Jenés; Jené half bei der Finanzierung von *Der Sand aus den Urnen* und steuerte zwei Lithographien bei. Diese wie auch die unsorgfältige Drucküberwachung durch Lillegg nach PCs Übersiedelung führten zu Verstimmungen.

das Gedicht, das wir miteinander] Es gibt weder im NIB noch im NPC verläßliche materielle Hinweise auf ein gemeinsam verfaßtes Gedicht.

3

HAN/ÖNB Mappe 2, Bl. 1-2: hs. Luftpostbrief an: »Mademoiselle Ingeb[or]g [Bachmann] / Beatrixgasse 26 / Vienne III / Autriche«, von: »Paul Celan, 31, Rue des Ecoles / Paris 5ème / France«, Briefmarke abgerissen, ÖZS.

Rue des Ecoles] Seit Sommer 1948 bewohnte PC ein monatlich gemietetes Zimmer im Hôtel d'Orléans (Hôtel Sully Saint-Germain) im Quartier Latin.

Medaillon] Nicht aufgefunden.

4
DLA D 90.1. 2824/1: masch., u. a. hs. korr. Brief, ÖZS, Kuvert fehlt.
HAN/ÖNB Mappe 10, Bl. 4: masch. Entwurf (nicht publ.).

nicht weggeschickt] Vgl. Nr. 2/Anm.

Deine Gedichte] Der Sand aus den Urnen. Die Freunde konnten nicht identifiziert werden.

Leuten aus Graz] Es könnte sich u.a. um den Dichter und Übersetzer Max Hölzer handeln; im April 1950 gab er mit Jené den Almanach *Surrealistische Publikationen* heraus, in dem PC mit Gedichten und Übertragungen vertreten ist.

Nani und Klaus Demus] IBs Freundin Nani Maier aus der Maturaklasse und ihren späteren Mann lernte PC am Ende seines Wien-Aufenthalts kennen. Der Lyriker und Kunsthistoriker studierte 1949/50, die Germanistin 1950/51 (vgl. Abb. 5 u. 6) in Paris. Sie gehörten zu PCs nähesten Freunden (Briefwechsel in Vorbereitung).

Stipendium für Amerika oder Paris] Keines dieser Stipendien hat IB bekommen (vgl. Nr. 10.1, 18 und 21); für die Paris-Reise im Herbst 1950 erhielt sie eine einmalige Unterstützung von 300 öS durch die Gemeinde Wien (NIB).

für Zeitungen, für den Sender] In der ›Wiener Tageszeitung‹ erschienen »Im Himmel und auf Erden« (29.5.1949), »Das Lächeln der Sphinx« (25.9.1949) und »Karawane im Jenseits« (25.12.1949); in der Wiener Zeitschrift ›Die Zeit‹ wurde am 15.4.1949 das Gedicht »Betrunkener Abend« abgedruckt. Texte für den Sender Rot-Weiß-Rot (vgl. Nr. 21) sind nicht erhalten.

5
HAN/ÖNB Mappe 10, Bl. 1: masch. Briefentwurf.

Kartengrüsse] Vgl. Nr. 2/Anm.

drei aus letzter Zeit] Am 26.5.1949 dankte Demus PC besonders für »Wer wie du« und »Wer sein Herz«. Letzteres ist im NIB als Typoskript erhalten (Ds. HAN/ÖNB Ser. n. 25.202 a, Bl. 4, = HKA 2-3.2.219 H^{2*}).

Beatrixgasse] IB übersiedelte im Juni 1949 von ihrem Untermietzimmer in der Beatrixgasse 26, wo sie in der Zeit der Begegnung mit PC wohnte, in ein Untermietzimmer in der Wohnung der Freundin Elisabeth Liebl in der Gottfried-Keller-Gasse 13, ebenfalls im 3. Bezirk.

Deine Hand mit den Nelken] Anspielung auf den Schluß von PCs »Deukalion und Pyrrha«.

6

HAN/ÖNB Mappe 2, Bl. 3: hs. Luftpost-Ansichtskarte (Marc Chagall, L'Œil vert – Das grüne Auge) an: »Mlle Ingeborg Bachmann / ~~Beatrixgasse 26~~ [von fremder Hand ersetzt durch: Gottf. [Kellergasse] 13/10.] / Vienne III / Autriche«, Paris, 21. 6. 1949, von: »Paul Celan, 31 Rue des Ecoles, Paris 5[e]«, ÖZS.

Chagall] Zu PCs Interesse für den russisch-jüdischen Maler vgl. das Gedicht »Hüttenfenster« und PC/GCL 151.

›ungenau‹ und spät] Vgl. Nr. 1.

Mohn, und Gedächtnis] Anspielung auf V. 10 von »Corona«. »Mohn und Gedächtnis« ist der Titel des ersten Zyklus von *Der Sand aus den Urnen* und der Titel des im Dezember 1952 erschienenen Gedichtbandes. Zum »Mohn« vgl. Nr. 1/Anm. Am 24. Juni 1949 schrieb IB an die Eltern: »Heute trudelte schon etwas Geburtstagspost ein, so von Paul Celan aus Paris mit einem herrlichen Mohnblumenarrangement« (PNIB).

Geburtstagstisch] 23. Geburtstag am 25. 6. 1949.

7

DLA D 90.1.2824/3: masch., u. a. hs. korr. Brief, ÖZS, Kuvert fehlt. HAN/ÖNB Mappe 10, Bl. 5: z. masch. Entwurf (nicht publ.).

»Corona« \ wird es nicht »Zeit«] Vgl. V. 17 von PCs »Corona«: »Es ist Zeit, daß es Zeit wird«. Im NIB erhalten ist ein Typoskript (hs. korr. Ds., HAN/ÖNB, Mappe 11, Bl. 2, = HKA 2-3.2,195 H[5]).

8

HAN/ÖNB Mappe 2, Bl. 4-5: hs. Luftpostbrief an: »Melle Ingeborg Bachmann / Gottfried Kellergasse 13/10 / Vienne III / Autriche«, Paris, 4. 8. 1949, ÖZS.

Du kommst] IB kam erst im Herbst 1950 nach Paris.

DAN 78-41] Telefonnummer des Hotels, PC hatte kein eigenes Telefon.

9

HAN/ÖNB Mappe 2, Bl. 6-7: hs. Luftpostbrief an: »Mlle Ingeborg Bachmann / Gottfried Kellergasse 13/10 / Vienne III / AUTRICHE«, Paris, 20. 8. 1949, von: »Paul Celan / 31, Rue des Ecoles / Paris 5ème«, ÖZS.

in zwei Monaten […] ›Briefe wechseln‹] Fehlt ein Brief?

hingeworfenen Zeilen] Vgl. Nr. 2/Anm.

jener Brief] Handelt es sich um Nr. 4?

10

DLA D 90.1.2824/5: masch., u. a. hs. korr. Brief; D 90.1.2824/4 (z. Beilage): masch., u. a. hs. korr. Brief, ÖZS, Kuvert fehlt.
HAN/ÖNB Mappe 10, Bl. 2 und Bl. 6-7: masch., u. a. hs. korr. Entwürfe zu Brief und Beilage (nicht publ.).

10.1

»jenseits der Kastanien«] »Erst jenseits der Kastanien ist die Welt«, der thematische Vers in PCs »Drüben«, dem Eröffnungsgedicht von *Der Sand aus den Urnen.*

erste Sachen] Am 8.7.1949 teilte IB Weigel die Fertigstellung von zwei Gedichten mit (NHW), zu Erzählungen vgl. Nr. 4/Anm.

zwei Empfehlungen] Im Entwurf: »[…] dass ich zwei Empfehlungen für Stipendien habe, eines aus Washington, eines aus London von Freunden […]«. Nur die Empfehlung für Paris (Privatdozent Leo Gabriel, Philosophisches Institut) ist im NIB erhalten (vgl. Nr. 4/Anm.).

knapp daran war] Im Entwurf folgt: »[…] und dem Mann etwas dazwischengeriet […]«.

Doktorat] IB reichte *Die kritische Aufnahme der Existentialphilosophie Martin Heideggers* (Erstdruck Piper: München und Zürich 1985) am 19.12.1949 als Dissertation ein (Rigorosum 18.3.1950, Approbation 9.1.1950).

fern wäre] Im Entwurf folgt: »Ich denke eben ziemlich hilflos herum an ~~allem~~, aber ich will es bleiben lassen [...]«.

Angst habe] Im Entwurf folgt: »[...] mit einem aus der Wahrheit herauszufallen, sage ich nicht, es ist die schönste Liebe. Vielleicht ist sie es«.

ein Wort zu finden] Der Entwurf endet: »auch nur das kleinste liebe Wort zu finden. Soll ich sie Dir hier rot unterstreichen, damit Du sie findest und endlich begreifst«.

11

DLA D 90.1.2824/2: hs. Brief, ÖZS, Kuvert fehlt.

nach Paris] Maier holte Demus nach seinem dortigen Studienjahr in Paris ab.

12

DLA D 90.1.2825/1: hs. Brief, ÖZS, Kuvert fehlt.

Nani und Klaus] Maier und Demus waren um den 21.7.1950 in Paris, sie schickten vorher eine Karte aus Fécamp, danach Karten aus Avallon, Nizza und Venedig.

Nervenkollaps] Der Nervenkollaps fiel in die erste Julihälfte, ein völliger »Zusammenbruch« mit »Lähmungserscheinungen« (an die Eltern, 16.7.1950). IB wurde von dem mit Weigel befreundeten Wiener Psychiater Viktor Frankl behandelt.

13

HAN/ÖNB Mappe 2, Bl. 8: hs. Brief, ÖZS, Kuvert fehlt.

Frau Dr. Rosenberg] Gertrud Rosenberg, Frau von Yvan Golls Anwalt und Testamentvollstrecker Charles Rosenberg. Dem für Österreicher erforderlichen Einreisevisum für Frankreich mußte ein Einladungsbrief zugrunde liegen (nicht erhalten, da dem Visumsantrag beigelegt). Weil PC noch kein französischer Staatsbürger war, konnte er die Einladung nicht selbst aussprechen.

Nanis Brief] Nicht aufgefunden.

schriftlichen Berichten] Am 1.9.1950 schrieb Maier von dem

»langwierigen Nervenkollaps«, der IB »fast den ganzen Sommer ins Bett gezwungen« habe.

14
DLA D 90.1.2825/2: hs. Brief, ÖZS, Kuvert fehlt.

Dr. Bermann] IB versuchte, für *Stadt ohne Namen* den Bermann-Fischer Verlag zu gewinnen, gab das Romanprojekt aber 1952 auf. Wichtiger wurde Gottfried Bermann Fischer dann als Leiter des S. Fischer Verlags für PC: Ab 1958 verlegte er *Sprachgitter*, *Die Niemandsrose* und *Der Meridian* sowie zahlreiche Übertragungen. PC publizierte auch in der Zeitschrift des Verlags ›Die Neue Rundschau‹; ein Briefkontakt mit dem Verleger bestand seit 1956 (vgl. PN 221).

Innsbruck] Bei IBs Freundin Lilly Sauter.

Basel] Bei Freunden und Verwandten von IBs Freund Weigel.

15
DLA D 90.1.2825/3: hs. Brief, ÖZS, Kuvert fehlt.

das nötige Geld einträfe] IB hatte große Schwierigkeiten, das Geld für die Paris-Reise aufzubringen (vgl. Nr. 4/Anm.). Sie wartete auf eine finanzielle Unterstützung durch Verwandte mütterlicherseits: »Seit 1. Juni bin ich ohne Einkommen, krank gewesen dazu etc. Und jetzt, im letzten Moment vor der Abreise eine Stelle anzunehmen, war unmöglich, der kurzen Zeit wegen« (an O. Bachmann, 30.9.1950, PNIB).

16
HAN/ÖNB Mappe 1, Bl. 1: hs. Notiz, wohl vor PCs Hotelzimmer hinterlegt.

14. 10. 1950] IBs Ankunftstag in Paris (NkPC). Möglich wäre vielleicht auch der zweite Paris-Aufenthalt von IB (23.2.-7.3. 1951), PC hatte sie nicht selbst vom Bahnhof abholen können (an Nani Demus, 23. 2. 1951).

Schüler] Nicht identifiziert. PC besserte sein kleines Stipendium der Entraide universitaire für Studenten mit Flüchtlingsstatus vor allem durch Privatunterricht in Französisch und Deutsch sowie durch Übersetzungen auf.

17

HAN/ÖNB Mappe 6, Bl. 9: Persönlich hinterlegte hs. Nachricht auf abgerissenem Zettel, auf der Rückseite, von fremder Hand: »~~10.30~~ / ~~[xxxx xxx]chtner~~ / ~~à~~ ~~[xxx]~~ ~~6924~~«.

14. 10. 1950 \ 23. 2. 1951] Vgl. Nr. 16/Anm. Möglicherweise datiert das Dokument auch aus PCs Aufenthalt in Zürich zwischen dem 25. und dem 27. 11. 1960; in diesem Kontext ist das Dokument im NIB eingeordnet. Die Anrede »Inge« verwendet PC zu dieser Zeit aber nicht mehr in Briefen an IB.

18

DLA D 90.1.2826/4: hs. Brief; D 90.1.2826/1 (z. Beilage 1): masch., u. a. hs. korr. und hs. ergänzter Brief; D 90.1.2826/3 (z. Beilage 2): Teil eines masch., u. a. hs. korr. Briefes; D 90.1.2826/2 (z. Beilage 3): masch., u. a. hs. korr. Brief, Kuvert fehlt, Brief und Beilagen von Klaus Demus überbracht.

Jünger] Der rechtskonservative deutsche Schriftsteller Ernst Jünger war vor und nach 1933 mehrfach von den Nationalsozialisten, trotz anfänglicher Sympathien erfolglos, umworben worden. Auf Initiative von Demus hin hatte sich PC an ihn gewandt und um Hilfe bei der Veröffentlichung seiner Gedichte in einem deutschen Verlag gebeten (Brief vom 11. 6. 1951, FAZ 8. 1. 2005).

Doderer] Der renommierte österreichische Romancier konnte wegen seiner NSDAP-Mitgliedschaft erst ab 1950 wieder veröffentlichen. Er unterstützte IB bei der Verlagssuche für *Stadt ohne Namen*. Zu PCs späterer Haltung gegenüber Doderer vgl. »Gewieherte Tumbagebete«.

(Februar oder März 1952) nach Paris] Vgl. Nr. 4/Anm. und 10.1/Anm.

wir vier] Außer den genannten auch Nani Maier.

18.1 (vgl. Abb. 12)

Ostermontag] 26. 3. 1951.

mein altes Wiener Leben] IB lebte vor ihren Aufenthalten in Paris und London (Abreise aus Wien: 14. 10. 1949, Rückkehr: 7. 3. 1951) in einer Beziehung mit dem Wiener Schriftsteller und Literaturförderer Hans Weigel.

schlimmer als alles bisher] IB war wohl über Weigels Schlüsselroman *Unvollendete Symphonie* (Wien, [Frühjahr] 1951) beunruhigt, an dessen Fertigstellung er Anfang 1951 arbeitete: Die weibliche Hauptfigur ist IB nachgebildet. Unmittelbar vor der Rückkehr nach Wien schrieb sie ihm: »Ist der Roman schon weit vorgeschrieben?!« (undatiert, NHW).

meine Schwester] Isolde, verheiratete Moser, absolvierte in Wien eine Lehrerinnen-Ausbildung und gehört mit zum Freundeskreis von Weigel und Dor. Seit ihrer Heirat im April 1952 lebt sie in Kötschach (Kärnten).

Bombenabwürfen] IB beschrieb die Bombardierung Klagenfurts in »Jugend in einer österreichischen Stadt« (IBW 2,90f.).

uns die Leute zusehen von der Strasse] Vgl. V. 13 von PCs »Corona«. Es folgt die mit schwarzer Tinte in engen und regelmäßigen Wellenlinien getilgte Passage: »Ob wir unsre Geleise zusammenlegen oder nicht, unsere Leben haben doch etwas sehr Exemplarisches, findest du nicht?«

Dor] Den in Budapest geborenen, in Serbien aufgewachsenen Schriftsteller (vgl. Abb. 1), der einen Teil des Krieges als ›Schutzhäftling‹ in Wien verbrachte, lernte PC 1948 in der Redaktion des ›Plan‹ kennen. Die Figur Petre Margul in seinem Roman *Internationale Zone* (1953) ist dem PC der Wiener Zeit nachempfunden.

18.2

Juni 1951] Handschriftlich am linken Rand; der größere obere Teil des Briefs wurde abgeschnitten.

August] Handschriftlich aus ursprünglich »Juni« korrigiert.

18.3

die Stelle] IB arbeitete seit April bei der amerikanischen Besatzungsbehörde. Sie charakterisierte ihre Arbeit mit »Dienst von 8h früh bis ½ 6h abends« bzw. »Das Büro heisst – News and Feature Section« (an die Eltern, 29. 3. 1951, PNIB).

Pariser Stipendium] Vgl. Nr. 4/Anm. und Nr. 10.1/Anm.

19

HAN/ÖNB Mappe 2, Bl. 9: masch., u. a. hs. korr. Brief (deutsche Schreibmaschine, vor Neueinspannung in Absatz 5 ss nicht als ß realisiert), ÖZS, Kuvert fehlt.

Levallois-Perret] Vorortgemeinde im Nordosten von Paris. PC wohnte etwa drei Monate bei den aus der Bukowina stammenden Schwiegereltern seines Schulfreundes Sigfried Trichter.

ersten] Nicht aufgefunden.

»Exemplarische«] Vgl. die getilgte Passage am Schluß von Nr. 18.1 (Anm.).

schweres Erlebnis] PC korrigierte aus »schwerer Entschluß«. Während »Erlebnis« nur den Genozid an den Juden meinen kann, bezieht sich »Entschluß« im Zusammenhang mit der Wiener Literaturszene wohl auf seine Entscheidung, Wien zu verlassen.

›Merkur‹] PCs Apollinaire-Übertragungen wurden trotz ursprünglicher Zusage der Zeitschrift nicht dort, sondern zwischen 1952 und 1959 verstreut gedruckt (vgl. PN 247f. und GW IV 851).

Spiel] Der seit 1936 in London lebenden österreichisch-jüdischen, mit Peter de Mendelssohn verheirateten Publizistin wäre das wohl erste Zeugnis von PCs Rezeption im deutschsprachigen Raum zu verdanken; die Rezension (›Neue Zeitung‹? zum Almanach *Surrealistische Publikationen*?) konnte bisher nicht identifiziert oder im NPC aufgefunden werden. Während seines Londonaufenthaltes im Spätsommer 1951 verfehlte PC Spiel, am 19. 9. 1951 dankte er ihr brieflich: »Daß Sie in dem Wenigen, das sich mir mitteilt, erblickten, was mir nur in seltenen Augenblicken unsicheren Hoffens deutlich werden will: Kontur und Gestalt – ich habe es als eine jener Bestätigungen erlebt, aus deren unmittelbarer Nähe eine Tür ins Dasein führt.« (ÖLA) IB kam während ihres London-Aufenthalts von Paris aus im Dezember 1950 mit Spiel zusammen.

20

DLA D 90.1.2826/5: masch., u. a. hs. korr. Brief, ÖZS, Kuvert fehlt.

Klaus] Vgl. Nr. 18.

»Firma«] Die amerikanische Besatzungsbehörde (vgl. Nr. 18.3/Anm.).

Leben in Österreich] Das Preisniveau hatte sich 1948-1951 um 140 % gehoben; im Herbst 1950 war es deshalb zu landesweiten Streiks gekommen.

Plan, nach Österreich] Keine Anhaltspunkte im NPC.

Wiener Sezession Gedichte von Dir] Nicht geklärt.

St. Wolfgang] IB hielt sich in der letzten Augustwoche in dem bekannten österreichischen Sommerfrische-Ort am Wolfgangsee (Salzkammergut) auf.

21

DLA D 90.1.2826/7: masch., u. a. hs. korr. Brief, Kuvert fehlt.

neue, bessere Arbeit] IB wechselte von der amerikanischen Besatzungsbehörde zu einem Redaktions-Team im Script-Department des Senders Rot-Weiß-Rot, das auch neue Sendereihen (u. a. »Die Radiofamilie«) erarbeiten sollte (vgl. Nr. 26).

Schönwiese] Der Leiter der literarischen Abteilung von Rot-Weiß-Rot Salzburg, selbst Lyriker und Herausgeber der Zeitschrift ›Das Silberboot‹, war auf PC bereits während dessen Bukarester Zeit aufmerksam gemacht worden.

Mill] Schauspielerin am Wiener Burgtheater und Filmschauspielerin.

Pariser Stipendium] Vgl. Nr. 4/Anm. und 10.1/Anm.

22

HAN/ÖNB Mappe 2, Bl. 10, hs. Ansichtskarte (Giacometti: Three Figures Walking. International Open Air Exhibition of Sculpture, Battersea Park, London, 1951) an: »Dr. Ingeborg Bachmann / Gottfried Kellergasse 13 / Vienna III / AUSTRIA«, ÖZS.

Giacometti] Die Karte ist das erste bekannte Zeugnis für PCs Interesse am Werk des Schweizer Bildhauers; vgl. später »Les Dames de Venise«.

London]. PC besuchte dort regelmäßig seine Tante Berta Antschel und andere dorthin vor den Nazis geflohene Verwandte (vgl. Nr. 128 und 199).

23

HAN/ÖNB Mappe 10, Bl. 8: masch. Briefentwurf.

24

DLA D 90.1.2826/8: hs. Brief, Kuvert fehlt.

»Wort und Wahrheit«] Vgl. Nr. 25.

25

HAN/ÖNB Mappe 2, Bl. 11-12: masch., u. a. hs. korr. Brief; DLA D 90.1.44 (z. Beilage): masch. Gedicht (= HKA 2-3,2.258 H^{1a}), ÖZS, Kuvert fehlt.

London] Vgl. Nr. 22.

Fried] PC lernte den österreichisch-jüdischen Dichter und Übersetzer, der seit 1938 im Londoner Exil als Redakteur der BBC lebte, vielleicht schon früher kennen. Meinungsverschiedenheiten zu Israel führten in den späten 1960er Jahren zu einer Distanzierung. Fried erinnerte sich noch am 20. 11. 1960 in einem Brief an den tiefen Eindruck, den IB bei ihrer Begegnung anläßlich einer gemeinsamen Lesung in der Anglo-Austrian-Society London am 21. 2. 1951 auf ihn gemacht hatte (NIB).

Flesch] Der österreichische Schriftsteller und Übersetzer, den IB wohl als Freund von Spiel kennenlernte, lebte seit 1934 im Londoner Exil und arbeitete wie Fried in der Auslandsabteilung der BBC.

Ein paar Zeilen] Nicht aufgefunden. PC hatte Spiel ein noch »Der Sand aus den Urnen« betiteltes und auf Oktober 1950 (HKA 2-3.2,26) datiertes, dem Band gegenüber schon erheblich erweitertes Typoskript hinterlassen, das sie, so ihre Nachricht vom 14. 10. 1951 (NPC), noch nicht in Händen hatte.

Kastanien zum zweitenmal] Vgl. PCs »Dunkles Aug im September« (V. 7).

»Wort und Wahrheit« \ Mais [...] Hansen-Löve] Der in Österreich geborene dänische Publizist hatte PCs »Wie sich die Zeit verzweigt« und »So schlafe« als Redaktionsmitglied der Wiener Monatszeitschrift publiziert (Oktober 1951, S. 740, BPC). PCs handschriftlich unten ergänzte Bemerkung (›Schön in Klammern veröffentlicht hat er sie, dieser liebe Hansen-Löve‹) zielt auf den ihnen eingeräumten Platz auf der ungünstigen linken Druckseite, als Seitenfüller zwischen zwei sozio-politischen Artikeln. »So schlafe« ist im NIB als Typoskript erhalten (Ds., HAN/ÖNB Ser. n. 25.202 a, Bl. 5, = HKA 2-3.231 H^3).

»Das Lot«] Die Publikation der drei Gedichte »Wasser und Feuer«, »Sie kämmt ihr Haar« und »Nachts, wenn das Pendel« in der Berliner Zeitschrift war durch Claire Goll vermittelt worden (erst im Juni 1952, S. 67f., BPC).

Schwedische] »Kristall« sollte in der Kulturzeitschrift ›Ord & Bild‹, »Wer sein Herz« in ›Vi‹ erscheinen (nicht nachgewiesen), beide in der Übertragung des estnischen Dichters Ilmar Laaban, den PC in Paris kennengelernt hatte.

die beiden Gedichte] »Unstetes Herz« und »Brandung« erhielt Demus mit dem Brief vom 20. 9. 1951 (auf der Vorder- und Rückseite eines Blattes, D 90.1.39-40).

Levalois [...] Ueberseereise] Vgl. Nr. 19.

Das Lichteste dieser Stunde!] Handschriftlich hinzugefügt.

26

DLA D 90.1.2826/10; masch., u. a. hs. korr. und mit anderer Maschine ergänzter Brief; D 90.1.2826/9 (z. Beilage): masch. Brief, ÖZS, Kuvert fehlt.

eigenes Hörspiel] IBs erstes Hörspiel *Ein Geschäft mit Träumen* wurde am 28. 2. 1952 von Rot-Weiß-Rot gesendet.

von Eliot bis Anouilh] Rundfunkadaptionen von IB sind nicht erhalten.

Zufall] Wohl eine Umstrukturierung im Sender Rot-Weiß-Rot, der sich im selben Haus wie die ihn betreibende amerikanische Besatzungsbehörde befand.

für Klaus »Wasser und Feuer«] Demus schrieb PC am 11.11. 1951, daß er bei IB das Gedicht gesehen habe. IB hat das ihr gesandte Blatt offensichtlich selbst an Demus weitergegeben (das Nr. 25 durch die Nummer des ÖZS-Stempels zugeordnete Blatt kam wohl aus dem Besitz von Demus ins DLA).

»denk, dass ich war, was ich bin«] V. 23 von PCs »Wasser und Feuer«.

26.1

Fraeulein Wagner] Es handelt sich wohl um die österreichische Malerin Hedwig Wagner, die zu dieser Zeit noch an der Wiener Akademie studierte; Demus hatte sie mit PCs Werk bekannt gemacht und zu ihm geschickt.

Deine Weihnachtsreise nach Wien] Vgl. Nr. 20-21.

Gruppe 47 \ Dor] Möglicherweise wurde im Oktober im Umkreis der Herbsttagung dieser von Hans Werner Richter geführten wichtigsten Schriftstellergruppierung der Nachkriegszeit über PC gesprochen. Ein Brief von Dor, der an der Tagung selbst nicht teilnahm, wurde nicht aufgefunden.

»Berufsausbildung«] Vgl. Nr. 21.

27

DLA D 90.1.2827/1: masch. Brief, ÖZS, Kuvert fehlt.

Hellers] Bei dem Österreicher Clemens Heller, Mitbegründer der Maison des sciences de l'homme, und seiner Frau, der Amerikanerin Mathilda Mortimer, die einen Salon führten, wohnte IB während ihres ersten Paris-Aufenthalts (5, Rue Vaneau, Paris 6^{e}), als Anfang Dezember 1950 mit PC »die Ehe strindbergisch« wurde (an Weigel 14.11.1950, NHW).

28

HAN/ÖNB Mappe 2, Bl. 13-14: masch., u. a. hs. korr. Luftpostbrief an: »[hs.] Mademoiselle Ingeborg Bachmann / Gottfried Kellergasse 13 / Vienne III / Autriche«, Paris, 16.2.1952, von: »Paul Celan / 31, rue des Ecoles / Paris 5e«, Wien, 21.2.1952, ÖZS.

erster Brief] Kein Entwurf aufgefunden.

unwiederbringlich [...] verloren] PC war wohl Anfang November 1951 der aus dem wohlhabenden französischen Altadel stammenden Graphikerin Gisèle de Lestrange begegnet, die Ende 1952 seine Frau wurde.

Spiel] In ihrem Brief vom 15.12.1951 zeigte sie sich von den durch Fried erhaltenen Gedichten PCs begeistert (NPC, vgl. Nr. 25) und fragte an, wie sie seine Arbeit unterstützen könne. PCs Brief an sie scheint tatsächlich ohne schriftliche Antwort geblieben zu sein.

Tant pis] ›*Na gut*‹.

Ich freue mich wirklich] Handschriftlich hinzugefügt.

29

DLA D 90.1.2827/2 und 2827/3 (z. Beilage): masch., u. a. hs. korr. Briefe, in Beilage hs. Ergänzungen, AZS, Kuvert fehlt.

nach Paris kommen [...] oder nicht?] Später, im November/Dezember 1956 war IB länger in Paris, ohne PC zu benachrichtigen.

»niemals vergeben und niemals vergessen«] Ist ein Brief verloren?

seit ich aus Paris [...] gelebt habe] Vgl. Nr. 18.1.

Schoenwiese wird Deine Gedichte] Vgl. Nr. 21.

29.1

Art-Club] Die 1947 gegründete Vereinigung von Avantgarde-Künstlern veranstaltete Ausstellungen und Lesungen u. a. in der Wiener Sezession (vgl. Nr. 20). Demus berichtete PC: »Ich hatte im Art-Club einen Lese-Abend, habe je dreiviertel Stunden Deine und meine Gedichte vorgelesen. Es waren leider nur vierzig Leute da. Deine Gedichte (die letzten ziemlich vollzählig, von den früheren auch mehrere) konnte ich ganz gut lesen, hatte spürbaren Kontakt« (5.5.1952).

Deux Magots] Das von Intellektuellen frequentierte Café Les Deux Magots auf der Place St.-Germain-des-Prés.

Deinem Balkon] Vgl. Abb. 6.

Nietzsche-Gesamtausgabe [...] Lichtenberg] Beide Nietzsche-Ausgaben PCs, die in der Wiener Akademischen Buchhandlung und Antiquariat gekaufte *Auswahl* (*Werke*, hrsg. von August Messer, Leipzig 1930; in beiden Bänden Klebemarken der Buchhandlung) und der *Briefwechsel mit Franz Overbeck*, hrsg. von Richard Oehler und Carl Albrecht Bernoulli (Leipzig 1916), enthalten Lesedaten aus dem August 1952. PCs Lektüre seiner Lichtenberg-Ausgabe (*Gesammelte Werke*, hrsg. von Wilhelm Grenzmann, Frankfurt a. M. 1949) ist erst für 1965 belegt.

Kosmostheater las Hans Thimig] Der als Kino gegründete Veranstaltungsort wurde von der amerikanischen Besatzungsbehörde u. a. zur Vorstellung unbekannter österreichischer Komponisten und Schriftsteller an »Österreichischen Abenden« genutzt. Auf PCs Nachfrage hatte Demus geantwortet: »Den Kosmos-Abend (wir erfuhren erst durch Deinen Brief davon) soll Weigel zusammengestellt haben. Welche drei Gedichte gelesen wurden, konnte ich nicht erfragen; vielleicht kann Inge es herausbringen« (12. 1. 1952). Der Schauspieler, der damals auch als Gastregisseur am Theater arbeitete, war während des Krieges aufrecht gegen eine nationalsozialistische Vereinnahmung eingetreten.

30

DLA D 90.1.2827/4: masch., u. a. hs. korr. Brief, Kuvert fehlt.

Deutschen Verlagsanstalt] PCs zukünftiger Verlag war an der Finanzierung der Tagung beteiligt; eine Einladung ist nicht auffindbar.

Hamburg] Vgl. Nr. 32.1.

Dor] Dor kam von einem Treffen mit Richter in Deutschland zurück, dem gegenüber er den Wunsch nach einer Einladung PCs wiederholt hatte (vgl. Nr. 26.1).

Wolfe] IBs Übersetzung des Dramas *Mannerhouse* (1948) des amerikanischen Dramatikers wurde am 4. 3. 1952 als Hörspiel unter dem Titel *Das Herrschaftshaus* durch Rot-Weiß-Rot urgesendet. Zu PCs später Wolfe-Lektüre vgl. KG, S. 792, zu »Nach dem Lichtverzicht«.

Hörspiel] Zu *Ein Geschäft mit Träumen* vgl. Nr. 26.

Kleeborn] Die Leiterin der Auslandsabteilung der Amandus-Edition Wien, selbst Lyrikerin, setzte sich immer wieder für PC ein. PC hatte sie im Frühjahr 1949 in Paris kennengelernt.

Prof. Fiechtner \ Deinen Gedichten] Der Studienrat, Komponist und Musikjournalist betreute den Kulturteil der katholischen Wochen-Zeitung ›Die österreichische Furche‹. Dort waren am 17. 2. 1952 IBs Gedichte »Ausfahrt« und »Abschied von England« erschienen. Von PC erschienen dort schließlich keine Gedichte.

einige Benns] Es handelte sich nur um ein Gedicht (»Das Unaufhörliche«), das von mehreren sehr konventionellen Gedichten anderer Autoren umrahmt wurde (9. 2. 1952). IB und PC, die vom Engagement des Dichters für die Nationalsozialisten (1933/34) wußten, standen der von ihm postulierten Trennung von Kunst und Leben kritisch gegenüber: IB wendet sich gegen die von ihm kultivierte Beziehungslosigkeit (vgl. Interview vom 5. 9. 1965, GuI 62), PC gegen sein Konzept des artistischen Gedichts (TCA/M Nr. 550).

31

DLA D 90.1.2827/5: masch., u. a. hs. korr. Brief mit einer hs. Ergänzung, AZS, Kuvert fehlt.

krank wäre] Dazwischen fast unleserlich gestrichen: »gewesen«.

Klaus bitten] Am 5. 5. 1952 hatte Demus einige Details zur Anreise nach Hamburg übermittelt und ergänzt: »Wenn etwas nicht funktioniert hat, kann Inge es noch reparieren, aber Du müßtest sofort schreiben«.

Aichinger] Die Schriftstellerin, eine der engsten Freundinnen IBs und spätere Frau von Günter Eich, hatte die NS-Zeit als ›Halbjüdin‹ in Wien überlebt. Ihr Roman *Die größere Hoffnung* erschien 1948, im selben Jahr wie PCs *Der Sand aus den Urnen*. PC hatte sie bereits bei seinem Wien-Aufenthalt im Kreis von Weigel kennengelernt (vgl. Nr. 1/Anm.).

München] PC fuhr nicht mit dem in München abfahrenden Sammelbus zur Tagung, sondern mit dem Zug aus Paris direkt nach Hamburg.

Zwillingers] Der Wiener Lyriker Frank Zwillinger lebte nach seiner Kriegsteilnahme in der französischen Fremdenlegion in Paris. Dort hatte IB ihn und seine Frau Ann kennengelernt, vielleicht gemeinsam mit PC (an Weigel, 14. 11. 1950, NHW). Von PCs Beziehung zu ihm und seiner Frau gibt es erst ab 1959 Spuren.

»Wort u. Wahrheit«] Die in Heft 7, Juli 1952, S. 498 und S. 506 abgedruckten Gedichte »Die Ewigkeit«, »Stille!« und »Zähle die Mandeln« sind wieder als ›Seitenfüller‹ plaziert.

32

DLA D 90.1.2827/6: masch., u. a. hs. korr. Brief; D 90.1.3160 (z. Beilage): hs. Postkarte (gefaltet, ohne Poststempel) an: »Herrn / Paul Celan / Paris 5ᵉ / 31, rue des Ecoles / Hôtel d'Orléans / France«, von: »H. W. Richter / Wien XII / Hertberg. 12 / bei Milo Dor«, Kuvert fehlt.

Schnabel] Den deutschen Schriftsteller lernten IB und PC in Hamburg und Niendorf als Intendanten des NWDR kennen; er zeichnete für beider Rundfunklesungen in diesem Sender verantwortlich (Aufnahme von IB am 27. 5. 1952, von PC am 21. und 25. 5. 1952). Für IB als Hörspielautorin war er ein wichtiger Ansprechpartner; für PC organisierte er noch 1967 eine erste Fernsehlesung (Dezember 1967).

wieder Gedichte] Nur ›Wort und Wahrheit‹ hatte schon Gedichte von PC publiziert (vgl. Nr. 25 und 31). Zum Projekt bei Rot-Weiß-Rot vgl. Nr. 21.

»Todesfuge«] PC las u. a. (?) »Ein Lied in der Wüste«, »Schlaf und Speise«, »Die Jahre von dir zu mir«, »Zähle die Mandeln« und »In Ägypten«. An eine Lesung der »Todesfuge« erinnerte sich Walter Jens als »Reinfall« (PC/GCL II-dt. 14/10).

32.1

Hamburg] Sitz des mitveranstaltenden NWDR; die Tagung fand in Niendorf an der Ostsee statt. Siehe das Foto von der Tagung (Abb. 1).

33
DLA D 90.1.2827/7: masch., u. a. hs. korr. Brief mit einer hs. Ergänzung, AZS, Kuvert fehlt.

Dr. Koch] Der Cheflektor der Deutschen Verlags-Anstalt hatte in Niendorf Interesse an einem Lyrikband von PC gezeigt und die Publikation von *Mohn und Gedächtnis* in die Wege geleitet.

Deine Absage] Die Lesung wurde am 17. oder 18.7.1952 nachgeholt, als PC mit GCL auf dem Weg nach Österreich durch Stuttgart kam.

Dingeldey] Helmut Dingeldey war 1952 literarischer Verlagsleiter der DVA.

Übersetzungen] Die Deutsche Verlags-Anstalt hatte PC eine Übersetzung von Malraux' *Condition humaine* angeboten.

Gedichtband \ das Manuskript] Mohn und Gedächtnis.

Frankfurter Hefte – der Verlag] PC berichtete GCL am 2.6.1952 davon, sich für einen der im Herbst vom Verlag geplanten Gedichtbände zu bewerben. Die von Walter Dirks und Eugen Kogon 1945 gegründete linkskatholische Zeitschrift mit gesellschaftspolitischen und literarischen Beiträgen brachte in der ersten Hälfte der 1950er Jahre viele Gedichte von IB, zuerst »Früher Mittag« (1952, Heft 12, S. 952).

Rowohlt] Nicht geklärt.

das Manuskript nicht abschicken] Entwurf zu *Die gestundete Zeit.*

letzten Gedichte] Es gibt keine Hinweise darauf, daß PC neuerlich Gedichte geschickt hätte; zu den Plänen für Rot-Weiß-Rot und die ›Furche‹ vgl. Nr. 21 und 30.

Herzen bei Dir.] Schluß handschriftlich.

34
DLA D 90.1.2827/8: masch., u. a. hs. korr. Brief, Kuvert fehlt.

nach Graz] PC hielt sich mit GCL in der zweiten Julihälfte in Österreich auf und besuchte neben Demus und Maier auch Hölzer in Graz.

Einladung für Oktober] Hansen-Löve hatte PC am 29.5.1952 zu einer Lesung im Institut für Gegenwartskunde eingeladen; sie kam nicht zustande (NPC).

DVA] Mohn und Gedächtnis erschien in der Deutschen Verlags-Anstalt; ihr lag zum Zeitpunkt des Briefs die Satzvorlage bereits vor (30.6.1952), am 7.8.1952 erhielt PC die Zusage.

Italien] IB fuhr am 8.9.1952 über Rom in das südlich von Neapel gelegene Positano in Urlaub.

Kongress] Nicht geklärt.

etwas schicken] Gedicht-Manuskripte schickte IB nur zweimal an PC (vgl. Nr. 39 und 98).

35
DLA D 90.1.2826/6: masch., u. a. hs. korr. Brief mit einer hs. Ergänzung (Datum), Kuvert fehlt.

die »Furche« und der Sender] Vgl. Nr. 30 und Nr. 21.

15. August] Vom Archiv 1951 zugeordnet.

den alten] Zum Typoskript »Der Sand aus den Urnen« vgl. Nr. 25/Anm.

36
DLA D 90.1.2827/9: hs. Brief, Kuvert fehlt.

Positano] Vgl. Nr. 34/Anm.

37
BIB: hs. Widmung auf dem Vorsatzblatt von »Mohn und Gedächtnis«, Stuttgart: Deutsche Verlags-Anstalt 1952.

»Mohn und Gedächtnis«] Lesespuren: S. 41/42 (Zyklustitel »Gegenlicht«) bis S. 49/50 (»Kristall«) rechts oben Knicke wie zur Markierung dieser Seiten. Einlage: aus einem größeren Blatt herausgerissener Teil eines hs. Bahn-Fahrplans mit den Stationen Karlsruhe, Mannheim und Frankfurt. Ein zweites Exemplar dieser Ausgabe in der BIB weist keine Widmung auf; S. 46 Wischspur. Zum Exemplar der zweiten Auflage vgl. Nr. 67.

ein Krüglein Bläue] Vgl. »Marianne« (V. 9) aus dem Band.

März] Der Band erschien als Weihnachtsgabe für Freunde des Verlags schon am 17. 12. 1952, der größte Teil der Auflage dann Anfang Januar 1953.

38

DLA D 90.1.2828: hs. Brief, AZS, Kuvert fehlt.

Gedichte] Mohn und Gedächtnis.

von Paris] Nani und Klaus Demus (seit Dezember 1952 verheiratet) besuchten PC und GCL im Frühjahr 1953 in Paris (vgl. Abb. 6); bei diesem Treffen dürfte auch der Plan einer österreichischen Gedicht-Anthologie entstanden sein.

von Wien weg] Der deutsche Komponist Hans Werner Henze, den IB auf der Tagung der Gruppe 47 im Herbst 1952 (Burg Berlepsch bei Göttingen) kennengelernt hatte, lud sie am 7. 7. 1953 ein, nach Ischia in seine Nähe zu ziehen; IB war mit Henze zeitweise in einer Lebensgemeinschaft verbunden; sie schrieb für ihn Libretti, er vertonte Gedichte von ihr. In Österreich lebte sie nie wieder dauerhaft.

im Mai] Vgl. Nr. 29.1.

39

DLA D 90.1.3105/1: masch. Brief mit 4 u. a. hs. korr. Ds. (»Botschaft«, »Sterne im März«, »Fall ab, Herz, vom Baum der Zeit« und »Einem Feldherrn«, das 2. und 3. Gedicht mit Bleistiftfragezeichen oben links, ev. von PC?); DLA D 90.1.3104 (z. Beilage): Ds. »Grosse Landschaft bei Wien«, Kuvert fehlt.

Anthologie österreichischer Lyrik] Das Projekt wurde nicht verwirklicht. 13 Autoren schickten zwischen Juli und September 1953 Gedichte: Hans Carl Artmann, Ingeborg Bachmann, Christine Busta, Klaus Demus, Jeannie Ebner, Herbert Eisenreich, Michael Guttenbrunner, Ernst Kein, Andreas Okopenko, Wieland Schmied, Helmut Stumfohl, Hanns Weissenborn und Herbert Zand. »Große Landschaft bei Wien« gehört zu der von PC getroffenen kleinen Auswahl (zusammen mit Gedichten von Artmann, Busta, Demus, Schmied, Stumfohl und Zand).

im September] Der Band erschien im Dezember 1953 (vgl. Nr. 42).

40

DLA D 90.1.1341: hs. Postkarte an: »Monsieur / Paul Celan / Tournebride / GRAND-BOURG. / par Evry-Petit-Bourg / Seine-et-Oise / FRANKREICH«, Wien, 2. 8. 1953, von: [Nani Demus] »Inge, Nani, Klaus« \ [anstelle des Absenders] »Ehemalige Hofstallungen, Weinstube an der schwarzen, hohen Mauer.«, AZS.

Inges letzter Tag in Wien] IB reiste am 2. 8. über Klagenfurt nach Ischia, wo sie am 8. 8. 1953 eintraf.

Tout mon cœur à Gisèle] ›Gisèle, von ganzem Herzen.‹

41

DLA D 90.1.3105/2: masch., u. a. hs. korr. Luftpostbrief an: »[masch.] M. Paul Celan / ~~Tournebride, Grand-Bourg~~ / ~~PAR EVRY PETIT BOURG (Seine-et-Oise)~~ [von fremder Hand ersetzt durch: 5 rue de Lota / Paris 16e] / FRANCIA«, Ischia, 2. 9. 1953, von: »Bachmann, San Francesco di Paola, Casa Elvira Castaldi, / FORIO d'ISCHIA, Napoli, Italia«, Evry-Petit-Bourg, 7. 9. 1953.

San Francesco di Paola [...] FORIO d'ISCHIA (Napoli) \ »verbranntes Meer«] Vgl. Nr. 38/Anm. IB wohnte in einem Ortsteil von Forio im nordwestlichen Teil der Insel, dort auch das »Mare bruciato«.

Deine Anthologie] Vgl. Nr. 39.

andere deutsche Anthologie] In *Deutsche Gedichte der Gegenwart*: »Fall ab, Herz«, »Psalm« und »Beweis zu nichts« (hrsg. von Georg Abt, Gütersloh: Bertelsmann 1954, S. 308-311).

nach Deutschland] Zur Herbsttagung der Gruppe 47 in Bebenhausen bei Tübingen (22.-24. 10. 1953).

nach Paris] Vgl. Nr. 29/Anm.

42
DLA BPC: hs. Widmung auf dem Vorsatzblatt von »Die gestundete Zeit. Gedichte«, Frankfurt a. M.: studio frankfurt in der Frankfurter Verlagsanstalt 1953.

»Die gestundete Zeit«] Lesespuren: S. 12 (»Paris«): Randanstreichung an den in späteren Auflagen veränderten V. 9f. (»Entzweit ist das Licht, / und entzweit ist der Stein vor dem Tor«). Ursprünglich plante IB wohl, eine Widmungskarte beizulegen, vgl. die Einlage in IBs Exemplar von *Der Sand aus den Urnen* (vgl. Nr. 2/Anm.): »Für Paul – / Getauscht, um getröstet zu sein / Ingeborg / Im Dezember 1953«. Bei S. 28 lag ursprünglich ein Zettel mit IBs Adresse: »Ingeborg Bachmann / Klagenfurt / Henselstr. 26 / Österreich«; zu weiteren Beilagen vgl. Nr. 74 und 119 (BK III). Wohl diesem Exemplar lag ursprünglich eine Handschrift von IBs »Im Gewitter der Rosen« auf einem Papierstreifen bei (vgl. Nr. 53). Zum Exemplar der zweiten Auflage vgl. Nr. 68.

getauscht, um getröstet zu sein] V. 8 aus PCs »Aus Herzen und Hirnen«. Im NIB ist eine Handschrift des Gedichts erhalten, auf deren Rückseite sich Entwürfe von IB befinden (aus dem aufgegebenen Roman *Stadt ohne Namen*?, HAN/ÖNB Mappe 11, Bl. 1, = HKA 2-3.2 247 H[2*]).

43
DLA D 90.1.1361: hs. Ansichtskarte (Wien, Stephansdom) an: »[hs. Winter] Monsieur / Paul Celan / Poste restante / Rue de Montevideo / Paris 16e / France«, Wien, 8. 1. 1955.

Hanns Winter \ Gespräche] Woher der österreichische Übersetzer PC kannte, ist nicht geklärt.

44
HAN/ÖNB Mappe 10, Bl. 9: hs. Gesprächsnotizen auf der Rückseite des Programms für die 11. Tagung des Wuppertaler Bundes vom 11. 10. 1957 bis zum 13. 10. 1957: »Literaturkritik – kritisch betrachtet«.

Wuppertal] Die gemeinsame Teilnahme an der Tagung des 1945/46 als »Gesellschaft für geistige Erneuerung« gegründeten Wuppertaler Bundes nach vier Jahren ohne Kontakt dürfte nicht abgesprochen gewesen sein. Am 13. 10. 1957 beteiligten sich PC und IB an einer Gesprächsrunde mit H. M. Enzensberger, P. Huchel, W. Jens und H. Mayer (vgl. PN 176). Zu einer späteren Tagung vgl. Nr. 135.1 und 142. Erhalten ist auch ein in IBs Hotel von PC hinterlegter Umschlag mit der Aufschrift »Fräulein Ingeborg Bachmann / Hotel Kaiserhof« (vermutlich von fremder Hand die Zimmernummer »308«, HAN/ÖNB Mappe 1, Bl. 3), dessen Inhalt nicht identifiziert werden konnte.

Düsseldorf] Der Grund der Reise ist nicht bekannt.

45
HAN/ÖNB Ser. n. 25.202 a, Bl. 15: hs. Leseaufforderung (Vorderseite eines zu einer DIN-A4-Mappe gefalteten DIN-A3-Bogens); Bl. 16: hs. Gedicht (= HKA 5.2.171/325 H^{3a}); nicht publizierte Beilagen: HAN/ÖNB Ser. n. 25.202 a, Bl. 17 (»Nacht«, Ts. mit einer hs. auf den »17. X. 57« datierten Korrektur, = HKA 5.2.211/325 H^{3d}), Bl. 18 (»Stilleben mit Brief und Uhr«, Ts. mit hs. Korrektur, = HKA 5.2.96/325 H^{3a}), Bl. 19 (»Ich komm«, Ts., = HKA 5.2.194/325 H^{4a}) und Bl. 20 (»Matière de Bretagne«, Ts., = HKA 5.2.217/326 H^{1a}).

beigelegte Gedichte] Zu weiteren Dokumenten dazu vgl. Nr. 66/Anm.

46
HAN/ÖNB Ser. n. 25.202 a, Bl. 14 und HAN/ÖNB Mappe 3, Bl. 5 (z. Kuvert): hs. Gedicht (= HKA 5.2 227 und 326) an: »Fräulein Ingeborg Bachmann / Pension Biederstein / München 23 / Biedersteinerstraße 21 a / Allemagne«, Paris, 18. 10. 1957.

Schuttkahn II] Zweite Fassung oder späte Variante des in Sprachgitter gedruckten »Schuttkahn« (6. 10. 1957, vgl. Nr. 66/Anm.).

47

HAN/ÖNB Ser. n. 25.202 b, Bl. 8 und HAN/ÖNB Mappe 3, Bl. 6 (z. Kuvert): hs. Gedicht (= HKA 5.2 231/326 H²) an: »Mademoiselle Ingeborg Bachmann / Pension Biederstein / München / Biedersteinerstraße 21 a / Allemagne«, Paris, 20. 10. 1957.

Köln, Am Hof] Nach der Tagung in Wuppertal traf sich PC mit IB am 14. 10. 1957 in Köln, wo er in einem Hotel in der Straße Am Hof in der Nähe von Dom und Rheinufer untergebracht war. Die Straße führt vom erzbischöflichen Palast (»Hof«) bis zum Rathausplatz; das Gebiet war im Mittelalter den Juden zugewiesen. Die Straßenbezeichnung wurde zwischen IB und PC zu einer Art Codewort (vgl. Nr. 68 und Nr. 118). Weiteres Dokument für das Gedicht im NIB: Ts., datiert »Paris, am 20. Oktober 1957.« (HAN/ÖNB Ser. n. 25.202 a, Bl. 10, = H1a); vgl. auch Nr. 66/Anm.

Quai Bourbon] Vom Quai am Ufer der Ile Saint-Louis ist ein Blick auf die Ile de la Cité mit Notre-Dame und auf das rechte Seine-Ufer möglich.

48

HAN/ÖNB Mappe 3, Bl. 7: hs. Brief, Kuvert nicht identifiziert (HAN/ÖNB Mappe 8, Bl. 2 oder 3?: Bl. 2 an »Mademoiselle Ingeborg Bachmann / Pension Biederstein / München / Biedersteinerstraße 21 A / Allemagne«, auf der Rückseite von fremder Hand: »Benjamino Joppolo / I Gobernanti«; Bl. 3 an »Mademoiselle Ingeborg Bachmann / Pension Biederstein / München 23 / Biedersteinstr. 21 a / Allemagne«, Luftpost; Briefmarken jeweils abgerissen).

Benjamino Joppolo] Ein Werk »I Gobernanti« des antifaschistischen italienischen Schriftstellers und Dramaturgen Beniamino (!) Joppolo konnte nicht identifiziert werden.

Briefen] Seit der Wiederaufnahme der Beziehung in Wuppertal scheint PC nicht nur Gedichte geschickt zu haben. Vielleicht sind Begleitbriefe für Gedichte verloren; zumindest ein Brief mit Poststempel vom 16. 10. 1957 ist durch IBs Reaktion (vgl. Nr. 52) und das Kuvert bekannt (HAN/ÖNB Mappe 3, Bl. 4).

49

HAN/ÖNB Mappe 3, Bl. 8-9: hs. Luftpostbrief an: »[masch.] Mademoiselle Ingeborg Bachmann / Pension Biederstein / MÜNCHEN / Biedersteinerstraße / 21 A / ALLEMAGNE«, Paris, 25. 10. 1957.

25. X. 57] Vielleicht enthielt der Brief PCs »In die Ferne« als Beilage (Ts. und Hs., HAN/ÖNB Ser. n. 25.202 c, Bl. 10 und 11, HKA 5.2,233 und 326, H^3 und H^4).

»Il est [...] ressentent.«] ›Großen Herzen ist es unwürdig, die Verwirrung zu verbreiten, die sie fühlen.‹ Die Quelle für das Zitat konnte nicht identifiziert werden. Es handelt sich um einen Auszug aus »Lucie, nouvelle épistolaire« von Clotilde de Vaux, veröffentlicht in »Complément de la Dédicace« für das Werk *Système de politique positive* ihres Freundes Auguste Comte (*Œuvres*, Paris 1969, Bd. 7, S. XXVIII).

»... Du weißt, wohin er wies«] Zitiert PC einen verlorenen Brief?

gesprochen] PC bezieht sich wohl auf einen verlorenen Brief oder ein Telefongespräch, in dem er von einem offenen Gespräch mit GCL berichtet hatte (vgl. Nr. 52).

50

HAN/ÖNB Ser. n. 25.202 a, Bl. 7 und HAN/ÖNB Mappe 3, Bl. 10 (z. Kuvert): masch. Gedicht (= HKA 5.2 238/326 H^{4a}) an: »Mademoiselle Ingeborg Bachmann / Pension Biederstein / MÜNCHEN / Biedersteinerstr. 21 A / ALLEMAGNE«, Paris, 27. 10. 1957 (Luftposttarif).

In Mundhöhe] Vgl. Nr. 66/Anm.

51

DLA D 90.1.2829/1: Telegramm an Paul Celan, 29 bis rue de Montevideo Paris 16^e, München 28. 10. 1957, 11^{38} und Paris, 28. 10. 1957, 12^{40}.

52

DLA D 90.1.2829/2: hs. Luftpostbrief an: »[masch.] M. Paul Celan / 29 bis Rue de Montevideo / Paris 16e / France«, München, 29. 10. 1957.

vor zehn Tagen] Wahrscheinlich im Kuvert mit Poststempel vom 16. 10. 1957 (vgl. Nr. 48/Anm.).

Nous deux encore] Gedicht von H. Michaux, vgl. die Übertragung von PC *Noch immer und wieder, wir beiden* (Reinschrift 17. 12. 1957). Das 1948 in Paris erschienene Buch hatte er im August 1957 erworben. Ein Exemplar dieser Ausgabe besaß auch IB (BIB), die den Band, wie PC Mai 1960 notierte, in ihrer Bibliothek sichtbar aufstellte (NkPC).

Deiner Frau] Gisèle Celan-Lestrange.

Euer Kind] Claude François Eric.

»Ins Leben«] Vgl. Nr. 49.

die Geträumten] Vgl. V. 2 von »Köln am Hof« (Nr. 47).

Dienstag] 29. 10. 1957.

Prinzessin] IB hatte Marguerite Caetani, Prinzessin von Bassiano, Herausgeberin der von ihr 1948 in Rom gegründeten internationalen Literaturzeitschrift ›Botteghe Oscure. An International Review of New Literature‹ Anfang 1954 in Rom kennengelernt. Ein Gedicht von PC erschien bereits 1956 in Heft XVII (»Vor einer Kerze«, S. 358f.), Gedichte von IB erschienen zuerst 1954 in Heft XIV (»Lieder von einer Insel«, »Nebelland«, S. 215-219), weitere 1957 in Heft XIX (»Hôtel de la Paix«, »Nach dieser Sintflut«, »Liebe: Dunkler Erdteil«, »Exil«, »Mirjam«, S. 445-449). Zu Heft XXI vgl. Nr. 58/Anm.

Donaueschingen \ alles sagen zu müssen] IB nahm am 20. 10. 1957 bei den Donaueschinger Musiktagen an der Uraufführung von Henzes *Nachtstücke und Arien* mit ihren Texten »Aria I« und »Aria II« teil. IB erzählte dem Komponisten auch später nie von ihrer Beziehung zu PC.

»Lieder auf der Flucht«] Ein Gedicht (XII) aus dem Schlußzyklus von *Anrufung des Großen Bären* spielt in Form und Inhalt auf PCs im Oktober 1950 entstandenes »Ins Nebelhorn« an.

53
HAN/ÖNB Mappe 3, Bl. 11-14 (1. Brief), Mappe 3, Bl. 3 (z. Fortsetzung auf einem Kuvert ab »1. X. [statt XI.] 57«) und Mappe 3, Bl. 15 (Kuvert): hs. Briefteile an: »Mademoiselle Ingeborg Bachmann / Pension Biederstein / München / Biedersteinerstraße 21 A / Allemagne«, Paris, 2. 11. 1957 (Luftposttarif).

26ten] Während eines Deutschland-Aufenthalts (erst 3.-11. 12. 1957) war PC vom 7. bis zum 9. in München (NkPC).

›In Ägypten‹] Vgl. Nr. 1.

Hamburg] Nach der Tagung in Niendorf (vgl. Nr. 32).

Tübingen [...] Düsseldorf] Zu PCs Tübinger Lesung vgl. Nr. 56; am 5. 5. 1958 las er in Düsseldorf auf Einladung der dortigen Volkshochschule.

Frankfurter Zeitung \ das Gedicht] Heute bei einem späteren Brief (Nr. 98) abgelegt ist ein Zeitungsausriß aus der FAZ mit IBs »Aria I« und »Aria II«, denen ein kurzer Hinweis auf die Uraufführung von Henzes *Nachtstücke und Arien* bei den Donaueschinger Musiktagen 1957 vorangestellt ist (31. 10. 1957). Beide Gedichte sind dort vertont, »Aria I« ist die dafür um eine Strophe erweiterte Fassung von »Im Gewitter der Rosen«, das wohl Nr. 42 beilag. Vgl. die später gesandte Fassung (Nr. 98).

›Köln, Am Hof‹] Vgl. Nr. 47.

Höllerer [...] Akzente] PC übergab das Gedicht dem Schriftsteller und Literaturwissenschaftler, den er und IB persönlich wohl seit 1954 kannten, am 21. 10. 1957 für die von diesem mitherausgegebene Zweimonatsschrift (NkPC, vgl. Nr. 72).

›Geträumten‹] V. 2 von »Köln, Am Hof«, vgl. Nr. 47.

54
HAN/ÖNB Ser. n. 25.202 a, Bl. 8 und Mappe 8, Bl. 1 (z. Kuvert): hs. Gedicht (= HKA 5.2, 253/327 H[3]) an: »Mademoiselle Ingeborg Bachmann / Pension Biederstein / München / Biedersteinerstraße 21 A / Allemagne«, Paris, 3. [11.] 19[57].

Allerseelen] Der Titel ersetzt den gestrichenen Titel »Bericht«. Ein weiteres Dokument für das Gedicht im NIB: Ts., dat. »Paris, am 2. November 1957.« (HAN/ÖNB Ser. n. 25.202 a, Bl. 9, = HKA H[2a]); vgl. auch Nr. 66/Anm.

55

HAN/ÖNB Mappe 3, Bl. 16-17: hs. Luftpostbrief an: »Mademoiselle Ingeborg Bachmann / Pension Biederstein / München / Biedersteinerstraße 21 A / Allemagne«, Paris, 6. 11. 1957 (vgl. Abb. 13).

Marvell] Einer der Hauptvertreter der englischen Metaphysical Poetry. PC zitiert die beiden Schlußstrophen aus der am Vortag erworbenen Anthologie *Metaphysical Lyrics & Poems of The Seventeenth Century: Donne to Butler* (Selected and edited with an Essay by Herbert J. C. Grierson, London 1956, S. 78, das Gedicht beginnt S. 77; BPC). Der Band enthält S. 74 Übersetzungsversuche zu Donnes Gedicht »To His Coy Mistress«; ein Zeitungsausriß mit dem Artikel von E. E. Duncan-Jones, »The Date of Marvell's ›To his Coy Mistress‹« (›The Times Literary-Supplement‹) ist beigelegt.

Dezemberwoche] Korrigiert aus: »Januarwoche«.

kleine Übersetzung] PCs Übersetzung *Notizen zur Malerei der Gegenwart*, ein kurzer Essay des abstrakten französischen Malers Jean Bazaine (Paris 1953), erschien erst 1959 (Frankfurt a. M.: S. Fischer Verlag).

Gisèle [...] tapfer] Zur Reise vgl. Nr. 53. Von GCLs ›Tapferkeit‹ zeugen ihre Tagebucheintragungen vom Januar 1958 (PC/GCL II 92/3; vgl. Nr. 216).

drei Bücher] Das dritte Buchgeschenk konnte nicht identifiziert werden.

Buber] Geschichten des Rabbi Nachman. Ihm nacherzählt von Martin Buber (Frankfurt a. M. [6]1922, BIB, auch in BPC). PC war ein passionierter Leser des Philosophen und Erzählers, ließ ihm schon 1954 *Mohn und Gedächtnis* schicken und traf ihn persönlich am 14. 9. 1960.

englische Anthologie] The Oxford Book of English Verse 1250-1918 (hrsg. von Sir Arthur Quiller-Couch, Oxford 1939, mit Erwerbsdatum von fremder Hand »London Feb 1951«; BIB). PC besaß kein eigenes Exemplar; er hatte den Band von seinem Freund, dem Englischlehrer Guy Flandre, einige Zeit ausgeliehen (Lesespuren von PC).

Anthologie [...] in Wuppertal] Die von Hans Hennecke herausgegebene Anthologie *Gedichte von Shakespeare bis Ezra Pound*, in die PC auch Übersetzungsentwürfe für das im folgenden genannte Gedicht notiert hat (Wiesbaden 1955, S. 82, BPC), hatte er vielleicht schon 1955 bei seinem ersten Aufenthalt in Wuppertal bekommen.

To His Coy Mistress [...] Donne] PC schenkte IB später eine Reinschrift seiner Übertragung »An seine stumme Geliebte« (5. 1. 1958, HAN/ÖNB 25.202 c, Bl. 1r/v-2) sowie hs. Übersetzungsentwürfe (17. 10. - 30. 10. 1957; 25.202 c, Bl. 3-8). Erst Ende 1968 übersetzte PC John Donnes »The Curse« (»Der Fluch«).

56

HAN/ÖNB Mappe 3, Bl. 18: hs. Brief; HAN/ÖNB Ser. n. 25.202 b, Bl. 6-7 (nicht publizierte Beilagen): Ts., jew. mit dem Vermerk »Übertragen von Paul Celan«; Kuvert nicht identifiziert (vgl. Nr. 48).

zwei Übersetzungen [...] Anthologie] Die beigelegten Übertragungen erschienen in der *Anthologie der französischen Dichtung von Nerval bis zur Gegenwart* (hrsg. von Flora Klee-Pályi, Wiesbaden 1958, S. 17 und 277), dort auch PCs Übertragungen »Epitaph« und »›Das letzte Gedicht‹« von Robert Desnos (S. 318-321). Die ungarisch-jüdische Graphikerin und Übersetzerin Flora Klee-Pályi, Überlebende von Theresienstadt, lebte seit 1927 in Wuppertal. Bei der Tagung des Bundes im Oktober 1957 (vgl. Nr. 44) war PC bei ihr (Boltenbergstraße 10) untergebracht. Sie widmete sich vor allem der Vermittlung französischer und deutscher moderner Dichtung. PC war mit ihr diesbezüglich seit 1949 in Kontakt.

Ihr Uhren tief in uns] Schlußvers von »Köln, Am Hof« (vgl. Nr. 47).

Tübingen] Für die Buchhandlung Osiander las PC in der Alten Aula der Universität.

57
DLA D 90.1.2829/3: hs. Brief an: »[masch.] M. Paul Celan / 29 bis, Rue de Montevideo / Paris 16^e / France«, München, 8. 11. 1957.

Diese Woche ist zu arg] Ihre ökonomisch unhaltbar gewordene Situation als freie Autorin zwang IB im September 1957 dazu, eine feste Anstellung als Dramaturgin beim Bayerischen Fernsehen in München, einer Abteilung des Bayerischen Rundfunks, anzunehmen, die sie als »Zwangsarbeit« (an Hermann Kesten, 3.9.1957, Literaturarchiv Monacensia München) empfand. Aktuell hinzu kam der Termindruck für die Fertigstellung von *Der gute Gott von Manhattan.*

Pension] Pension Biederstein, Biedersteiner Str. 21a. Der für den 1.12.1957 geplante Umzug in die Wohnung in der Franz-Joseph-Str. 9a, ebenfalls in Schwabing, verzögerte sich bis zum 16.12.1957.

58
HAN/ÖNB Mappe 3, Bl. 19-20 und Mappe 3, Bl. 1 (z. Kuvert): hs. Luftpostbrief an: »Mademoiselle Ingeborg Bachmann / München 13 / ~~Franz-Josephstr. 9 A~~ / Allemagne / [von fremder Hand: z. Zt. Fremdenheim / Biederstein / Biedersteinerstr. / 21. A.]«; Paris, [xx. xx.] 1957 (vgl. Abb. 15).

78 rue de Longchamp, Paris 16^e] Erste Eigentumswohnung von PC und GCL.

ersten Besuch] Datum nicht bekannt (entgegen PC/B.O., S. 14).

deutschen Beiträgen [...] Texte treffen \ Dunkel und Verborgenheit] Der deutschsprachige Teil von Heft XXI (1958, BPC: einige Druckfehlerkorrekturen) wurde, ohne daß dies dort vermerkt ist, tatsächlich von IB und PC verantwortet (mit Ausnahme der »Fragmente« von Rezzori, S. 379ff., die Moras beisteuerte, PC aber ebenfalls lektorierte). Weitere sechs Autoren und ein Übersetzer sind versammelt: Georg Heym mit dem Gedicht »Der Tod des Schauspielers« (S. 370), Nelly Sachs mit acht Gedichten (»Siehe Daniel«, »Schon schmeckt die Zunge Sand im Brot«, »Und du riefst und riefst«, »Das Kind«, »Kein Wort birgt den magischen

Kuss«, »Staubkörner rede ich«, »Röchelnde Umwege«, »Ach dass man so wenig begreift«; S. 371ff.), Arthur Rimbaud mit »Das trunkene Schiff«, Deutsch von Paul Celan (S. 375ff., vgl. Nr. 99), Walter Höllerer mit sechs Gedichten (»Vogel Roc«, »Bein und Eisen«, »Eiben«, »Für eine flüchtige Freundin«, »Antlitz, geflochten«, »Gläsern«, S. 408ff.), Günter Grass mit »Der Kuckuck« (2. Akt von *Onkel, Onkel*; S. 413ff.) und Hans Magnus Enzensberger mit sechs Gedichten (»Gespräch der Substanzen«, »Die großen Erfindungen«, »Memorandum«, »Plädoyer für einen Mörder«, »Das Ende der Eulen«, Trennung«; S. 425ff.). Der Titel der Zeitschrift (wörtlich ›dunkle Geschäfte‹ im konkreten wie übertragenen Sinn) nimmt die römische Redaktionsadresse auf, den Palazzo Caetani in der Via Botteghe Oscure 32.

59

DLA D 90.1.2829/4: hs. Luftpostbrief an: »M. Paul Celan / 29 bis, Rue de Montevideo / PARIS 16ᵉ / FRANCE«, München, 15. 11. 1957.

»Montevideo«] Rue de Montevideo, PCs Adresse in Paris bis Ende November 1957.

herrlichen Bücher] Vgl. Nr. 55.

Tübingen] Vgl. Nr. 56.

»Zikaden«] IB beendete *Die Zikaden* bereits im Winter 1954/55 in Neapel (Ursendung: 5. 3. 1955, NWDR). BBC 3 brachte am 30. 7. und 1. 8. 1957 eine englische Fassung.

Klaus zu B.O.] In Heft XIX (1957) waren Demus' Gedichte »Meerstern«, »Vorüber zieht im Himmel« und »Gipfelkalmen« erschienen (S. 455-459).

60

HAN/ÖNB Mappe 3, Bl. 21-22: hs. Luftpostbrief an: »Mademoiselle Ingeborg Bachmann / Pension Biederstein / München / Biedersteinerstraße 21 A / Allemagne«, Paris, 16. 11. 1957.

Enzensberger] PC begründete die Bitte mit dem Hinweis, der damals in Norwegen lebende deutsche Dichter könne die Zeitschrift durch Rundfunksendungen in Deutschland bekannt machen (18. 10. 1957, NPC). PC hatte im April 1955 in Paris seine Bekanntschaft gemacht; die freundschaftliche Beziehung zwischen ihm und IB intensivierte sich erst Ende der 1950er Jahre.

Jens] PC und IB hatten den Tübinger Schriftsteller und Philologen 1952 in Niendorf (vgl. Nr. 32.1) kennengelernt und in Wuppertal wiedergesehen.

61

DLA D 90.1.2829/5: hs. Brief an: »M. Paul Celan / 78, rue de Longchamp / PARIS 16è / FRANCE«, München, 18. 11. 1957.

nach Tübingen] Nach PCs Lesung (vgl. Nr. 56).

Samstag] 16. 11. 1957.

Wiener Stadtpark] Vgl. Nr. 4.

62

DLA D 90.1.2829/6: hs. Eilbrief an: »M. Paul Celan / 78, rue de Longchamp / PARIS 16è / FRANCE«, München, 22. 11. 1957 und Paris, 23. 11. 1957.

Vor sieben Jahren] PCs 30. Geburtstag am 23. 11. 1950 feierten sie, kurz bevor IB Paris verließ.

dorthin] Die Wiederaufnahme der Liebesbeziehung zwischen IB und PC im September 1957 bedeutete für dessen Ehe mit GCL eine große Belastung; aus diesem Grund wollte IB kein Geburtstagsgeschenk in die Rue de Longchamp schicken.

63

HAN/ÖNB Mappe 3, Bl. 23-24: hs. Brief an: »Mademoiselle Ingeborg Bachmann / Pension Biederstein / München / Biedersteinerstraße 21 A / Allemagne«, Briefmarke abgerissen.

64

DLA D 90.1.2829/7: hs. Brief an: »M. Paul Celan / 78, Rue de Longchamp / PARIS 16è / FRANCE«, München, 4. 12. 1957.

Tübingen] Vgl. Nr. 56.
Franz Josephstraße 9a] Vgl. Nr. 57/Anm.

65
HAN/ÖNB Mappe 1, Bl. 11 und Mappe 3, Bl. 25 (z. Kuvert): hs. Eilbrief an: »Fräulein / Ingeborg Bachmann / M ü n c h e n / ~~Franz-Joseph Str. 9 a~~ [von fremder Hand ersetzt durch: Pension Biederstein / Biedersteiners Str. 21 a]«, Stuttgart, 5. 12. 1957; »[Rückseite, von fremder Hand] Empf. Bachmann Franz-Josephstr. 9a / noch nicht eingezogen zur Zeit / Pension Biederstein«, München, 5. 12. 1957.

Stuttgart] PC war zu Gast bei seinen Freunden Hanne und Hermann Lenz (Birkenwaldstraße 203).

66
HAN/ÖNB Ser. n. 25.170 N 8000: hs. Widmung auf einem Doppelblatt als Umschlag zu N 8001-8030 mit Ts. von »Zuversicht« (HKA 5.2,90 H^{2e}), »Stilleben mit Brief und Uhr« (96 H^{2a}), »Unter ein Bild von Vincent van Gogh« (108 H^{2m}), »Heimkehr« (112 H^{2a}), »Heute und morgen« (127 H^{2a}), »Schliere« (139 H^{2c}), »Unten« (119 H^{3a}), »Stimmen« (67 H^{9a}), »Sprachgitter« (188 H^{1c}), »Tenebrae« (149 H^{2e}), »Blume« (156 H^{3a}), »Weiss und Leicht« (171 H^{2a}), »Schneebett« (auch Ds., 194 $H^{2a/=c}$), »Matière de Bretagne« (217 H^{2a}), »Windgerecht« (201 H^{1c}), »Nacht« (auch Ds., 212 $H^{1a/=c}$), »Schuttkahn« (225 H^{1f}), »Köln, Am Hof« (231 H^{1f}), »In die Ferne« (auch Ds., 233 $H^{2a/=c}$), »In Mundhöhe« (auch Ds., 238 $H^{3a/=c}$) und »Allerseelen« (auch Ds., 253 $H^{1e/f}$), denen eine auf den 2. 12. 1957 datierte Liste dieser Titel (46f.) vorangestellt ist; das Konvolut wurde wohl in München übergeben.

67
DLA 95.12.1: hs. Widmungen (jew. oben links) S. 8, 24, 27, 28, 29, 30, 33, 43, 44, 48, 49, 50, 55, 56, 57, 58, 59, 68, 72, 73, 74, [76] sowie 70 in »Mohn und Gedächtnis«, Stuttgart: Deutsche Verlags-Anstalt ^{2}1954.

»Mohn und Gedächtnis«] Den Band übergab Christine Koschel dem DLA. Vgl. *IB und PC. Poetische Korrespondenzen*, Frankfurt a. M. 1997, S. 17. Zum Exemplar der Erstausgabe vgl. Nr. 37.

f. D. \ u. f. D.] (und) für Dich.

68

DLA BPC: hs. Widmung auf der Rückseite des Vorsatzblattes von »Die gestundete Zeit. Gedichte«, München: R. Piper & Co. Verlag ²1957; das Buch wurde wohl in München übergeben.

Lesespuren: S. 9 (»Abschied von England«) unten Auslassungszeichen (der Schlußvers der Erstausgabe, »Alles bleibt unbesagt«, fehlt); S. 12 (»Paris«) Randanstreichung an V. 9f., Unterstreichung in V. 14 (»fliehende«); S. [32] (leer) Notiz von PC mit Auslassungszeichen: »Beweis zu nichts« (das Gedicht aus der Erstausgabe fehlt); S. 37 (2. Teil von »Psalm«) Ausrufezeichen und doppelte Randanstreichung an der 1. Strophe, die nur in dieser Auflage gegenüber der Erstauflage verändert ist (»Da alles eitel ist: – / vertrau dir nicht mehr / und übernimm kein Amt. / Verstelle dich nicht mehr, / um der Bloßstellung zu entgehen«). Einlage: S. 30/31 Zeitungsausschnitt mit elf, von der Buchausgabe (vgl. Nr. 188) z.T. abweichenden Übertragungen IBs von Gedichten Giuseppe Ungarettis: »Universum«, »Sich gleich«, »Eine andere Nacht«, »Einsamkeit«, »Trennung«, »San Martino del Carso«, »Zerknirscht«, »Brüder«, »Wache«, »In Memoriam«, »Schlafen« (NZZ, 3. 12. 1961). Zum Exemplar der Erstausgabe vgl. Nr. 42.

München, Am Hof] Vgl. PCs »Köln, Am Hof« (Nr. 47).

69

HAN/ÖNB Mappe 1, Bl. 8-10: hs. Brief, Kuvert fehlt.

Frankfurt, Montag nacht] PC traf am 9. 12. 1957 aus München kommend in Frankfurt ein, wo er bis zum 11. 12. 1957 mit Vertretern der Verlage S. Fischer und Insel bzw. Suhrkamp sprach (NkPC), u. a. in Zusammenhang mit der Publikation von Übertragungen von Chars »Hypnos« in der Zeitschrift ›Die Neue Rundschau‹.

Deine Gedichte] Wohl das neue Exemplar von *Die gestundete Zeit.*

›Akzente‹] IBs vier Gedichte »Nach dieser Sintflut«, »Hôtel de la Paix«, »Exil«, »Liebe: Dunkler Erdteil« waren gerade in Heft 6 erschienen (S. 491-495), das auch Beiträge von Hilde Domin, Gert Kalow, Heinz Piontek und Wolfdietrich Schnurre enthält. IB wie PC hatten seit dem ersten Jahrgang (1954) in der von Walter Höllerer und Hans Bender gegründeten ›Zeitschrift für Dichtung‹ publiziert.

Gedichtbände] Mohn und Gedächtnis und *Von Schwelle zu Schwelle.*

Hindorf] Es konnten keine Publikationen von ihr nachgewiesen werden. In ihrem einzigen Brief an PC bedankt sie sich für Neujahrsgrüße, drückt ihre Bewunderung für seine Gedichte aus und fährt fort: »Und jetzt erst weiss ich, dass ich Ingeborg Bachmann nicht nur liebe, sondern auch ihr Wesen zu erfassen vermochte. Dies waren grosse Geschenke, die mich meine Einsamkeit vergessen liessen und meine Seele mit einem frohen Klang erfüllten« (Köln, 26. 12. 1957, NPC).

Kaschnitz] PC hatte die deutsche Schriftstellerin Marie Luise Kaschnitz 1948 bei Paris kennengelernt; sie veranlaßte 1949 die erste Publikation von Gedichten PCs in Deutschland und wurde deshalb später von PC gebeten, die Laudatio bei der Büchnerpreis-Verleihung zu halten. IB verband mit ihr seit ihrem ersten Rom-Aufenthalt eine beständige Freundschaft; in ihrer Poetikvorlesung »Über Gedichte« bezog sich IB auf Kaschnitz' Antikriegsgedicht »Bräutigam Froschkönig« (IBW 4,206-208).

Schwerin] Der Sohn des am Attentat vom 20. Juli 1944 beteiligten Offiziers Ulrich-Wilhelm Graf von Schwerin war damals Redakteur beim S. Fischer Verlag. PC lernte ihn im Sommer 1954 im Zusammenhang mit einer Veröffentlichung von Chars Gedichten kennen. Bei den in seiner Wohnung in der Frankfurter Raimundstr. 21 gesehenen Bänden handelt es sich sicher um IBs *Die gestundete Zeit* und *Anrufung des Großen Bären* sowie PCs *Mohn und Gedächtnis* und *Von Schwelle zu Schwelle.*

70

DLA D 90.1.2829/8: hs. Brief an: »M. Paul Celan / 78, Rue de Longchamp / PARIS 16ème / FRANCE«, München, 12. 12. 1957, vgl. Abb. 14.

Leuchter] Vgl. V. 9 von PCs »Ein Tag und noch einer« (Nr. 73).

dieser Frau] Margot Hindorf.

Piper] IBs Verlag in München seit *Anrufung des Großen Bären* (1956).

Blaues Haus] IB wohnte einige Tage in dem traditionsreichen Hotel (Hildegardstr. 1), weil sie aus unbekannten Gründen zum vereinbarten Zeitpunkt nicht in die neue Wohnung in der Franz-Joseph-Straße einziehen konnte (vgl. Nr. 57/Anm.).

71

HAN/ÖNB Mappe 3, Bl. 26: Telegramm an Ingeborg Bachmann, Franzjosephstr 9a Muenchen, Paris 12. 12. 1957, 12[49] *und München, 12. 12. 1957.*

Moras] Der Publizist und Übersetzer, Mitbegründer und -herausgeber der Zeitschrift ›Merkur‹, war seit 1954 auch Redaktionsmitglied des in PCs Verlag erscheinenden, vom Bundesverband der Deutschen Industrie veröffentlichten Jahrbuchs ›Jahresring‹. PC selbst schickte ihm kurz vor Weihnachten 1957 »Stimmen« für den *Jahresring* (Bd. 58/59, S. 198f., dort auch IBs *Der gute Gott von Manhattan*«, S. 96-138). PC und IB hatten Moras gemeinsam in München getroffen (NPC).

72

HAN/ÖNB Mappe 1, Bl. 6-7, Mappe 1, Bl. 4-5 (z. Fortsetzung, ab »Ingeborg, Ingeborg«) und Mappe 3, Bl. 27 (z. Kuvert): 2 hs. Briefteile an: »Fräulein / Ingeborg Bachmann / München / Franz-Joseph Str. 9a / Allemagne«, Paris, 12. 12. 1957.

Rosen [...] sieben] Vgl. die 2. Strophe von PCs »Kristall«.

Bremen] Von der Zuerkennung des Bremer Literaturpreises hatte PC sicher telefonisch berichtet. PC blieb nur drei Tage in München bei IB (28.-30. 1. 1958, NkPC).

Akzenten] Die am 12. 12. 1957 an Höllerer gesandten Gedichte »Schneebett«, »Windgerecht«, »Matière de Bretagne«, »Nacht«, »Allerseelen« und »In Mundhöhe« sowie »Köln, Am Hof« (vgl. Nr. 53) erschienen im Februarheft 1958 (Heft 1, S. 18-24, BPC).

Huchel] PC hatte dem deutschen Dichter bei der Tagung in Wuppertal (Nr. 44) die Gedichte »Schneebett«, »Windgerecht«, »Matière de Bretagne« und »Nacht« für seine Ostberliner Zeitschrift ›Sinn und Form‹ übergeben. Weil PC durch Dritte erfuhr, daß das Erscheinungsdatum noch nicht feststand, informierte er ihn am 12. 12. 1957 über seine Entscheidung für die ›Akzente‹.

Hennecke] PC traf den deutschen Publizisten und Übersetzer am 10. 12. 1957 (NkPC).

versprochenen Hefte] Vgl. Nr. 60.

Sachs] Die in Berlin geborene jüdische Dichterin lebte seit 1940 in Stockholm; die Beteiligung an ›Botteghe Oscure‹ war für PC der Anlaß, an einen Briefkontakt von 1954 anzuknüpfen.

73

HAN/ÖNB Ser. n. 25.202 b, Bl. 4: hs. Gedicht (= HKA 5.2 235/326 H[5]), Kuvert fehlt.

Ein Tag und noch einer] Vgl. »für einen Tag, für einen zweiten« in Nr. 63. Weitere Dokumente für das Gedicht im NIB: ein »Paris, am 13. Dezember 1957.« datiertes Ts. (HAN/ÖNB Ser. n. 25.202 b, Bl. 5, = HKA H[4a]) und ein undatiertes Ts. (HAN/ÖNB Ser. n. 25.202 b, Bl. 11, = HKA H[2]).

74

DLA D 90.1.2829/9: hs. Brief an: »M. Paul Celan / 78, Rue de Longchamp / PARIS 16ème / FRANCE«, München, [1]7. 12. 195[7], von: »[...] Klagenfurt, Henselstr. 26, Österreich«.

als ich einzog] In die Wohnung in der Franz-Joseph-Str. 9a.

das Geld] Dem Widmungsexemplar von *Die gestundete Zeit* lag S. 46 ursprünglich die Quittung einer Postanweisung über 400 DM bei, abgesandt am 11. 12. 1957 aus Frankfurt (vgl. Nr. 42/Anm. BK III).

das Gedicht] »Ein Tag und noch einer«.

B.O.] ›Botteghe Oscure‹.

75
BIB: hs. Widmung (S. 5) in Sonderdruck mit Celans Übertragungen von drei Gedichten Guillaume Apollinaires (»Salome«, »Schinderhannes«, »Der Abschied«), aus: ›Die Neue Rundschau‹, Jg. 1954, Heft 2, S. 1-5 [Paginierung im Heft S. 316-321], Kuvert fehlt.

76
DLA D 90.1.2829/10: hs. Brief an: »M. Paul Celan / 78, rue de Longchamp / PARIS 16ème / FRANCE«, München, 28. 12. 1957.

Die Bücher] Als Geschenk bekannt ist nur der IB gewidmete Sonderdruck von Apollinaire-Gedichten.

einer Arbeit wegen] Wohl im Rahmen der Tätigkeit beim Bayerischen Fernsehen.

Wien] Die Einladung zur Lesung am 11. 1. 1958 im Kleinen Theater in der Josefstadt (vgl. Nr. 83-84).

77
DLA D 90.1.2837/1: hs. Brief an: »[masch.] M. Paul Celan / 78, Rue de Longchamp / Paris 16e / France«, München, 1. 1. 1958.

Eich] PC und IB lernten den deutschen Lyriker 1952 in Niendorf kennen. IB war mit ihm und seiner Frau Ilse Aichinger bis 1962 eng befreundet.

Heissenbüttel] IB kannte den Verlagslektor, Rundfunkredakteur und Autor experimenteller Texte von Tagungen der Gruppe 47.

B.O.] ›Botteghe Oscure‹.

Prinzessin heute schreibt] Caetani schrieb u. a.: »We have not received any manuscripts yet and as I wrote Celan we would like everything by Jan. 15 at latest – [Wir haben noch keine Manuskripte bekommen, und, wie ich Celan schrieb, bräuchten wir alles spätestens am 15. Januar]« (undatiert, NIB).

Holthusen] Der Lyriker und einflußreiche Kritiker hatte IB für den Studienaufenthalt in Harvard im Sommer 1955 empfohlen; zu ihren Gedichten äußerte er sich erst später öffentlich (»Kämpfender Sprachgeist. Zur Lyrik Ingeborg Bachmanns«, in: ›Merkur‹,

Juni 1958, S. 563-584). Von seiner SS-Mitgliedschaft wußte PC durch Hanne Lenz; er schätzte dessen Kritik von *Mohn und Gedächtnis* zu Recht als von den Plagiatsvorwürfen C. Golls beeinflußt ein (»Fünf junge Lyriker II«, in: ›Merkur‹, Mai 1954, S. 378-390; vgl. Nr. 89/Anm.).

Grass] IB lernte den Schriftsteller, Maler und Graphiker auf der Tagung der Gruppe 47 im Mai 1955 in Berlin kennen; er illustrierte ihre Büchnerpreis-Rede *Ein Ort für Zufälle* (Berlin: Wagenbach 1965, = Quarthefte 6; BPC mit Notiz von PC auf dem Vorsatzblatt »von Klaus Wagenbach / 5. 3. 65« und Lesespuren S. 52). IB und Henze engagierten sich 1965 in seiner Wahlkampfinitiative für Willy Brandt. PC lernte Grass während dessen Pariser Zeit (1956-1959) kennen, er unterstützte ihn bei der Arbeit an *Die Blechtrommel*, dieser ihn im Rahmen der Goll-Affäre.

78

HAN/ÖNB Mappe 4, Bl. 1-2: hs. Brief, Kuvert nicht identifiziert (möglicherweise HAN/ÖNB Mappe 8, Bl. 4 an »Mademoiselle Ingeborg Bachmann / München 13 / Franz-Josephstraße 9a / Allemagne«, Luftpost).

Nach Wien] Vgl. Nr. 76.

Österreichische Galerie] Demus arbeitete als Kunstwissenschaftler in der im Wiener Schloß Belvedere untergebrachten Österreichischen Galerie des 19. und 20. Jahrhunderts.

Berlin [...] Hamburg, Kiel] Lesereise, die einzelnen Termine konnten nicht geklärt werden.

Sachs, Höllerer, Enzensberger] Höllerer schickte seinen Beitrag am 19., Sachs am 21. und Enzensberger am 26. 12. 1957 (NPC).

K. L. Schneider (Heym-Nachlaß)] Der während seiner Studienzeit im Widerstand gegen das Naziregime engagierte Hamburger Germanist bereitete gerade eine Heym-Werkausgabe vor (Nachlaß in der Staatsbibliothek Hamburg). IB und PC hatten Schneider in Wuppertal kennengelernt (vgl. Nr. 44).

79

HAN/ÖNB Mappe 3, Bl. 2: hs. Brief, Kuvert nicht identifiziert (vgl. Nr. 78). Dem Brief lagen ev. die Gedichte »Aber« und »Entwurf einer Landschaft« bei (vgl. Nr. 80).

Jens] Am 7.1.1958 (Poststempel) antwortete Jens zunächst ausweichend (NPC); der Text konnte nicht identifiziert werden.

Graß] Am 30.12.1957 (NPC).

Schroers] PC und IB hatten den Schriftsteller, Publizisten und Verlagslektor 1952 in Niendorf kennengelernt. Als Lektor bei der Deutschen Verlags-Anstalt trug er zur Publikation von PCs Gedichtband *Mohn und Gedächtnis* bei.

80

DLA D 90.1.2837/2: hs. Eilbrief an: »M. Paul Celan / 78, Rue de Longchamp / PARIS 16ème / FRANCE«, München, 7. 1. 1958 und Paris, 8. 1. 1958.

Schreib [...] Wien] Nicht aufgefunden.

lese [...] um 17 h] Vgl. Nr. 76.

Walser] PC und IB kannten den deutschen Romancier von der Tagung in Niendorf. Später schrieb PC über ihn: »Walser gehört zu Deutschlands bestem Feder-Vieh und ist, mit Enzensberger, einer der Grundpfeiler des Suhrkamp Verlags« (27. 5. 1966, PC/GCL 445).

Kalender] Nicht aufgefunden.

Gedichte] Im NIB finden sich zwei kurz zuvor entstandene Gedichte, die entweder mit Nr. 79 oder separat geschickt wurden (Faltspuren): »Aber« (31. 12. 1957, Ts.: HAN/ÖNB Ser. n. 25.202 b, Bl. 12, = HKA 5.2,245, H^{4a}) und »Entwurf einer Landschaft« bzw. »Landschaft« (3. 1. 1958, Ds. und Entwurfshandschrift: HAN/ÖNB Ser. n. 25.202 c, Bl. 9 bzw. HAN/ÖNB Ser. n. 25.202 a, Bl. 12, = HKA 5.2,257, H^{1b} bzw. H^{4}).

81

HAN/ÖNB Ser. n. 25.202 b, Bl. 9-10: hs. Gedicht auf einem Kuvert (= HKA 5.2 244/327 H^{2a}) an: »Mademoiselle Ingeborg Bachmann / München 13 / Franz-Josephstraße 9 a / Allemagne«, Paris, 7. 1. 1958 (Kuverts identisch).

82

DLA D 90.1.2837/3: masch., u. a. hs. korr. und ergänzter Brief an: »[masch.] M. Paul Celan / 78, Rue de Longchamp / Paris 16ème / France«, München, 8. 1. 1958.

Aber wenn [...] diesmal... \ Nach [...] Gott lob] Jeweils handschriftlich hinzugefügt.

Du musst [...] vor allen andren] Zu PCs Beteiligung vgl. Nr. 58/ Anm.

Walter] Der amerikanische Journalist, Schriftsteller und Übersetzer war Redakteur der ›Botteghe Oscure‹.

83

HAN/ÖNB Mappe 1, Bl. 12 und Mappe 4, Bl. 5 (z. Kuvert): hs. Brief an: »Fräulein Ingeborg Bachmann / München 13 / Franz-Josephstraße 9a / Allemagne«, Paris, 11. 1. 1958.

Du liest jetzt] Vgl. Nr. 76.

84

DLA D 90.1.2830/1: hs. Brief an: »M. Paul Celan / 78, Rue de Longchamp / PARIS 16ème / France«, Wien, 14. 1. 1958.

Wien] Vgl. Nr. 76.

85

DLA D 90.1.2830/2: hs. Brief an: »M. Paul Celan / 78, Rue de Longchamp / PARIS / France«, München, 19. 1. 1958, vgl. Abb. 17.

Der Proust ist angekommen] Die dreibändige Ausgabe in der BIB enthält keine Widmung: *A la recherche du temps perdu* (Texte établi et presenté par Pierre Clarac et André Ferré, Bibliothèque de la Pléiade, Paris 1954).

anriefst] 14. 1. 1958, beide Anrufe vermerkt (NkPC).

Bremen] Zur Preisverleihung vgl. Nr. 72.

86

HAN/ÖNB., Mappe 4, Bl. 11-12: hs. Luftpostbrief an: »Mademoiselle Ingeborg Bachmann / München 13 / Franz-Josephstraße 9a / Allemagne«, Paris, 21. 1. 1958.

Köln \ Hamburg] PC war vom 23. bis zum 30. 1. 1958 in Deutschland. In Köln traf er am 24. 1. 1958 seine Freunde Heinrich Böll und Paul Schallück (NkPC). Zur Preisverleihung in Bremen vgl. Nr. 72, zum Hamburg-Aufenthalt das Telegramm Nr. 88.

häßliche Papier] Blatt eines linierten Abreißblocks.

München] Vgl. Nr. 72/Anm.

87

DLA D 90.1.2830/3: Telegramm an Paul Celan, Gaestehaus des Senats Bremen, München 26. 1. 1958, 14^{19} und [Bremen] 26. 1. 1958, 14^{23}.

26. 1. 1958] IB hatte 1957 am gleichen Tag den Bremer Literaturpreis erhalten. PC übergab IB den Text seiner Bremer Rede wohl in München (Ds., HAN/ÖNB Ser. n. 25.202 b, Bl. 2-3).

88

HAN/ÖNB Mappe 4, Bl. 6: Telegramm an Ingeborg Bachmann, Franzjosephstr. 9a Muenchen/13, Hamburg 27. 1. 1958, 18^{12} und [München] 27. 1. 1958, 18^{56}.

89

DLA D 90.1.2830/4: hs. Brief an: »M. Paul CELAN / 78, Rue de Longchamp / PARIS 16ème / FRANCE«, München, 3. 2. 1958.

Arbeit] Der gute Gott von Manhattan.

Goll-Unfall] Erhart Kästner hatte in seiner Laudatio unter den für PC relevanten Einflüssen das Werk von Yvan und Claire Goll genannt. In der FAZ vom 31. 1. 1958 war in einer Teilwiedergabe der Rede diese Stelle nicht, wie von Kästner versprochen, geändert worden. PC wurde von Claire Goll seit 1953 beschuldigt, in *Mohn und Gedächtnis* das Spätwerk ihres verstorbenen Mannes Yvan

Goll plagiiert zu haben; tatsächlich aber kamen die dortigen Ähnlichkeiten mit PCs Frühwerk nach Bearbeitung der z. T. fragmentarisch hinterlassenen Gedichte Golls durch seine Witwe zustande, die im Besitz von *Der Sand aus den Urnen* war. Sie hatte zudem PCs ungedruckte Übersetzungen von drei französischsprachigen Gedichtbänden Golls für eigene Übersetzungen verwendet (vgl. Nr. 179).

»Facile«] Im 2. Kapitel von *Malina* erscheint das enigmatische Wort (frz. und ital. ›leicht‹) ebenfalls (IBW 3,195). Aus dem Gedichtband *Facile* von Paul Éluard (Erstdruck mit erotischen Fotos von Man Ray, Paris 1935) hatte PC »Nous avons fait la nuit« übersetzt (vgl. Nr. 93). In der BIB ist keine Ausgabe vorhanden.

Köln] Vgl. Nr. 47/Anm.

Tübingen. Auf Deinen Spuren] Im Rahmen einer Lesereise las IB in Tübingen am 4. 2. 1958 in derselben Reihe wie PC (vgl. Nr. 56) für die Buchhandlung Osiander.

90

HAN/ÖNB Mappe 4, Bl. 7: hs. Brief; nicht publizierte Beilagen: HAN/ÖNB Ser.n. 25.171 N 8034-8054, Ds. (Block) und 25.171 N 8055, oben rechts auf den 7. 2. 1958 datiertes, u. a. hs. korr. Ts. (Jessenin), Kuvert fehlt.

Düsseldorf] Datum nicht geklärt.

Gedicht der Revolution] PC übersetzte den Gedichtzyklus *Die Zwölf* von Block in wenigen Tagen (2.-4. 2. 1958, NkPC).

Jessenin] PC faßte seine Jessenin-Übertragungen 1961 in der Auswahl *Gedichte* zusammen (Deutsch von Paul Celan, Frankfurt a. M.: S. Fischer Verlag; kein Widmungsexemplar in der BIB).

Hörspiels] Der gute Gott von Manhattan entstand im Sommer und Herbst 1957 (Ursendung 29. 5. 1958).

91

HAN/ÖNB Mappe 4, Bl. 8: hs. Brief, Kuvert nicht identifiziert (vgl. Nr. 78).

Gedichtbände] Die gestundete Zeit und *Anrufung des Großen Bären* (vgl. Nr. 217).

92
DLA D 90.1.2830/5: hs. Brief an: »M. Paul Celan / 78, Rue de Longchamp / PARIS 16ème / FRANCE«, München, 17.2.1958.

Bücher] Die gestundete Zeit und *Anrufung des Großen Bären.*
»Zwölf«] Vgl. Beilage zu Nr. 90.
Jessenin-Gedicht] »In meiner Heimat leb ich nicht mehr gern« (vgl. Beilage zu Nr. 90).
Tübingen und Würzburg] Stationen der Lesereise (vgl. Nr. 89/ Anm.), in Würzburg las IB in der Dante-Gesellschaft am 3.2.1958.

93
HAN/ÖNB Ser. n. 25.202 b, Bl. 13 und HAN/ÖNB Mappe 4, Bl. 9 (z. Kuvert): hs. Gedichtübertragung (= publizierter Text, GW IV 812-813, Erstdruck ›Insel-Almanach‹ 1959, S. 32), an: »Mademoiselle Ingeborg Bachmann / München 13 / Franz-Josephstraße *9 a / Allemagne«, Paris, 4.3.1958.*

27.2.1958 \ Paul Eluard] Das Datum entspricht dem der Reinschrift; die Übertragung aus *Facile* (vgl. Nr. 89) entstand bereits am 24.12.1957. PC hatte schon in Bukarest Gedichte des französisch-jüdischen surrealistischen Dichters übersetzt; nur dieses hat er publiziert.

94
DLA D 90.1.2830/6: hs. Brief an: »M. Paul Celan / 78, Rue de Longchamp / PARIS 16ème / FRANCE«; München, 5.3.1958.

Berlin] Zur Lesereise vgl. Nr. 78. Als IB beim folgenden Berlin-Besuch (vgl. Nr. 96) für Henze den Förderpreis des Berliner Senats entgegennahm, holte sie die abgesagte Lesung nach.

95
HAN/ÖNB Mappe 4, Bl. 10: Telegramm an Ingeborg Bachmann, Franz-Josephstr. 9a München 13, Paris, 14.[3.1958], 11⁰⁵ und [München], 14.3.1958, 11⁴¹.

HOERSPIEL] Die mit Nr. 90 erbetene Abschrift von *Der gute Gott von Manhattan* wurde nicht aufgefunden, vgl. aber das Widmungsexemplar des Drucks Nr. 108.

96
DLA D 90.1.2830/7: hs. Brief an: »M. Paul Celan / 78 Rue de Longchamp / PARIS 16ème / FRANCE«, München, 3. 4. 1958.

seit Berlin] IB kehrte wohl am 23. 3. 1958 von Berlin nach München zurück (NIB).

Stempel \ Papieren] Formalitäten zur Verlängerung des abgelaufenen Aufenthaltsvisums in der Bundesrepublik (NIB).

Rundfunk] Als Träger des Bayerischen Fernsehens (vgl. Nr. 57/Anm.).

Anstellung] Eine Festanstellung IBs beim Bayerischen Rundfunk war geplant, kam aber nicht zustande.

Deutschland] Diskussion um eine Atombewaffnung der Bundeswehr; IB hatte in der Münchner ›Kultur‹ (1. 4. 1958) gerade den Aufruf von Kulturschaffenden »Niemals Atomwaffen für Deutschland!« unterzeichnet (vgl. Nr. 122/Anm.).

8 Tage weg] Wohin IB fuhr, ist nicht zu klären.

Mai] Vom 4. bis zum 8. 5. 1958 war PC für Lesungen in Deutschland, am 7./8. 5. 1958 traf er IB in München (NkPC/GCL). Genau zehn Jahre nach ihrer Wiener Begegnung scheint das Treffen mit einer Änderung im Charakter ihrer Beziehung zusammenzufallen.

97
HAN/ÖNB Mappe 4, Bl. 13, HAN/ÖNB Ser. n. 25.202 a, Bl. 13 (z. Kuvert): hs. Luftpostbrief an »Mademoiselle Ingeborg Bachmann / München 23 / Franz-Josephstraße 9a / Allemagne«, Paris, 6. 6. 1958.

Unruhige Zeiten \ gearbeitet] Spiegel der kritischen politischen Situation in Deutschland, aber auch in Frankreich (Kriegsgefahr im Rahmen der Algerienkrise) sind PCs gerade entstandene Gedichte »Ein Auge, offen« und »Oben, geräuschlos« sowie wenig später »Welt« (HAN/ÖNB 25.170, Bl. 8031-33, wohl Ende Juni in Paris übergeben).

à fonds perdu] Wörtlich: ›ohne den Einsatz wiederzubekommen‹.

Mandelstamm] PC übersetzte seit dem 11. 5. 1958 Gedichte des russisch-jüdischen Dichters Ossip Mandelstamm, und zwar: »Dein Gesicht«, »Es tilgen«, »Petropolis«, »Diese Nacht«, »War niemands Zeitgenosse«, »Das Wort bleibt ungesagt«, »Silentium«, »Schlaflosigkeit«, »Venedigs Leben«, »Der Tannen«, »Keine Worte«, »Diebsvolk«, »Meine Zeit«, »Die Priester«, »Der Schritt der Pferde«, »Die Muschel«, »O Himmel, Himmel« und »Die Luft« (NIB, vgl. Nr. 102).

Gedichtband] Zu den letzten Gedichten für *Sprachgitter* siehe Nr. 103.

98

DLA D 90.1.2830/8: hs. Brief an: »M. Paul CELAN / 78, Rue de Longchamp / PARIS 16ème«, Paris, 24. 6. 1958; Beilage: Ds.; der Brief enthielt ev. weitere Beilagen (höheres Porto), dies kann nicht der heute beim Brief abgelegte, in Nr. 53 erwähnte Zeitungsausschnitt gewesen sein (andere Faltspuren).

Paris] Den Eltern gegenüber begründete IB den Aufenthalt am 15. 6. 1958: »Ich gehe jetzt nach Paris, aber so, daß es niemand weiß, weil ich Ruhe zum Arbeiten haben muss bis zum 1. September«. IB verließ München am 18. 6. 1958 und wohnte im Hôtel Parisiana, 4, Rue Tournefort, 5e (PNIB).

Deutschland] Zusammen mit GCL war PC in Wuppertal, Düsseldorf und Frankfurt (14.-20. 6. 1958).

Café George V.] IB und PC haben sich dort am 25. um 16 h tatsächlich getroffen (NkPC).

meinen 22.] Vgl. Nr. 1/Anm.

»Wohin wir uns wenden im Gewitter der Rosen«] Ursprüngliche Fassung (HAN/ÖNB 317/1409) des von Henze vertonten Gedichts »Aria I« (vgl. Nr. 53/Anm.).

99

BIB: hs. Widmung (S. 375) auf Arthur Rimbaud, »Das trunkene Schiff«, Deutsch von Paul Celan, Estratto da Botteghe Oscure XXI (S. 375-378).

Juni 1958] Wohl bei IBs Besuch in Paris Ende Juni übergeben. Zur Publikation vgl. Nr. 58/Anm. Im NIB fand sich ein auf den 8. 9. 1957 datiertes Typoskript (HAN/ÖNB 25.173 N 8083-92).

100

DLA D 90.1.2830/9: hs. Brief an: »M. Paul Celan / 78, Rue de Longchamp / PARIS 16ème / FRANCIA«, Napoli, 17. 7. 1958.

Neapel] IB fuhr von Paris aus über Zürich und München nach Neapel, um in Henzes Wohnung ungestört arbeiten zu können.

wegen dem »Aufenthalt«] Nicht zu klären.

Arbeit] Das Libretto für Henzes *Der Prinz von Homburg* nach Kleist sowie *Das dreißigste Jahr* (vgl. Nr. 187).

Krieg] Vgl. Nr. 96 und 97.

Ile St. Louis] Am 30. 6. 1958 (NkPC).

Kind] Eric Celan.

101

HAN/ÖNB Mappe 5, Bl. 18: hs. Brief, Kuvert fehlt; HAN/ÖNB Cod. Ser.n. 25.202 b, Bl. 14 und 15 (z. Beilagen): jew. hs. korr. Ts.

Dein Brief, Deine Briefe] Ist ein Brief verloren?

Jessenin-Gedichte] Die Texte der beiden Übertragungen weisen sowohl Abweichungen gegenüber dem Erstdruck (›Merkur‹, H. 8, 1959, S. 719f. und 718f.) als auch gegenüber dem Druck in *Gedichte* (vgl. Nr. 90/Anm., S. 18f. und 17) auf.

Il y aura toujours l'Escale] ›Es wird immer den Nothafen, das Escale geben‹. Gemeint ist wohl auch (zunächst schrieb PC »escale«) das Weinlokal L'Escale auf der Ile Saint-Louis (1, Rue des Deux-Ponts, 4e).

aufs Land] Vgl. Nr. 219.

102

DLA D 90.1.2830/10: hs. Luftpostbrief an: »M. Paul CELAN / 78, Rue de Longchamp / PARIS 16ème / FRANCIA«, Napoli, 11. 8. 1958.

im Mandelstamm] Im NIB liegt ein wohl Ende Juni in Paris übergebenes Konvolut mit 24 Gedichtübersetzungen vor (HAN/ÖNB 25.172, z.T. abweichend von den Erstdrucken bzw. dem Druck in *Gedichte*); zu den in Nr. 97 genannten 18 Gedichten kamen dort »Man gab mir«, »Gestrafft«, »Nein, nicht den Mond«, »Der Dämmer, herbstlich«, »Nachts« sowie das nicht von PC publizierte »Nicht Triumph«. Zur Buchausgabe vgl. Nr. 154.

Jessenin-Gedichte] »Ihr Äcker, nicht zu zählen« und »Der Frühlingsregen weint«, davon im folgenden V. 22.

Gisèle] Vgl. Nr. 219.

103

HAN/ÖNB Mappe 4, Bl. 14-16: hs. Brief an: »Mademoiselle Ingeborg Bachmann / ~~Via Generale Parisi 6~~ / ~~Napoli~~ / ~~Italie~~ / ~~Prière de faire suivre!~~ [Bitte nachschicken] / [von fremder Hand] Portovenere / (La Spezia) / fermo posta / [von der Hand Henzes] Scrivimi / fin quando rimani la – / Affetuosità [Schreib mir, bis wann Du da bleibst – Herzlich] / Hans«, Paris, 1.9.1958 und Napoli, 3.9.1958.

Neapel] Vgl. das Kuvert, IB traf sich im Spätsommer 1958 mit MF an der ligurischen Küste.

vier Gedichte] Im August entstanden »Bahndämme, Wegränder, Ödplätze, Schutt«, »Sommerbericht«, »Niedrigwasser« und »Ein Holzstern«; von diesen letzten Gedichten für *Sprachgitter* sind nicht, wie von allen anderen außer »Engführung«, Einzelmanuskripte oder -typoskripte im NIB vorhanden (vgl. Nr. 66 und Nr. 97/Anm.). Seine gleichzeitig entstandenen Übersetzungen erwähnt PC hier nicht: Mandelstamms »Der Sterne Einerlei« und »Die Städte, die da blühn« (beide 4.8.1958) und Jessenins »Fall nicht, Stern« (12.8.1959).

Aufregung] Bezieht sich PC auf die Publikation von »Das trunkene Schiff« bzw. »Die Zwölf« im September?

Neske \ Schallplatten-Aufnahme] PC war mit dem Pfullinger Verleger philosophischer und literarischer Werke, u.a. Martin Heideggers, seit 1957 persönlich bekannt. Das von Neske produzierte Doppelalbum *Lyrik der Zeit* mit Aufnahmen von IB, Heissenbüttel, Krolow und Eich sowie Arp, PC, Grass und Höllerer erschien Ende 1958 (NPC-Paris, vgl. Nr. 140).

Karte] Nicht aufgefunden.

etwas schicken] IB arbeitete an *Das dreißigste Jahr*; erst am 1. 2. 1960 schickte sie daraus »Alles« (vgl. Nr. 156).

Abreise] IB verließ Paris vor Mitte Juli 1958, vgl. das Datum von Nr. 100.

Prinzessin \ Honorare \ Brief erhalten] In einem Brief aus Rom (18. 11. 1958) teilte Caetani IB mit, daß sie noch immer auf deren versprochenen Brief mit der Liste der deutschen Beiträger warte: »I am always waiting for a list with what I should pay the last issue with Germans [Ich warte immer noch auf eine Liste mit dem, was ich für die letzte Ausgabe mit Deutschen zu zahlen habe]«. Die Frage der nicht bezahlten Autorenhonorare für ›Botteghe Oscure‹ (vgl. Nr. 58/Anm.) beschäftigt die Korrespondenz noch im Januar 1960 (Nr. 155), obwohl PC ›schon‹ am 17. 10. 1959 notierte: »Endlich!!! / (Honorare B.O.)« (NkPC)

»Akzente«] Vgl. Nr. 69/Anm.

Krolow] PC und IB hatten den deutschen Lyriker bereits 1952 in Niendorf kennengelernt; er hielt sich zwischen April und Anfang September in Paris auf, wo ihn PC regelmäßig sah (BK III).

Böll] PC hatte den Kölner Schriftsteller 1952 kennengelernt und stand mit ihm seit September 1957 in Briefkontakt. Böll, der zu IBs persönlichen Freunden gehörte, kam Ende Juni nach Paris, wo er am 24. 6. 1958 PC traf (NkPC).

Spanien] Möglicherweise diente IBs Dritten gegenüber geäußerter Reiseplan nur dazu, in Neapel (vgl. Nr. 100/Anm.) ungestört arbeiten zu können.

kommt Klaus] Ab dem 10. 9. 1958 (NkPC).

›Engführung‹ \ Manuskript] Nach »Ein Holzstern« kam kein weiteres Gedicht zu *Sprachgitter* hinzu; die schon im Juli 1957 begonnene und im September 1958 weitgehend abgeschlossene »Engführung« steht dort als eigener Zyklus an letzter Stelle. PC sandte das Manuskript erst am 3. 11. 1959 an den S. Fischer Verlag.

104
DLA D 90.1.2830/11: hs. Brief an: »M. Paul Celan / 78, Rue de Longchamp / PARIS 16ème / FRANCE«, München, 6. 10. 1958.

unruhigen Pariser Tagen] Im Vorfeld des Verfassungsreferendums in Frankreich und der Abstimmung in den Kolonien über deren Integration als unabhängige Staaten in eine französische Gemeinschaft (jeweils 28. 9. 1958) gab es seit Mitte September in Paris eine neue Welle terroristischer Anschläge durch die radikale algerische Freiheitsbewegung FLN.

das Neue \ Max Frisch] Anläßlich einer Aufführung des Zürcher Schauspielhauses von MFs *Biedermann und die Brandstifter* mit *Die große Wut des Philipp Hotz* in Paris begegnete IB dem Autor (2. und 3. 7. 1958, der 3. 7. 1958 spielt in *Malina* eine Rolle, IBW 3,254f.). IB lebte mit dem Schweizer Schriftsteller ab November 1958 vier Jahre zusammen. Die Trennung im Herbst 1962 führte bei IB zu einem psychischen Zusammenbruch (vgl. Nr. 195).

Rue de Longchamp] Anläßlich ihres Paris-Besuchs Ende Juni / Anfang Juli (vgl. Nr. 98) war IB auch erstmals bei der Familie Celan zu Gast (vgl. Nr. 219).

Rom] Wegen der Honorare für ›Botteghe Oscure‹ (vgl. Nr. 103).

Paris und Trier] In Trier hatte Demus den Preis des Kulturkreises im Bundesverband der deutschen Industrie erhalten (9. 9. 1958); nach einem Besuch bei PC in Paris war er aus dienstlichen Gründen (5.-7. 10. 1958) in München.

105
HAN/ÖNB Mappe 4, Bl. 17-18: hs. Luftpostbrief an: »Mademoiselle Ingeborg Bachmann / München 13 / Franz-Josephstraße 9a / Allemagne«, von: »Paul Celan, 78 rue de Longchamp / Paris 16e«, Paris, 8. 10. 1958.

9. Oktober] Vgl. den Poststempel!

106

DLA D 90.1.2830/12: hs. Brief an: »M. Paul Celan / 78, Rue de Longchamp / PARIS 16ème / FRANCE«, München, 26. 10. 1958.

Gedichte] Vgl. Nr. 103.

107

DLA D 90.1.2830/13: hs. Brief an: »M. Paul CELAN / 78, Rue de Longchamp / PARIS 16ème / FRANCE«, Zürich, 20. 11. 1958.

Dein Geburtstag] Der 38. am 23. 11. 1958.
genau zu sein] Vgl. Nr. 1.

108

DLA BPC: hs. Widmung auf dem Vorsatzblatt von »Der gute Gott von Manhattan. Hörspiel«, Piper & Co. Verlag: München 1958, = Piper Bücherei 127, Kuvert fehlt.

109

BIB: hs. Widmung auf dem Vorsatzblatt von: Arthur Rimbaud, »Bateau ivre / Das trunkene Schiff«. Übertragen von Paul Celan, Insel-Verlag: Wiesbaden 1958, Kuvert fehlt.

24. XI. 1958] Die Datierung gleich nach PCs Geburtstag läßt an eine Reaktion auf ein Geburtstagsgeschenk denken (Nr. 108?). Die Ende Juli 1957 entstandene Übertragung erschien schon Anfang September 1958 (vgl. den Erstdruck, Nr. 99). PC legte zwei Exemplare von Demus' *Das schwere Land* bei (TbPC, vgl. Nr. 111).

110

HAN/ÖNB Mappe 4, Bl. 19 und 21 (z. Kuvert): hs. Brief an: »Mademoiselle Ingeborg Bachmann / Zürich / Feldeggstr. 21 / bei Honegger / Suisse«, Paris, 1. 12. 1958.

Honorare] Brief mit diesem Stichwort im TbPC vermerkt (vgl. Nr. 103).

111
DLA D 90.1.2830/14: hs. Brief an: »M. Paul Celan / 78, Rue de Longchamp / PARIS 16ème / FRANCE«, Zürich, 2. 12. 1958.

for a hit (?)] IB liest in Caetanis schwer lesbarer Schrift »hit« anstatt »list« (vgl. Nr. 103/Anm.).

Gedichte von Klaus] Die Publikation von Demus' Gedichtband *Das schwere Land* hatte PC beim S. Fischer Verlag vermittelt (Frankfurt a. M. 1958). In der BIB ist ein von Demus gewidmetes Exemplar erhalten: »Inge von Herzen / Dez. 1958 Klaus«.

112
HAN/ÖNB Mappe 4, Bl. 20: hs. Brief; Mappe 14, Bl. 9 (z. Beilage): Ts. mit hs. Randanstreichung, Kuvert fehlt.

Bonner Lesung] Lesung am 17. 11. 1958 an der Universität Bonn. Mit dem ersten Doktoranden über sein Werk, Jean Firges (*Die Gestaltungsschichten der Lyrik Paul Celans ausgehend vom Wortmaterial*, Köln 1959), korrespondierte PC seit 1957; die Beilage ist ein Auszug aus Firges' Brief vom 19. 11. 1958 (vgl. PC/RH 58f.). Ähnliche Sendungen gingen am selben Tag an Höllerer, Böll, Schallück und Schroers (TbPC).

112.1
Erhardts] Beliebter deutscher Komiker der 1950er und 1960er Jahre.

Hosiannah-Stelle] V. 155-165 in »Engführung«; die Unterschrift zur Zeichnung bezieht sich auf Mt. 21,9.

113
DLA D 90.1.2830/15: hs. Eilbrief an: »M. Paul Celan / 78, Rue de Longchamp / PARIS 16ème / FRANCE«, Zürich, 23. 12. 1958.

Praktikum] Praktikum im Rahmen des Geologiestudiums von Heinz Bachmann.

Prinzessin \ 100 Dollar] Zu den Honoraren für ›Botteghe Oscure‹ vgl. Nr. 103.

114
BK III/2 ohne Standortnummer: ursprünglich eingelegt zwischen S. 24/25 von »Anrufung des Großen Bären. Gedichte«, München: R. Piper & Co. Verlag 1956 (S. [2] von PC: »Köln, Oktober 1956.«, DLA BPC; Karte nicht mehr auffindbar, Text nach BK).

Pour Gisèle, pour Paul] ›Für Gisèle, für Paul‹. Das zugehörige Geschenk konnte nicht identifiziert werden.

115
BIB: hs. Widmung in: Alexander Block, »Die Zwölf«. Deutsch von Paul Celan, Frankfurt a. M.: S. Fischer 1958 (S. [1]), Kuvert fehlt.

Block] Vgl. den Dank in Nr. 117; die Übertragung erschien bereits im September 1958. Es handelt sich möglicherweise um ein Weihnachtsgeschenk (vgl. Nr. 113). Bei einer auf den 6. 2. 1959 datierten Notiz zu einem an IB abgesandten oder von ihr erhaltenen Poststück (TbPC) kann es sich nicht um dieses Widmungsexemplar handeln; sie hätte die Sendung nicht schon am 8. 2. 1959 (Sonntag) in Händen gehabt.

116
HAN/ÖNB Mappe 5, Bl. 1: hs. Brief, Kuvert fehlt.

Bonner Sache] Vgl. Nr. 112.
Deutschland] PC war vom 17. bis zum 20. 3. 1959 für eine Lesung aus *Sprachgitter* in Frankfurt a. M. (19. 3. 1959, NkPC).

117
DLA D 90.1.2831/1: hs. Eilbrief an: »M. Paul Celan / 78, Rue de Longchamp / PARIS 16ème / FRANCE«, Zürich, 9. 2. 1959 und Paris, 10. 2. 1959.

Begegnung] Eine erste Begegnung ergab sich am 19. 7. 1959 (vgl. Nr. 135). Vorher war eine solche wohl vermieden worden; von einem Paris-Aufenthalt von IB und MF Anfang Dezember 1958 wußte PC nur durch Dritte: »Überraschung (und auch nicht):

hat Ingeborg vor zwei Tagen im Café Odéon gesehen, mit Max Frisch. Freude der Zürcher, daß größter deutscher Prosaschriftsteller größte deutsche Dichterin heiraten soll. (Frisch läßt sich scheiden.) Erheiternd« (TbPC).

Blok] Die Zwölf (vgl. Nr. 115).

unserer Zeit] Zu *Sprachgitter*, in dessen viertem Zyklus die IB zugeschriebenen, zwischen Oktober 1957 und Januar 1958 entstandenen Gedichte enthalten sind, vgl. Nr. 124.

Umschlag] PC legte auf die Ausstattung großen Wert; im Fall von *Sprachgitter* hatte er schon am 26. 11. 1958 Hirsch gegenüber seine Wünsche geäußert.

118
HAN/ÖNB Mappe 5, Bl. 4: hs. Postkarte, Paris, 11. 2. 1959.

Am Hof] Vgl. »Köln, Am Hof« (Nr. 47). Die Karte hat keinen weiteren Text als die Adresse von IB, diese z. T. in Kurrent (im Druck Fraktur), »wie ichs«, so PC an Hermann Lenz, »vor vielen Jahren von meiner Mutter gelernt habe« (PC/HHL 136).

119
DLA D 90.1.2831/20 und DLA D 90.1.2831 (z. Kuvert): hs. Brief auf Ansichtskarte (Tarquinia, Tomba degli Auguri [Grab der Auguren]) an: »M. Paul Celan / 78, Rue de Longchamp / PARIS 16ème / France«, Zürich, 18. 2. 1959.

Tomba degli Auguri] PC erinnerte sich vielleicht an diese Karte, als er am 30. 4. 1964, nach einer Lesung in Rom, wo er auch MF traf (NkPC) und von wo aus er die bedeutende etruskische Nekropole Cerveteri besichtigte, »Mittags« schrieb.

kleiner Aufsatz] Erstpublikation im Almanach *Musica Viva* (hrsg. von K. H. Ruppel, München 1959, S. 161-166). Wohl ein Sonderdruck davon lag ursprünglich hinten im Widmungsexemplar von *Die gestundete Zeit* (vgl. Nr. 42; BK III).

Versuche, die augenblicklichen] Eher als die Fertigstellung des Librettos *Der Prinz von Homburg* (Henze dankte am 20. 2. 1959 für die Übersendung) dürften hier Erzählungen gemeint sein (z. B.

»Jugend in einer österreichischen Stadt« für ›Botteghe Oscure‹ XXIII).

120

HAN/ÖNB Mappe 5, Bl. 2-3: hs. Brief an: »Mademoiselle Ingeborg Bachmann / Zürich / Feldeggstraße 21 / bei Honegger / Suisse«, Paris, 19. 2. 1959.

adressiert] Vgl. die falsche Hausnummer in Nr. 118.

gleichen Stelle \ Gedicht] Vgl. die Ortsangabe in der Datierung von »Köln, Am Hof« in Nr. 47.

Mandelstamm] Seit Jahresanfang hatte PC mindestens sechs Gedichte übersetzt, am 18. 2. 1958 selbst »Die Freiheit, die da dämmert«. Zur Buchausgabe vgl. Nr. 154.

Klaus [...] Fischers] Demus las im Haus des S. Fischer Verlags aus *Das schwere Land* (vgl. Nr. 111/Anm.).

121

HAN/ÖNB Mappe 5, Bl. 5: hs. Brief, Kuvert fehlt.

Weigel \ Deutschen Verlags-Anstalt \ beschimpfen] Die u. a. die »Todesfuge« betreffende Anfrage (14. 2. 1959) für die Anthologie *Neue Lyrik* (nicht erschienen?) wurde vom geschäftsführenden Direktor des Verlags Gotthold Müller am 20. 2. 1959 an PC weitergeleitet (NPC). Er drückte im Begleitbrief seine große Enttäuschung über PCs Wechsel zum S. Fischer Verlag aus.

Piper] Vgl. Nr. 70.

122

DLA D 90.1.2831/2: masch., hs. korr. Brief an: »M. Paul Celan / 78, Rue de Longchamp / Paris 16e / France«, Zürich 3. 3. 1959.

Kritik \ Klaus' Gedichte] Unter dem Titel »Neue österreichische Lyrik« schrieb Horst Bienek zu Demus' *Das schwere Land* (vgl. Nr. 111/Anm.) u. a.: »Die Schwierigkeit seiner Verse entspringt aber nicht etwa jener poetischen Wahrheit, die ein echtes Kunstwerk oft ›schwer zu verstehen‹ macht, sondern einer flüchtigen, unkontrollierten Assoziation. Dabei fehlt es ihm nicht an Wortmagie, sondern einfach an poetischer Substanz« (FAZ, 28. 2. 1959).

Raeber] IB war mit dem Schweizer Schriftsteller und Essayisten befreundet, der in den 1950er Jahren ebenfalls in Rom und München lebte.

Weber] IB dürfte den Feuilletonchef der NZZ (1951-1973) vor allem als Förderer und Freund von MF kennengelernt haben; PC stand seit 1959 in regelmäßigem Kontakt mit ihm. Weber besprach Demus' Band am 17. 5. 1959 in der NZZ sehr unfreundlich.

erster Band] Die erste Rezension von *Die gestundete Zeit* überhaupt war der ungezeichnete Artikel im ›Spiegel‹ vom 18. 8. 1954, »Bachmann. Stenogramm der Zeit« (S. 26-29, mit Foto auf dem Titelblatt), der als Auftakt zu IBs frühem Ruhm gelten kann.

Moras] Im Almanach *Jahresring 1958/59* publizierte Moras drei Gedichte von Demus: »Der Tiefe traumklar eingewachsen«, »Im Gelb der Sonnen hängt« und »Einer Gestalt, oder zweier« (Stuttgart 1958, S. 35-37).

Schwab-Felisch] IB kannte den Feuilletonchef der FAZ (1956-1961) von Tagungen der Gruppe 47. PC stand mit ihm seit 1958 in Briefkontakt.

andere Wohnung] Vgl. die oben im Brief genannte Adresse.

Rom] Der Plan von IB und MF verzögerte sich infolge von MFs Erkrankung (vgl. Nr. 132).

Buch] Das dreißigste Jahr.

nach Paris] 1959 sahen sich PC und IB nicht.

Char-Übersetzung] Es handelt sich wohl um »Hypnos« (›Neue Rundschau‹, Heft 4, 1958, S. 565-601, erst im Februar 1959 erschienen); ob und wann IB einen Sonderdruck von PC bekommen hat, ist nicht zu klären. Die Buchausgabe René Char, *Poésies/Dichtungen* (hrsg. von Jean-Pierre Wilhelm unter Mitarbeit von Christoph Schwerin, Frankfurt a. M.: S. Fischer 1959) mit PCs Übertragungen »Einer harschen Heiterkeit« und »Hypnos« ist in der BIB nicht als Widmungsexemplar von PC, sondern mit Signatur von René Char erhalten. PC hatte den französischen Dichter und Widerstandskämpfer schon 1953 kennengelernt und übersetzte seit 1954 aus dessen Werk.

Anpöbelungen] Weigel hatte IB wegen des von ihr unterzeichneten Aufrufs (vgl. Nr. 96) angegriffen (»Offener Brief in Sachen Unterschrift«, in: Forum, Heft 54, Juni 1958, S. 218).

Dein Buch] Sprachgitter, vgl. Nr. 124. Der Satz ist handschriftlich ergänzt.

123

HAN/ÖNB Mappe 5, Bl. 6-7: hs. Brief an: »Mademoiselle Ingeborg Bachmann / Zürich / Feldeggstr. 21, bei Honegger / Suisse«, Paris, 12. 3. 1959.

Preis] Am 11. 3. 1959 meldete die FAZ, daß IBs *Der gute Gott von Manhattan* für den Hörspielpreis der Kriegsblinden ausgewählt wurde.

Gemeinheiten [...] Char] Nicht zu klären. PC hatte Char am 27. 1. 1959 getroffen (NkPC).

124

BIB: hs. Widmung auf dem Vorsatzblatt von »Sprachgitter«, Frankfurt a. M.: S. Fischer 1959; in den Band eingelegt ist eine Eintrittskarte in den Frankfurter Palmengarten und ein kleines getrocknetes Zweiglein, Kuvert fehlt.

Palmengarten] Die 1868 gegründete Sammlung exotischer Pflanzen liegt im Westend.

20. *März 1959]* Der Band erschien unmittelbar vorher (Sendung im TbPC vermerkt, vgl. Nr. 235).

125

HAN/ÖNB Mappe 5, Bl. 8-9: hs. Brief auf Ansichtskarte (Palmengarten Frankfurt a. M.) an: »Mademoiselle Ingeborg Bachmann / Uetikon bei Zürich / Haus zum Langenbaum, / Seestraße / Suisse«, Paris, 23. 3. 1959.

Buch] Sprachgitter.

Freitag] 20. 3. 1959.

126
DLA D 90.1.2831/3: Telegramm an Paul Celan, 78 Rue de Longchamp Paris 16, Uetikon am See, 23.3.[1959], 11^55 und Paris, 23.3. 1959, 13^30.

GEDICHTEN] *Sprachgitter* (vgl. Nr. 117/Anm. und 124).
EINTRITTSKARTE [...] PALMENGARTEN] Vgl. Nr. 124.
NOUS DEUX ENCORE] U.a. Anspielung auf Michaux' Gedicht und PCs Übertragung »Noch immer und wieder, wir beiden«.

127
DLA D 90.1.2831/4: hs. Brief an: »M. Paul Celan / 78, Rue de Longchamp / PARIS 16ème / FRANCE«, Männedorf (Zürich), 15.4. 1959.

Mittwoch also] D.h. am 23.4.1958; zum Grund für den Besuch vgl. Nr. 197, dort auch zu einem Telefon-Versuch am 13.4.1959.

128
HAN/ÖNB Mappe 5, Bl. 10: hs. Brief, Kuvert fehlt.

15.4.59] Siehe den Brief an MF mit demselben Datum (Nr. 199), der nur am *18.*4.1959 geschrieben sein kann; im vorliegenden Fall spricht IBs Antwort (Nr. 129) für eine fehlerhafte Datierung. PC trug jedoch auch in sein Tagebuch *beide* Briefe unter dem *15.*4.1959 ein.
Tante] Anlaß für den ab 21.4.1959 geplanten, dann jedoch nicht realisierten Besuch bei Berta Antschel war Pessach, das am 22.4.1959 begann (vgl. Nr. 199).

129
DLA D 90.1.2831/5: hs. Brief an: »M. Paul Celan / 78, Rue de Longchamp / PARIS 16ème / FRANCE«, Männedorf (Zürich), 21.4. 1959.

130
HAN/ÖNB Mappe 5, Bl. 11-12: hs. Brief an: »Mademoiselle Ingeborg Bachmann / Haus zum Langenbaum / Seestraße / Uetikon bei Zürich / Suisse«, Paris, 22. 4. 1959, von: »Paul Celan, 78, rue de Longchamp, / Paris 16e«.

22. April 1959] Brief im TbPC vermerkt.
England-Reise] Vgl. Nr. 128.
Mandelstamm-Übersetzung] PC bestätigte Hirsch (S. Fischer Verlag) am selben Tag, er werde den Abgabetermin für die Auswahl *Gedichte* einhalten können.

131
DLA D 90.1.2831/6: masch., hs. korr. Brief, Kuvert fehlt.

Donnerstag] 21. 5. 1959.
Greifensee mit dem Landvogthaus] See und Landstadt östlich von Zürich, früher Sitz der Landvögte.

132
DLA D 90.1.2831/7: masch., hs. korr. Brief an: »M. Paul Celan / Gasthof Walderwirt / Wald bei Krimml / (Land Salzburg) / Österreich«, Zürich, 2. 6. 1959.

Freitag] 22. 5. 1959.
Chianciano] Thermalbad südöstlich von Siena.
Campagna] Landschaft bei Rom.
Krimml] Vgl. Nr. 135.1/Anm.

133
DLA D 90.1.2831/8: masch., hs. korr. Brief an: »M. Paul Celan / Pension Chasté / Sils-Maria [statt Sils-Baselgia] / Engadin / SVIZZERA«, Roma, 9. 7. 1959.

Via della Stelletta] Die ›Sternchenstraße‹ befindet sich im Stadtzentrum.
Telegramm] Nicht aufgefunden.

Bad Mergentheim] Kurort in Nord-Württemberg; MF brach die Kur dort fluchtartig ab (PC an Hildesheimer, 23. 12. 1959).

Thalwil] Ortschaft im Kanton Zürich.

Flugreise] IB sollte im Auftrag des SDR und des NDR eine Reportage über eine »Doppel-Weltreise in Düsenflugzeugen« schreiben (an Andersch, 16. 6. 1959, DLA), die als »erster Zivilflug« in »80 Stunden alle 5 Kontinente« bewältigen sollte (an Baumgart, 1.7. 1959, Archiv Piper). Zur Absage vgl. Nr. 139.

134
HAN/ÖNB Mappe 5, Bl. 16: masch., hs. korr. Brief, Kuvert fehlt.

Sils \ bis zum 24.] Das Bergdorf Sils im Schweizer Engadin hat zwei Ortsteile: Sils-Maria (vgl. Nr. 137) ist als Aufenthaltsort Nietzsches bekannt; in Sils-Baselgia hielt sich PC bis zum 23. 7. 1959 auf (vgl. Nr. 135.1).

honoriert] Vgl. Nr. 103.

Grass] PC traf ihn wohl um den 1. 7. 1959, beide nahmen an diesem Tag an einer Bootsfahrt auf dem Zürichsee teil.

135
HAN/ÖNB Mappe 4, Bl. 3-4, HAN/ÖNB Mappe 5, Bl. 17 (z. Kuvert): hs. Luftpostbrief an: »Mademoiselle Ingeborg Bachmann / Via della Stelletta 23 / Roma / Italie«, Sils Segl [xxx], 20. 7. 1959; Mappe 5, Bl. 13-15 (z. Beilage), HAN/ÖNB Mappe 8, Bl. 5 (z. Kuvert zur Beilage): hs. Brief; an: »Mademoiselle Ingeborg Bachmann / Via della Stelletta 23 / Rome / Italie«, von: »Paul Celan, Pension Chasté, Sils-Baselgia / Suisse«, unfrankiert.

Allemanns] Beda Allemann und seine Frau Doris kannte PC aus dessen Zeit als Lektor an der ENS (Rue d'Ulm, 1957/1958); dem Schweizer Literaturwissenschaftler, den er am 30. 6. und 1. 7. 1959 in Zürich getroffen hatte (NkPC), vertraute PC testamentarisch die Herausgabe seiner Gedichte und Übersetzungen an (vgl. Nr. 234).

Jeune Parque] PC übersetzte das berühmte philosophische Gedicht des französischen Dichters Paul Valéry zwischen Anfang

Januar und dem 15.7.1959. Seine deutsche Erstübertragung *Die junge Parze* (vgl. Nr. 160) geht auf eine gemeinsame Anregung von Fritz Arnold (Insel-Verlag) und Peter Szondi zurück (vgl. auch Nr. 135.1).

Schreiben] Zwischen »Bei Wein und Verlorenheit« (15.3.1959) und »Es war Erde in ihnen« (27.7.1959) schrieb PC kein eigenes Gedicht.

Frankfurter Dozentur] Am 11.7.1959 hatte die FAZ über die zunächst vom S. Fischer Verlag getragene Poetik-Dozentur (»Frankfurter Vorlesungen«) an der Frankfurter Universität berichtet.

Düsen-Weltflug] Vgl. Nr. 133.

Paris] Von Sils-Baselgia fuhr PC über Zürich (23.7.1959) nach Hause (NkPC).

135.1

Sternchengasse] Vgl. Nr. 133/Anm.

Regenwochen [...] Zürich] In Wald bei Krimml im Salzburger Land blieb PC vom 26.5. bis zum 28.6.1959, unterbrochen von Aufenthalten in Wien (5.-12.6.1959) und Innsbruck (22.-24.6. 1959). Nach einigen Tagen in Ligurien fuhr er über Zürich (30.6. - 3.7.1959) nach Sils-Baselgia.

Sauter] Die Kunsthistorikerin, Schriftstellerin und Übersetzerin, die am französischen Kulturinstitut in Innsbruck arbeitete, hatte PC wohl Anfang Juli 1948 in Innsbruck kennengelernt.

»Camarado [...] Menschen!« \ chthonisch [...] Bund] Das Zitat aus dem Schlußgedicht »So long« der *Leaves of Grass* von Walt Whitman (BPC: London 1909, S. 460) erscheint auch in den Materialien zum Vortrag »Von der Dunkelheit des Dichterischen«, den PC im Oktober beim Wuppertaler Bund halten – also selbst über Poetik sprechen – wollte, tatsächlich aber absagte (PN 130-152, bes. 138). Auf der gemeinsam besuchten Tagung des Bundes 1957 (vgl. Nr. 44) war der kurz vorher gestartete Sputnik I Gesprächsthema (PN 106); dem ist hier die Erdgebundenheit entgegengestellt (als Zitat nicht nachgewiesen).

Seelenfortsätze] Vgl. V. 8 von »Rheinufer. Schuttkahn II« (Nr. 46).

Honorare] Vgl. Nr. 103.

erschießen] PC erinnerte sich noch am 21. 12. 1961 an das Zitat aus Nietzsches mit »Dionysos« unterschriebenem Brief vom 4. 1. 1889 an seinen Freund Franz Overbeck und dessen Frau: »Nietzsche: C'est bien en hommage à lui que j'ai traduit, à Sils, la Jeune Parque – Et je me rappelle la lettre à Ingeborg, écrite là-bas (là-haut!), où je lui citais le passage sur tous les antisémites qu'il faudrait faire fusiller [Ich habe die Junge Parze in Sils ja als Hommage an ihn übersetzt – Und ich erinnere mich an den da unten (da oben!) geschriebenen Brief an Ingeborg, wo ich die Stelle über alle Antisemiten, die man erschießen sollte, zitiert habe]« (TbPC).

Enzian [...] Rapunzeln] Vgl. die Blumennamen (u. a. Rapunzel) in der im August entstandenen Erzählung »Gespräch im Gebirg« (siehe Nr. 165).

136
HAN/ÖNB Mappe 5, Bl. 19-20: hs. Brief, Kuvert fehlt.

Paris] Der Brief gehört zu den ersten nach der Heimkehr geschriebenen (TbPC).

Mittwoch] 22. 7. 1959.

Chasté] Halbinsel im Silser See.

Alp Grüm] Am 21. 7. 1959 hatte PC einen Ausflug zu der auf 2091 m gelegenen Bahnstation der Berninalinie gemacht (NkPC).

Poggioli] Es handelt sich um eine Aufsatzsammlung vorwiegend zu russischen Autoren, aber u. a. auch zu Kafka; der Beitrag zu Mandelstamm S. 113-132 (nicht in BPC).

Flinker] Vom Czernowitzer Martin Flinker betriebene deutsche Buchhandlung in Paris.

Geburtstagsbuch] Geschenk zum 33. Geburtstag am 25. 6. 1959, der im NkPC vermerkt ist (vgl. Nr. 139).

137
DLA D 90.1.2831/9: masch., hs. korr. Brief an: »M. Paul Celan / 78, Rue de Longchamp / Paris 16ème] / France«, Männedorf (Zürich), 8. 8. 1959.

Rom] IB hatte in Rom für sich und MF eine Wohnung gesucht. Am 22.7.1959 schrieb sie aus Neapel an die Eltern: »ich fahre am Montag, den 27. aus Rom weg nach Uetikon« (PNIB).

Scuol] Ort im Schweizer Engadin, deutsch Schuls, in dem sich MF zur Behandlung aufhielt.

Sils Maria] Vgl. Nr. 134/Anm.

Kaschnitz \ Walser] Beide waren im neuen Heft XXIII (1959) der ›Botteghe Oscure‹ vertreten.

Honorar] Vgl. Nr. 103.

Flugreise] Vgl. Nr. 133.

Frankfurter Semester] Die »Frankfurter Vorlesungen«. Nach »Fragen und Scheinfragen« (25.11.1959) folgten »Über Gedichte« (9.12.1959, u.a. über PC), »Das schreibende Ich« (zum Datum vgl. Nr. 155/Anm.), »Der Umgang mit Namen« (10.2.1960) und »Literatur als Utopie« (24.2.1960).

Heidegger-Festschrift] Martin Heidegger zum siebzigsten Geburtstag (hrsg. von Günther Neske, Pfullingen 1959) enthielt keine Beiträge von IB und PC; IBs Gedicht »Anrufung des Großen Bären« war allerdings im Beitrag von Jens vollständig abgedruckt und ausführlich interpretiert (»Marginalien zur modernen Literatur. Drei Interpretationen«, S. 225-231, bes. 229f.). PC und der Philosoph waren seit Ende der 1950er Jahre durch gegenseitige Büchersendungen in Kontakt. Von ihrem ersten persönlichen Treffen im Juli 1967 gibt das kritische Gedicht »Todtnauberg« Zeugnis; PCs Auseinandersetzung mit dem Werk des Philosophen seit den frühen 1950er Jahren dokumentieren die ausgedehnten Lesespuren in der BPC.

Heidegger-Arbeit] IBs Dissertation *Die kritische Aufnahme der Existentialphilosophie Martin Heideggers* war als Arbeit gegen diesen konzipiert, mündet aber im Sinne des Heideggerschen Denkens in eine Apotheose von Kunst und Literatur als den eigentlichen Ausdrucksformen existentieller Erfahrung. Heidegger hatte sich IBs lyrischen Beitrag für seine Festschrift persönlich gewünscht. Bitten um derartige Beiträge schlug IB auch anderweitig aus.

politische Verfehlung] Vgl. Nr. 138.

Wittgenstein-Ausgabe] Die erste Ausgabe von Wittgensteins *Tractatus logico-philosophicus* und von *Philosophische Untersu-*

chungen (*Schriften*, Bd. 1, Frankfurt a. M.: Suhrkamp 1960) ist maßgeblich von IB initiiert worden. Dem von Unseld geäußerten Wunsch (12.6.1959, Archiv des Suhrkamp Verlags, Universität Frankfurt), auch die Herausgabe zu übernehmen, kam IB jedoch nicht nach. PC, der ein Beiheft zum Band besaß, scheint den aus Österreich stammenden Philosophen, der in Cambridge lehrte, erst 1967 durch Franz Wurm wahrgenommen zu haben.

138
HAN/ÖNB Mappe 5, Bl. 21-22: masch., u. a. hs. korr. Brief, Kuvert fehlt.

vor ein paar Tagen] In seinem Brief vom 29.7.1959 (NPC) verband Neske die Bitte an PC, doch ein Gedicht zur Festschrift beizutragen, mit der Information, Heidegger sei gerade intensiv mit *Sprachgitter* beschäftigt und würde sich über einen Beitrag PCs besonders freuen.

Liste] Nicht nur PC, auch IB stand auf der Liste, dazu eine Reihe von gemeinsamen Freunden sowie Personen, denen PC sehr kritisch gegenüberstand (vgl. Nr. 140).

Freiburger Rektoratsrede] Wann und in welcher Form IB und PC Heideggers Rede vom 10.5.1933 im Wortlaut kennenlernten, ist nicht bekannt. Der Philosoph hatte dort die Machtergreifung ausdrücklich mit den Worten begrüßt: »Wir wollen uns selbst. Denn die junge und jüngste Kraft des Volkes, die über uns schon hinweggreift, *hat* darüber bereits entschieden«, und von der »Herrlichkeit« und »Größe dieses Aufbruchs« gesprochen (*Die Selbstbehauptung der deutschen Universität*, hrsg. von Hermann Heidegger, Frankfurt a. M. 1983, S. 19).

Böll \ heute.] Am 3.4.1959 hatte Böll auf einen ebenfalls am 2.12.1958 geschriebenen Brief (vgl. Nr. 112) mit Firges' Bericht über die Bonner Lesung geantwortet, sein nächster Roman werde eine wirkliche Antwort darauf enthalten. Auf PCs bittere Vorhaltungen vom 8.4.1959 schrieb Böll ebenso bitter zurück (vgl. Nr. 197). Am 10.8.1959 konnte PC in der FAZ als 14. Folge des dort vorabgedruckten Romans *Billard um halbzehn* lesen, was Böll wohl gemeint hatte. Aus der Perspektive des Ich-Erzählers ist an dessen Onkel erinnert, der vom Ruhm träumte, »den er sich von gelungenen Versen erhoffte; Traum, auf Moorwegen geträumt, zwei Jahre lang [...], ein Quartheft mit Versen blieb, ein schwarzer Anzug«; im wenig später in Worte gefaßten Bild des Erzählers von sich selbst läßt sich der PC der zeitgenössischen Fotos erkennen: »zart war ich, fast klein, sah aus wie etwas zwischen jungem Rabbiner und Bohemien, schwarzhaarig und schwarzgekleidet, mit dem unbestimmten Air ländlicher Herkunft«.

Andersch] PC hatte gegen den Erstverleger von *Die gestundete Zeit* Vorbehalte, seit dieser auf seinen die Goll-Affäre betreffenden langen Brief vom 27. 7. 1956 nicht näher eingegangen war; er hielt im übrigen Anderschs Roman *Sansibar oder der letzte Grund* für latent antisemitisch (an Hermann Lenz, 21. 3. 1959).

Schnabel [...] getan habe] Vom Honorarverzicht des Autors von *Spur eines Kindes* wußte PC aus einem Bericht über die dem Buch zugrundeliegende Rundfunksendung (FAZ, 11. 3. 1958). In einem anredelosen, versehentlich ins Jahr 1958 datierten Brief (8. 4. 1959) kritisierte er ihn, weil er als Juror Rezzoris Roman *Ein Hermelin in Tschernopol* den Fontane-Preis zuerkannt hatte (FAZ, 26. 3. 1959). PC warf dem in Czernowitz geborenen Romancier vor, darin von »Miasmen der Gossen in den Judenhöfen« und gleichzeitig, wie Andersch, von »schönen mandeläugigen Jüdinnen« zu schreiben (PN 200.1 Anm.).

Oxford] PC spielt auf den Artikel »Poeta doctus« in der ›Welt‹ an: »In England, an der erlauchten Universität Oxford, gibt es eine Professur für Dichtkunst« (Dg., 14. 7. 1959).

»drittes«] Der NDR, dessen Mitarbeiter Schnabel war, betrieb seit Ende 1956 ein Kulturprogramm (›Drittes Programm‹), in dem Rezzori u. a. mit der Sendereihe *Idiotenführer durch die deutsche Gesellschaft* vertreten war.

finstern Himmeln] Vgl. den »Brief an Hans Bender« (18. 5. 1960).

Flug] Vgl. Nr. 133.

Wuppertal] Vgl. Nr. 135.1/Anm. Der Satz ist mit dem Datum handschriftlich hinzugefügt.

139

DLA D 90.1.2831/10: hs. Brief an: »M. Paul Celan / 78, Rue de Longchamp / PARIS 16ème / FRANCE«, [xx. xx.] 1959.

Flug] Vgl. Nr. 133.

Frankfurt] Die »Frankfurter Vorlesungen«.

»Valéry« \ Übersetzung] Paul Valéry, *Poésies. Album de vers anciens – La Jeune Parque – Charmes – Pièces diverses – Cantate du Narcisse – Amphion – Sémiramis* (Paris 1942; BIB, auch in BPC). Zu PCs Übertragung *Die junge Parze* vgl. Nr. 160.

damals, in Paris] Meint IB ihre Aufenthalte 1950/51 oder ihren Besuch im Sommer 1958?

140

HAN/ÖNB Mappe 5, Bl. 23-24: hs. Brief, Kuvert fehlt; zur Beilage vgl. Nr. 142.

Frankfurt] Die »Frankfurter Vorlesungen«.

Schallplatte] Vgl. Nr. 103. Bei den schlechten Erfahrungen denkt PC an eine von der Absprache abweichende Anordnung der Autorennamen und das bisher nicht bezahlte Honorar (PC an Neske, 12. 11. bzw. 28. 8. 1959; NPC).

Friedrich Georg Jünger] Der jüngere Bruder von Ernst Jünger (dieser auch auf der am 29. 7. 1959 gesandten Liste, vgl. Nr. 138) stand in den 1920er Jahren nationalsozialistischen Kampfbünden und der NSDAP nahe; er beeinflußte Heidegger u. a. durch seine in den 1940er Jahren gegen die technisierte nationalsozialistische Gesellschaft entwickelte Technikkritik.

75. Geburtstag] Aus diesem Anlaß wurde keine Festschrift publiziert. Über seinen Vorschlag hinaus, schrieb PC an Neske: »hätten Sie mir doch, wie Sie es mir vor über einem Jahr versprachen, rechtzeitig geschrieben! Aber Sie schreiben erst jetzt, im letzten Augenblick, meine Bestände an Unveröffentlichtem sind mittlerweile zusammengeschrumpft, ich habe wirklich nichts, das einen Beitrag zur Heidegger-Festschrift darstellen könnte. Und ich kann auch nichts vom Zaun brechen, wirklich nicht, das wäre alles andere als ernst – und Heidegger fordert Ernst und Überlegung« (28. 8. 1959, NPC).

»Hirte des Seins«] PC versah in Heideggers »Brief über den Humanismus« (1946; in: *Wegmarken*, Frankfurt a. M. 1967; BPC) die Formulierung »Der Mensch ist der Hirt des Seins« mit Randanstreichung.

Rundschau-Korrektur] V. 1-173 der Übertragung »Die junge Parze« erschienen 1959 in Heft 3 der ›Neuen Rundschau‹, die Umbruchkorrektur ging am 7.9.1959 an den S. Fischer Verlag (mit dem Brief an IB vermerkt im TbPC).

Mandelstamm [...] schlechte Erfahrungen] Eine Reaktion auf PCs Übertragungen in der ›Neuen Rundschau‹ (Heft 3, 1958, NIB ohne Widmung) war die Zusendung einer antisemitischen Zeitschrift (an Hirsch, 22.4.1959). Zur Buchausgabe *Gedichte* vgl. Nr. 154.

Wuppertal] Vgl. Nr. 135.1/Anm.

Burgtheater-Matinee] Helmut Schwarz vom Burgtheater fragte PC am 27.8.1959 nach seiner Bereitschaft zu einer Lesung in der Spielzeit 1959/60. Beunruhigt durch die Goll-Affäre verzichtete PC Ende Dezember 1960 auf die Teilnahme an der inzwischen als gemeinsame Lesung mit IB und Ilse Aichinger geplanten und in die folgende Spielzeit verschobenen Veranstaltung.

Deutsch-Lektor-Stelle] Vom 1.10.1959 bis zu seinem Tod arbeitete PC als Deutsch-Lektor an der Elitehochschule École normale supérieure (Rue d'Ulm).

Stummsein] Zwischen »Es war Erde in ihnen« (27.7.1959) und »Zürich, Zum Storchen« (30.5.1960) schrieb PC kein eigenes Gedicht.

141

HAN/ÖNB Mappe 5, Bl. 25: hs. Brief, Kuvert fehlt.

22.9.59] Brief im TbPC vermerkt.

142

DLA D 90.1.2831/11: hs. Eilbrief an: »M. Paul Celan / 78, Rue de Longchamp / PARIS 16ème / FRANCE«, Zürich, 28.9.1959, von: »Ingeborg Bachmann, Kirchgasse 33 Zürich«, Paris, 29.9.1959; DLA D 90.1.490 (z. Beilage): 6 Bl. hs. korr. Umbruch, oben rechts mit Markierung »–i–« (jew. PC).

Kirchgasse 33 \ Gottfried Kellerhäusern] IB bezog im Oktober eine Wohnung in dem Haus, in dem der Schweizer Dichter 1861 bis 1876 gelebt hatte.

Anmerkungen] PC nahm IBs Korrekturvorschläge nicht auf.

Wuppertal] Vgl. Nr. 135.1/Anm. Ob IB tatsächlich nicht eingeladen wurde, ist nicht geklärt.

Lektor-Stelle] Vgl. Nr. 140.

Zwingli-] Der Schweizer Reformator wohnte ab 1525 in der Kirchgasse 13.

Büchner-] Das Haus Spiegelgasse 12, in dem der deutsche Schriftsteller und Revolutionär ab Oktober 1836 lebte, ist mit dem Haus Kirchgasse 33 durch eine Querstraße direkt verbunden.

143

HAN/ÖNB Mappe 5, Bl. 26-27: hs. Brief an: »Mademoiselle Ingeborg Bachmann / Zürich / Kirchgasse 33 / Suisse«, Paris, [xx. xx.] 1959, von: »Celan, 78 r. Longchamp / Paris 16e«; HAN/ÖNB Mappe 14, Bl. 3 (z. Beilage): Ds. mit u. a. hs. (Ds.) Korrekturen und Hervorhebungen von PC.

Besprechung] Blöckers *Sprachgitter*-Rezension erhielt PC durch seine in Berlin lebende Bekannte Edith Aron (Brief vom 14. 10. 1959, NPC). PC sandte den Text am selben Tag nur noch an Schroers; am 23. 10. 1959 vermerkte er, daß er auf die Sendung bisher von keinem eine Antwort erhalten habe (jew. TbPC). PC schrieb am 21. 10. 1959 in »Wolfsbohne«: »Mutter, ich habe / Briefe geschrieben. / Mutter, es kam keine Antwort. / Mutter, es kam eine Antwort. / Mutter, ich habe / Briefe geschrieben an –« (V. 39-44). Zu PCs Antwort auf den Artikel vgl. Nr. 201.1.

143.1

Gedichtbandes] Sprachgitter, im Original »Lyrikbandes«; PC setzte sich in den unmittelbar vorher entstandenen Arbeiten zum Vortrag »Von der Dunkelheit des Dichterischen« (vgl. Nr. 135.1/Anm.) ausdrücklich vom Lyrikbegriff ab (PN 245, 246, 253).

Zwei [...] Fahnen] Im Original werden die V. 3-11 von »Die

Welt« ohne Auslassung zitiert, aber ohne Hinweis auf das Fehlen der ersten Strophe; deshalb wohl die Schrägstriche.

suchend.«] Schluß der Bremer Rede (GW III 186).

144

DLA D 90.1.2831/12: hs. Brief (hs. Datum von der Hand PCs) an: »M. Paul Celan / 78, Rue Longchamp / PARIS 16ème / France«, Zürich, 10. 11. 1959, oben links auf dem Kuvert von der Hand PCs: »Paris, 12. XI. 59«.

Deutschland] Teilnahme an der Tagung der Gruppe 47 auf Schloß Elmau bei Mittenwald (23.-25. 10. 1959).

Max an Dich] PC charakterisierte MFs Antwort (vgl. Nr. 203) mit den Worten: »Feigheit, Verlogenheit, Infamie« (12. 11. 1959, TbPC).

Blöcker] Von PCs Brief an Blöcker wußte IB durch MF (vgl. Nr. 201.1).

Kritiken [...] zweiten Gedichtband] Im PNIB ist Blöckers Sammelrezension mit Unterstreichungen (IB?) im Abschnitt zu *Anrufung des Großen Bären* erhalten: »Ist die Autorin durch Erfolg ermattet oder leichtsinnig geworden? Sie gestattet sich Nachgiebigkeiten, verfällt streckenweise in ein breites Psalmodieren. Die Bilder stehen nicht immer so stark und unangreifbar im Raum wie früher. Das Ideogrammatische erscheint zuweilen musikalisch erweicht: ein etwas verschwommener Sibelius-Ton macht sich breit. Manches ist zu allzu weitmaschigen Sprachmustern auseinandergezogen, der Band wirkt ein wenig gestreckt. Hier und da gibt es sogar schon Selbstzitate.« (»Unter dem sapphischen Mond«, ›Tagesspiegel‹, 7. 7. 1957).

25. u. 26. November in Frankfurt] Zur Eröffnung der Poetikdozentur vgl. Nr. 137.

nach Paris] Zum von IB vermiedenen Treffen anläßlich ihrer dritten der »Frankfurter Vorlesungen« vgl. Nr. 155.

145

HAN/ÖNB Mappe 5, Bl. 28-29: masch., hs. korr. Brief an: »Mademoiselle Ingeborg Bachmann / ZURICH / Kirchgasse 33 /

SUISSE«, Paris, 13. 11. 1959, von: »Paul Celan, 78 rue de Longchamp, Paris 16e«; DLA D 90.1.2820/1 (2 Ds.): hs. Korrekturen nur in einem Exemplar.

an Max Frisch \ Notzeile] Vgl. Nr. 201.

»Alles«] Vgl. Nr. 156. PC hatte der FAZ entnehmen können, was IB als »Beweis ihres großen Könnens« gelesen hatte (Hans Schwab-Felisch: »Lyriker lesen Prosa«, 29. 10. 1959).

von Max Frisch] Vgl. Nr. 203.

Mutter \ Gisèle und das Kind] Friederike Antschel wurde im Winter 1942/43 in einem deutschen KZ ermordet. Sie und seinen Sohn Eric evoziert PC im Zusammenhang mit Blöckers Kritik in »Wolfsbohne«: »Unser / Kind / weiß es und schläft. // (Weit, in Michailowka, in / der Ukraine, wo / sie mir Vater und Mutter erschlugen: [...]«.

146

HAN/ÖNB Mappe 5, Bl. 30-31: hs. Eilbrief an: »Mademoiselle Ingeborg Bachmann / Zürich / Kirchgasse 33 / Suisse«, von: »Paul Celan, 78, rue de Longchamp / Paris 16e«, Paris, 17. 11. 1959 und Zürich, 18. 11. 1959.

Literatur] Wohl Bezug auf die Tagung der Gruppe 47 (vgl. Nr. 144/Anm.). Am 1. 10. 1959 notierte PC Informationen, die er von Grass über die Tagung erhalten hatte: »Ingeborg hat die Blökkergeschichte mit keinem Wort erwähnt« (TbPC).

literarisch interessant] Vgl. Nr. 203.

Schroers] Wohl seit dem 13. 11. 1959 (NkPC).

147

DLA D 90.1.2831/13: hs. Eilbrief an: »M. Paul Celan / 78, Rue de Longchamp / PARIS 16ème / FRANCE«, Zürich, 18. 11. 1959 und Paris, 19. 11. 1959.

HAN/ÖNB Mappe 17, Bl. 1-4: 3 hs. Entwürfe (nicht publ.).

Gisèle] Vgl. Nr. 221.

Brief, der schlecht war] Vgl. Nr. 144.

von hier] D. h. im Verhältnis mit MF.

148

DLA D 90.1.2831/14: Telegramm an Paul Celan, 78 Rue de Longchamp Paris/16, Zürich, 18. 11. [1959], 15[13] und Paris, 18. 11. 1959, 16[35].

149

DLA D 90.1.2831/15: Ansichtskarte (Zürich. St. Peterskirche) an: »Paul Celan / PARIS 16ème / 78, Rue de Longchamp / France«, Zürich, 21. 11. 1959.

Klaus] Demus kam von einer Dienstreise aus Luxemburg.

150

DLA D 90.1.2831/16: Telegramm an Paul Celan, 78 Rue de Longchamp Paris/16, Zürich, 23. [11. 1959], 01[36] und Paris, 23. 11. 1959, 8[10].

MUSIK] Wohl separat versandte, nicht identifizierte Schallplatte (vgl. Nr. 221).

GEBURTSTAG] Der 39. am 23. 11. 1959.

151

DLA D 90.1.2831/17: hs. Brief an: »M. Paul Celan / 78, Rue de Longchamp / PARIS 16ème / FRANCE«, Zürich, 22. [12.] 1959.

Montag \ heut Nachmittag Gisèle] Montag war der 21. 12. 1959; vielleicht wurde der Brief gegen Mitternacht begonnen, vgl. den auf den 20. 12. 1959 datierten Brief an GCL (Nr. 222).

Schwierigkeiten hier] Die Krise zwischen IB und MF.

Klaus gestern abend] Demus hatte auf einer Dienstreise am 19. 12. 1959 kurz in Paris Station gemacht (NkPC).

Brief von Max] Vgl. Nr. 203.

verletzende Absage] Vgl. Nr. 145.

Deinem ersten Brief] Meint IB Nr. 143?

Hildesheimer] Als Mitglied der Gruppe 47 gehörte der Schriftsteller und Maler, der, 1946 aus dem Exil nach Deutschland zurückgekehrt, Lektor bei Piper war, seit 1953 zum engeren literarischen Bekanntenkreis von IB. Für sie und Henze wurde er bald zu einem der wichtigsten politischen Gesprächspartner. Ein langjähriger ironisch-freundschaftlicher Briefwechsel zwischen ihm und IB belegt ihre Verbundenheit. Für PC dürfte es sich hier um den ersten persönlichen und brieflichen Kontakt mit ihm handeln (an Hildesheimer, 23. 12. 1959). Er besuchte das Ehepaar Celan im Dezember 1959 in Paris. In einem »Ende November« datierten Brief kündigte er IB seinen Besuch in Zürich an (NIB).

diese Lasten, Frankfurt] Die »Frankfurter Vorlesungen«.

152

DLA D 90.1.2831/18: hs. Brief an: »M. Paul Celan / 78, Rue de Longchamp / PARIS 16ème / France«, Zürich, 29. 12. 1959.

Buch] Das dreißigste Jahr.

Manuskript] Vgl. Nr. 156.

153

DLA D 90.1.2831/19: masch., hs. korr. Brief an: »M. Paul Celan / 78, Rue de Longchamp / Paris 16ème / France«, Zürich, 30.(?) 12. 1959; Beilage: hs. korr. Ds. (gedruckt in: Der Bremer Literaturpreis 1954-1987. Reden der Preisträger und andere Texte, hrsg. von Wolfgang Emmerich, Bremerhaven 1988, S. 88).

Schroers [...] Bremer Affaire \ Grass] Der Bremer Senat verhinderte den Bremer Literaturpreis für *Die Blechtrommel* von Grass durch sein Veto. PC hatte Schroers (Jurymitglied als Vorjahrespreisträger) ausdrücklich gebeten, für Grass zu stimmen (3. 12. 1959, Nordrhein-Westfälisches Staatsarchiv Münster). Schroers informierte PC zunächst telefonisch; in einem Brief berichtete er PC dann über seine parallele Kontaktaufnahme mit anderen Preisträgern, u. a. mit IB (28. 12. 1959, NPC).

153.1

vor drei Jahren] Vgl. Nr. 87/Anm.

Wiese] Der Bonner Germanistikprofessor, Mitglied der Jury, war mit PC wegen der Dissertation von Firges in Kontakt (vgl. Nr. 112).

Hirsch] Der Schriftsteller und Mitarbeiter des S. Fischer Verlags (Verlagsdirektor 1954-1963) stand mit PC seit Mai 1952 in persönlichem Kontakt. Ein umfangreicher Briefwechsel zeugt von kritischer Verbundenheit.

Herr Senator] Wohl der damalige Bildungssenator Eberhard Lutze.

154

HAN/ÖNB Mappe 6, Bl. 1-2: hs. Brief an: »Mademoiselle Ingeborg Bachmann / Zürich / Kirchgasse 33 / Suisse«, von: »Paul Celan, 78 rue de Longchamp, Paris 16ᵉ«, [Paris], 3. 1. 1960.

Mandelstamm] PC sandte den im November erschienenen Band *Gedichte* (Aus dem Russischen übertragen von Paul Celan, Frankfurt a. M.: S. Fischer 1959) am 1. 1. 1960 (dies und der Brief im TbPC vermerkt). In der BIB fand sich kein Widmungsexemplar von PCs Übertragung, sondern ein von Klaus und Nani Demus geschenktes.

Hildesheimer] Vgl. Nr. 151; in einem Brief an Hildesheimer vom 23. 12. 1959 dementierte PC, das Wort »suspekt« in Zusammenhang mit MFs Reaktion auf die Kritik von Blöcker benützt zu haben. Hildesheimer erklärte das Wort am 27. 12. 1959 (Durchschlag an IB) als *seine* Interpretation des von PC Gesagten und entschuldigte diesen Gebrauch als »zu hart«. PC antwortet am 2. 1. 1960 mit der Bestätigung der Freundschaft. An Demus schrieb PC in bezug auf den vorliegenden Brief mit der Bitte, das an IB *nicht* weiterzugeben: »Ich habe Ingeborg und Max Frisch noch jenes ›*helle*‹ Wort gesagt – umsonst, Klaus, umsonst ...)« (25. 1. 1959).

Bremer Senat] Vgl. PC/HHL 232 sowie die Abbildung in »Der Bremer Literaturpreis« (S. 88, vgl. Nr. 153/Anm.).

155

DLA D 90.1.2832/1: hs. Brief an: »M. Paul Celan / 78, Rue de Longchamp / PARIS 16ème / France«, Zürich, 23. 1. 1960 (lag ursprünglich im 2. Band der frz. Werkausgabe von Pindar, »Pythiques«, Paris ³1955, S. 83; BK IV 73).

Frankfurt] Zur dritten der »Frankfurter Vorlesungen«. An Demus schrieb PC bitter zu seiner Lesung von *Die junge Parze* am 16. 1. 1960 in Frankfurt: »(Ingeborg war zwei Tage vorher dagewesen, konnte aber, obwohl sie wußte, daß man mich erwartete, nicht länger bleiben...« (25. 1. 1960). PC war am 15. 1. 1960 in Frankfurt eingetroffen.

Char- und Valéryübersetzungen \ Block] »Hypnos«, *Die junge Parze* und *Die Zwölf*.

für Dich arbeiten] Zu PCs Schreibhemmung vgl. Nr. 140/Anm.

vergangenen Jahr entstanden] Die Erzählungen für *Das dreißigste Jahr*.

Honorar] Vgl. Nr. 103.

156

DLA D 90.1.2832/2: hs. Brief an: »M. Paul Celan / 78, rue de Longchamp / Paris 16ème / France«, Zürich, 2. 2. 1960; Beilage: 23 Bl. hs. korr. Ds. (gedruckt in: »Das dreißigste Jahr«, S. 77-104).

157

DLA D 90.1.2832/3: hs. Brief an: »M. Paul Celan / 78, Rue de Longchamp / PARIS 16ème / FRANCE«, Uetikon, 19. 2. 1960, oben links auf dem Kuvert von der Hand PCs: »Bravo Blöcker! / Bravo Bachmann! / 20. 2. 60«.

158

DLA D 90.1.1661: jew. hs. Grüße (Datum von der Hand PCs, Kartentext und Adresse Hans Mayer) auf Ansichtskarte (Messestadt Leipzig, Völkerschlachtdenkmal; geknickt, unfrankiert) an: »Herrn Paul Celan / 78, rue de Longchamp / Paris 16e / Frankreich«, Kuvert fehlt.

Leipzig] IB nahm an einem von Mayer geleiteten Lyrik-Symposium in Leipzig teil (29. 3. - 31. 3. 1960). Mayer, Jens, Huchel und Enzensberger waren Teilnehmer der Wuppertaler Tagung 1957 (vgl. Nr. 44). Ein möglicher Begleitbrief von Mayer oder einem anderen Unterzeichner konnte nicht identifiziert werden.

Mayer] PC hatte den deutsch-jüdischen Literaturwissenschaftler, der zu diesem Zeitpunkt noch in Leipzig unterrichtete, im Februar bei einem Büchner-Seminar an der ENS erlebt.

Maurer] Den Namen des in Siebenbürgen geborenen, in der DDR lebenden Lyrikers kannte PC aus einem 1956 von Claire Goll anonym verschickten Brief. Dort wurde zur angeblichen Abhängigkeit PCs von Yvan Goll auf eine Rede Maurers verwiesen (vgl. GA 198f.); dieser dementierte die Formulierung »Meisterplagiator« später (GA 198, vgl. Nr. 179).

Ernst Bloch] IBs frühe Auseinandersetzung mit dem jüdisch-deutschen Philosophen, der zu diesem Zeitpunkt noch in Leipzig unterrichtete, zeigt sich in ihrem Utopiebegriff; vgl. die fünfte der »Frankfurter Vorlesungen« »Literatur als Utopie«. PCs Interesse bezeugen Lesespuren wie Gedichte in *Die Niemandsrose* (vgl. KG 678-682, 688 und 692).

Krauss] Der deutsche Romanist, engagierter Gegner des Hitler-Regimes, war Professor in Leipzig. PC hatte keinen Kontakt zu ihm.

Karola Bloch] Die polnisch-deutsche Architektin und Publizistin war mit dem Philosophen Ernst Bloch verheiratet.

Schubert] Assistent von Hans Mayer.

Kretzschmar] Damals geschäftsführende Sekretärin des P.E.N.-Zentrums Ost und West (d. h. der DDR).

Inge Jens] Deutsche Germanistin und Anglistin, verheiratet mit Walter Jens.

Hermlin] Der deutsch-jüdische Schriftsteller kam nach seiner Emigration (Palästina, Frankreich, Schweiz) 1945 nach Deutschland zurück und lebte seit 1947 in Ost-Berlin. Persönliche Kontakte zu PC bestanden nicht.

159

HAN/ÖNB Mappe 6, Bl. 3: masch., hs. korr. Brief, Kuvert fehlt; DLA D 90.1.2820/2 (Ds.): hs. Korrekturen nicht vollständig.

|Poincaré 39-63| \ miteinander sprechen] IB telegrafierte GCL am 24. 5. 1960 (vgl. Nr. 223), dem folgte ein Telefongespräch; vorher hatte PC am 21. 5. 1960 zweimal erfolglos versucht, IB telefonisch zu erreichen (NkPC).

Ich schreibe Dir] PC notierte, daß er einen Durchschlag behielt (TbPC).

Abreise] Vgl. Nr. 103.

Evidenz] Anfang Mai waren unter dem Titel »Unbekanntes über Paul Celan« die Vorwürfe von C. Goll, PC habe Y. Golls deutsches Spätwerk plagiiert, erschienen, die im Zusammenhang mit der Wahl PCs zum Büchnerpreisträger (Pressemeldung 19. 5. 1960) eine umfangreiche Pressekampagne (Goll-Affäre) auslösten; tatsächlich plagiiert hatte C. Goll selbst (vgl. Nr. 179). Es ist unklar, worauf PC hier konkret anspielt; IB kannte die Publikation sicher noch nicht.

Blöcker [...] nachts«] Vgl. Nr. 144 und 153.

Geschehenen«] Vgl. Nr. 157.

24. [...] Sachs] Die Dichterin nahm von Zürich aus in Meersburg am 29. 5. 1960 den Droste-Preis in Empfang; PC traf tatsächlich am 25. 5. 1960 in Zürich ein. Er wußte aus Sachs' Brief vom 6. 5. 1960, daß u. a. IB sie am Flughafen abholen wollte. Ob PC tatsächlich, mit oder ohne Hinweis auf IB, an Sachs schrieb, er könne nicht zum Flughafen kommen, läßt sich nicht klären, da ein Brief auf seinen Wunsch hin vernichtet wurde (PC/Sachs 40f.).

160

BIB: hs. Widmung (S. [1]) von: Paul Valéry, »Die junge Parze«, Deutsch von Paul Celan, Wiesbaden: Insel-Verlag 1960, Kuvert fehlt.

30. Mai 1960] Sendung in TbPC vermerkt; die Übertragung war schon im März erschienen.

161

DLA D 90.1.2832/5: hs. Brief an: »M. Paul Celan / 78, Rue de Longchamp / PARIS 16ème / FRANCE«, Zürich 7.(?) 6. 1960.

heimgekommen] Aus Zürich. Anläßlich der Drostepreis-Verleihung an Sachs gab es mehrere Treffen zwischen PC und IB, teilweise waren auch GCL und MF anwesend (vgl. Nr. 224-225).

Störungen] IB war sicherlich mündlich über die neuen Plagiatsvorwürfe (vgl. Nr. 159/Anm.) informiert worden und wußte um PCs große Beunruhigung über das Wiederauftreten der seit 1953 schwelenden Goll-Affäre.

den 13.] Sachs blieb dann bis zum 17. 6. 1960 in Paris.

noch hier] PC verließ Zürich am 28. 5. 1960, Sachs fuhr wohl am 2. 6. 1960 von Zürich nach Ascona.

162

DLA D 90.1.2832/6: hs. Brief an: »M. Paul Celan / 78, Rue de Longchamp / PARIS 16ème / FRANCE«, Uetikon, 11. 7. 1960.

Buch] Guillaume Apollinaire: *Œuvres Poétiques* (hrsg. von Marcel Adéma und Michel Décaudin, Bibliothèque de la Pléiade, [Paris] 1959; BIB), geschickt am 22. 6. 1960, dazu »Glückwünsche« (nicht aufgefunden, TbPC).

Geburtstag] Der 34. am 25. 6. 1960.

Land] PC machte mit seiner Familie Urlaub in der Bretagne (10.-24. 7. 1960).

163

DLA D 90.1.2832/7: hs. Brief an: »M. Paul Celan / 78, Rue de Longchamp / PARIS 16ème / FRANCE«, Zürich, 28. 8. 1960.

halbfertigen Briefe \ Telefon \ Stockholm] IB erzählte PC am 25. 8. 1960 von zwei Briefen (Entwürfe nicht aufgefunden), die sie abzusenden versprach. Thema des Gesprächs war zum einen IBs Kritik am Ton der »Entgegnung«, zum andern Sachs' dramatisch verschlechterter Zustand: PC erfuhr am 9. 8. 1960 (TkPC) von ihrer Einweisung in eine psychiatrische Krankenhausabteilung. Über die Kranke war schon am 11. 8. 1960 gesprochen worden (NkPC).

Familie] M. Bachmann, als Lehrer in Österreich schon pensioniert, nahm 1960 eine Anstellung in einem Internat in der Schweiz an; O. Bachmann kam später nach.

Bobbie] Von der schweren Erkrankung der langjährigen Freundin erfuhr IB im März 1960; Elisabeth Liebl starb am 25. 5. 1961.

APPELTOFFT] Stockholmer Freundin von Nelly Sachs; auch ein Brief von Sachs an PC trägt diesen Absender (PC/Sachs 126).

Mittwoch \ Madrid] IB und MF unternahmen im September 1960 eine Spanienreise, die sie auch nach Marokko führte. Mittwoch war der 31. 8. 1960.

Entgegnung von Klaus] Auf diese Form der Stellungnahme gegen die Vorwürfe C. Golls (vgl. Nr. 159/Anm.) hatten sich PC, Hirsch und Demus im Mai 1960 geeinigt; den Text hatte Demus *gemeinsam* mit PC verfaßt (vgl. PN 886). IB zeichnete den Text erst Ende September.

in dieser Form, nur schädlich] IB bezieht sich auf ein nur von Demus gezeichnetes Typoskript (HAN/ÖNB, Mappe 14, Bl. 5-8). Demus gegenüber war sie deutlicher: »Ich halte die Entgegnung, der Formulierungen wegen, für ungünstig, ja für unselig, sie würde Paul schaden« (28. 8. 1960, NPC). Vielleicht nach Kenntnisnahme dieses Briefes schrieb PC über den vorliegenden: »Verlogen-feiger Brief von Ingeborg« (30. 8. 1960, NkPC).

Manuskript \ Kaschnitz] Demus hatte Kaschnitz am 12. 8. 1960 einen Durchschlag des Textes zur Gegenzeichnung zugeschickt, sie stimmte am 16. 8. 1960 mit einzelnen Einwänden zur Wortwahl zu.

164

DLA D 90.1.2834/1: Luftpost-Ansichtskarte (Goya, El Pelele [Die Puppe]) an: »M. et Mme Paul CELAN / 78, Rue de Longchamp / PARIS 16ème / FRANCIA«, Madrid, 11. 9. 1960.

165

BIB: hs. Widmung auf dem Deckblatt von »Gespräch im Gebirg«, Sonderdruck aus ›Die Neue Rundschau‹, Heft 1, 1960, S. 199-202.

29. Oktober 1960] Der Sonderdruck wurde wohl am 30. 10. 1960 persönlich übergeben, als PC nachmittags im Hôtel du Louvre IB, MF und Unseld traf (NkPC). Das Heft war im August erschienen. An Demus schrieb PC zu diesem Treffen: »Vor drei Tagen habe ich hier Ingeborg und Max Frisch getroffen und sie um Verzeihung gebeten« (1./2. 11. 1960).

166

HAN/ÖNB Mappe 6, Bl. 4-5: hs. Brief auf Bütten-Briefkarte an: »Mademoiselle Ingeborg Bachmann / Haus zum Langenbaum, Seestraße / Uetikon bei Zürich / Suisse / Faire suivre s.v.p. / Bitte nachsenden!«, Paris, 17. 11. 1960, von: »Paul Celan, 78 rue de Longchamp, / Paris 16e«; der Brief enthielt möglicherweise eine Beilage in Verbindung mit einer Bütten-Briefkarte mit Aufschrift: »Ingeborg« (HAN/ÖNB Mappe 6, Bl. 7).

Zürich [...] Weber] PC war vom 25. bis zum 27. 11. 1960 für Gespräche über die Goll-Affäre (vgl. Nr. 159/Anm.) in Zürich; mit IB sprach er an jedem der Tage, mit Weber am 26. 11. 1960. Es sind die letzten persönlichen Begegnungen zwischen IB und PC. Informationen über den Plan von IB und MF, nach Rom überzusiedeln (vgl. »urbi et orbi«), besaß PC von einem Treffen in Paris am 30. 10. 1960 (vgl. Nr. 165/Anm.).

›Welt‹ [...] »Christ und Welt«] Unter dem Titel »Umstrittener Ausflug in die Vergangenheit« nahm der Doktorand Rainer Kabel (als Rainer K. Abel) in der ›Welt‹ die Vorwürfe von C. Goll aus dem ›Baubudenpoet‹ (vgl. Nr. 179) auf; der Artikel hatte das Ziel, die Büchnerpreis-Verleihung an PC noch zu verhindern, erschien aber erst am 11. 11. 1960. Am 27. 10. 1960 hatte Kabel in ›Christ und Welt‹ unter dem Titel »Jeder ist Orpheus« vorsichtiger noch nicht von Diebstahl gesprochen und noch nicht die »Todesfuge« in die Vorwürfe mit einbezogen. Eine maschinenschriftliche Notiz IBs zu beiden Artikeln mit der Verlags-Adresse von ›Christ und Welt‹ in ihrem Nachlaß deutet darauf hin, daß sie einen Leserbrief plante (HAN/ÖNB Mappe 14, Bl. 4).

Infamie] Von PC gebrauchter Begriff für die Goll-Affäre.

Eure Entgegnung] Der von Kaschnitz, Demus und IB gezeichnete Text erschien um den 20. 11. 1960 im 3. Heft der ›Neuen Rundschau‹.

167

DLA D 90.1.2832/8: hs. Brief an: »M. Paul Celan / 78, rue de Longchamp / PARIS 16ème / FRANCE«, Uetikon, 18. 11. 1960.

Regentag in Paris] Wohl der 30. 10. 1960 (vgl. Nr. 165/Anm.).

Szondi] Es handelt sich um den Artikel »Anleihe oder Verleumdung? Zu einer Auseinandersetzung über Paul Celan« in der NZZ (18. 11. 1960, Fernausgabe am 19. 11. 1960). PC stand mit dem Schweizer Literaturwissenschaftler ungarisch-jüdischer Herkunft seit April 1959 in persönlicher Verbindung.

168

DLA D 90.1.2832/9: Telegramm an Paul Celan, Rue de Longchamp Paris/16, Uetikon, 23. 11. [1960], 13^{05} und Paris, 23. 11. 1960, 14^{15}.

GEBURTSTAG] Der 40. am 23. 11. 1960.
PAECKLEIN] Vgl. Nr. 170.

169

HAN/ÖNB Mappe 6, Bl. 6: Telegramm an Ingeborg Bachmann, Haus Langenbaum Seestrasse Uetikon am See bei Zürich, Paris, 24. 11. [1960], 10^{13} und Uetikon, [24.] 11. 1960, 11^{05}.

Urban] Bei seinem Zürich-Aufenthalt (Nr. 166) wohnte PC nicht, wie sonst häufig, im Hotel Urban (vgl. Briefpapier von Nr. 224), sondern im Hotel Neues Schloss, Stockerstr. 17.

170

DLA D 90.1.3606: hs. Widmung auf Briefkarte, ursprünglich in: Gertrude Stein, »Drei Leben«. Berechtigte Übertragung von Marlis Pörtner, mit einem Nachwort von Marie-Anne Stiebel, Zürich 1960 (BPC); auf der Rückseite befand sich wohl ursprünglich ein Foto.

Geburtstag \ Novembertagen] Die Karte wurde bei PCs Zürich-Aufenthalt persönlich übergeben, vielleicht mit dem Buch (vgl. Nr. 168).
Gertrude Stein, »Drei Leben«] Die amerikanische Schriftstellerin erzählt über drei weibliche Leidenswege. Außer einem Geschenkbändchen (S. 84f.) enthält PCs Exemplar keine Benutzungsspuren (auch in BIB).

171

DLA D 90.1.3291: Telegramm, ediert nach einer hs. Tagebuchnotiz von PC unter dem Datum des 2. 12. 1960, mit der Präzisierung »2$^{\underline{30}}$

Telegramm an Ingeborg«; der Telegrammtext steht in Anführungszeichen, gefolgt von einem Gedankenstrich (Originaltelegramm nicht aufgefunden).

nicht länger] Der nach der Rückkehr aus Zürich abgesandte Brief PCs zu einem Briefumschlag mit Poststempel vom 29. 11. 1960 (HAN/ÖNB Mappe 6, Bl. 8), auf den er eine Reaktion erwartet, wurde nicht aufgefunden. Vgl. auch Nr. 226.

172
DLA D 90.1.2832/10: Telegramm an Paul Celan, 78 Rue de Longchamp Paris/16E, Uetikon, 3. 12. [1960], 00^{30} und Paris, 3. [12. 1960], 6^{55}.

GEHEIMNUMMER] Maßnahme, um sich vor unerwünschten Anrufen, vor allem im Zusammenhang mit der Goll-Affäre, zu schützen.

173
DLA D 90.1.2832/11: hs. Brief an: »M. Paul Celan / 78, Rue de Longchamp / PARIS 16ème / FRANCE«, Uetikon, 5. 12. 1960.

an Gisèle] Vgl. Nr. 227.
Hirschfeld] Der deutsch-jüdische Regisseur war Dramaturg am Zürcher Schauspielhaus.
Herausgeber] Es geht wohl um den Herausgeber der ›Welt‹, Axel Springer (im Brief von Hirschfeld an PC vom 19. 12. 1960 genannt, NPC), und einen Leserbrief von Enzensberger dort, der schon am 11. 11. 1960, dem Erscheinungstag von Kabels Artikel (vgl. Nr. 166/Anm.), geschrieben, aber immer noch nicht publiziert worden war, sondern erst am 16. 12. 1960 veröffentlicht wurde (neben einem im Auftrag von C. Goll verfaßten Artikel von Dietrich Schaefer).

174
DLA D 90.1.2832/12: hs. Brief an: »M. Paul Celan / 78 rue de Longchamp / PARIS 16ème / FRANCE«, Männedorf (Zürich), 5. 12. 1960.

5 – 11 – 60] Vgl. Poststempel!

Unterlagen] Hirschfeld schrieb PC am 19. 12. 1960, daß ihm IB noch nicht alles versprochene Material gegeben habe (NPC).

»Tat«] Erst am 17. 12. 1960 erschien in der Zürcher Tageszeitung Mohlers Artikel »Zu einer Kampagne. Ein notwendiges Wort« (vgl. Nr. 226).

Frankfurt] IB besuchte eine Aufführung von Henzes Oper *Der Prinz von Homburg* und traf sich mit Adorno und Kaschnitz.

175

DLA D 90.1.2832/13: hs. Gruß auf Kärtchen in unbeschriftetem Kuvert (wohl zu einem Geschenk).

176

DLA D 90.1.2834/2: Telegramm an M. et Mme Paul Celan, bei Wüst Les Fougères Montana Wallis, Roma, 24. 12. [1960], 14^{15} und Montana-Vermala 24. 12. 1960, 17.

177

DLA D 90.1.2822/1: hs. Brief (Durchschrift, Original nicht aufgefunden).

Montana] Die Familie Celan verbrachte vom 15. 12. 1960 bis zum 4. 1. 1961 ihre Winterferien im Schweizer Wallis.

Telegramm] Nicht aufgefunden.

Via Giulia] IB und MF wohnten seit Dezember in Rom, die richtige Hausnummer ist 102.

Telephon] Telefongespräche am 12. und 13. 12. 1960 sowie ein weiterer trotz Verabredung erfolgloser Anruf am 14. 12. 1960, jeweils wohl im Zusammenhang mit einer geplanten weiteren Entgegnung IBs im Rahmen der Goll-Affäre (vgl. Nr. 166/Anm.). Am 13. 12. 1960 notierte PC: »13^{h} Ingeborg angerufen (ob sie etwas in der Entgegnung ändern könne ...)« (NkPC).

Zürich] Am 30. 12. 1960 traf PC dort Szondi.

Leonhardt [...] antwortete] Ein Artikel Kabels für die ›Zeit‹ (»Es gollt in Celans Lyrik. Wird Paul Celan zu Recht des Plagiats bezichtigt?«, GA 292-301) wurde u. a. von IB verhindert, die den

Feuilletonchef der Wochenzeitung auf Szondis Argumente (vgl. Nr. 167) hinwies (15. 12. 1960, HAN/ÖNB, Mappe 13, Bl. 4-5). PC erhielt Kabels Text als Fahne von Leonhardt mit dem Hinweis, er habe IB und MF erfolglos gebeten, einen Gegenartikel zu schreiben, und der Bitte, selbst zu reagieren (19. 12. 1960, NPC; Artikel auch im Nachlaß IB, HAN/ÖNB, Mappe 14, Bl. 10-11).

Beck] PC kannte García Lorcas Übersetzer, der Deutschland 1933 verlassen hatte und in Basel lebte, wohl seit Juli 1957.

»Kultur«] In der Münchner Zeitschrift erschien erst im Dezember 1961 ein Beitrag zur Goll-Affäre (Reinhard Döhl: »Deutsche Herausgebersitten. Einige notwendige Angaben zur Ausgabe der ›Dichtungen‹ von Yvan Goll«, S. 6f.). Zur tatsächlichen Publikation vgl. Nr. 179.

178

DLA 90.1.2833/1: hs. Brief; D 90.1.2832/14 (z. Beilage): masch., hs. korr. Brief; Kuvert für Beilage an: »M. Paul Celan / bei Frau Wüst / Les Fougères / Montana / Wallis / Svizzera« (gefaltet, nicht abgestempelt), Kuvert fehlt.

3. Jänner 1961] Erhalt des Briefes am 9. 1. 1961 (NkPC).

Commerce-Hefte] Vierteljährlich erscheinende, von Paul Valéry, Léon-Paul Fargue und Valéry Larbaud zwischen 1924 und 1932 in Paris herausgegebene und von Caetani finanzierte internationale Literaturzeitschrift, in der wichtige Autoren der europäischen Moderne publizierten, u. a. der von IB übersetzte Ungaretti oder der von PC übersetzte Michaux.

Dr. Weber Dir in Zürich] Wohl nur Telefongespräch am 24. 12. 1960 (NkPC).

Erklärung der Büchner-Preisträger] Der Preisträger von 1958, MF (vgl. Nr. 205), hatte mit K. Edschmid, G. Eich, E. Kreuder, K. Krolow und F. Usinger eine im Januar 1961 als dpa-Meldung durch die deutsche Presse gegangene Erklärung unterzeichnet, die PC »menschliche und literarische Unbestechlichkeit« bestätigte (GA 325). Aktuell notierte GCL: »Texte des ›Büchner-Preisträger‹ – insignifiant, n'attaquant rien, incroyablement mauvais. Honteux – Krolow et Max Frisch ne se sont pas fatigués ni engagés trop loin accordant à Paul son intégrité – [Text der ›Büchner-Preisträger‹ – nichtssagend, ohne gezielten Angriffspunkt, unglaublich schlecht. Beschämend – Krolow und Max Frisch haben sich weder verausgabt noch zu sehr engagiert, indem sie Paul seine Integrität zusprechen]« (13. 1. 1961, NkPC/GCL). Vgl. Nr. 209.

178.1

Nachricht] Nicht aufgefunden.

Abel [...] richtigstellen \ geschrieben \ antworten] Kabel entschuldigte sich als einziger der Beteiligten innerhalb eines Artikels von Eckart Kleßmann in ›Christ und Welt‹ (9. 6. 1961) und mit einer eigenen »Erklärung« in ›Die Welt‹ (12. 6. 1961). Auf seinen Brief (nicht aufgefunden) antwortete IB wohl nicht (vgl. Nr. 180).

179

HAN/ÖNB Mappe 6, Bl. 10-11: masch., hs. korr. Eilbrief an: »Ingeborg Bachmann / Roma / Via Giulia 102 / Italie«, Paris, 9. 1. 1961, von: »Paul Celan, 78 rue de Longchamp / Paris 16e«, Roma, 11. 1. 1961; DLA D 90.1.2820/3 (2 Ds.): hs. Korrekturen nur in einem Exemplar vollständig, eine weitere Korrektur fehlt im Original; HAN/ÖNB Mappe 14, Bl. 1-2 (z. Beilage): Photokopie aus ›Baubudenpoet‹, Heft 5, März/April 1960, S. 115f., mit hs. Hervorhebungen sowie unten Ergänzungen durch PC.

Rue d'Ulm] Vgl. Nr. 140/Anm.

Abels \ Szondi] Die Artikel (vgl. Nr. 166-167) wurden im NIB nicht aufgefunden. PC erwartete wohl, daß IB eine Kopie von Abels Brief beilegen würde (9. 1. 1961, NkPC/GCL).

›Die Zeit‹] Vgl. Nr. 177/Anm.

Maurer] Unter dem Titel »Meisterplagiator?« (›Die Welt‹, 31. 12. 1960, vgl. Nr. 158/Anm.).

Nachlass [...] bekannt] C. Goll hatte die von Y. Goll hinterlassenen deutschen Gedichte und Fragmente im Stil von PCs *Der Sand aus den Urnen* bearbeitet und durch Übersetzungen aus dem französischsprachigen Nachlaß Y. Golls sowie durch Eigenes ergänzt; PCs unveröffentlichte Goll-Übersetzungen (*Malaiische Liebeslieder, Pariser Georgika* sowie *Iphetonga Elegie* und *Aschenmasken*) verwendete sie für eigene Übersetzungen. Die Entstehungsangaben in den Nachlaßpublikationen (1951 *Traumkraut*, 1956 *Pariser Georgika*, 1960 *Dichtungen*), seit 1956 bei Luchterhand, zeigen eine sukzessive Rückdatierung *vor* 1948. PC hatte den Verlag bereits 1956 über die Manipulationen informiert.

›Baubudenpoet‹] Vgl. Nr. 159/Anm. (NPC: Heft in 3 Exemplaren, zahlreiche Kopien und Abschriften des Artikels). Doppelt angestrichen ist von PC auf der Photokopie der Satz: »Seine traurige Legende, die er so tragisch zu schildern wusste, hatte uns erschüttert: die Eltern von den Nazis getötet, heimatlos, ein grosser, unverstandener Dichter, wie er unaufhörlich wiederholte...«; außerdem korrigiert er die unsauber zitierten Gedichttexte und die zu hoch angegebene Universitätsposition Richard Exners, beides typisch für C. Golls manipulative Argumentationsstrategie. Der amerikanische Germanist hatte C. Goll 1953 auf Ähnlichkeiten zwischen Gedichten Golls und PCs aufmerksam gemacht.

›Kultur‹] Vgl. Nr. 177.

›Panorama‹] Nicht aufgefunden wurde PCs Brief mit einem Hinweis auf den nicht gezeichneten Artikel »Plagiat« in der Münchner Zeitschrift ›Panorama‹ (Heft 12, 1960, S. 7; NPC), in dem auf die »erstaunliche Übereinstimmung« zwischen PC und Goll verwiesen und die Presse mit »Beeinflussung«, »Abhängigkeit« und »Meisterplagiat« zitiert wird.

180

DLA D 90.1.2833/2: masch., hs. korr. Brief, Kuvert fehlt.

20 – 1 – 1961] Den wohl erst am 24. 1. 1961 erhaltenen Brief resümierte GCL: »Trois lignes de Ingeborg, ne parle de rien mais veut dire: Je suis à Zurich, seule, tu peux m'appeler, et pour finir: J'espère que tu viendras à Rome bientôt [drei Zeilen von Ingeborg, nichtssagend, möchte aber sagen: Ich bin in Zürich, allein, Du kannst mich anrufen, und am Schluß: ich hoffe, daß Du bald nach Rom kommst]« (NkPC/GCL).

Fischer-Verlag \ »Neue Rundschau«] Zur »Entgegnung« siehe Nr. 163.

Brief zu entwerfen] Nicht aufgefunden.

Lesungen] IB las u. a. am 21. 2. 1961 im Festsaal der Tübinger Universität (angekündigt für den wesentlich kleineren Hörsaal 9) »Undine geht« und Gedichte.

181

DLA D 90.1.2833/3: hs. Brief an: »M. Paul Celan / 78 rue de Longchamp / Paris 16ème / FRANCE«, Männedorf (Zürich), 27. 1. 1961; Beilage: Originalartikel aus »Notizen«, Tübingen, Nr. 31, Februar 1961, S. 8.

27 – 1 – 61] GCL notierte am 28. 1. 1961 zu diesem Brief: »½ ligne [Zeile]« (NkPC/GCL).

NOTIZEN] PC hatte den Artikel vom Autor selbst bereits erhalten (mit Brief vom 22. 1. 1961, NPC); im Heft auch IBs »Geh, Gedanke« und »Die große Fracht«.

182

DLA D 90.1.2833/4: hs. Brief an: »M. Paul Celan / 78, rue de Longchamp / PARIS 16ème / FRANCE«, Uetikon, 29. 1. 1961.

Szondi] »Zu einer Auseinandersetzung über Paul Celan« (›Neue Deutsche Hefte‹, Januar 1961, S. 949f.), Szondi sandte PC am 11. 1. 1961 einen Sonderdruck.

Neue Rundschau] D. h. die »Entgegnung«.

»Das Schönste«] Karl Krolow, »Deutsch mit französischem Schliff. Die lyrische Sprache des Dichters und Übersetzers Paul Celan« (›Das Schönste‹, Februar 1961, S. 42f., NPC).

Maurer] Vgl. Nr. 179.

183

DLA D 90.1.2834/3: Telegramm an Paul Celan, rue de Longchamp 78 Paris, Roma, 25. [4. 1961], 02³⁰ und Paris, 25. 4. 1961, 8²⁰.

184

HAN/ÖNB Mappe 6, Bl. 12: hs. Brief auf Papier mit gedrucktem Briefkopf (hier kursiv), Kuvert fehlt; DLA D 90.1.2822/2: masch. Abschrift (hs. Vermerk »hdgeschrieben«) mit kleinen Varianten.

Hiersein und Hierbleiben] Siehe den Briefkopf mit der Pariser Adresse, ein in dieser Korrespondenz einmaliges Material.

Sonntag auf Montag] Ein konkreter Anlaß für diese Überlegungen am 23./24. 4. 1961 war vielleicht die Publikation von Reinhard Döhls Untersuchung »Geschichte und Kritik eines Angriffs. Zu den Behauptungen gegen Paul Celan« im ›Jahrbuch 1960‹ der Deutschen Akademie für Sprache und Dichtung (Darmstadt 1961, S. 101-132), die PC zu Recht für unsorgfältig und dadurch schädlich hielt; sie war Grund für PCs Überlegungen, seinen Büchnerpreis zurückzugeben, und für die Ablehnung einer Akademie-Mitgliedschaft. Der Band war am 22. 4. 1961 für die Mitglieder ausgeliefert worden.

185

DLA D 90.1.2823: masch. Brief; der Text auf der Rückseite ist nicht Teil des Briefes: »Ich bin, in Erinnerung an Georg Büchner, so frei gewesen, diese von dem Taufpaten der genannten ›Untersuchung‹ zutelegraphierte Mitgliedschaft zurückzuweisen« (Ts.).

Kaschnitz \ Kasack \ Martini] PC nahm an, daß Kaschnitz als seine Büchnerpreis-Laudatorin wissen wollte, warum er die ihm am 24. 4. 1961 durch den Präsidenten Hermann Kasack telegraphisch angetragene Mitgliedschaft bei der Deutschen Akademie für Sprache und Dichtung abgelehnt hatte (PC an Kaschnitz, 27. 4. 1961, jew. NPC); Kasack, Initiator der Untersuchung im Jahrbuch der Akademie, hatte ursprünglich den Stuttgarter Professor für Germanistik Fritz Martini, ehemals NSDAP- und SA-Mitglied, um die Untersuchung gebeten, dieser gab den Auftrag an seinen Assistenten Döhl weiter.

186

DLA D 90.1.2833/5: hs. Luftpostbrief an: »M. Paul Celan / 78, rue de Longchamp / PARIS 16ème / FRANCE«, Roma, 2. 6. 1961.

VIA de NOTARIS 1 F] Die lange gesuchte Wohnung, nördlich der Villa Borghese.

Griechenland] Anläßlich von MFs 50. Geburtstag.

Fischer-Verlag] Verlag der ›Neuen Rundschau‹, in der die »Entgegnung« erschienen war.

Claire Goll-Brief] Den gleichen Brief erhielt Demus (vgl. GA 608f.).

Büchner-Rede] Die am 22. 10. 1960 in Darmstadt gehaltene Rede war mit dem Titel »Der Meridian« wie der Aufsatz von Döhl im Akademie-Jahrbuch erschienen (vgl. Nr. 184/Anm., S. 74-88). Der im Januar 1961 erschienene Erstdruck (Frankfurt a. M.: S. Fischer 1961) fehlt in der BIB.

alle Jessenin-Gedichte] Sergej Jessenin, *Gedichte* (Ausgewählt und übertragen von Paul Celan, Frankfurt a. M.: S. Fischer Verlag 1961, fehlt in der BIB) erschien im März; einzelne Jessenin-Gedichte hatte PC Briefen beigelegt (vgl. Nr. 90 und 101).

Ungaretti-Versuchen] Zur Buchausgabe *Gedichte* vgl. Nr. 188; einzelne Blätter sandte IB nicht. PC konnte allerdings einzelne Übertragungen aus dem von Enzensberger herausgegebenen *Museum der modernen Poesie* kennen, an dem er selbst beteiligt war (Frankfurt a. M.: Suhrkamp 1960; BPC), sowie durch eine Publikation in der NZZ (3. 12. 1960, vgl. Nr. 68/Anm., dort Supervielle-Übertragungen von PC).

Gisèle] Zu diesem Brief notierte GCL: »Lettre de Ingeborg, anodine et fausse (Enz. et elle sans doute en route pour Zurich pour la ›Soirée de Poésie‹ du Schauspielhaus [Brief von Ingeborg, harmlos und falsch (Enzensberger und sie sicher auf dem Weg nach Zürich für die Gedicht-Soirée im Schauspielhaus]« (5. 6. 1961, NkPC/GCL; Brief in NkPC vermerkt).

187

DLA BPC: hs. Widmung auf dem Vorsatzblatt von »Das dreißigste Jahr. Erzählungen«, Piper & Co., München 1961, Kuvert fehlt.

188

DLA BPC: hs. Widmung auf dem Vorsatzblatt von Giuseppe Ungaretti, »Gedichte«. Italienisch und deutsch. Übertragung und Nachwort von Ingeborg Bachmann, Frankfurt am Main: Suhrkamp Verlag 1961, = Bibliothek Suhrkamp 70, Kuvert fehlt. Ursprünglich lag zwischen S. 30/31 (»Tramonto« / »Sonnenunter-

gang«) eine Seite aus ›Die Welt der Literatur‹ mit einer Rezension dieses Bandes durch Ingeborg Brandt vom 30. 11. 1961 (nach BK II, ohne Nr., zwischen 780 und 781).

189
DLA D 90.1.2821: hs. Brief.

Vorwärts-Provokation] Zu den Publikationen von Rolf Schroers und Felix Mondstrahl in der SPD-Zeitschrift ›Vorwärts‹ vgl. den ausführlicheren Briefentwurf an MF (Nr. 207).

190
HAN/ÖNB Mappe 6, Bl. 13: hs. Brief, Kuvert fehlt; DLA D 90.1.2820/4 (Durchschrift).

Bücher] Das dreißigste Jahr und Ungarettis *Gedichte* (vgl. Nr. 187 und 188).
Frisch] Vgl. Nr. 210.

191
HAN/ÖNB Mappe 10, Bl. 10-11: masch., nicht immer eindeutiger Briefentwurf mit zahlreichen Schreibfehlern. Vgl. Abb. 17.

wie schlecht es Dir geht] PCs ernsthafte psychische Probleme sind im Zusammenhang mit der Goll-Affäre zu sehen.
vergangenen Jahr] Zu den Schwierigkeiten wegen Blöckers Kritik vgl. Nr. 143 und 147.
alle Erklärungen, jedes Eintreten] IB denkt sicher an die u. a. von ihr gezeichnete »Entgegnung« und an die von MF gezeichnete Erklärung der Büchnerpreisträger (vgl. Nr. 178), aber auch an die Stellungnahmen von Szondi (vgl. Nr. 167 und 182), Schroers (vgl. Nr. 207), Enzensberger (vgl. Nr. 173/Anm.), Mohler (vgl. Nr. 174/Anm.) und Maurer (vgl. Nr. 179), die Untersuchung von Döhl (vgl. Nr. 184/Anm.) sowie die in Österreich erschienenen Texte von Wieland Schmied (»Literarischer Rufmord. Zum Streit um Paul Celan und Iwan Goll«, in: ›Wort in der Zeit‹, Graz, 1961, Nr. 2, S. 4-6) und den unten erwähnten im ›Forum‹.

Du verlierst auch Freunde] Tatsächlich schrieb IB: »Du verlierst ach Freunde nicht«.

Wuppertal] Vgl. Nr. 44.

Kritik von Blöcker] Vgl. Nr. 143.

Buch, bzw. Büchern] Das dreißigste Jahr und Ungarettis *Gedichte.*

Blöckerkritik] Im Septemberheft des ›Merkur‹ resümierte Blöcker IBs Entwicklung negativ, indem er ihre Gedichtbände gegen *Der Prinz von Homburg* und *Das dreißigste Jahr* ausspielte (»Nur die Bilder bleiben«, S. 883-886).

Forum \ Verteidigung] Von neun weiteren österreichischen Autoren, darunter gemeinsamen Bekannten wie Doderer und Dor, unterzeichnete Erklärung in Sachen Goll-Affäre von Franz Theodor Csokor und Friedrich Torberg (»In Sachen Paul Celan«, in: ›Forum‹, Wien, Januar 1961, S. 23). Zu Angriffen in der Zeitschrift durch Weigel auf IB vgl. Nr. 122.

verleide Dir Deine Uebersetzungen] Kritische Rezensionen zu PCs *Die junge Parze* gab es von Karl August Horst (»In Ketten tanzen«, FAZ, 9. 4. 1960) und Peter Gan, die auf Intervention Dritter im ›Merkur‹ schließlich nicht gedruckt wurde, die PC aber kannte (jetzt in: *Celan wiederlesen*, hrsg. vom Lyrik Kabinett München, München 1998, S. 85-96); zu Jessenins *Gedichten* von Karl Dedecius, »Slawische Lyrik. Übersetzt – übertragen – nachgedichtet« (›Osteuropa‹, März 1961, S. 165-178), Horst Bienek, »Der Dandy aus Rjasan« (FAZ, 20. 5. 1961) und Günther Busch, »Zecher am Tisch der Geschichte« (SZ, 3./4. 6. 1961).

Bösartigkeit [...] Fehler] Drei Rezensionen zu Ungarettis *Gedichten* in überregionalen Zeitungen lagen schon vor. In ›Christ und Welt‹ wird die Übersetzungsleistung übergangen (K-nn, »Die eigene schöne Biographie«, 28. 7. 1961), in der FAZ ausgesprochen gelobt (Horst Bienek, »Archipoeta der Moderne«, 19. 8. 1961); nur Günther Busch in der SZ kritisiert Manierismen (»Ungarettis lyrische Kurzschrift«, 26./27. 8. 1961).

Szondi [...] Motto] Dem *Versuch über das Tragische* sind zwei Motti vorangestellt: »Si tu nous fais du mal, il nous vient de nous-mêmes. [Wenn du uns weh tust, kommt das von uns selbst]« von Agrippa d'Aubigné und »En me cuidant aiser, moi-même je me nuits. [Indem ich es mir einfach zu machen gedenke, schade ich mir selbst]« von Jean de Sponde (Frankfurt a. M. 1961).

Gedicht, diese Mordbeschuldigung] IB bezieht »Gestern / kam einer von ihnen und / tötete dich / zum andern Mal in / meinem Gedicht« aus PCs »Wolfsbohne« (V. 21-25, im NIB nicht aufgefunden) auf sich. Mit dem ›einen‹ spielt PC aber zweifellos auf Günter Blöcker und dessen Aussagen zur »Todesfuge« an (vgl. Nr. 143 und 145).

Hôtel du Louvre] Vgl. Nr. 165/Anm.

192

DLA D 90.1.2833/6: hs. Brief an: »Paul Celan / 78, Rue de Longchamp / PARIS 16ème / FRANCE«, Basel, 26. 10. 1961.

nach Paris] IB und PC haben sich im Herbst 1961 nicht getroffen.

meine Bücher] Das dreißigste Jahr (Nr. 187) und die Übertragung Ungaretti, *Gedichte* (Nr. 188).

Theaterarbeit für Max] Die Proben für die Uraufführung von *Andorra* (vgl. Nr. 212) am Zürcher Schauspielhaus (2. 11. 1962).

193

DLA D 90.1.2833/7: hs. Brief, Kuvert fehlt.

Rückreise [...] Reise dazwischen] Noch von Zürich aus fuhr IB im November nach Berlin, wo ihr im Rahmen einer Lesung der Literaturpreis der Deutschen Kritiker für *Das dreißigste Jahr* verliehen wurde (vgl. Abb. 9).

Gesundheit bewahren] Vgl. Nr. 191.

Unsre Lektionen [...] lernen] GCL notierte die beiden Sätze im Zusammenhang mit IBs Brief, wobei sie »Unsre« unterstreicht (11. 12. 1961, NkPC/GCL).

194

DLA D 90.1.2834/4: hs. Gruß, wohl zu einem Geschenk (Nr. 212?), Kuvert fehlt.

195
HAN/ÖNB Mappe 7, Bl. 1-2: hs. Luftpostbrief an: »Mademoiselle Ingeborg Bachmann / Berlin-Grunewald / Königsallee 35 / Berlin – Secteur Occidental«, Paris, 21. 9. 1963, von: »Paul Celan, *78 rue de Longchamp, Paris 16*ᵉ«.

Rußland \ Petersburg] Am 21. 8. 1963 nannte der ›Spiegel‹ in einem Bericht über den Auftritt des sowjetischen Autors Ilja Ehrenburg bei einem Schriftsteller-Kongreß in Leningrad (!) Anfang August (»Nicht auf Kafka schießen«, S. 74) Enzensberger, Hans Werner Richter und IB als Teilnehmer aus der Bundesrepublik (!); die FAZ hatte schon am 12. 8. 1963 darüber berichtet, ohne IB zu nennen.

Ende August [...] Wagenbach] PC war Ende August für eine Lesung in Deutschland (Tübingen, 25. 8. 1963); wann und wo er den Kafka-Spezialisten und Lektor bei S. Fischer getroffen hat, ist nicht bekannt.

Krankenhaus] Im Juli/August 1963 wurde IB im Martin-Luther-Krankenhaus in Berlin behandelt. Nach der Trennung von MF im Herbst 1962 war sie gesundheitlich in eine schwere Krise geraten.

kein Telephon] IB war seit Frühjahr 1963 auf Einladung der Ford Foundation in Berlin, zuerst in einer Gästewohnung der Akademie der Künste, Hanseatenweg 10, ab 1. 6. 1963 in einer eigenen Wohnung in der Königsallee 35.

nicht ganz erfreuliche Jahre] Im Zusammenhang mit der Goll-Affäre war PC um die Jahreswende 1962/63 selbst erstmals zur Behandlung in einer psychiatrischen Klinik.

neuer Gedichtband [...] einverwoben] Die Niemandsrose erschien Ende Oktober (Frankfurt: S. Fischer Verlag 1963; BIB ohne Widmung). An seinen Verleger Gottfried Bermann Fischer schrieb PC: »Bitter, ja, so sind diese Gedichte. Aber im (wirklich) Bittern ist schon das Nicht-mehr- und Mehr-als-Bittre – nicht wahr?« (4. 12. 1962, GBF 633).

»kunstfernen« Weg] Vgl. die Gegenüberstellung von »Kunst« und »Dichtung« am Anfang der Büchnerrede »Der Meridian«.

196

HAN/ÖNB Mappe 7, Bl. 3-4: Luftpostbrief an: »Fräulein Ingeborg Bachmann / Via Bocca di Leone 60 / Roma / Italien«, Frankfurt a. M., 30. 7. 1967, von: »Paul Celan dzt. Frankfurt am Main, / Suhrkamp Verlag, Grüneburgweg 69«, Rom, 2. 8. 1967.

Unseld] Leiter des Suhrkamp Verlags, dessen Autor PC Ende 1966 geworden war.

Freiburg] Anläßlich seiner Lesung an der Universität Freiburg (24. 7. 1967) traf PC auch Martin Heidegger.

Achmatowa-Affäre \ Spiegel] IB hatte ihrem Verlag PC als »kongenialen Übersetzer« der russischen Dichterin Anna Achmatowa vorgeschlagen und war von Piper weggegangen, weil dieser Hans Baumann, den Verfasser des NS-Liedes »Es zittern die morschen Knochen«, mit der Übertragung beauftragt hatte (›Spiegel‹, 24. 7. 1967, S. 95f.). IB schrieb am 18. 3. 1967 an den Piper Verlag: »Ich ziehe die Konsequenzen aus den Briefen und dem, was im Verlag im Zusammenhang mit der Achmatowa-Übersetzung vorgefallen ist. Ich gehe weg« (NIB). *Malina* erschien im Suhrkamp Verlag. Im NPC liegen keine Achmatowa-Übertragungen vor.

Adresse] PC war am Ende eines Zwangsaufenthalts formell noch Patient der Pariser Psychiatrischen Universitätsklinik, unterrichtete aber bereits wieder.

197

MFA VIII / Celan, Paul: hs. Brief an: »Monsieur Max Frisch / Haus zum Langenbaum / Uetikon bei Zürich / Seestraße / Suisse«, von: »Paul Celan, 78 rue de Longchamp / Paris 16e«, Paris 14. 4. 1959.

14. April] Brief im TbPC vermerkt.
wie schon einmal] Nicht zu klären.
Böll] Siehe Nr. 138.
Österreich] Vgl. Nr. 135.1/Anm.

198

DLA D 90.1.1487/1: masch. Brief mit einer hs. Korrektur, Kuvert fehlt.

von Inge] Nr. 127.

spontanen] Entwurf nicht aufgefunden.

199

MFA VIII / Celan, Paul: hs. Brief, Kuvert fehlt.

15. April 1959] PC dankt für Briefe vom 14. (Nr. 127) und 16. 4. 1959 (Nr. 198); warum er sich beim Tag täuscht, ist nicht zu klären (vgl. Nr. 128).

Neffenpflicht [...] Tante] Zum Besuch bei Berta Antschel vgl. Nr. 128.

200

DLA D 90.1.1487/2: hs. Brief, Kuvert fehlt.

Schuls \ Ärzte] Vgl. Nr. 131-132.

Sils-Maria [...] Silser-See] Zu den Treffen zwischen MF und PC am 19. und 22.7.1959 in der Umgebung von Sils-Baselgia vgl. Nr. 135 und Nr. 136.

Frau] Gisèle Celan-Lestrange.

201

MFA VIII / Celan, Paul: hs. Brief in sehr großer Schrift (MFB 201); Beilage: masch. Ds. (PN 188); weitere Beilage (nicht publiziert): masch. Ds. (Abschrift, im Ergebnis identisch mit dem Text des Artikels, Berliner Tagesspiegel, 11. 10. 1959, siehe Nr. 143.1); Kuvert fehlt.

Rychner] Der Feuilletonchef der Zürcher Tageszeitung ›Die Tat‹ publizierte 1948 als einer der ersten Gedichte PCs im Westen. Die Verbindung zwischen ihm und Blöcker ist nicht zu klären.

Kafka- und Bachmann-Aufsätzen] Blöckers Sammelband *Die neuen Wirklichkeiten* enthält ein »Franz Kafka« überschriebenes Kapitel (Darmstadt 1957, S. 297-306). Über IBs Neuerscheinungen hatte Blöcker von Anfang an berichtet, zuletzt über *Der gute Gott von Manhattan* (»Ein vorbildliches Hörspiel. Der besorgte Bombenleger läßt Liebende in die Luft fliegen«, ›Die Zeit‹, 17. 10. 1958).

202
MFA VIII / Celan, Paul: masch. Briefentwurf mit u. a. hs. Korrekturen und einer hs. Ergänzung (MFB 200-202).

nicht gesendet] Handschriftlich hinzugefügt.
vierte Versuch] Weitere Entwürfe wurden nicht aufgefunden. Vgl. den abgesandten Brief Nr. 203 (dort Kommentare zu übernommenen Teilen).
Gedichte] Sprachgitter.
Krankenhaus] Vgl. Nr. 132.
Böll] Vgl. Nr. 197.

203
DLA D 90.1.1487/3: masch., u. a. hs. korr. Brief, Kuvert fehlt (MFB 203f.); MFA VIII / Celan: Ds.

6. 11. 59] Zu den Schwierigkeiten zwischen IB und MF in Zusammenhang mit dem Brief und zu dessen Beurteilung vgl. Nr. 144 und 147.
Anti-Nazi] MF reagiert hier ganz ähnlich wie Böll, auf den MF im ersten Versuch zu diesem Brief abschließend verweist, in der Firges-Affäre (Nr. 197).
Kritik von Blöcker] Vgl. Nr. 143.1.
Sils] Vgl. Nr. 135-136.
Freundschaft] PC beruft sich darauf in Nr. 207.
HITLEREI [...] SCHIRMMUETZEN] Vgl. Nr. 201.
Ihre Entgegnung] Vgl. Nr. 201.1.

204
DLA BPC: hs. Widmung auf dem Vorsatzblatt von »Glossen zu Don Juan«, Illustrationen von Walter Jonas, Zürich [1959]; Ex. 217 von 250 numerierten Exemplaren, hinten signiert von Max Frisch und Walter Jonas, Kuvert fehlt.

Glossen zu Don Juan] Separat publiziertes Nachwort zu MFs *Don Juan oder die Liebe zur Geometrie* (Suhrkamp Verlag: Frankfurt a. M. 1953).

Ende eines wirren Jahres] Bei einem Telefongespräch am 23. 12. 1959 dankte PC wohl für die Sendung (TbPC). Zur Hepatitis-Erkrankung und den u. a. durch PC verursachten Verwerfungen in der Beziehung zu IB kam für MF 1959 die Scheidung von Trudy Frisch von Meyenburg, mit der er schon seit 1954 nicht mehr zusammenlebte.

205
DLA BPC: hs. auf Sonderdruck »Emigranten. Rede zur Verleihung des Georg-Büchner-Preises 1958«, S. 49-66 (ohne Herkunftsangabe).

Emigranten] Es handelt sich um den Erstdruck der Rede in: *Schauspielhaus Zürich 1938/39-1958/59. Beiträge zum zwanzigjährigen Bestehen der Neuen Schauspiel AG* (hrsg. von Kurt Hirschfeld und Peter Löffler, Zürich 1958).

27. V. 60] Wie sich PC noch Anfang 1962 erinnerte (TbPC), wurde das Exemplar bei einem Treffen in Uetikon übergeben, als sich PC wegen Nelly Sachs in Zürich aufhielt (vgl. Nr. 161/ Anm.). Zu diesem Zeitpunkt wußte PC bereits, daß er selbst zum Büchnerpreisträger 1960 gewählt worden war.

206
MFA VIII / Celan, Paul: hs. Brief (Teildruck MFB 236) an: »Monsieur Max Frisch / Haus zum Langenbaum / Uetikon bei Zürich / Seestraße / Suisse«, Paris, 29. 5. [1960], von »Paul Celan, 78 rue de Longchamp, Paris 16e«, auf der Rückseite, von der Hand MFs: »Pariserzug [gestrichene Zickzacklinie, darüber] 275010 // (17 / 15 / 16 / 18 Juillet / Serreau«; DLA D 90.1.780/1: masch., u. a. hs. korr. Abschrift, oben links als »Abschrift« gekennzeichnet.

»Abschrift«] Brief und Abschrift in TbPC vermerkt.

Serreau] Notizen für ein Treffen mit dem Leiter des Pariser Théâtre Lutèce, in Zusammenhang mit der Pariser Aufführung von *Biedermann und die Brandstifter* im selben Jahr.

In-der-Zeit-Stehen der Dinge \ »Schicksal« \ Berührung] In Entwürfen zu »Der Meridian«, mit deren Vorarbeiten er zu diesem Zeitpunkt begann, nannte PC das *Gedicht* »schicksalhaft bestimmte Sprache« bzw. postulierte, »es steht in die Zeit hinein« (TCA/M Nr. 340 und 17); zum Begriff Berührung vgl. auch das Whitman-Zitat in Nr. 135.1.

207

DLA D 90.1.781/2: masch. Briefentwurf.

Trébabu par Le Conquet] Ferienadresse an der Westspitze der Bretagne (Anfang Juli bis 5.9.1961).

Schroers-Mondstrahl-Veröffentlichung [...] Fälschungen] In »Literaturskandal« (›Vorwärts‹, 28.6.1961) hatte Schroers einen Zusammenbruch PCs angedeutet. Felix Mondstrahl, der C. Goll zu ihren im ›Baubudenpoet‹ publizierten Vorwürfen (vgl. Nr. 179) angeregt hatte, bestritt daraufhin, daß PC »in gar keinem Gedicht ein Epigone und Epigauner ist« (»Eine sehr merkwürdige Sache«, ›Vorwärts‹, 19.7.1961); zur Bestätigung zitierte er einen Gedichtvergleich aus dem ›Baubudenpoet‹. PC hatte wenige Monate vorher mit »Eine Gauner- und Ganovenweise« auf die Verleumdungen geantwortet. Zu den Fälschungen vgl. Nr. 179/Anm.

unglaublichstem Ort [...] provocateur \ Hirsch] PC brach den Kontakt mit dem Direktor des S. Fischer Verlags im Juli 1961 ab; die Verdächtigungen sind nicht nachvollziehbar.

Blöcker-Artikel] Vgl. Nr. 143.1 und 201.1.

Freundschaft] Vgl. Nr. 202 und 203.

Es ist viel] PC hinterließ einen ganzen Koffer voller Material zur Goll-Affäre.

»Entgegnung«] Vgl. Nr. 163.

208

DLA D 90.1.781/1: masch. Briefentwurf, ein Ds. ist erhalten.

Nachlass-Schwindel] Vgl. Nr. 179.

alliterierenden Superlativen] Vgl. Schroers' Bemerkung im ›Vorwärts‹ zur Zeitschrift ›Baubudenpoet‹ (vgl. Nr. 179), »in der allerlei *G*eschwätziges und *G*esinnungshaftes sich *g*enialisch aufblähte; dazu mußte die Diskriminierung des echten *G*enies gehören« (vgl. Nr. 207, Hervorhebung Hrsg.).

209
DLA D 90.1.781/3: hs. Brief, eine hs. Durchschrift ist erhalten.

Schroers] Vgl. Nr. 207.

Infamie] Vgl. Nr. 166.

»jüdische« Beteiligung] PC dachte hier nicht nur an C. Goll selbst, sondern auch an R. Hirsch (vgl. Nr. 207).

Erklärung der Büchnerpreisträger] Vgl. Nr. 178.

Nelly Sachs-Hommage] PC hatte am 5.6.1961 Enzensberger, dem Initiator der Festschrift zum 70. Geburtstag, mit der Begründung abgesagt, nicht neben Autoren wie Kasack stehen zu wollen, die sich an der Goll-Affäre beteiligt hätten; am 27.9.1961 bot er aber doch sein Widmungsgedicht »Zürich, Zum Storchen« an (*Nelly Sachs zu Ehren. Gedichte – Prosa – Beiträge*, Frankfurt a.M. 1961, S. 32); vgl. Nr. 211. MF ist nicht in der Festschrift, IB mit dem Gedicht »Ihr Worte« (S. 9f.) vertreten.

Pinthus] Angeregt durch C. Goll, schrieb Kurt Pinthus in der Neuauflage der von ihm 1920 erstpublizierten Anthologie *Menschheitsdämmerung*: »[...] es wird viel getraklt, gebennt und gegollt« (Hamburg 1959, S. 15). In der von C. Goll stammenden Bibliographie zu Y. Goll waren dort eine Reihe von Titeln aufgeführt, die keiner Ausgabe entsprechen. Pinthus ist an der Hommage schließlich nicht beteiligt.

210
DLA D 90.1.780/2: nur als hs. Durchschrift erhalten, das Dokument fehlt in MFA.

Köln] PC hatte schon am 24.5.1961 in der ›Welt‹ gelesen, daß MF in der kommenden Saison dramaturgischer Berater der Städtischen Bühnen Köln würde (NkPC/GCL).

an Ingeborg] Vgl. Nr. 190.

211
DLA D 90.1.780/3: nur als hs. Durchschrift erhalten, das Dokument fehlt in MFA.

Unseld [...] Nelly Sachs-Hommage] Vgl. Nr. 209.

Gespräch] Am 12. 10. 1961 notierte PC: »Vorgestern Frisch angerufen, ihm gesagt, ich bräuchte seine Freundschaft...« (NkPC, vgl. Nr. 202-203). PC und MF trafen sich 1961 nicht mehr, später jedoch gelegentlich, so am 18. 4. 1964 in Rom und am 19. 9. 1967 in Zürich (NkPC).

212

DLA BPC: hs. Widmung auf dem Vorsatzblatt von »Andorra«. Stück in zwölf Bildern, Frankfurt a. M.: Suhrkamp Verlag 1961; Einlage hinten: Friedrich Torberg, »Ein furchtbares Mißverständnis. Notizen zur Zürcher Uraufführung des Schauspiels ›Andorra‹ von Max Frisch«, Blatt aus ›Forum‹, Dezember 1961, S. 455f.; Kuvert fehlt.

Andorra \ XII. 1961] Das Buch (ein Geschenk zu Nr. 194?) erschien im Herbst 1961 (Uraufführung 2. 11. 1961); PC erhielt die Sendung am 3. 1. 1962 (TbPC). In einem Aphorismus spielt PC auf *Andorra* als »Stück über das Verjuden« an (PN 37). GCL notierte für PC: »le personnage principal aurait dû être un vrai Juif et non pas un non-juif faisant le Juif [die Hauptfigur hätte ein wirklicher Jude sein müssen, kein Nicht-Jude, der den Juden spielt]« und »Lu ›Andorra‹ pièce bassement allégorique, rehaussée par quelques naturalismes sexuels. Le judaïsme ravalé au niveau de la petite bourgeoisie, dotée, pour la circonstance, d'un bout de mauvaise conscience à perspective parareligieuse. Cela fera la joie des Allemands, de leurs intellectuels stalino-gomulkistes, catholiques de gauche et réunificateurs pangermaniques [›Andorra‹ gelesen, ein platt allegorisches Stück, aufgepeppt mit einigen sexuellen Naturalismen. Das Judentum ist auf das Niveau des Kleinbürgertums heruntergezogen, für die besondere Gelegenheit ausstaffiert mit einem Stück schlechten Gewissens parareligiöser Ausrichtung. Das wird den Deutschen eine Freude sein, ihren stalinistisch-gomulkistischen Intellektuellen, den linken Katholiken und den pangermanischen Vereinigern]« (26. 12. 1961 bzw. 6. 1. 1962, NkPC/GCL). An den Rand des Zeitungsberichts »Notizen von den Proben. Dramaturgisches zu ›Andorra‹« (NZZ

10. 3. 1962, NPC) schrieb PC »salaud et antisémite*) [Dreckskerl und Antisemit]« sowie »voir ds son Journal le passage sur Theresienstadt, / v. sa lettre à propos Blöcker [vgl. in seinem Tagebuch die Stelle über Theresienstadt, vgl. seinen Brief wegen Blöcker *[Nr. 203]*]«. Schon anläßlich seines Zürich-Besuchs im Mai 1960 notierte PC, daß MFs »Einstellung zum Jüdischen an irgend etwas krankt« (NkPC).

213
HAN/ÖNB, Mappe 9, Bl. 14: hs. Brief, Kuvert fehlt.

vor Weihnachten] GCL wußte seit Mitte Oktober 1957, daß PC seine Liebesbeziehung zu IB nach dem Zusammentreffen in Wuppertal (vgl. Nr. 44) wieder aufgenommen hatte.

214
NGCL: hs. Brief an: »Mme Gisèle Celan / 78, rue de Longchamp / PARIS 16ème« [keine Briefmarken]. Nadelstiche auf Umschlag und Karte, d. h. mit Blumen zugestellt; im Umschlag liegen Blätter und Blütenblätter roter Rosen. Das Ensemble war in GCLs Tagebuch eingelegt.

215
HAN/ÖNB, Mappe 9, Bl. 1-2: hs. Brief an: »Mademoiselle Ingeborg Bachmann / München 13 / Franz-Josephstraße 9a / (Allemagne)«, Paris, 29. 12. 1957, von: »Madame P. Celan / 78 rue de Longchamp / Paris 16e«.

216
HAN/ÖNB, Mappe 9, Bl. 3-4: hs. Brief an: »Mademoiselle Ingeborg Bachmann / München 13 / Franz-Josephstraße 9a / (Allemagne)«, Briefmarke ausgerissen.

23 janvier 1958] GCLs Tagebucheintrag vom selben Tag zeigt ihre Schwierigkeiten, PCs Haltung zu akzeptieren (vgl. PC/GCL II 92/3), der an diesem Tag nach Deutschland, u. a. zu IB, aufgebrochen war (vgl. Nr. 86).

J'ai lu vos poèmes] Zur Lektüre von *Die gestundete Zeit* (Nr. 42) und *Anrufung des Großen Bären* (Nr. 114/Anm.) vgl. GCLs Tagebuch aus dem Januar (PC/GCL Bd. II 92/3).

217

DLA BPC: hs. Widmungen auf dem Vorsatzblatt von »Die gestundete Zeit. Gedichte«, R. Piper & Co. Verlag: München 1957, 2. Aufl., und von »Anrufung des Großen Bären. Gedichte«, R. Piper & Co. Verlag: München: 1956, 5. Tausend 1957.

Anrufung des Großen Bären] Zahlreiche Lesespuren von GCL, vor allem im Gedicht »Curriculum vitae«; einige Markierungen im Inhaltsverzeichnis könnten auch von PC stammen (an den Gedichten »Erklär mir, Liebe« und »Tage in Weiß«). GCL notierte separat, sicherlich unterstützt von PC, etwa zwanzig auf Mai bzw. August 1958 datierte Rohübersetzungen von Gedichten aus dem Band in ein Heft (NGCL).

sous les ombres: les roses] Anspielung auf IBs »Schatten Rosen Schatten«.

218

HAN/ÖNB, Mappe 9, Bl. 5-6: hs. Brief an: »Mademoiselle Ingeborg Bachmann / München / Franz Josephstr. 9a / (Allemagne)«, Paris, 10. 4. 1958.

livres] Die gestundete Zeit und *Anrufung des Großen Bären.*

219

HAN/ÖNB, Mappe 9, Bl. 7-8: hs. Luftpostbrief an: »Mademoiselle Ingeborg Bachmann / Via Generale Parisi 6 / NAPLES / (Italie)«, Paris, [xx]. 7. 1958, Napoli, 6. 8. 1958.

Le Moulin] Die etwa 50 km südwestlich von Paris gelegene alte Wassermühle ist Besitz von GCLs Schwester Monique Gessain (vgl. Nr. 101-102).

gentille lettre] Nicht aufgefunden.

chez nous à Paris] Vgl. Nr. 104.

Moyen-Orient] Am 14.7.1958 wurden im Irak die Monarchie beseitigt, die königliche Familie ermordet und die Republik ausgerufen. Wegen der Gefahr einer Destabilisierung der ganzen Region schickten die USA Truppen in den Libanon und Großbritannien nach Jordanien.

220
HAN/ÖNB, Mappe 9, Bl. 10: hs. Brief, Kuvert fehlt.

WALD] Vgl. 135.1/Anm.
Frisch] Zu MFs Krankheit vgl. Nr. 131-132 und Nr. 200.

221
HAN/ÖNB, Mappe 18, Bl. 2-3: hs., stark korrigierter Briefentwurf.

17. (?) 11. 1959] Vgl. Nr. 147. Zu diesem Brief ist ein weiterer, erheblich kürzerer hs. Entwurf vom 15. 11. 1959 erhalten (HAN/ÖNB, Mappe 18, Bl. 1); dort anschließend ein Briefentwurf an Klaus Demus: »Kann leider erst am 25. nach Frankfurt, vorher unmöglich / Briefe an Nani und Sie unterwegs nach Wien – Ist Zürich Zürichreise nicht möglich? / Ihre Inge / Kirchgasse 33, Zürich«.
lettre de Paul] Vgl. Nr. 145.
ma lettre] Vgl. Nr. 144.
sans désavouer Max] Vgl. Nr. 151.
petit paquet] Vgl. Nr. 150.

222
NGCL: hs. Brief an: »Mme Paul Celan / 78, Rue de Longchamp / PARIS 16ème / FRANCE«, Zürich, 22. 12. 1959.

Vous savez probablement] Vgl. Nr. 147.
pas rencontrées] Vgl. Nr. 132.

223
DLA D 90.1.2832/4: Telegramm an Madame Paul Celan, 78 rue de Longchamp Paris, Uetikon am See, 24. 5. 1960, 16^{30}, Paris, 24. 5. 1960, 17^{30}.

RENTREE] IB kam von der Uraufführung von Henzes *Der Prinz von Homburg* an der Hamburgischen Staatsoper, für den sie das Libretto verfaßt hatte (22. 5. 1960). Das Telegramm (in NkPC eingetragen) reagiert auf Nr. 159 wegen des Treffens mit Nelly Sachs; IB vermutete PC wohl schon in Zürich.

224
HAN/ÖNB, Mappe 9, Bl. 9: hs. Brief (Briefkopf: Urban Hotel Garni Zürich, Stadelhoferstr. 41), Kuvert fehlt.

très malheureux] U. a. durch die neuerlichen Plagiatsvorwürfe (vgl. Nr. 159/Anm.) und die Erfahrungen mit Firges und Blöcker (vgl. Nr. 112 und 143).

avec Paul] Vgl. Nr. 161/Anm. PC kommentierte das Treffen mit IB an diesem Abend: »Ingeborg (Kirchgasse). – Konturloses, darum noch unglücklicher machendes Gespräch« (TbPC).

225
NGCL: hs. Brief an: »Mme Paul CELAN / 78, rue de Longchamp / PARIS 16ème / FRANCE«, Zürich [Briefmarken mit Reststempel herausgerissen] von: »[I]ngeborg Bachmann, Kirchgasse 33 / Zürich«.

Nelly Sachs] Vgl. Nr. 161.

je travaille] An *Das dreißigste Jahr*, besonders »Unter Mördern und Irren«.

l'Espagne] Vgl. Nr. 163.

Scuol] Vgl. Nr. 137.

cirque de Zurich] Im Mai 1960 waren PC, GCL und Eric mit IB in einer Zürcher Vorstellung des Zirkus Knie; auf dem kleinen, sicherlich im Zirkus gekauften Taschentuch waren Clowns zu sehen.

226
HAN/ÖNB, Mappe 9, Bl. 11-13: hs. Eilbrief an: »Mademoiselle Ingeborg Bachmann / Haus zum Langenbaum / Seestraße / Uetikon bei Zürich / (Suisse)«, Paris, 2. 12. 1960.

allé à Zurich [...] ainsi que Weber] Vgl. Nr. 166.

les gens à comprendre] Vgl. Nr. 166/Anm. und 177/Anm.

Depuis sept ans] Die auf die »Entgegnung« anspielende Formulierung meint die Zeitspanne zwischen der ersten von C. Goll in einem Rundbrief formulierten Plagiatsanschuldigung (1953, GA 187-198) und ihrem Artikel im ›Baubudenpoet‹ auf dem Höhepunkt der Affäre (1960, vgl. Nr. 179).

dans les journaux] Zu späteren Celan verteidigenden Texten vgl. Nr. 191/Anm.

N.Z.Z.] In der »jc« signierten Notiz »Blick in die Zeitschriften« vom 1. 12. 1960 wird die »Entgegnung« in der ›Neuen Rundschau‹ erwähnt als Text, der »entschieden gegen die auf Paul Celan gerichteten Angriffe Stellung nimmt«.

Mohler] Vgl. Nr. 174/Anm. Der rechtskonservative Schweizer Publizist, der 1942 aus der Schweizer Armee mit dem Ziel desertiert war, der Waffen-SS beizutreten, hatte schon 1951 als Sekretär von Ernst Jünger mit PC Briefkontakt und lernte ihn Mitte der 1950er Jahre in Paris als Korrespondent für verschiedene deutsche und Schweizer Zeitungen persönlich kennen.

Kasack [...] preuves] PC notierte den Anruf am 29. 11. 1960 (NkPC). *Der Sand aus den Urnen*, vor PCs Ankunft in Paris entstanden, enthielt die meisten von C. Goll inkriminierten Gedichte (vgl. Nr. 179/Anm.).

Todesfuge] Vgl. Nr. 166/Anm.

Burgtheater] Tatsächlich geht es um Kurt Hirschfeld, den Direktor des Zürcher Schauspielhauses (vgl. Nr. 173).

Téléphonez-lui] IB telephonierte wohl erst am 12. 12. 1960 (vgl. Nr. 177).

Mme Fischer] PC sollte die Mitinhaberin des S. Fischer Verlags beim französischen Germanisten Pierre Bertaux am 4. 12. 1960 treffen (NkPC); welche Freunde von C. Goll ebenfalls zu dem Essen eingeladen waren, konnte nicht geklärt werden.

227

NGCL: hs. Eilbrief an: »Mme Paul Celan / 78 rue de Longchamp / PARIS 16ème / FRANCE«, Uetikon am See, 5. 12. 1960, von »Ingeborg Bachmann / Uetikon am See, Suisse«, Paris, 6. 12. 1960.

3 – 11 – 60] Vgl. Poststempel!

départ de Paul, lundi] PC hatte Zürich am Sonntag, dem 27. 11. 1960, verlassen (vgl. Nr. 166/Anm.).

l'article de Szondi] Vgl. Nr. 167.

erreur de poste (Kirchgasse!] Vgl. Nr. 225.

directeur du Schauspielhaus] Hirschfeld.

228

NGCL: hs. Brief, Kuvert fehlt. Karte mit zwei Nadelstichen am oberen Rand, d. h. mit Blumen, zugestellt.

229

NGCL: hs. Widmung auf dem Vorsatzblatt von »Das dreißigste Jahr«. Erzählungen, R. Piper & Co., München 1961; Kuvert fehlt.

Rome, 4 – 6 – 61] Vgl. Nr. 187.

230

HAN/ÖNB, Mappe 9, Bl. 15 und 17: hs. Brief an: »Mademoiselle Ingeborg BACHMANN / Via Bocca di Leone 60 / ROME / Italie«, Paris, 12. 5. 1970, von »Gisèle CELAN, 78 rue de Longchamp, Paris 16«, Roma, 13. 5. 1970; HAN/ÖNB, Mappe 9, Bl. 16 (Beilage): hs. Bericht von der Hand Jean Bollacks.

4 mai [...] dans la Seine] PC stürzte sich (wohl unweit seiner Wohnung vom Pont Mirabeau) in die Seine. Seine Leiche wurde in einem Rechen auf der Höhe von Courbevoie, einem nördlichen Vorort von Paris, gefunden. Im NIB fand sich der redaktionelle Nachruf der FAZ vom 6. 5. 1970, »Die magische Formel. Zum Tode von Paul Celan« (HAN/ÖNB, Mappe 12, Bl. 1) sowie anläßlich der Todesnachricht ein Interview mit Weber in der NZZ: »Paul Celan« (10. 5. 1970, Fernausgabe; HAN/ÖNB, Mappe 12, Bl. 2).

230.1

Bollack] GCL ließ sich von dem in Paris lebenden, mit PC befreundeten Hellenisten hinsichtlich der Verwaltung von PCs Werk beraten; PC hatte ihn 1959 durch Peter Szondi kennengelernt.

Thiais] Auf dem Friedhof für Paris, der südlich der Stadtgrenze liegt, sind auch der erste Sohn der Celans, François (1953), und GCL selbst (1991) beerdigt.

quelques amis] U. a. Klaus Demus.

231

HAN/ÖNB, Mappe 9, Bl. 18: hs. Brief, Kuvert fehlt.

23 novembre] 1970 wäre PC 50 Jahre alt geworden. Im NIB fand sich aus diesem Anlaß in der Presse Erschienenes: eine Zusammenstellung von kleinen Prosatexten PCs in der ›Welt‹: »Jüdische Einsamkeit (1969)«, »Das grauere Wort (1958)« und »Doppelzüngigkeit (1961)« (21. 11. 1970; HAN/ÖNB, Mappe 12, Bl. 3), d. h. die Ansprache vor dem hebräischen Schriftstellerverband und die beiden Antworten 1958 und 1961 auf eine Umfrage der Librairie Flinker, Paris.

votre petit [mot]] Nicht aufgefunden.

à Paris] IB und GCL haben sich nicht mehr in Paris getroffen.

depuis deux ans] Nach seinem Zwangsaufenthalt in der Pariser Psychiatrischen Universitätsklinik (Januar-Oktober 1967) kehrte PC nicht in die gemeinsame Wohnung zurück.

vous n'alliez pas bien] Neben der Fertigstellung von *Malina* hatte IB mit wiederholten Erkrankungen und kleinen Unfällen zu kämpfen.

Vos fleurs [...] envoyées] Vgl. Nr. 214-215.

232

HAN/ÖNB Mappe 9, Bl. 19-20: hs. Brief an: »Madame Ingeborg BACHMANN / Via Bocca di Leone 60 / ROME / (Italie)«, Paris, 21. 12. 1970.

fêtes] GCL schrieb deutsch auf die letzte Seite ihres Taschenkalenders: »Ende des Jahres, / endlich!« (NGCL).

Rome] GCL brach am 23. 12. 1970 nach Rom auf.

vous rencontrer] GCL traf IB am 27. und 29. 12. 1970 (NGCL).

KRAISKY] PCs Bekannte aus Bukarest (1945) kannte GCL von ihrem Rom-Aufenthalt im Januar 1965.

233
HAN/ÖNB, Mappe 9, Bl. 21-22: hs. Brief an: »Madame Ingeborg BACHMANN / Via Bocca di Leone 60 / (interno 2) / ROME«, Roma, 2. 1. 1971.

Francfort [...] nouveau départ] IB traf Unseld im Zusammenhang mit ihrem Wechsel zu Suhrkamp als Publikationsort für *Malina*.

234
HAN/ÖNB, Mappe 9, Bl. 23-24: hs. Brief, Kuvert fehlt.

histoire d'épaule] IB hatte sich bei einem Sturz die Schulter verletzt (vgl. 231/Anm.).

votre livre \ en français] Malina erschien im März 1971 (Suhrkamp Verlag: Frankfurt a. M. 1971, NGCL). Der Roman enthält eine Vielzahl von Anspielungen auf das Leben und Werk von PC. GCLs Exemplar der französischen Übersetzung durch Philippe Jaccottet (Seuil: Paris 1973; Erwerbsdatum »23 juillet 1973«, NGCL) enthält zahlreiche Lesespuren, z. T. in Zusammenhang mit PC.

gouaches] Drei dieser Gouachen sind im Katalog der Tübinger Ausstellung *A l'image du temps – Nach dem Bilde der Zeit. Gisèle Celan-Lestrange und Paul Celan* abgebildet (hrsg. von Valéry Lawitschka, Eggingen 2001, Nr. 25-27).

travail gagne-pain] GCL war seit 1968 Sekretärin des Germanisten Claude David, des Direktors des Institut d'Études germaniques (Paris, Sorbonne) im Grand Palais.

millions pour ce travail] Finanzierung der Vorarbeiten für die in Bonn, wo Allemann einen germanistischen Lehrstuhl innehatte, entstehende Historisch-Kritische Ausgabe von PCs Werken durch die Deutsche Forschungsgemeinschaft. Allemanns Assistenten Rolf Bücher und Dietlind Meinecke hielten sich mehrfach in Paris auf. Die ersten Bände der Ausgabe erschienen erst ab 1990.

à Paris? [...] à Rome] Es gibt keine Anhaltspunkte dafür, daß sich IB und GCL wiedergesehen haben.

travail [...] appartement] GCL kündigte im Sommer 1971 ihre

Sekretärinnenstelle, erst 1976 zog sie aus der Wohnung in der Rue de Longchamp aus.

à 100 km de Paris] GCL fuhr in das 1962 erworbene Landhaus in Moisville (Eure).

235
HAN/ÖNB, Mappe 9, Bl. 25: hs. Brief, Kuvert fehlt.

18 mars 1971] Am Tag darauf wurde GCL 44 Jahre alt.

Rome et Vienne, chez soi à Paris, on est plus seul!] Oder meint GCL: »on n'est plus seul! [ist man nicht mehr allein!]«? Sie spielt u. a. auf die Geburtstagsgrüße von Mihal und David Seidmann, einem in Tel-Aviv lebenden Studienkollegen und Freund PCs aus Czernowitz, IB und M. Kraisky (Rom) sowie K. und N. Demus (Wien) an.

Szondi] Der Inhalt der sicher mündlich überbrachten Nachricht ist nicht bekannt. IB war Szondi seit 1959 freundschaftlich verbunden und hatte ihn 1968 in Rom getroffen.

Mercure de France [...] André du Bouchet] Für *Strette. Poèmes suivis du Méridien et d'Entretien dans la montagne* hatte PC noch selbst Gedichte und Prosa ausgewählt und deren Übertragungen durch André du Bouchet, Jean-Pierre Burgart und Jean Daive geleitet (»guidées«, so du Bouchet in der Herausgebernotiz); die Auswahl erschien schon am 15. 3. 1971. Mindestens zwei Bände wurden zu Lebzeiten von PC um den 19. März publiziert: *Sprachgitter* (vgl. PCs Widmung, PC/GCL) und *Schwarzmaut* (1969, PC/GCL), das ganz bewußt am 19. 3. 1969, ihrem 42. Geburtstag, ausgeliefert wurde. GCL behielt Verbindung zu dem französischen Dichter du Bouchet, der PC in seinen schwierigen letzten Lebensjahren nahe gewesen und gleichzeitig Übersetzer PCs war sowie von ihm übersetzt wurde.

nouveau livre [...] Allemagne] IB fuhr zum Erscheinen von *Malina* nach Frankfurt.

236
HAN/ÖNB, Mappe 9, Bl. 28: hs. Gruß, Kuvert fehlt.

»Fin d'année 1971«] Nur die zweite der drei Radierungen wurde aufgefunden (Besitz Christian Moser), IB besaß jeweils das Exemplar Nr. 10 (vgl. Abb. 18).

237
HAN/ÖNB, Mappe 9, Bl. 26-27: hs. Brief, Kuvert fehlt.

Depuis quatre ans] D. h. seit der Trennung von PC.

vivre avec et continuer de vivre] Die Schwierigkeiten führten im Lauf des Jahres zu einem Selbstmordversuch GCLs.

ami autrichien] Der Maler und Radierer Jörg Ortner, mit dem PC seit 1963 in Verbindung stand.

Allemann [...] à Bonn] Wegen derartiger Probleme verwaltete GCL das Werk von PC bis zu ihrem Tod selbst. In ihrem Tagebuch bilanzierte GCL die Treffen mit Allemann in Bonn vom 24. bis zum 27. 3. 1973.

l'Autriche [...] l'Afrique] Die gebürtige Österreicherin hatte nach 1953 fast ausschließlich im Ausland gelebt, in Deutschland (München und Berlin), in der Schweiz (Zürich) und in Italien (Neapel und Rom). Die für Frühjahr 1973 vorgesehene Afrikareise wurde nicht verwirklicht.

»vers 1973«] Die Radierung wurde nicht aufgefunden.

Zeittafel

23. November 1920
Geburt von Paul Celan in Czernowitz, Bukowina, in einer deutschsprachigen jüdischen Familie.

25. Juni 1926
Geburt von Ingeborg Bachmann in Klagenfurt; Geschwister: Isolde (1928) und Heinz (1939).

1932
Der Vater tritt der NSDAP bei.

12. März 1938
Einmarsch von Hitlers Truppen in Klagenfurt.

September 1939
Einberufung des Vaters zum Kriegsdienst.

Juni 1942
Deportation der Eltern Friederike und Leo Antschel (Tod im Winter 1942/43 im deutschen Vernichtungslager Michailowka, Ukraine).

Mai/Juni 1945
Begegnung mit Jack Hamesh, einem aus Wien stammenden britisch-jüdischen Besatzungssoldaten.

Oktober 1946
Fortsetzung des in Innsbruck und Graz begonnenen Philosophie-Studiums in Wien; Wohnadresse: Wien III, Beatrixgasse 26.

17. Dezember 1947
Ankunft in Wien nach der Flucht von Bukarest aus über Budapest.

16. Mai 1948
Erste Begegnung von Ingeborg Bachmann und Paul Celan.

20. Mai 1948
Beginn der Liebesbeziehung.

Ende Juni 1948
Abreise aus Wien über Innsbruck (5.-8. Juli 1948) nach Paris.

13. Juli 1948
Ankunft in Paris, Adresse ab August (?): 31, Rue des Ecoles (V).

August (?) 1948
Edgar Jené. Der Traume vom Traume.

September 1948
Der Sand aus den Urnen.

Juni 1949
Umzug: Wien III, Gottfried-Keller-Gasse 13.

23. März 1950
Promotion (Thema der Dissertation: *Die kritische Aufnahme der Existentialphilosophie Martin Heideggers*).

14. Oktober 1950 bis Mitte Dezember 1950
Aufenthalt von Ingeborg Bachmann in Paris.

Ende Dezember 1950 bis Februar 1951
Von Paris aus Aufenthalt in London.

23. Februar 1951 bis 7. März 1951
Aufenthalt von Ingeborg Bachmann in Paris, danach Rückkehr nach Wien.

April bis August 1951
Arbeit bei der Amerikanischen Besatzungsbehörde.

September 1951 bis Ende Juli 1953
Mitarbeit am Sender Rot-Weiß-Rot als Script-Writer, später als Redakteurin.

Anfang November (?) 1951
Erste Begegnung mit Gisèle de Lestrange.

28. Februar 1952
Ursendung von *Ein Geschäft mit Träumen*.

21. Mai bis 6. Juni 1952
Aufenthalt in Deutschland, u. a. in Niendorf bei der Tagung der Gruppe 47.

23.-27. Mai 1952
Zusammentreffen in Niendorf und Hamburg.

1. November 1952
Begegnung mit Hans Werner Henze, mit dem sie ab 1953 zeitweise zusammenlebt.

23. Dezember 1952
Heirat mit Gisèle de Lestrange.

Dezember 1952 / Januar 1953
Mohn und Gedächtnis.

Mai 1953
Preis der Gruppe 47 (Mainz).

Juli 1953
Umzug: 5, Rue de Lota (XVI).

August 1953
Erste Plagiatsbeschuldigungen durch Claire Goll, gesandt an Kritiker, Rundfunkleute und Verleger in Deutschland.

August bis Oktober 1953
Bei Henze auf Ischia. Weitere längere Aufenthalte bei Henze im Winter 1954/55, Februar bis August 1955.

Oktober 1953
Umzug nach Rom:
Piazza della Quercia 1.

Dezember 1953
Die gestundete Zeit.

25. März 1955
Ursendung von *Die Zikaden* mit Musik von Hans Werner Henze.

Mai 1955
Literaturpreis des Kulturkreises im Bundesverband der deutschen Industrie.

Juli/August 1955
Teilnahme an einem Internationalen Seminar der Harvard University in den USA, New York-Besuch.

Oktober 1956
Anrufung des Großen Bären.

November/Dezember 1956
Parisaufenthalt, Hôtel de la Paix, rue Blainville 6, ohne Celans Wissen.

Januar 1957
Rom, Via Vecchiarelli 38.

7./8. Oktober 1953
Geburt und Tod des ersten Sohnes François.

6. Juni 1955
Geburt des Sohnes Eric.

Juni 1955
Von Schwelle zu Schwelle, mit der gedruckten Widmung »FÜR GISÈLE«.

Juli 1955
Umzug: 29 bis, Rue de Montevideo (XVI).
Einbürgerung in Frankreich.

26. Januar 1957
Literaturpreis der Freien und Hansestadt Bremen.

April 1957
Die gestundete Zeit, zweite Auflage.

September 1957 bis Mai 1958
Dramaturgin beim Bayerischen Fernsehen in München. Wohnung zunächst Biedersteinerstr. 21a.

September 1957
Literaturpreis des Kulturkreises im Bundesverband der deutschen Industrie.

11.-13. Oktober 1957
Wiederbegegnung bei der Tagung »Literaturkritik – kritisch betrachtet« beim Wuppertaler Bund.

14. Oktober 1957
Treffen nach der Tagung in Köln. Neubeginn der Liebesbeziehung (bis Mai 1958).
Danach gemeinsame Verantwortung für den deutschen Teil in Heft XXI 1958 der mehrsprachigen Zeitschrift ›Botteghe Oscure‹.

November 1957
Umzug: 78, Rue de Longchamp (XVI).

7.-9. Dezember 1957
Aufenthalt Celans in München bei Bachmann.

2.-11. Dezember 1957
Reise nach Deutschland.

Mitte Dezember 1957
Umzug: Franz-Joseph-Str. 9a.

28.-30. Januar 1958
Aufenthalt Celans in München bei Bachmann; diskrete handschriftliche Widmungen einzelner Gedichte in *Mohn und Gedächtnis* (2. Auflage 1955).

23.-30. Januar 1958
Reise nach Deutschland, u. a. nach Bremen (Bremer-Literaturpreis 26. Januar 1958).

April 1958
Beteiligung am Prostest gegen die atomare Bewaffnung der Bundeswehr.

7./8. Mai 1958
Aufenthalt Celans in München bei Bachmann, Ende der Liebesbeziehung.

4.-8. Mai 1958
Reise nach Deutschland.

29. Mai 1958
Ursendung von *Der gute Gott von Manhattan.*

23. Juni 1958 bis Anfang Juli 1958
Bachmann in Paris, Treffen mit Celan am 25., 30. Juni und 2. Juli 1958. Erstes persönliches Treffen zwischen ihr und Gisèle Celan-Lestrange.

3. Juli 1958
Begegnung mit Max Frisch in Paris.

November 1958
Der gute Gott von Manhattan.

September 1958
Arthur Rimbaud, *Das trunkene Schiff* (Übertragung).
Alexander Block, *Die Zwölf* (Übertragung).

November 1958 bis Herbst 1962
Lebensgemeinschaft mit Frisch; zunächst Zürich, Feldeggstr. 21, ab März 1959 Uetikon am See, ab Juni 1959 längere Romaufenthalte, z.T. mit Frisch.

Anfang Dezember 1958
Der Doktorand Jean Firges rechtfertigt eine antisemitische Karikatur von Bekannten nach einer Lesung Celans in Bonn (17. November 1958).

3. Dezember 1958
In Paris mit Frisch, ohne Celan zu benachrichtigen.

Ende 1958
Schallplatten-Album *Lyrik der Zeit* mit Sprechaufnahmen von Bachmann und Celan.

17. März 1959
Hörspielpreis der Kriegsblinden, Dankrede: *Die Wahrheit ist dem Menschen zumutbar.*

März 1959
Sprachgitter.

19. und 22. Juli 1959
Erste persönliche Begegnungen Celans mit Frisch in Sils.

Oktober 1959
Arbeitswohnung in Zürich, Kirchgasse 33.

Ab Oktober 1959
Deutschlektor an der École normale supérieure, Rue d'Ulm.

11. Oktober 1959
Von Celan als antisemitisch empfundene Rezension von *Sprachgitter* durch Günter Blöcker im Berliner ›Tagesspiegel‹.

25. November 1959 bis
24. Februar 1960
Poetikdozentur in Frankfurt.

November 1959
Ossip Mandelstamm, *Gedichte* (Übertragung).

Mitte Januar 1960
Dritte von Bachmanns »Frankfurter Vorlesungen« (13.?); Celans Lesung aus *Die junge Parze* (16.) in Frankfurt a. M. *Kein* Treffen.

März 1960
Teilnahme an einem Lyrik-Symposion in Leipzig.

März 1960
Paul Valéry, *Die junge Parze* (Übertragung).

22. Mai 1960
Uraufführung von Henzes *Der Prinz von Homburg* mit Bachmanns Libretto.

April/Mai 1960
Plagiatsvorwurf von Claire Goll in der Münchner Zeitschrift ›Baubudenpoet‹. Im Mai Beratungen mit Vertretern des S. Fischer Verlags und Klaus Demus in Frankfurt a. M.: Plan einer »Entgegnung« in der ›Neuen Rundschau‹.

25.-28. Mai 1960
Aufenthalt Celans in Zürich anläßlich der Verleihung des Droste-Preises an Nelly Sachs; mehrere Treffen mit Bachmann, teilweise sind auch Gisèle Celan-Lestrange und Max Frisch anwesend.

August 1960
»Gespräch im Gebirg« erscheint in der ›Neuen Rundschau‹.

22. Oktober 1960
Verleihung des Georg-Büchner-Preises in Darmstadt.

30. Oktober 1960
Treffen im Hôtel du Louvre, anwesend sind auch Frisch und Siegfried Unseld.

Etwa 20. November 1960
Die »Entgegnung« auf die Plagiatsvorwürfe gegen Celan erscheint in ›Die Neue Rundschau‹ mit den Unterschriften von Bachmann, Klaus Demus und Marie Luise Kaschnitz.

25.-27. November 1960
Celan in Zürich: Tägliche Gespräche im Zusammenhang mit den Plagiatsvorwürfen in der überregionalen Presse. Es sind die letzten persönlichen Begegnungen.

Januar 1961
Büchnerrede *Der Meridian*.

März 1961
Sergej Jessenin: *Gedichte* (Übertragung).

Juni 1961
Das dreißigste Jahr.
In Rom mit Frisch: Via de Notaris 1 F.

Sommer 1961
Giuseppe Ungaretti:
Gedichte (Übertragung).

Ende 1961 letzter Brief Bachmanns, ein Weihnachtsgruß mit Max Frisch an Celan und Gisèle Celan-Lestrange.

Herbst 1962
Trennung von Frisch, in der Folge ernsthafte psychische Probleme, Selbstmordversuch.

Ende 1962/Anfang 1963
Klinikaufenthalt in Zürich.

Ende 1962/Anfang 1963
Erste stationäre Behandlung in einer psychiatrischen Klinik.

Frühjahr 1963 bis Ende 1965
Berlin, Wohnung zunächst in der Akademie der Künste, ab Juni 1963 in Berlin-Grunewald, Königsallee 35.

Juli/August 1963
Klinikaufenthalt in Berlin

Ende Oktober 1963
Die Niemandsrose.

1964
Beginn der Arbeit an *Todesarten*, Konzeptänderungen, Abbrüche, Neuansätze bis zu ihrem Tod.

16. April 1964
Treffen Celans mit Frisch in Rom.

17. Oktober 1964
Verleihung des Georg-Büchner-Preises in Darmstadt.

12. Dezember 1964
Begegnung mit Anna Achmatova in Rom.

1965
Büchnerrede *Ein Ort für Zufälle* mit Zeichnungen von Günter Grass.

7. April 1965
Uraufführung von Henzes *Der junge Lord* mit Bachmanns Libretto.

Februar/März 1965, November 1965, Mai und Spätsommer 1966, Februar 1967
Jeweils mehrwöchige Klinikaufenthalte in Baden-Baden.

Herbst 1965 bis Ende 1971
Rom, via Bocca di Leone 60.

24. November 1965
Mordversuch an Gisèle Celan-Lestrange, danach Zwangseinweisung in verschiedene psychiatrische Kliniken (bis 11. Juni 1966).

Juni 1966
Verläßt den S. Fischer Verlag, von dem er sich in der Goll-Affäre nicht ausreichend vertreten sieht, Wechsel zum Suhrkamp Verlag.

30. Januar 1967
Mordversuch an Gisèle Celan-Lestrange und Selbstmordversuch, danach Notoperation Celans und Zwangseinweisung in eine psychiatrische Klinik (bis 17. Oktober 1967). Im April bittet Gisèle Celan-Lestrange um die Trennung.

18. März 1967
Trennung vom Piper Verlag, weil der Autor mit Nazi-Vergangenheit Hans Baumann als Achmatova-Übersetzer Celan vorgezogen wird; Wechsel zum Suhrkamp Verlag.

30. Juli 1967
Letzter Brief Celans an Bachmann.

19. September 1967
In Zürich wohl letztes Treffen Celans mit Frisch.

September 1967
Atemwende.

September 1968
Fadensonnen.

21. November 1968
Großer Österreichischer Staatspreis.

November 1968 bis Februar 1969
Letzter Zwangsaufenthalt in einer psychiatrischen Klinik.

Etwa 20. April 1970
Selbstmord in der Seine.

Juni 1970
Lichtzwang.

Sommer 1970
Das nach Celans Tod geschriebene Märchenkapitel »Die Geheimnisse der Prinzessin von Kagran« wird in die bereits vorliegende Reinschrift von *Malina* eingefügt.

27. und 29. Dezember 1970
Gisèle Celan-Lestrange und Ingeborg Bachmann treffen sich in Rom.

März 1971
Malina.

September 1971
Simultan.

Seit Anfang 1972
Wohnung in der Via Giulia 66, Palazzo Sacchetti.

2. Mai 1972
Anton-Wildgans-Preis der österreichischen Industrie.

2. Januar 1973
Letzter erhaltener Brief von Gisèle Celan-Lestrange an Ingeborg Bachmann.

14. März 1973
Tod des Vaters.

Mai 1973
Lesereise durch Polen. Besuch des Vernichtungslagers Auschwitz.

Sommer 1973
Französische Übertragung von *Malina* durch Philippe Jaccottet.

25./26. September 1973
In der Nacht schwerer Brandunfall.

17. Oktober 1973
Tod in einer römischen Klinik.

4. April 1991
Tod von Max Frisch (*1911) in Zürich.

9. Dezember 1991
Tod von Gisèle Celan-Lestrange (*1927) in Paris.

Siglen

(sofern nicht anders vermerkt, werden im Kommentar Seitenzahlen angegeben)

AZS	Alliierte Zensurstelle (Zensurbehörde im besetzten Österreich 1952/53).
BIB	Bibliothek Ingeborg Bachmann (Privatnachlaß Kärnten).
BK	Bonner Arbeitsstelle für die Celan-Ausgabe: Katalog der Bibliothek Paul Celans (Paris und Moisville), erarbeitet in den Jahren 1972-1974 (Paris) und 1987 (Moisville) von Dietlind Meinecke und Stefan Reichert u. a., transkribiert mit Korrekturen, Ergänzungen und kritischen Bemerkungen u. a. zum heutigen Standort der Bücher von Bertrand Badiou (unveröff., + Band + laufende Nummer).
BPC	Nachlaßbibliothek Paul Celan (Deutsches Literaturarchiv, Marbach).
DLA	Deutsches Literaturarchiv Marbach.
ENS	École normale supérieure (45, Rue d'Ulm, Paris).
FAZ	Frankfurter Allgemeine Zeitung.
GA	Wiedemann, Barbara: Die Goll-Affäre. Dokumente zu einer ›Infamie‹, Frankfurt a. M. 2000.
GN	Paul Celan, Die Gedichte aus dem Nachlaß, hrsg. von Bertrand Badiou, Jean-Claude Rambach und Barbara Wiedemann, Frankfurt a. M. 1997.
GCL	Gisèle Celan-Lestrange.
GBF	Bermann Fischer, Gottfried und Brigitte: Briefwechsel mit Autoren, hrsg. von Reiner Stach unter redaktioneller Mitarbeit von Karin Schlapp, mit einer Einführung von Bernhard Zeller, Frankfurt a. M. 1990.
GuI	Bachmann, Ingeborg: Wir müssen wahre Sätze finden. Gespräche und Interviews, hrsg. von Christine Koschel und Inge von Weidenbaum, München und Zürich 1983.
GW	Paul Celan: Gesammelte Werke in fünf Bänden, hrsg. von Beda Allemann und Stefan Reichert unter Mitwirkung von Rolf Bücher, Frankfurt a. M. 1983 (+ Band).
HAN/ÖNB	Handschriftenabteilung der Österreichischen Nationalbibliothek.
HKA	Paul Celan: Historisch-kritische Ausgabe, hrsg. von der Bonner Arbeitsstelle für die Celan-Ausgabe, Frankfurt a. M. 1990ff. (+ Band).
IB	Ingeborg Bachmann.

IBW — Ingeborg Bachmann, Werke, hrsg. von Christine Koschel, Inge von Weidenbaum und Clemens Münster, München und Zürich: Piper 1978 (+ Band).

KG — Paul Celan: Die Gedichte. Kommentierte Gesamtausgabe in einem Band, hrsg. und kommentiert von Barbara Wiedemann, Frankfurt a. M. 2003.

MF — Max Frisch.

MFA — Max Frisch-Archiv (Zürich).

MFB — Frisch, Max: Jetzt ist Sehenszeit. Briefe, Notate, Dokumente 1943-1963, hrsg. und mit einem Nachwort versehen von Julian Schütt, Frankfurt 1998.

NDR — Norddeutscher Rundfunk.

NGCL — Nachlaß Gisèle Celan-Lestrange (Eric Celan, Paris).

NHW — Brief-Nachlaß Hans Weigel (Wien-Bibliothek des Wiener Rathauses; IBs Briefe 1948-1953: ZPH 847).

NIB — Nachlaß Ingeborg Bachmann (Österreichische Nationalbibliothek, Wien).

NkPC — Notizkalender PCs (DLA).

NkPC/GCL — Notizkalender PCs, in der Handschrift von GCL (DLA).

NPC — Nachlaß Paul Celan (DLA).

NPC-Paris — Nachlaß Paul Celan (Paris, Eric Celan).

NWDR — Nordwestdeutscher Rundfunk.

NZZ — Neue Zürcher Zeitung.

ÖLA — Österreichisches Literaturarchiv in der Österreichischen Nationalbibliothek.

ÖZS — Österreichische Zensurstelle (Zensurbehörde im besetzten Österreich bis 1953).

PC — Paul Celan.

PC/B.O. — Pizzingrilli, Massimo: »›Votre aide qui est / m'est si précieuse‹. Paul Celans Mitarbeit an der Zeitschrift ›Botteghe Oscure‹ und sein Briefwechsel mit Margherite Caetani«, in ›Celan-Jahrbuch 9 (2003-2005)‹, S. 7-26.

PC/GCL — Paul Celan – Gisèle Celan-Lestrange, Correspondance (1951-1970). Avec un choix de lettres de Paul Celan à son fils Eric, hrsg. von Bertrand Badiou in Verbindung mit Eric Celan, [Paris] 2001. Paul Celan – Gisèle Celan-Lestrange, Briefwechsel. Mit einer Auswahl von Briefen Paul Celans an seinen Sohn Eric, aus dem Französischen von Eugen Helmlé und Barbara Wiedemann, hrsg. von Bertrand Badiou in Verbindung mit Eric Celan, Frankfurt a. M. 2001 (es folgen, wenn nicht ausdrücklich anders gekennzeichnet, die für beide Ausgaben geltenden Briefnummern zu Bd. I, Hinweise auf

	Bd. II werden bei abweichenden Anmerkungszahlen durch Zusatz »frz.« oder »dt.« gekennzeichnet).
PC/HHL	Paul Celan – Hanne und Hermann Lenz: Briefwechsel, hrsg. von Barbara Wiedemann in Verbindung mit Hanne Lenz, Frankfurt a. M. 2001.
PC/Sachs	Paul Celan – Nelly Sachs. Briefwechsel, hrsg. von Barbara Wiedemann, Frankfurt a. M. 1993.
PN	Paul Celan, ›Mikrolithen sinds, Steinchen‹. Die Prosa aus dem Nachlaß, Kritische Ausgabe, hrsg. von Barbara Wiedemann und Bertrand Badiou, Frankfurt a. M., Suhrkamp 2005.
PNIB	Privatnachlaß IB, Kärnten.
SDR	Süddeutscher Rundfunk Stuttgart.
SZ	Süddeutsche Zeitung.
TA	Ingeborg Bachmann: »Todesarten«-Projekt. Kritische Ausgabe, unter Leitung von Robert Pichl hrsg. von Monika Albrecht und Dirk Göttsche, München und Zürich 1995 (+ Band).
TbPC	Tagebuch Paul Celans (DLA).
TCA/M	Paul Celan: Der Meridian. Endfassung – Entwürfe – Materialien, hrsg. von Bernhard Böschenstein und Heino Schmull, = Tübinger Ausgabe, Frankfurt a. M. 1999.

Abkürzungen und Transkriptionszeichen:

Ds.	Durchschlag (Ts.).
Hs./hs.	Handschrift bzw. handschriftlich.
korr.	korrigiert.
masch.	maschinenschriftlich.
Ts.	Typoskript.
z.	zugeschrieben.
(!)	Hinweise auf Korrekturen in Zitaten.
[ ]	Ergänzungen der Herausgeber.
[xxx]	Nicht lesbares (Teil-)Wort bzw. nicht lesbare Buchstaben.

Bibliographie der herangezogenen biographischen Quellen

1. Briefe und primäre Quellen

Bachmann, Ingeborg: Wir müssen wahre Sätze finden. Gespräche und Interviews, hrsg. von Christine Koschel und Inge von Weidenbaum, München und Zürich 1983.

Bachmann, Ingeborg: Die kritische Aufnahme der Existentialphilosophie Martin Heideggers (Dissertation, Wien 1949). Aufgrund eines Textvergleichs mit dem literarischen Nachlaß hrsg. von Robert Pichl. Mit einem Nachwort von Fritz Wallner, München und Zürich 1985.

Bachmann, Ingeborg: »Todesarten«-Projekt. Kritische Ausgabe, unter Leitung von Robert Pichl hrsg. von Monika Albrecht und Dirk Göttsche, München und Zürich 1995.

Bachmann, Ingeborg: Kritische Schriften, hrsg. von Monika Albrecht und Dirk Göttsche, München und Zürich 2005.

Ingeborg Bachmann – Hans Werner Henze: Briefe einer Freundschaft, hrsg. von Hans Höller, mit einem Vorwort von Hans Werner Henze, München und Zürich ²2006.

Barnert, Arno: »Paul Celan und die Heidelberger Zeitschrift ›Die Wandlung‹. Erstveröffentlichung der Korrespondenz« [mit Briefen von Marie Luise Kaschnitz], in: Textkritische Beiträge, Heft 6, 2000, S. 111-120.

Barnert, Arno: »Eine ›herzgraue‹ Freundschaft. Der Briefwechsel zwischen Paul Celan und Günter Grass«, in: Textkritische Beiträge, Heft 9, 2004, S. 65-127.

Barnert, Arno und Hemecker, Wilhelm: »Paul Celan und Frank Zwillinger«, in: Sichtungen 2000, S. 56-70.

Bonner Arbeitsstelle für die Celan-Ausgabe: Katalog der Bibliothek Paul Celans (Paris und Moisville), erarbeitet in den Jahren 1972-1974 (Paris) und 1987 (Moisville) von Dietlind Meinecke und Stefan Reichert u. a., transkribiert mit Korrekturen, Ergänzungen und kritischen Bemerkungen u. a. zum heutigen Standort der Bücher von Bertrand Badiou (unveröff.).

Böttiger, Helmut (unter Mitarbeit von Lutz Dittrich): »›Mich freuen solche Bitterkeiten und Härten‹. Die Beziehung zu Paul Celan«, in: Elefantenrunde. Walter Höllerer und die Erfindung des Literaturbetriebs, Berlin 2005, S. 43-51.

Celan, Paul: La Bibliothèque philosophique – Die philosophische Bibliothek. Catalogue raisonné des annotations établi par Alexandra Richter, Patrik Alac, Bertrand Badiou, Préface de Jean-Pierre Lefebvre, Paris 2004.

Celan, Paul: ›Mikrolithen sinds, Steinchen‹. Die Prosa aus dem Nachlaß, Kritische Ausgabe, hrsg. von Barbara Wiedemann und Bertrand Badiou, Frankfurt a. M., Suhrkamp 2005.

Paul Celan – Gisèle Celan-Lestrange (1951-1970): Correspondance. Avec un choix de lettres de Paul Celan à son fils Eric, hrsg. von Bertrand Badiou in Verbindung mit Eric Celan, [Paris] 2001. Paul Celan – Gisèle Celan-Lestrange: Briefwechsel. Mit einer Auswahl von Briefen Paul Celans an seinen Sohn Eric, aus dem Französischen von Eugen Helmlé und Barbara Wiedemann, hrsg. von Bertrand Badiou in Verbindung mit Eric Celan, Frankfurt a. M. 2001.

Paul Celan – Klaus und Nani Demus: Briefwechsel. Mit einer Auswahl von Briefen Gisèle Celan-Lestranges an Klaus und Nani Demus, hrsg. von Joachim Seng, Frankfurt a. M. (erscheint 2009).

Paul Celan – Hanne und Hermann Lenz: Briefwechsel, hrsg. von Barbara Wiedemann in Verbindung mit Hanne Lenz, Frankfurt a. M. 2001.

Paul Celan – Nelly Sachs: Briefwechsel, hrsg. von Barbara Wiedemann, Frankfurt a. M. 1993.

Paul Celan – Peter Szondi: Briefwechsel. Mit Briefen von Gisèle Celan-Lestrange an Peter Szondi und Auszügen aus dem Briefwechsel zwischen Peter Szondi und Jean und Mayotte Bollack, hrsg. von Christoph König, Frankfurt a. M. 2005.

Paul Celan – Franz Wurm: Briefwechsel, hrsg. von Barbara Wiedemann in Verbindung mit Franz Wurm, Frankfurt a. M. 1995.

Eckardt, Uwe: »Paul Celan (1920-1970) und der Wuppertaler ›Bund‹« [Briefe an Jürgen Leep], in: Geschichte im Wuppertal 1995, Neustadt an der Aisch 1995, S. 90-100.

Bermann Fischer, Gottfried und Brigitte: Briefwechsel mit Autoren, hrsg. von Reiner Stach unter redaktioneller Mitarbeit von Karin Schlapp, mit einer Einführung von Bernhard Zeller, Frankfurt a. M. 1990.

Frisch, Max: Jetzt ist Sehenszeit. Briefe, Notate, Dokumente 1943-1963, hrsg. und mit einem Nachwort versehen von Julian Schütt, Frankfurt a. M. 1998.

Hildesheimer, Wolfgang: Briefe, hrsg. von Silvia Hildesheimer und Dietmar Pleyer, Frankfurt a. M. 1999.

Huchel, Peter: Wie soll man Gedichte schreiben. Briefe 1925-1977, hrsg. von Hub Nijssen, Frankfurt a. M. 2000.

Mayer, Hans: Briefe 1948-1963, hrsg. von Mark Lehmstedt, Leipzig 2006.

Pichl, Robert (Hrsg.): Registratur des literarischen Nachlasses von Ingeborg Bachmann. Aus den Quellen erarbeitet von Christine Koschel und Inge von Weidenbaum, masch., Wien 1981.

Pichl, Robert: Ingeborg Bachmann als Leserin. Ihre Privatbibliothek als Ort einer literarischen Spurensuche [Druck in Vorbereitung].

Pizzingrilli, Massimo: »›Votre aide qui est / m'est si précieuse‹. Paul Celans Mitarbeit an der Zeitschrift ›Botteghe Oscure‹ und sein Briefwechsel mit Margherite Caetani«, in: Celan-Jahrbuch 9 (2003-2005) [mit Briefen von und an Eugene Walter und Auszügen aus Briefen von K. L. Schneider, H. M. Enzensberger, H. Heißenbüttel und W. Höllerer], S. 7-26.

Richter, Hans Werner: Briefe, Hrsg. von Sabine Cofalla, München und Wien 1997.

Barbara Wiedemann: Die Goll-Affäre. Dokumente zu einer ›Infamie‹, Frankfurt a. M. 2000.

2. Erinnerungen

Doderer, Heimito von: Commentarii 1951 bis 1956. Tagebücher aus dem Nachlaß, München 1976.

Milo Dor, Auf dem falschen Dampfer. Fragmente einer Autobiographie, Wien und Darmstadt, 1988.

Fried, Erich: Ich grenz noch an ein Wort und an ein andres Land. Über Ingeborg Bachmann – Erinnerung, einige Anmerkungen zu ihrem Gedicht »Böhmen liegt am Meer« und ein Nachruf, Berlin 1983.

Kaschnitz, Marie Luise: Orte. Aufzeichnungen, Frankfurt a. M. 1973.

Kaschnitz, Marie Luise: Tagebücher aus den Jahren 1936-1966, hrsg. von Christian Büttrich, Marianne Büttrich und Iris Schnebel-Kaschnitz, mit einem Nachwort von Arnold Stadler, Frankfurt a. M. und Leipzig 2000.

Schwerin, Christoph Graf von: Als sei nichts gewesen, Berlin 1997.

Spiel, Hilde: Kleine Schritte. Berichte und Geschichten, München 1976.

3. Andere Literatur

Albrecht, Monika: »Die andere Seite«. Zur Bedeutung von Werk und Person Max Frischs in Ingeborg Bachmanns »Todesarten«, Würzburg 1989.

Bachmann-Handbuch, hrsg. von Monika Albrecht und Dirk Göttsche, Stuttgart und Weimar 2002.

Beicken, Peter: Ingeborg Bachmann, Stuttgart 2001.

Briegleb, Klaus: »Ingeborg Bachmann, Paul Celan – Ihr (Nicht-) Ort in der Gruppe 47 (1952-1964/65). Eine Skizze«, in: Bernhard Böschenstein und Sigrid Weigel (Hrsg.), Ingeborg Bachmann und Paul Celan. Poetische Korrespondenzen. Vierzehn Beiträge, Frankfurt a. M. 1997, S. 29-81.

›Displaced‹. Paul Celan in Wien 1947-1948, hrsg. von Peter Goßens und Marcus G. Patka, Frankfurt a. M. 2001.

Emmerich, Wolfgang: Paul Celan, Reinbek bei Hamburg 1999.
Encarnação, Gilda: »Fremde Nähe«. Das Dialogische als poetisches und poetologisches Prinzip bei Paul Celan, Würzburg 2007.
Fremde Nähe. Celan als Übersetzer. Eine Ausstellung des Deutschen Literaturarchivs, Ausstellung und Katalog von Axel Gellaus, Rolf Bücher, Sabria Filali, Peter Goßens, Ute Harbusch, Thomas Heck, Christine Ivanović, Andreas Lohr, Barbara Wiedemann unter Mitarbeit von Petra Plättner, = Marbacher Kataloge 50, Marbach am Neckar 1997.
Gehle, Holger: NS-Zeit und literarische Gegenwart bei Ingeborg Bachmann, Wiesbaden 1995.
Gersdorff, Dagmar von: Kaschnitz. Eine Biographie, Frankfurt a. M. 1992.
Hapkemeyer, Andreas: Ingeborg Bachmann. Entwicklungslinien in Werk und Leben, Wien 1990.
Hoell, Joachim: Ingeborg Bachmann. München 2001.
Höller, Hans: Ingeborg Bachmann, Reinbek bei Hamburg 1999.
Ivanović, Christine: Das Gedicht im Geheimnis der Begegnung. Dichtung und Poetik Celans im Kontext seiner russischen Lektüren, Tübingen 1996.
Koelle, Lydia: »›... hier leb dich querdurch, ohne Uhr‹. Der ›Zeitkern‹ von Paul Celans Dichtung, in: »Im Geheimnis der Begegnung«. Ingeborg Bachmann und Paul Celan, Iserlohn 2003, S. 45-68.
Schardt, Michael Matthias (in Zusammenarbeit mit Heike Kretschmer): Über Ingeborg Bachmann. Rezensionen – Porträts – Würdigungen (1952-1992). Rezeptionsdokumente aus vier Jahrzehnten, Paderborn 1994.
Stoll, Andrea: Erinnerung als ästhetische Kategorie des Widerstandes im Werk Ingeborg Bachmanns, Frankfurt a. M. u. a., 1991.
Stoll, Andrea (Hrsg.): Ingeborg Bachmanns »Malina«, Frankfurt a. M. 1992.
Weigel, Sigrid: Hinterlassenschaften unter Wahrung des Briefgeheimnisses, Wien 1999.
Wiedemann, Barbara: »Paul Celan und Ingeborg Bachmann: Ein Dialog? In Liebesgedichten?«, in: »Im Geheimnis der Begegnung«. Ingeborg Bachmann und Paul Celan, Iserlohn 2003, S. 21-43.
Wiedemann, Barbara: »Sprachgitter«. Paul Celan und das Sprechgitter des Pfullinger Klosters, = Spuren 80, Marbach 2007.
Wolf, Christa: Voraussetzungen einer Erzählung: Kassandra. Frankfurter Poetik-Vorlesungen, Darmstadt und Neuwied 1983.

Register

Als Bezugspunkt für die im Register erfaßten Werke dienen die Briefnummern. Findet sich der Bezug ausschließlich in den Anmerkungen zum Brief, erscheint die Briefnummer kursiv. Haupteinträge im Personenregister erscheinen in halbfetter Schrift. Vorkommen in den Nachworten ist mit »N«, in der Zeittafel mit »Z« angegeben.

Werkregister

1. Ingeborg Bachmann

1.1 Werke

1.1 Übertragungen

2. Paul Celan

2.1 Werke

2.2 Übertragungen

3. Weitere Gedichte im Celan-Konvolut des Nachlasses Bachmann, HAN/ÖNB (nicht in der Korrespondenz und den Anmerkungen erwähnt)

Abzählreime (PC: KG 121, Ser. n. 25.202 b, Bl. 1)
Auf Reisen (PC: KG 42, Ser. n. 25.202 a, Bl. 2 und Ser. n. 25.202 c, Bl. 13, = HKA 2-3.2,205 H^{4} und H^{5*})
Aus dem Meer (PC: KG 67, 25.174 N 8153, = HKA 4.2,75 H^{1d})
Der Pfeil der Artemis (PC: KG 17, Ser. n. 25.202 a, Bl. 1, = HKA 2-3.2,97 H^{1})
El Desdichado (PC: Übersetzung Nerval, GW IV 809; Ser. n. 25.202 a, Bl. 11)
Erinnerung an Frankreich (PC: KG 34f., Ser. n. 25.202 c, Bl. 14, = HKA 2-3.2,177 H^{10*})
Ich hörte sagen (PC: KG 63, 25.174 N 8145 und 8146, = HKA 4.2,51 H^{3*} und H^{1e})
Im Spätrot (PC: KG 63f., 25.174 N 8152, = HKA 4.2,54 H^{1e})
In memoriam Paul Eluard (PC: KG 82f., 25.174 N 8147, = HKA 4.2,178 H^{2f})
Landschaft (PC: KG 51, Ser. n. 25.202 c, Bl. 12, = HKA 2-3.2,255 H^{1a})
Mit wechselndem Schlüssel (PC: KG 74, 25.174 N 8149, = HKA 4.2,131 H^{1b})
Nächtlich geschürzt (PC: KG 80, 25.174 N 8151, = HKA 4.2,170 H^{2d})
Nähe der Gräber (PC: KG 17, Ser. n. 25.202 a, Bl. 3, = HKA 2-3.2,94 H^{1*})
Und das schöne (PC: KG 76, 25.174 N 8150, = HKA 4.2,145 H^{1d})
Wo sich der schwere Atem (Autor nicht identifiziert, HAN/ÖNB, Mappe 11, Bl. 10)
Zu zweien (PC: KG 70, 25.174 N 8148, = HKA 4.2,98 H^{1e})

4. Weitere Bücher in Celans Nachlaßbibliothek, Ingeborg Bachmann betreffend (nicht in der Korrespondenz und den Anmerkungen erwähnt, wenn nicht anders präzisiert: DLA/BPC)

Aichinger, Ilse; Bachmann, Ingeborg; Böll, Heinrich; Eich, Günter; Hildesheimer, Wolfgang; Rys, Jan: Hörspiele [von Bachmann: *Die Zikaden*], Mit einem Nachwort v. Ernst Schnabel, Frankfurt a. M./Hamburg 1961 (= Fischer Bücherei 378; Privatbesitz).
Bachmann, Ingeborg: Eine Einführung [mit Bachmanns »Literatur als Utopie« und Texten von J. Kaiser, G. Blöcker, S. Unseld, W. Rasch, W. Weber, H. Beckmann, und einem biographisch-bibliographischen Abriß], München: R. Piper & Co. Verlag 1963.
Bachmann, Ingeborg: Gedichte – Erzählungen – Hörspiel – Essays, München: R. Piper & Co Verlag 1964 (= Bücher der Neunzehn 111).
Barlach, Ernst: Die Dramen, in Gemeinschaft mit Friedrich Droß hrsg.

von Klaus Lazarowicz, München: R. Piper & Co. Verlag 1956. R. Piper & Co. Verlag; S. 414 inliegend Karte: »*[Druck]* Überreicht mit den besten Empfehlungen / R. Piper & Co. Verlag. München \ *[hs.]* Im Auftrag von Frl. Bachmann«.

Personenregister

Zu den Abbildungen

1 Ingeborg Bachmann und Paul Celan mit Reinhard Federmann und Milo Dor 1952 bei der Tagung der Gruppe 47 in Niendorf (PNIB).

2 Paul Celan, Wien 1948 (Fotostudio Schulda-Müller, Besitz Eric Celan). Bachmann erhielt wohl dieses Foto zum Geburtstag 1948, es ist auch in ihrem Nachlaß erhalten (vgl. Nr. 1/Anm.).

3 Ingeborg Bachmann, Wien 1953, für die Fotokollage im Almanach *Stimmen der Gegenwart 1953* (hrsg. von Hans Weigel, Wien 1953; Foto Wolfgang Kudronofsky, PNIB).

4 Ingeborg Bachmann, München, etwa 1953 (Foto Erika Sexauer, PNIB).

5 Paul Celan mit Nani Maier und Jean-Dominique Rey, Paris, Rue des Écoles, Mai 1951 (Besitz Jean-Dominique Rey).

6 Gisèle Celan-Lestrange mit Paul Celan und Klaus Demus, Paris, auf dem Balkon zu Celans Zimmer in der Rue des Écoles, Frühling 1953 (Foto Nani Maier, Besitz Eric Celan).

7 Paul Celan, London, auf der Tower Bridge, Februar/März 1955; Ausschnitt aus dem Nachlaß von Ingeborg Bachmann, rechts daneben ursprünglich Nani und Klaus Demus (vgl. Nr. 22 in PC/GCL II-frz., PNIB).

8 Paul Celan, Paris, Wohnung Rue Longchamp 1958 (Foto Gisèle Celan-Lestrange, Besitz Eric Celan).

9 Ingeborg Bachmann, Lesung anläßlich der Preisverleihung des Literaturpreises der Deutschen Kritiker, Berlin 17. 11. 1961 (vgl. Nr. 193/ Anm.; Foto Heinz Köster, PNIB).

10 Ingeborg Bachmann, Rom 1962 (Foto Heinz Bachmann, PNIB).

11 Paul Celan, handschriftliches Widmungsgedicht »In Ägypten« für Ingeborg Bachmann (vgl. Nr. 1, HAN/ÖNB).

12 Ingeborg Bachmann, Beilage zum Brief an Paul Celan vom 4. 7. 1951 (Nr. 18.1, DLA).

13 Paul Celan, Brief an Ingeborg Bachmann vom 5. 11. 1957 (Nr. 55, HAN/ÖNB).

14 Ingeborg Bachmann, Brief an Paul Celan vom 11. 12. 1957 (Nr. 70, DLA).

15 Paul Celan an Ingeborg Bachmann, Kuvert für den Brief vom 9. 11. 1957 (Nr. 58, HAN/ÖNB).

16 Ingeborg Bachmann an Paul Celan, Kuvert für den Brief vom 18. 1. 1958 (Nr. 85, DLA).

17 Ingeborg Bachmann, die beiden Schlußseiten eines Briefentwurfs an Paul Celan, nach dem 27. 9. 1961 (Nr. 191, HAN/ÖNB).

18 Gisèle Celan-Lestrange, *Fin d'année 1971* II, I und III in der hier abgebildeten Reihenfolge (Bachmann besaß jeweils das Exemplar Nr. 10; vgl. Nr. 236, Besitz Eric Celan; im PNIB erhalten ist nur Radierung II, hier Abb. 18a).

Rechtevermerk

Inhalt

suhrkamp taschenbücher
Eine Auswahl

Peter Bichsel
- Cherubin Hammer und Cherubin Hammer. st 3165. 112 Seiten
- Kindergeschichten. st 2642. 84 Seiten

Ketil Bjørnstad
- Villa Europa. Roman. Übersetzt von Ina Kronenberger. st 3730. 535 Seiten
- Vindings Spiel. Roman. Übersetzt von Lothar Schneider. st 3891. 347 Seiten

Lily Brett
- Einfach so. Roman. Übersetzt von Anne Lösch. st 3033. 446 Seiten.
- Chuzpe. Übersetzt von Melanie Walz. st 3922. 334 Seiten

Truman Capote. Die Grasharfe. Roman. Übersetzt von Annemarie Seidel und Friedrich Podszus. st 1796. 208 Seiten.

Paul Celan
- Die Gedichte. Kommentierte Gesamtausgabe in einem Band. Herausgegeben und kommentiert von Barbara Wiedemann. st 3665. 1000 Seiten
- Gesammelte Werke in sieben Bänden. st 3202-3208. 3380 Seiten

Lizzie Doron. Warum bist du nicht vor dem Krieg gekommen? Übersetzt von Mirjam Pressler. st 3769. 130 Seiten

Marguerite Duras. Der Liebhaber. Übersetzt von Ilma Rakusa. st 1629. 194 Seiten

Hans Magnus Enzensberger
- Der Fliegende Robert. Gedichte, Szenen, Essays. st 1962. 350 Seiten
- Gedichte 1950 – 2005. st 3823. 253 Seiten
- Josefine und ich. Eine Erzählung. st 3924. 147 Seiten

NF 266b/2/2.08

Louise Erdrich
- Der Club der singenden Metzger. Roman. Übersetzt von Renate Orth-Guttmann. st 3750. 503 Seiten
- Die Rübenkönigin. Roman. Übersetzt von Helga Pfetsch. st 3937. 440 Seiten

Laura Esquivel. Bittersüße Schokolade. Roman. Übersetzt von Petra Strien. st 2391. 278 Seiten

Max Frisch
- Homo faber. Ein Bericht. st 354. 203 Seiten
- Mein Name sei Gantenbein. Roman. st 286. 304 Seiten
- Stiller. Roman. st 105. 438 Seiten

Carole L. Glickfeld. Herzweh. Roman. Übersetzt von Charlotte Breuer. st 3541. 448 Seiten

Philippe Grimbert. Ein Geheimnis. Roman. Übersetzt von Holger Fock und Sabine Müller. st 3920. 154 Seiten

Katharina Hacker
- Der Bademeister. Roman. st 3905. 207 Seiten
- Die Habenichtse. Roman. st 3910. 308 Seiten

Peter Handke
- Kali. Eine Vorwintergeschichte. st 3980. 160 Seiten
- Mein Jahr in der Niemandsbucht. st 3084. 632 Seiten

Marie Hermanson
- Der Mann unter der Treppe. Übersetzt von Regine Elsässer. st 3875. 250 Seiten.
- Muschelstrand. Roman. Übersetzt von Regine Elsässer. st 3390. 304 Seiten.
- Das unbeschriebene Blatt. Roman. Übersetzt von Regine Elsässer. st 3626. 236 Seiten

NF 266b/3/2.08

Hermann Hesse
- Das Glasperlenspiel. Versuch einer Lebensbeschreibung des Magister Ludi Josef Knecht samt Knechts hinterlassenen Schriften. st 2572. 616 Seiten
- Der Steppenwolf. Roman. st 175. 288 Seiten
- Siddhartha. Eine indische Dichtung. st 182. 136 Seiten
- Unterm Rad. Materialienband. st 3883. 315 Seiten

Yasushi Inoue. Das Jagdgewehr. Übersetzt von Oskar Benl. st 2909. 98 Seiten

Uwe Johnson
- Mutmassungen über Jakob. Roman. st 3128. 298 Seiten
- Eine Reise nach Klagenfurt. st 235. 109 Seiten

James Joyce. Ulysses. Roman. Übersetzt von Hans Wollschläger. st 2551. 988 Seiten

Franz Kafka
- Amerika. Roman. Mit einem Anhang (Fragmente und Nachworte des Herausgebers Max Brod). st 3893. 310 Seiten
- Das Schloß. Roman. st 3825. 423 Seiten. st 2565. 432 Seiten
- Der Prozeß. Roman. st 2837. 282 Seiten

Daniel Kehlmann. Ich und Kaminski. Roman. st 3653. 174 Seiten.

Andreas Maier. Wäldchestag. Roman. st 3381. 315 Seiten

Magnus Mills
- Die Herren der Zäune. Roman. Übersetzt von Katharina Böhmer. st 3383. 216 Seiten
- Indien kann warten. Roman. Übersetzt von Katharina Böhmer. st 3565. 229 Seiten
- Zum König! Roman. Übersetzt von Katharina Böhmer. st 3865. 187 Seiten

NF 266b/4/2.08

Cees Nooteboom
- Allerseelen. Roman. Übersetzt von Helga van Beuningen. st 3163. 440 Seiten
- Rituale. Roman. Übersetzt von Hans Herrfurth. st 2446. 231 Seiten.

Elsa Osorio. Mein Name ist Luz. Roman. Übersetzt von Christiane Barckhausen-Canale. st 3918. 434 Seiten

Amos Oz. Eine Geschichte von Liebe und Finsternis. Roman Übersetzt von Ruth Achlama. st 3788 und st 3968. 829 Seiten

Marcel Proust. In Swanns Welt. Auf der Suche nach der verlorenen Zeit. Übersetzt von Eva Rechel-Mertens. st 2671. 564 Seiten

Ralf Rothmann
- Junges Licht. Roman. st 3754. 236 Seiten
- Stier. Roman. st 2255. 384 Seiten

Hans-Ulrich Treichel
- Menschenflug. Roman. st 3837. 234 Seiten
- Der Verlorene. Erzählung. st 3061. 175 Seiten

Mario Vargas Llosa
- Das böse Mädchen. Roman. Übersetzt von Elke Wehr. st 3932. 395 Seiten
- Tante Julia und der Kunstschreiber. Roman. Übersetzt von Heidrun Adler. st 1520. 392 Seiten

Martin Walser. Ein fliehendes Pferd. Novelle. st 600. 151 Seiten

Carlos Ruiz Zafón. Der Schatten des Windes. Übersetzt von Peter Schwaar. st 3800. 565 Seiten

NF 266b/5/2.08